문명의 보고寶庫
라틴 아메리카를
가다

1

문명의 보고 寶庫
라틴 아메리카를
가다

1

정수일 지음

창비

필자는 2006년 실크로드 오아시스로(육로) 답사기 『실크로드 문명기행: 오아시스로 편』을 펴낸 데 이어 2010년 초원로 답사기 『초원 실크로드를 가다』를 펴내면서 실크로드 답사 실록의 완결판이 될 해상 실크로드 답사기(총 3부)로 독자들과 다시 만날 것을 약속드린 바 있다. 독자들과의 약속은 채찍이자 불문율이다. 마침내 오늘 그 첫 부인 『문명의 보고(寶庫) 라틴아메리카를 가다』를 약속대로 내놓게 되었다.

원래 해상실크로드는 실크로드 3대 간선 가운데서 신·구대륙의 여러 해양을 두루 아우르는 범지구적 바닷길로, 그 답파는 말 그대로 세계일주다. 그만큼 노정이 길고 어렵다. 그동안 필자는 지구 동반구인 아시아와 유럽의 여러 해역에는 족적을 남겼지만, 그 대척점(對蹠點)에 있는 서반구, 특히 문자 그대로 문명의 보고인 라틴아메리카(중남미)의 모래톱은 언젠가는 밟아야 할 미답지로 남겨놓았다. 그러다가 드디어 행운의 기회가 왔다. 그런데 멀고도 녹록지 않은 길이라서 몇 번에 나누어 답파해볼까 하고 망설였지만 쇠뿔도 단김에 뺀다고, 한꺼번에 마무리할 요량으로 장도에 올랐다. 만용에 가까운 결행이라 주위에선 우려가 이만저만이 아니었다.

일행(한국문명교류연구소 장석 상임이사와 필자)은 2012년 6월 13일 인천공항을 떠나 포르투갈의 리스본에서 최종 점검을 마치고, 서남쪽으로 대서양을 가로질러 브라질의 리우데자네이루에 도착했다. 거기서 티엔씨여행사 소속의 가이드 손현진 양과 합류했다. 그리고 브라질 쌍빠울루에서는 사정에 의해 장석 이사와 여인욱 군(서강대학교 대학원 사학과 원생)이 교대했다. 거기서부터 일행 3명은 라틴아메리카의 최남단 우수아이아에서부터 북단 멕시코와 쿠바에 이르기까지 동서남북의 요항(要港)들을 지그재그로 탐방하고, 미국의 쌘프란시스코와 하와이를 거쳐 8월 13일 62일간의 라틴아메리카 장정을 마치고 출항지 인천으로 돌아왔다.

그후 경상북도가 추진한 '코리아실크로드 프로젝트'의 일환으로 '해상실크로드 도록' 편찬을 위해 투어블릭 강상훈 대표와 함께 2014년 6월 4일부터 6월 21일까지의 18일간, 콜럼버스의 중미 카리브해 4차 항해(대서양 횡단항해) 현장을 탐방했다. 그리하여 전후 80일간 중남미의 해상실크로드 탐방을 마쳤다.

이와 같은 두차례의 라틴아메리카 장정은 필자가 24년간에 걸쳐 수행한 종횡 세계일주의 주요한 구간에 대한 뜻 깊은 문명탐방이다. 거리나 볼거리에 비해 기간은 빡빡했지만 계획대로 20개국, 51개 지역을 역방했다. 유적과 박물관 등 찾아간 곳만도 284개소나 된다.

책을 꾸미면서 각별히 유의한 점은 필자가 직접 찍은 생동하고, 현장감 나며, 직관성을 높이는 사진을 많이 실은 것이다. 이해력에서 한 장의 사진이 열장의 장황한 설명보다 낫다고들 한다. 더욱이 라틴아메리카 문명같이 아직은 생소한 대상에 관해 이해를 도모하는 데서 사진은 자못 중요한 기능을 한다. 그리하여 필자는 가는 곳마다에서 사진 수집에 열과 성을 다했으며, 그 결과물 556장을 이 책에 실었다.

한가지 아쉬운 것은 가끔 촬영이 불허되어 공백을 남기지 않을 수 없었다는 점이다.

나름대로 라틴아메리카에 대한 절박한 숙원을 품고 장도에 올랐기에 비록 버거웠지만 걸음걸음은 내내 가벼웠다. 곳곳마다에서 즐거움으로 어려움을 밀어낼 수가 있었다. 물론 한정된 기한 내에 숱한 해묵은 숙원과 숙제를 일거에 다 풀 수는 없었다. 돌이켜보면 그저 단서나 겨우 잡았다고 하는 것이 적절한 표현일 것이다. 파나마 출신의 지성파 가수 루벤 블라데스(Rubén Blades)가 부른 「아메리카를 찾아서」라는 노래 가사에는 이런 대목이 나온다.

나는 아메리카를 찾고 있네
그러나 그것을 찾지 못할까 걱정이네
그 흔적들이 어둠 속에 사라져버렸으니
나는 아메리카를 부르고 있네
그러나 그 대답은 들리지 않는다네
진실을 두려워하는 자들이 그것을 실종시켜버렸기에.

가사는 필자의 심정을 신통히도 그대로 담아낸 듯하다. 그 땅에 태를 묻고 지성으로 자라난 블라데스마저 아직 제대로의 아메리카를 찾지 못해 방황하고 있는데, 하물며 낯선 이방인이 주제넘게 무엇을 찾아냈다든가 알아냈다든가 하는 따위의 말부터를 아예 체념하는 것이 가당할 것이다.

그럼에도 불구하고 숙원 풀이를 과제로 삼고 이곳저곳을 누비는 과정에서 얻은 이러저러한 앎과 경험은 그것이 비록 흩어진 모래알

일망정 값진 주옥이라고 염량(念量)되어, '라틴아메리카 문명'이라는 한 광주리 안에 차곡차곡 주워담아 감히 책으로 엮어보자는 엄두를 내게 되었다. 내용은 품어오던 수수께끼와 숙원을 풀어보는 데 초점을 맞췄다. 무릇 문명과 관련된 것이라면, 그것이 지난날의 것이든 오늘날의 것이든, 빠짐없이 메모노트에 올리고 카메라에 담으려고 애썼다. 지난날의 것은 주로 유적·유물이나 박물관, 읽을거리 등에서 얻었고, 오늘날의 것은 현지 견문이나 전문에서 직접 취합했다. 사실 접해야 할 대상이 숱한 데 비해 시간이 촉박하다보니 누락되거나 소홀한 점도 적잖음을 자인하게 된다.

책에 일관된 화두는 문명이다. 해상실크로드를 통한 문명의 교류상을 밝혀내고, 라틴아메리카 문명사에서 제기되는 이러저러한 의문들을 풀어보자는 것이 답사의 주목적이자 오래된 숙원이었기 때문이다. 그러다보니 그 빼어난 자연경관이나 기기괴괴한 현상들에 관해 문명과 상관된 것 말고는 눈길을 돌릴 여유가 별로 없었으나, 일반적인 여행에도 도움을 줄 요량으로 직접 견문이나 전문이 아닌 여행 안내 식 지식도 얼마쯤 퍼 담았다. 이러한 내용은 주로 관련 문헌이나 다른 여행자들의 여행기 내용을 참고했음을 밝혀둔다. 이렇게 탐방과 여행 기록을 겸행(兼行)한 것이 이 책이 갖는 서지학적 특징의 하나가 아닐까 한다. 필자는 그러는 과정에서 고행과 낭만을 함께 경험하고 싶었던 것이다.

지구는 둘이 아닌 한덩어리로 공생공영 해왔다. 지구의 동반구와 서반구는 동전의 양면과 같다. 앞뒤 면에 무슨 글이 적히고 어떤 무늬가 새겨졌는지와 상관없이 그 가치는 공유이고 균등하다. 다만 한때 인간의 미련과 편견, 아집으로 인해 그것이 무시되고 왜곡되어왔을 뿐이다. 이제 시대는 그러한 오점을 걷어내고 소통을 통해 동·서반구의 일체성을 복원해야 할 소명을 요청받고 있다. 어찌 보면 필자가 오랫동안 간직해왔던 숙원도 이러한 시대적 소명 속에 잉태되어왔다고 할 수 있다. 바야흐로 인류는 문명을 공통분모로 한 무한 교류와 소통의 시대에 접어들고 있으며, 문명의 큰 품에 세계를 껴안을 '문명대안론'과 보편문명을 찾아 탐구와 실천의 광야에 나서고 있다. 이제 우리는 세계를 품을 줄 알고, 세계에 안길 줄도 알아야 한다. 이것이 이 시대를 살아가야 할 참된 세계인의 자세다.

한가지 부언할 것은 4년 전(2012)에 마친 남미 답사 관련 집필이 그동안 실크로드 사전과 도록 편찬 등 다른 긴요한 작업 때문이 이렇게 오래 미루어졌다는 사정이다.

답사의 성공은 여러분들이 친절하게 내민 후원과 혜려의 손길과 닿아 있다. 경상북도와 출판사 창비, 그리고 장석 상임이사님과 동국약품상사 공화춘 대표님의 성심어린 물심양면의 후원에 깊은 사의를 표한다. 그리고 녹록잖은 긴 여로에서 고락을 같이한 강상훈 대표와 손현진 양, 여인욱 군과는 추억과 열매를 함께 나누고자 한다. 끝으로, 창비의 강일우 대표이사를 비롯한 여러 편집자 분들에게 고마움과 위로를 전한다.

2016년 9월
옥인학당에서
정수일

차례

차례(2권)

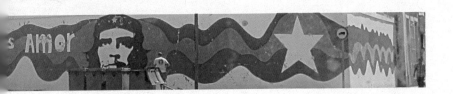

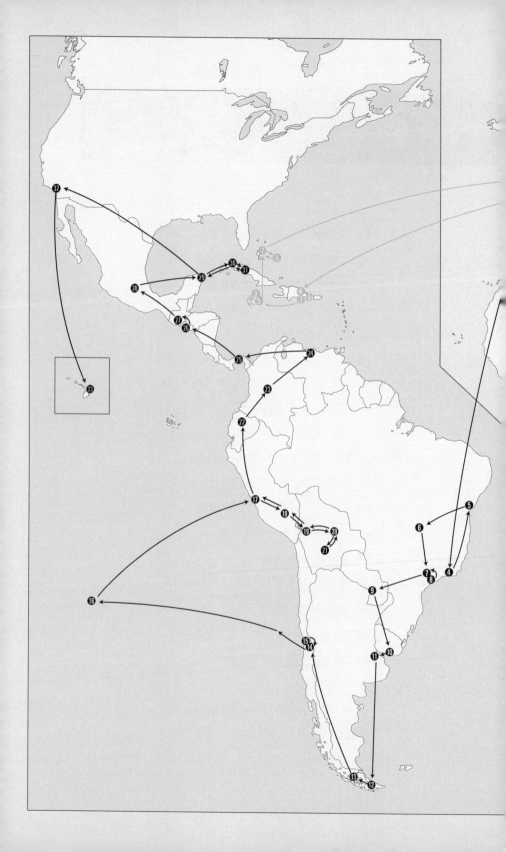

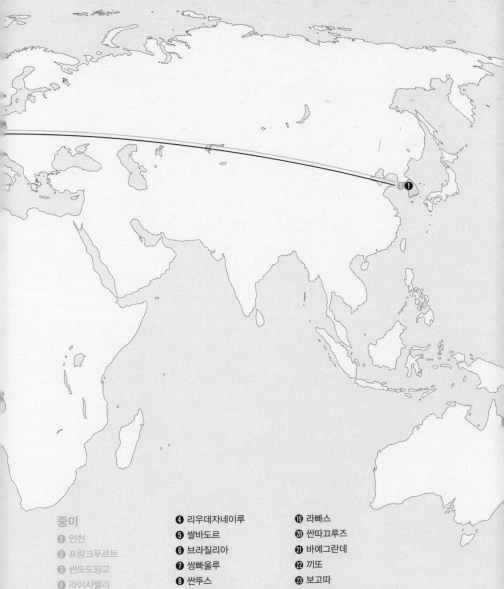

라틴아메리카 답사노정도(2012. 6. 13.~8. 13.; 2014. 6. 4.~6. 21.)

중미
① 인천
② 프랑크푸르트
③ 싼또도밍고
④ 라이사벨라
⑤ 킹스턴
⑥ 발견의 만
⑦ 나소
⑧ 싼살바도르
⑨ 런던

남미
① 인천
② 프랑크푸르트
③ 리스본

④ 리우데자네이루
⑤ 쌀바도르
⑥ 브라질리아
⑦ 쌍빠울루
⑧ 싼뚜스
⑨ 아순시온
⑩ 몬떼비데오
⑪ 부에노스아이레스
⑫ 우수아이아
⑬ 뿐따아레나스
⑭ 싼띠아고
⑮ 발빠라이소
⑯ 이스터섬
⑰ 리마
⑱ 꾸스꼬

⑲ 라빠스
⑳ 싼따끄루즈
㉑ 바예그란데
㉒ 끼또
㉓ 보고따
㉔ 까라까스
㉕ 파나마
㉖ 엘살바도르
㉗ 과테말라시티
㉘ 멕시코시티
㉙ 깐꾼
㉚ 아바나
㉛ 싼따끌라라
㉜ 쌘프란시스코
㉝ 하와이

해상실크로드와 라틴아메리카

Ⅰ. 왜 라틴아메리카인가?

엄동설한이 한창인 지구의 남단 우수아이아에서부터 햇볕이 지글 거리는 카리브해까지 사계절이 엇바뀌는 때, 머리에 희끗희끗 만년설 을 얹은 안데스산맥이 하늘 높이 치솟고 사하라사막보다 더 메마른 아따까마(Atacama)사막을 끼고 있으며 고도 3,000~4,000m의 고산지 대를 연일 넘나들어야 하는 땅, 밤나들이를 삼가야 할 정도로 치안 지 수가 밑바닥을 치는 곳… 그러한 때, 지구의 서반구에 있는 그 요원한 땅, 그 험난한 곳을 팔질(八耋, 여든)의 문턱에 다가선 이 나이에 굳이 찾아간 이유가 무엇이냐고 사람들은 묻곤 한다.

한마디로 그 이유는 오래도록 응어리로 간직해온 숙원, 그것도 더 이상 미룰 수 없는 절박한 숙원 때문이었다. 물론 여기에는 인문학의 생명력은 현장(자연과 피조물, 그리고 인간)에서 돋아나고, 현장에 의해 검증되어야 한다는 명제와 더불어 '백문불여일견'이라는 평범한 통리가 눅진하게 깔려 있다. 그러나 돌이켜보면, 이러한 명제와 통리를 넘어선 그 어떤 절박한 또다른 숙원이 없었던들 결행은 결코 이루어지지 않았을 것이다.

그 숙원이란 첫째로, 학문적으로 해상실크로드의 환지구론(環地球論)을 현장에서 확인하고 고증하려는 것이다. 이 시점까지 실크로드에 관한 구태의연한 통념은 인류문명 교류 통로로서의 실크로드는 고작 유럽이나 아시아, 즉 구대륙에만 국한되었다는 것이다. 그러나 필자는 신·구대륙 간의 해로 개척과 문물교류가 일찍부터 이루어졌다는 사실(史實)을 웅변적인 근거로 삼아 빗나간 유럽중심주의나 중화천하주의를 기조에 깐 이 진부한 통념에 통렬한 도전장을 던졌다. 이를테면 해상실크로드가 늦어도 16세기 초부터는 '신대륙', 즉 아메리카대륙까지 뻗어감으로써 명실상부하게 인류문명의 환지구적 교류 통로로 자리매김했다는 사실이다. 다행히 작금 이러한 파격적 주장에 대한 공명 징조가 조금씩 나타나고는 있지만, 그 논리적 정립에 이르려면 오롯한 현장 고증과 확인이 전제되어야 한다. 필자는 그동안 이러한 고증과 확인의 기회를 학수고대해왔다.

이러한 숙원을 더더욱 절박하게 한 것은 실크로드를 통한 한반도와 라틴아메리카 간의 상관성이나 교류에 관한 구명이다. 이제 한민족과 아메리카 인디오의 체질인류학적 친족성이나, 언어학적 및 민속학적 상관성 같은 미증유의 담론은 솔깃한 풍문 따위를 넘어 국내외 학자들의 학문적 논제에까지 오르내리고 있다. 이것은 우리 민족사의 외연적 세계성을 복원하는 데서 대단히 유의미한 일이며, 따라서 그

해명은 긴절한 과제가 아닐 수 없다.

다음으로 그 숙원은, 미지의 세계에 대한 구지욕(求知慾)이다. 이것은 학창시절부터 켜켜이 쌓아온 소망으로, 그 동인(動因)은 지구의 서반구에서 '신비로운' 아메리카대륙이 던지는 숱한 수수께끼와 그에 관한 무지와 의문, 그리고 그 해답이다. 고대로 거슬러 올라가면 올라갈수록 그러한 수수께끼와 무지 및 의문은 증폭된다. 인디오의 종족기원, 이스터섬의 거석인 상(像) 모아이나 나스까 지상화 같은 불가사의한 유물의 외계인 제작설, 마야나 잉카 문명이 남긴 갖가지 기적, 여기에 더해 문명 탄생의 통설과는 달리 자연환경이 그토록 불리한 곳에서 찬란한 고대문명이 꽃필 수 있었던 요인 등… 이 모든 것은 애당초 그 시절부터 지적 관심과 호기심을 끌기에 충분했다.

그런가 하면 서구 식민주의자들의 악의에 찬 작간으로 인해 여지없이 난도질당해온 라틴아메리카의 중세는 중세대로 혼미와 역설(逆說)의 허울을 벗어던지고 그 본연이 밝혀질 것을 절실히 요청하고 있다. 서구 식민주의자들은 '미개한' 석기시대로부터 서구의 식민화에 의한 '선진' 근대로의 전환을 이른바 '라틴아메리카 식 역사 패턴'이라고 강변한다. 과연 이런 강변이 가당한 역사주의적 논리인가? 이것은 분명 역사의 단절이고 초단계적 도약일진대, 인류사에서 이러한 단절과 도약은 과연 있을 법한 일인가? 또한 이 땅의 주인인 원주민의 참여 없이 백인에 의해, 백인만을 위해 강요된 '분가(分家)' '분조(分朝)'를 '독립'으로 둔갑시킨 근대는 또 어떻게 이해해야 할 것인가? 중세를 맞아 한결같이 원주민들의 뜻과는 상관없이 다인종사회가 된 라틴아메리카의 정체성은 도대체 무엇인가? 의문은 꼬리에 꼬리를 물고 부풀어만 갔다.

역설과 우여곡절로 점철된 전대(前代)를 근본적인 체질개선 없이 어정쩡하게 이어받은 현대에 들어와서는 다행히 가렸던 허상이 하나씩 벗겨지면서 급기야 라틴아메리카는 갈등과 모순의 도가니로 이글거리기 시작했다. 모두가 빈부격차와 사회 불평등, 그리고 독재로 함축된 '남미병'에 걸려 모진 신음에 시달리고 있다. 아이러니하게도 그러한 응보(應報)라고나 할까, 이 땅에서는 남미병 치유를 비롯해 현대를 겨냥한 색다른 각종 이론이 우후죽순처럼 어느 곳에서보다 많이 양산되어 '이론적 고향'으로까지 불리고 있다. 한때를 떠들썩하게 만들었던 종속이론이나 민중신학, 관료적 권위주의이론 같은 그럴싸한 담론들이 다 이 고장의 특산품이다. 그래서 필자는 짐짓 관심을 불러일으킨 이 색다른 이론들을 현장에서 알아보고 검증하고픈 마음도 일찍부터 품어왔다. 아무튼 라틴아메리카는 우리와 한 하늘을 이고 사는 하나의 세계지만, 제대로 모르다보니 언필칭 별난 세계로 다가왔다. 정말로 호기심이 동하는 신비의 세계다. 작금의 여러가지 의문과 무지와 오해를 감안하면, 더 절실하게 앎이 요청되는 상대다.

끝으로 학문 외적으로는, 그 시절 인생의 표상으로 삼아왔던 '체 게바라의 길'을 직접 밟으면서 그를 기리려는 마음속 깊은 염원 한가지가 더 있었다. 체 게바라는 자기희생으로 '사건창조적 위인'으로서의 참모습을, 걷는 길마다에 오롯하게 각인함으로써 세인 특히 젊은이들의 마음을 사로잡았다. 그 길을 찾아 열사의 심원한 세계변혁사상과 숭고한 글로벌정신을 되새기려던 계획이 30년 전 중도 좌절된 이래 줄곧 절절한 미련으로 남아 있었다. 고스란히 오늘을 기다리면서.

Ⅱ. 환지구적 해상실크로드

라틴아메리카를 직접 답사한 이유는 무엇보다도 해상실크로드가 지구의 서편에 있는 그 머나먼 땅까지 어떻게 이어졌는지를 현지에서 고증하고 확인하기 위함이었다. 구체적으로 '그 이어짐은 무엇에 의해 입증되고, 또 어떻게 이어졌으며, 그 이어짐이 갖는 의미는 과연 무엇인가' 하는 것을 밝혀내기 위함이다.

130여 년 전 독일의 지리학자 리흐트호펜에 의해 실크로드라는 이름이 세상에 처음 알려진 이래 문명교류 통로로서의 실크로드에 관한 연구가 꾸준히 이어져와, 2차대전 이후에는 전래의 오아시스 육로 말고도 초원로와 해로(해상실크로드)가 각각 실크로드의 3대 간선으로 자리매김했다. 그 가운데서 해로만이 갖는 거대한 잠재력과 심원한 비전 때문에 해로에 관한 관심이 날로 커지고 있는 추세다. 그러나 구대륙(유라시아)으로부터 '신대륙(아메리카)'으로의 항로 확대를 비롯해 그 동·서단(東·西端) 등 일련의 근본 문제들이 진부한 통념에 가로막혀 제대로 밝혀지지 못하고 있다.

정리하자면 해상실크로드란 문명교류 통로인 실크로드의 3대 간선 중 하나로 아득한 먼 옛날부터 오늘에 이르기까지 동서교류가 진행된 환지구적 바닷길이다. 이 길은 태평양과 대서양, 인도양과 아라비아해, 지중해 등 세계를 동서로 이어주는 해역을 두루 망라한다. 포괄 범위나 길이로는 실크로드 3대 간선 중 단연 가장 넓고 길다.

일찍이 기원전 10세기부터 부분적으로 알려진 이 바닷길은 고대 문명교류의 여명기인 기원을 전후한 시기에 구간별로 작동하기 시작했다. 그러다가 중세에 이르러 15세기 초 중국 명나라의 대항해가 정화(鄭和)가 7차에 걸쳐 '하서양'(下西洋, 서양으로의 항해)을 이끌었고, 그 세기 말 포르투갈의 항해왕자 엔히끄(Henrique)가 아프리카 서해안 항로를 개척했다. 이어 다 가마의 '인도항로' 개척과 콜럼버스의 대서양 횡단, 16세기 초 마젤란과 엘까노(Juan Sebastián Elcano)의 세계일주 등을 아우른 이른바 '대항해시대'의 개막을 계기로 해로는 하나의 범세계적 문명교류의 통로로 정착되었다. 이 길을 따라 신·구대륙 간에 교역이 진행되어 유럽의 근대화가 가속화되었으며, 동서양을 망라한 세계의 '일체화'라는 개념이 싹트기 시작했다. 중세 신·구대륙 해역에서 오간 교역품의 주종에서 연유한 이른바 '도자기의 길'이나 '향료의 길' '백은의 길'은 모두 이 바닷길에 대한 상징적 별칭이다.

이 범지구적 교류 통로인 해상실크로드는 경유하는 해안마다에 촘촘한 해로망이 구축되면서 그 기능이 점차 증대되었다. 이 바닷길은 그 전개나 이용에서 오아시스육로나 초원로와 다른 일련의 특성을 지니고 있다. 신·구대륙 전체를 포괄하는 범지구성, 조선술과 항해술의 발달과 교역의 증진에 따라 부단히 변모하는 가변성, 미래에도 영원히 교류 통로로서의 기능을 수행하게 되는 항구성, 이 세가지가 바로 해상실크로드만이 지닌 특성인 동시에 중요성이다.

이러한 특성과 중요성을 지닌 해상실크로드를, 그 서단을 로마로, 동단을 중국 동남해안으로 설정함으로써 그 범위를 구대륙에만 한정해온 것이 최근까지의 통념이었다. 최근 일본에서 간행된 해상실크로드 관련 사전이 해상실크로드를 동남아시아에서 인도양을 지나 홍해에 이르는 해상루트라고 정의한 것이 그 대표적인 사례. 지금까지 동·서양 모든 나라에서 제작된 실크로드 지도는 예외 없이 다 이런 식으로 해상실크로드를 지구의 동반구 구대륙으로만 한정해 그려넣고 있다.

구태의연한 이런 통념이 아직까지 회자되고 있는 것은 해상실크로드를 포함한 실크로드 전반에 관한 고정개념을 털어내지 못한 탓이다. 바꿔 말하면, 실크로드의 개념 확대를 제대로 이해하지 못한 것이다. 실크로드 개념 확대란, 끊임없이 확장·정비되어온 실크로드가 포괄하는 공간적 범위와 그 기능에 대한 인식의 부단한 심화를 의미한다. 실크로드 자체는 인류의 문명사와 더불어 장기간 기능해온 객관적 실체이지만, 지적 한계로 인해 인간이 처음부터 그 실재를 그대로 파악하고 인지해온 것은 아니다. 그간 학문적 탐구와 고증에 의해 실크로드의 공간적 범위와 그 기능에 대한 인지도는 점진적으로 폭을 넓혀왔다. 이른바 실크로드 개념의 확대다.

지난 130여 년 동안 중국 비단 유물의 발견지와 교역루트의 확대를 감안해 실크로드의 개념은 중국 중원지대에서 인도 서북해안까지라는 최초의 '중국-인도로(路) 단계'를 거쳐 중국에서 지중해 동안까지라는 '중국-시리아 단계'로 확대되었다. 여기까지는 주로 유라시아 중앙부의 여러 사막에 점재한 오아시스들을 연결한 육로로서 일명 '오아시스로'라고도 한다. 그러다가 2차대전 후 북방 초원로와 남방 해로를 합쳐 동서를 관통하는 실크로드 3대 간선이라는 개념으로 확대되었다. 여기에 남북을 종단하는 5대 지선까지 더하면, 앞 두 단계의 단선적인 개념에서 벗어나 그물처럼 얽히고설킨 복선적이며 망상적(網狀的)인 개념으로 크게 확대된다. 그러나 개념이 이렇게 확대되어도 아직은 구대륙에만 국한된 국부적인 실크로드이며, 이것이 바로 지금까지의 통념이다. 동서양 학계는 여태껏 이 낡은 통념에 안주하고 있으며, 구대륙 밖의 문명교류 통로는 아예 무시하고 있다.

앞의 세 단계를 거쳐 형성된 통념으로서의 실크로드(해양실크로드 포함)가 구대륙의 범위를 벗어나지 못함으로써 신대륙(남북아메리카)은 인류문명의 교류권에서 소외당하고 말았다. 우스꽝스러운 역사의 아이러니다. 그러나 늦어도 15세기 말엽부터는 해로에 의한 문명교류의 통로가 구대륙에서 신대륙까지 뻗어가 명실상부한 범지구적 바닷길로 자리 잡아서 오늘에 이르고 있다. 이것이 실크로드 개념 확대의 네번째 단계인 환지구로 단계다. 필자는 일찍부터 이 4단계 확대론을 주장하면서 통념에 도전해오고 있다.

도전의 핵심인 해로가 신대륙에까지 이어졌다고 보는 근거는 크게 두가지다. 하나는 신대륙에 이르는 해로가 개척되었다는 사실이다. 주지하다시피, 1492년 콜럼버스가 카리브해에 도착한 데 이어 마젤란 선단이 1519~22년에 스페인→(대서양) 남미 남단→(태평양) 필리핀→(인도양) 아프리카 남단→(대서양) 스페인으로 이어지는 세계일주 항해를 단행함으로써 신대륙으로의 바닷길이 트이게 되었다. 다른 하나의 근거는 신·구대륙 간의 문물교류다. 16세기부터 스페인과 포르투갈이 필리핀의 마닐라를 중간기착지로 하여 중국의 비단이나 도자기를 중남미에 수출하고, 중남미의 백은을 아시아와 유럽에 수출하는 등 신·구대륙 간에는 이른바 '태평양 비단길' '백은의 길'이 트여 '대범선무역(大帆船貿易)'이 시작되었다. 이러한 무역에 의해 고구마·감자·옥수수·담배 등 신대륙의 농작물이 아시아와 유럽 각지에 유입·전파되었다. 당시 세계에 알려졌던 농산물 28종 중 무려 절반의 원산지가 라틴아메리카였으며, 그것이 이 무역로를 통해 세계 각지에 퍼져나갔고, 오늘날까지도 그 흔적이 역력하다.

Ⅲ. 문명의 보고 라틴아메리카

이른바 '선진문명'을 자처한 서구 식민주의자들의 무자비한 파괴와 약탈, 그리고 '후진문명'이라는 날조와 역사의 단절 등 작위적인 장막으로 인해 유구하고 찬란했던 라틴아메리카 문명은 왜곡과 비하, 무시 속에 그 실상이 세계에 제대로 알려지지 않았다. 그러나 작금 역사적 정체성을 복원하려는 각성과 더불어 그 문명 흔적들이 곳곳에서 발견됨으로써 라틴아메리카는 문명의 무진장한 보고(寶庫)로 인지되어가는 중이다. 필자는 그 '보고다움'을 현장에서 몸소 실감하고 확인했다.

우리가 라틴아메리카를 문명의 보고라고 하는 것은 우선, 인디오들이 남겨놓은 잉카문명이나 마야문명, 아스떼끄문명 등의 고대문명이야말로 휘황찬란하며, 그것이 곧 인류 공유의 귀중한 문화유산이기 때문이다. 이러한 문화유산에는 현장에 고스란히 남아 있는 유적·유물과 박물관이나 전시관으로 옮겨져 소장되어 있는 유물이나 모조품, 모사도 등이 속한다. 현지 답사 과정에서 느꼈지만, 대부분 나라들은 유적·유물의 발굴에 애쓰고 있을 뿐만 아니라, 박물관이나 전시관을 마련해 유물을 잘 보존하며 재현하고 있다. 그 대표적인 일례가 세계 유수의 멕시코 국립인류학박물관이다.

다음 이유는, 인류문명사에 대한 지대한 기여 때문이다. 올메까문명으로부터 시작해 잉카문명과 마야문명, 아스떼끄문명, 그리고 메소아메리카문명에 이르기까지 라틴아메리카에서 발생한 모든 문명들은 명실공히 그 높은 수준으로 인해 인류문명사에 불멸의 업적을 남겼으며, 인류에게 값진 혜택을 베풀었다. 경탄을 자아내는 황금문화와 도자(陶瓷)문화는 유라시아 구대륙의 그것을 뺨칠 정도로 월등하다. 세계 농작물 절반의 원산지가 바로 라틴아메리카라는 사실 하나만으로도 그 절대적인 혜택을 가히 짐작할 수 있다. 은을 비롯한 풍부한 부존자원은 서구 산업화의 동력으로 기능했으며, 빼어난 자연경관은 인류에게 정신적 활성소를 불어넣고 있다. 다양한 생태계는 종의 기원을 비롯한 여러가지 과학연구의 장을 제공해주었으며, 다종다기한 사상은 이곳을 여러 사회이론의 '고향'으로 주목받게 한다.

끝으로, 우리와 관련해 이유 한가지를 덧붙인다면, 우리 역사·문화의 외연사(外延史)에 놀라운 증좌를 제공해주고 있기 때문이다. 라틴아메리카 원주민인 인디오의 종족적 기원에 관해 그간 많은 논란을 거듭해오던 끝에 지금은 우리 한민족과 동종인 몽골로이드로서, 약 1만 5,000년 전에 베링해협이나 태평양을 건너 그곳에 정착했다는 것이 중론이다. 몇몇 박물관에 전시된 고대 인디오들의 이동로 지도에는 그들이 한반도를 지나간 것으로 명시되어 있다. 최근의 각종 체질인류학적 조사에 의해서도 한민족과 인디오들의 유전자 DNA가 같다는 것이 밝혀지고 있다. 우리는 답사 과정에서 두 종족 간 생활모습의 유사점을 적잖게 발견했다. 남자는 상투를 틀고, 여자는 머리칼을 땋으며 머리에 물건을 이고 다닌다. 옛날 우리네 모습 그대로이다. 쟁기를 비롯한 농기구는 우리의 것과 너무나 닮은꼴이다. 어떤 학자는 마야문명을 이은 아스떼끄문명의 언어와 한글의 상관성을 제기하면서, 미지의 한글 어원을 거기서 찾을 수 있지 않을까 하는 견해도 조심스레 피력하고 있다. 이 모든 현상은 우리 역사·문화의 글로벌 외연성을 시사한다.

우리는 값진 재보를 쌓아둔 창고 같은 라틴아메리카의 문명에서 어제의 어울림이나 상관성을 찾아낼 뿐만 아니라, 내일에 유용한 공통 가치들을 골라 건져내야 한다. 그럴 때 지금까지 격폐되어온 신·구대륙 간의 간극을 줄이고 공생공영을 함께 도모할 수 있으며, 지구는 동·서반구를 가리지 않는 일체로 영원히 남아 있게 될 것이다.

제1부

남미에서 문명의 풍요와 함께
병증을 찾다

01
리스본에서 장도의 닻을 올리다

    문명의 보고이자 미지의 세계이기도 한 라틴아메리카 땅을 한번 실컷 밟아보는 것은 오랜 숙원이었다. 지난 세기 60년대와 80년대에 잠깐 몇몇 나라에 들른 적은 있다. 그후 30년간 학문적 절박성이 더해지면서 정말로 그날을 학수고대해왔다. 기회란 다가오는 것이 아니라, 다가서야 차려지는 법이다. 근 1년간의 준비 끝에 드디어 그날(2012년 6월 13일)은 오고야 말았다.

    이날을 앞두고 답사 여건에 관해 이것저것 걱정 어린 조언을 많이 들었다. 압축하면, 이 나이에 그토록 험악한 자연환경과 불편한 사회환경을 오랫동안 견디어낼 수 있을까 하는 걱정이었다. 남북 종단이라 춘하추동 사계절이 바뀌고, 해발 3,000~4,000m의 고지대를 숱하게 넘어야 하며, 메마른 사막을 지나야 한다. 게다가 교통편이 엉망이어서 이착륙이 지연되거나 행장이 분실되는 경우가 다반사이며, 카메라를 꺼내 보이는 순간부터 제 것이 아니라는 것을 각오해야 한다는 등 으스스한 경고성 직언이나 당부도 있었다. 그러나 이 모든 것을 사전 준비에 대한 도움말로 받아들이면서 마음을 더더욱 다잡았을 뿐, 결코 초지일관 흔들리지는 않았다. 왜냐하면, 그곳에도 사람들이 살고 있기 때문이다. 이러한 염려나 걱정이 한낱 기우에 지나지 않았으면 하는 바람이 간절했다.

설렘 속에 인천공항에 이르니, 연구소 식구들이 환송하러 나와 있었다. 너무나 황송했다. 원래 오후 2시 5분에 이륙하기로 예정된 독일 항공 루프트한자 731편(좌석 30D)은 중국 관제소 측에서 '항공 혼란'이라는 이유를 붙여 느닷없이 상공 통과를 불허하는 바람에 한시간 남짓 늦게(3시 26분) 이륙했다. 불길한 생각을 애써 지우면서 기내 텔레비전 안내에만 신경을 썼다. 비행기는 시속 930km, 고도 1만m 전후를 오르락내리락하면서 무려 10시간 30분 동안이나 날아 저녁 7시(서울과 7시간 차)에 보슬비 내리는 중간기착지 프랑크푸르트에 안착했다. 기내 안내판에 따르면, 노정은 인천→베이징→울란바토르→노보시비르스끄→옴스끄→우랄산맥→프랑크푸르트 순이다. 마일리지를 공유할 정도로 아시아나항공과 밀접한 제휴관계가 있어서 그런지는 몰라도, 기내 중식으로 맛깔난 한식 비빔밥이 나왔다. 여기에 청아한 스파클링 와인 한잔을 곁들이니 금방 몸이 호졸근해진다.

환승수속은 따로 없이 여권에 입국도장만 받고 게이트 A01 구역에서 대기하다가 현지시간 밤 9시 45분에 포르투갈 항공 1172편(좌석 5C)을 타고 리스본으로 향했다. 2시간 55분 동안을 날아 리스본공항에 현지시간으로 밤 11시 40분(두 나라 간 시차는 1시간)에 착륙했다. 아무런 입국수속 없이 짐만 찾고 공항을 빠져나왔다. 택시기사에게 물으니, EU 나라에서 오는 여객기 탑승객은 입국수속이 필요 없다는 것이다. EU라는 지역블록 내에서 누릴 수 있는 혜택이다.

할증료까지 포함해 19유로의 택시비를 물고 자정이 넘어서 홀리데이인터내셔널호텔에 도착, 502호실에 여장을 풀었다. 인천에서 여기까지 오는 데 장장 13시간 반이나 걸렸다. 어지간히 지쳤지만, 시차관계로 깊이 잠들지 못하고 비몽사몽 중에 날이 밝았다. 우리가 라틴아메리카로 가는 도중에 굳이 리스본에 들른 것은 그 옛날 이곳 사람들이 대서양 물길을 처음으로 터놓은 후 한동안 그 길을 타고 동반구와 서반구가 만났으며, 중세 '대항해시대'의 막이 여기서 올랐기 때문이다. 그래서 우리는 장도의 닻을 이곳에서 올리기로 했다.

리스본은 영어 식 번역어이고, 포르투갈어로는 '리스보아'다. 한때 지중해의 패권을 거머쥐고 있던 페니키아인들이 '양항(良港)'이라는 뜻으로 붙인 페니키아어에서 연유한 이름이라고 한다. 리스본은 이름에 걸맞은 해양도시다. 요즈음에는 아침저녁으론 우리네 초가을 날씨처럼 서늘하다가도 한낮이 되면 햇볕이 쨍쨍하다. 테주(타구스, 타호)강의 대서양 입해구 우안에 자리한 이 도시는 7개의 구릉을 따라 아기자기한 모양새를 이루고 있다. 길 양편에는 송백·종려·보리수·레몬·감람·무화과 등 갖가지 나무가 우거져 숲을 방불케 한다.

이 자그마한 도시에 250여곳의 공원과 화원이 있다고 하니 무릉도원이 따로 없다. 리스본은 조선업으로도 유명한데, 30~70만톤급 유조선을 건조해내고, 100만톤급 유조선까지 수리할 수 있는 초대형 도크를 갖추고 있으며 세계 선박 수리량의 9분의 1일을 감당하고 있다. 아열대에 속한 해양성기후라서 1년 내내 온화하고 화사한 날씨가 계속된다(1월 평균온도가 7~11도, 7월은 20~26도). 약 84km²의 면적에 54만 인

'공중광장'이라는 뜻의 호시우광장 전경.

구가 살고 있으니, 이 역시 안성맞춤이다. 게다가 유구한 역사까지 더
하니 볼거리가 제법 많다.

시가지는 행정기관과 상업망이 모여 있는 중앙부와 본래 페니키아
인과 로마인들이 살던 구시가지인 동부, 근세에 와서 개발된 신시가
지인 서부의 세 구역으로 나뉜다. 일명 '바이샤'라고 하는 중앙부에
자리한 호텔에서 10분쯤 걸어 다다른 호시우광장이 우리의 첫 관광
지다. 정식 이름은 초대 브라질 국왕을 지낸 둠 뻬드루 1세의 이름을
딴 '둠뻬드루광장'이지만, 보통 애칭으로 '공중광장'이라는 뜻의 호
시우광장으로 많이 부른다. 꽤 넓은 광장의 한복판에는 흰색 원주가
우뚝 서 있는데, 그 꼭대기에는 정복자의 위풍으로 광장을 굽어보는
둠 뻬드루의 동상이 얹혀 있다. 주위에는 위용을 자랑하는 4~5층짜

리 해묵은 건물들이 자리하고 있는가 하면, 현대적 까페와 선물 상점들도 즐비하다. 광장을 벗어나자 내내 우중충하던 하늘에서는 보슬비를 뿌리기 시작한다. 연 강수량이 500~1,000mm인 이곳에서 비는 주로 겨울철에 내리고, 여름철에는 드물다고 한다. 그런데 요즘은 이상기후 탓인지 한여름에도 자주 내린다고 한다. 더위를 식혀주는 비라서 사람들은 즐기는 표정이다.

여기서 좁은 언덕길을 따라 20분가량 걸어올라가니 야트막한 언덕바지에 오래된 까르무(Carmo)교회가 나타난다. 관람자들이 삼삼오오 교회문을 드나든다. 1389년에 세워진 이 교회는 당시만 해도 가장 큰 교회로서 가톨릭의 본산 역할을 했다. 그러다가 1755년에 발생한 사상 유례 없는 대지진으로 석조건물인 이 교회는 거의 완파되었다. 6~10만의 인명을 앗아간 진도 9도의 이 대지진은 인류 역사상 가장 비참한 결과를 가져온 지진의 하나로 기록되고 있다. 이 나라는 지금도 가톨릭 신자가 전 인구의 94%를 점하며, 개신교는 겨우 2%에 불과하다. 나머지는 이슬람교나 유대교 신자들이다.

여기서 택시로 5분 거리에 있는 싼뻬드로데알깡따라 전망대에 이르렀다. 자그마한 공원으로 꾸려진 전망대에 서니 맞은편에 펼쳐진 구시가지가 한눈에 안겨온다. 1,500년 전에 축조된 싼조르제 성채의 늠름한 위용이 아직도 그 잔영(殘影)을 던져주고 있다. 3시 방향에는 쪽빛 바다가 햇빛에 얼른거린다. 전망대에서 언덕길을 따라 약 20분 걸어서 해변가에 다다랐다. 여느 골목길과 마찬가지로 돌로 포장된 이 길도 수백년간 사람들의 발길에 길들여져 매끈거린다. 여기서 해변을 따라 한참 만에 도착한 곳은 군사박물관이다. 일명 '대포박물관'이라고도 하는 이 박물관에는 '대항해시대'부터 식민시대까지의 식민지

구시가지가 한눈에 안겨오는 싼뻬드로데알깡따라 전망대.

약탈전과 프랑스 등 주변 국가들과의 물고 물리는 각축전에서 파괴와 살육에 사용되었던 각종 무기와 장비가 전시되어 있다. '대포박물관'이라고 불린 것은 아마도 이 박물관에 대포가 많이 전시되어 있기 때문일 것이다. 그도 그럴 것이 해양 개척과 식민지 정복에서 대포는 위력있는 무기로서 시종 중요한 역할을 했던 것이다.

유럽에서는 14세기 후반부터 대포가 급속히 보급되어오다가 15세기에 이르러 전쟁의 규모가 대형화하면서 뉘른베르크와 리옹 등지에서 대포를 대량 생산했다. 그러던 대포가 16세기에 와서는 점차 소형화하면서 현측포(舷側砲)로 선상에 장착하게 되었다. 당시 식민지 정복에 열을 가장 많이 올렸던 포르투갈과 스페인은 주요한 대포 시장이었다. 그런 흉물이 마냥 역사의 증인인 양 오늘 이 박물관을 채우고 있는 것이다. 전시품 중에는 대포 말고도 다양한 총기와 도검, 마차류가 있어 근대전의 양상을 조금이나마 헤아려볼 수 있게 한다. 이 바로크 식 건물은 18세기 때의 병기창고를 개조한 것이다. 이제 경로(敬老)는 인간들이 공유하고 있는 보편가치가 되어 이 박물관에서도 60세 이상의 관람객에게는 입장료를 반값(1.25유로)으로 낮춰주고 있다.

박물관 인근 간이식당에서 삶은 감자 조각을 얹은 정어리 찜(5유로)으로 대충 점심을 때우고 가까이에 있는 국립고고학박물관에 들렀다. 여기서 포르투갈의 고대사에 관한 지식을 좀 얻을 수 있으리라는 기대를 갖고 찾아갔으나 크게 실망했다. 포르투갈 전시실 유물은 토기 시대 것부터 있었는데, 고작 즐문토기 한 조각과 손잡이 달린 잔, 청녹색 유리그릇 몇점뿐이다. 기타는 미라 몇구를 옮겨다놓은 이집트관과 로마관, 그리스관으로 구색만 맞춰둔 수준이었다. 로마관은 엑스레이 검색을 한다고 하기에 포기하고 그리스관에 들렀더니 그리스시대의 석비와 신전 유물 위주였다. 그래도 유럽 나라치고는 역사가 꽤 오래고, 이웃들과의 교류도 활발했던 나라인데, 고고학박물관이 이렇게 허술한 몰골이라니! 이해가 얼른 가지 않았다.

사실 북부 도우로(Douro)강 지류의 꼬아(Coa)계곡에서는 '세계 최대의 야외박물관'이라고 하는 1만여년 전 구석기시대의 벽화군이 발견된 바 있으며, 신석기시대의 거주지도 다수 발굴되고 있다. 이 벽화군을 비롯해 역사지구와 생태지구, 문화경관지와 수도원 등 13개의 유적·유물이 세계문화유산으로 등재되어 있고, 크고 작은 박물관만도 42개나 된다. 기원을 전후해 약 500년 동안 로마의 통치를 받아왔지만 일찍이 독립왕국을 세웠으며(1143), 15~16세기에는 아프리카와

아시아, 아메리카에 많은 식민지를 영유한 무적의 해상강국으로 발호
(跋扈)했다. 그러다가 16세기 말경부터 19세기 초엽까지 기간에는 스
페인에 병합되고, 이어 프랑스 나뽈레옹의 침탈을 겪기도 했다. 하지
만 이를 의연히 물리치고 입헌군주제를 거쳐 드디어 1910년에 이르
러서는 공화제를 달성했다. 비록 식민지 정복과 약탈이라는 역사의
오점을 지녔고 몸집도 작지만, 결기(決起)가 있고 담찬 나라였음은 분
명하다. 이것을 제대로 담아내지 못한 국립고고학박물관이 못내 아쉽
기만 하다.

이어 지척에 있는 포르투갈 황금기의 상징 제로니무스수도원으로
발길을 옮겼다. 일찌감치 세계문화유산으로 등재된 이 수도원 안은 예
배자들의 은은한 성가 소리가 메아리치고 참관자들로 붐빈다. 원래 이
성당은 해양왕 엔히끄가 세운 예배당이었다. 후일 마누엘 1세가 바스
꾸 다 가마의 '인도항로' 개척을 기념하기 위해 1502년에 증축을 시
작해 약 1세기에 걸쳐 완공했다. 리스본 항구를 출발하는 항해자들의
안녕을 위해 미사를 올리곤 했던 기념비적 성소다. 이 건물은 '대항해
시대'의 대표적 건축양식인 마누엘양식으로 지어져 대단히 웅장하고
화려하다. 길이 55m의 아치형 화랑이 중정(中庭)을 에워싸고 있다. 출
입문인 서문은 프랑스 조각가가 설계했는데, 문 좌측에는 마누엘 1세
와 우측에는 왕비 마리아가, 그리고 문 위에는 왼쪽으로부터 수태고
지(受胎告知)와 예수의 강림, 동방 3박사의 예배 순으로 정교하게 돋을
새김 되어 있는데 어느 것 하나 빠짐없이 모두가 명품이다.

입구에서 좌측에는 '인도항로'의 개척자 다 가마의 석관이, 우측에
는 대서사시 『우스 루지아다스』(Os Lusíadas)의 저자 루이스 바스 드 까
몽이스(Luís Vaz de Camões, 1524~80)의 석관이 놓여 있다. 까몽이스는

'포르투갈 국민의 정신적 성서'로 불리는 이 대서사시에서 포르투갈의 역사와 역사 속의 신화들을 동원한 풍부한 상상력으로 다 가마의 '인도항로' 개척을 구가(謳歌)하고 있다. 11음절의 8연시(聯詩) 10편(총 1,102절)으로 이루어진 이 대서사시는 호메로스의 『오뒷세이아』와 비견되는 대작으로 평가받고 있다. 관광객들로 가장 붐비는 곳은 다 가마의 석관 언저리다. 다들 숙연한 마음으로 기도를 올리곤 관에 입맞춤한다. 한 궁정화가에 의해 화려하게 꾸며진 제단 왼편에는 마누엘 1세와 왕비, 오른편에는 아들 주앙 3세(João III)와 왕비 까딸리나(Catalina)의 관이 가지런히 놓여 있다. 1518년 한 스페인 건축가에 의해 설계된 남문에는 성 마리아 상을 중심으로 24명의 성인상이 걸려 있다. 이렇게 보면, 이 성당은 '대항해시대'의 마누엘양식 건축의 정수라고 말할 수 있다.

무언가 영감을 얻은 기분으로 수도원을 나와 '발견의 탑'과 벨렘(Belém)탑을 차례로 둘러보고 오늘의 시내 관광을 마쳤다. 거리의 노천 간이식당에서 조촐한 저녁식사를 하고 호텔로 돌아왔다. 돌아오는 길에 인근 편의점에서 야참으로 귤 두개(2유로), 튀긴 빵 두개(3유로), 물 세병(1.5유로)을 장만했다. 시차도 극복 못한데다가 간밤을 설치고 하루 종일 오르락내리락 고불고불한 돌길을 헤집고 다니다보니 몸은 파김치 직전이라, 밤 열시도 채 안 돼 잠에 곯아떨어지고 말았다.

'대항해시대' 마누엘양식 건축의 정수 제로니무스수도원과 광장 전경.

02
포르투갈의 대서양항로 개척

해상실크로드가 라틴아메리카로 이어지게 된 단초는 포르투갈의 해양왕자 엔히끄의 대서양항로 개척이다. 물론 역사는 섣부른 가정을 불허하지만, 이러한 단초가 없었던들 해상실크로드의 라틴아메리카 연장은 상당히 늦춰졌을 것이며, 이에 따라 라틴아메리카의 명운도 지금까지와는 다른 양상을 보여줬을 수도 있다. 그만큼 엔히끄와 포르투갈의 대서양항로 개척은 라틴아메리카 이해에서 특별한 의미를 갖는다. 그래서 이 항로 개척과 관련된 몇 곳에 깊은 관심을 돌리지 않을 수 없다.

전날 오후에 먼저 제로니무스수도원의 서단이 입구인 해양박물관을 찾았다. 우선 눈길을 끄는 것은 '대항해시대'를 중심으로 중세부터 현대까지 건조된 각종 선박의 모형과 항해 기구들이다. 그 종류의 다양성에서는 세계 어느 나라 박물관도 추종을 불허할 정도로 엄청나다. 필자에게 낯선 선박들이 수두룩했다. 과시 해양왕국다운 모습이다. 한때 예하에 있던 식민지 각국의 역사지도도 진귀품으로 전시되어 있다. 역시 몇몇 지도는 낯설다. 별관에는 여러가지 선박의 실물과 함께 1922년 리스본에서 브라질의 리우데자네이루까지 최초로 남대서양 횡단비행에 성공한 싼따끄루즈호 경비행기 모습도 보인다. 이곳에 세워진 엔히끄의 동상에서 그의 해맑은 용모를 감지할 수 있는데, 이것이 아마 가장 표준적인 초상이 아닐까 추측한다. 초상을 향해 카메라 셔터를 연신 눌렀다. 별로 크지 않은 박물관인데도 눈길이 멎는 구석이 너무 많아 대충 훑어보는 데만 1시간 10분이 걸렸다.

이어 '대항해시대'의 상징인 '발견의 탑'으로 향했다. 이 기념물은 '인도항로'의 개척자 바스꾸 다 가마가 항해를 떠난 테주강 우안의 바로 그 자리에 엔히끄(1394~1460)의 사후 500주년을 기념해 1960년 세워졌다. 범선 까라벨을 모티프로 조성한 이 탑의 맨 앞자리에는 범선 모형을 손에 든 엔히끄가 서 있고, 그 뒤로는 아프리카-포르투갈 제국을 세운 아폰수 5세와 다 가마, 브라질 식민화의 선봉장 알바레스 까브랄, 최초로 세계일주를 달성한 마젤란, 그리고 천문학자·수학자·선교사·지리학자·선원·목공 등이 차례로 따르고 있다. 뒤편에는 일본을 비롯한 동아시아에서 포교 활동을 벌인 예수회의 선교사 프란시스꼬 하비에르(Francisco Javier)도 끼어 있다고 한다. 승강기를 타고 높이 52m인 탑의 꼭대기에 올라가니 그 옛날 항해자들의 꿈을 키웠던 대서양의 지평선이 아스라하게 보인다.

시원한 강바람이 촉촉한 이마 땀을 식혀준다. 탑에서 2km는 실히 되는 곳에서 테주강을 남으로 가로지르는 길쭉한 다리 하나가 시야에 들어온다. 1966년에 개통된 길이 2,277m의 '4·25다리'다. 다리는

'항해왕자' 엔히끄의 서거 500주년을 맞아 1960년 테주강 우안에 세운 '발견의 탑'(상)과 그 세부 조각(하) 모습.

자동차가 다니는 상단과 기차가 통하는 하단의 이중구조로 되어 있다. 다리 이름이 범상치 않아 곁에 있는 한 포르투갈 중년신사에게 그 뜻을 물었다. 말을 들어본 즉 사연이 길다. 이 다리는 미국 쌘프란시스코 금문교와 꼭 같은 다리를 놓으라는 독재자 쌀라자르의 명에 의해 만들어졌다고 해서 당초 이름을 '쌀라자르교'라고 했다. 그러다가 안또니오 스뻬놀라(António de Spínola)를 중심으로 한 혁신파 군인들이 쿠데타를 일으켜 40여년간 장기집권 해온 악명 높은 쌀라자르를 축출하고 혁명정부를 수립했다. 이른바 '카네이션혁명'이다. 그날이 바로 1974년 4월 25일이다. 이날을 기념해 다리 이름을 오늘과 같이 바꿨다고 한다. 포르투갈 사람들은 그때를 '리스본의 봄'으로 마음속 깊이 간직하고 있다.

다리의 남단 교두보는 굵직굵직한 굴뚝들이 띄엄띄엄 박혀 있는 공단과 잇닿아 있다. 공단은 이 나라에서 중요한 알마다 공업단지로, 철강과 화학, 조선업 등 대형 공장들이 밀집해 있다. 탑에서 광장을 내려다보는 순간 대리석으로 모자이크한 한폭의 지도를 발견했다. 내려와 보니 '대항해시대'에 이 나라가 '발견'(실은 침략과 정복)했다고 하는 여러 지역의 이름과 발견 연도가 적혀 있는 세계지도다. 일본을 발견한 해는 1541년이라고 되어 있는데, 그것은 포르투갈선이 일본 분고(豊後)에 우연히 표착한 해다. 우연한 표착을 발견으로 둔갑시키는 어이없는 식민논리에 그만 혀를 차고 말았다.

여기서 하구 쪽으로 15분쯤 걸어서 벨렘탑에 이르렀다. 이 탑은 마누엘 1세의 명에 따라 1515년에 착공해 5년 만에 완공했다. 원래는 테주강을 드나드는 배들을 감시하고 하구를 방어하는 요새로 지었으나, 후에는 선박들로부터 통행세를 거둬들이는 세관이나 항로를 밝히는

1520년 요새로 지어진 벨렘탑 모습.

등대로 용도가 바뀌었다. 마누엘양식의 정교한 4층 석조 테라스(포대) 가 압권인데, 그 한가운데에 항해의 안전을 기원하는 성모 마리아 상 이 안치되어 있고, 남벽에는 마누엘 왕의 문장이 새겨져 있다. 밀물일 때는 기단이 물에 잠기기도 한다. 1층은 사령관실인데, 북서쪽 창문을 열면 코뿔소의 머리 모양을 한 배수구가 눈에 띈다. 기록에 보면, 마누 엘 1세는 1513년에 인도로부터 코뿔소를 수입해 로마교황 레오 1세에 게 헌상했다고 한다. 아마 그때 코뿔소의 머리 모양을 건축 모티프로 채택한 것 같다. 2층은 왕실이고, 조금은 다른 르네상스양식 발코니에 서 강을 부감하도록 했다. 3층은 알현실로서 돌벽과 돌바닥으로 이루 어졌다. 4층 예배실에서는 초기 마누엘양식의 장식적 특색이 선명하 게 드러난다.

전날 이러한 몇 곳 답사를 통해 엔히끄와 포르투갈의 대서양항로 개척에 관한 얼마간의 지식을 얻은 데 이어, 오늘(6월 15일)은 그 거보의 출발점인 후까(Roca)곶을 찾아가기로 했다. 거의 시간마다 운행버스가 있지만, 시간 절약을 위해 90유로를 주고 전세택시를 얻었다. 30대 중반의 기사 쎄르지오는 성격이 활달한데다 영어까지 제법 익숙해 길을 가면서 많은 얘기를 나눴다. 그의 말에 따르면, 리스본시 인구는 약 50만에 불과하지만 주변의 위성구역까지 합치면 100만명을 헤아린다. 경제가 침체 상태이다보니 실업문제가 엄중해 이미 전국적으로 100여만명이 독일이나 영국, 프랑스, 심지어 중국으로 이민했다. 그 탓에 요즘은 중국어가 굉장한 인기를 모으고 있다고 한다. 유럽공동체에 들어간 이래 경제, 특히 농업은 여지없이 피폐해져 먹을거리는 아무것도 자급자족할 수 없다. 이 점에 대해 국민들은 몹시 불안해한다.

최근 정부가 이러저러한 수습책을 내놓고 있지만 효력은 대단히 미미하다. 쎄르지오는 이 같은 실태를 여과 없이 토로한다. 리스본에서 후까곶으로 가는 길 연변의 대부분은 메마른 산간지대거나 모래땅이다. 밀이나 옥수수, 토마토 같은 농작물이 가까스로 자라고는 있으나 어쩐지 신통치 않다. 땅이 토박하다보니 한창 푸르싱싱해야 할 농작물이 시들먹한 것이다. 게다가 유럽치고는 초라하기 이를 데 없는 민가들이 다닥다닥 붙어 있으며, 가축도 별로 눈에 띄지 않는다. 도대체 이곳 사람들은 무얼 먹고 어떻게 살아가는가가 자못 궁금했다. 어제까지는 남의 등을 쳐서 이럭저럭 살아왔지만, 오늘을 전전긍긍하며 내일을 걱정해야 하는 것이 지난 시기 일시 허장성세를 부리던 기존 식민제국들의 가냘픈 현실이다.

리스본에서 서쪽으로 40km 떨어져 있는 후까곶은 유라시아대륙의

1905   1980

PAUL HARRIS
ROTARY CLUB DE SINTRA

유라시아대륙 최서단 후까곶의
사각 석주(상)와 석비(하).

최서단으로, 북위 38도 47분, 서경 9도 30분 지점에 자리하고 있다. 높이 140m의 깎아지른 절벽이 육지와 바다의 경계를 이루고 있는 이곳에는 그 경계를 확인해주는 두개의 구조물이 있다. 하나는 높이가 약 20m쯤 되는 사각 석주 십자가이고, 다른 하나는 "여기서 땅은 끝나고 바다가 시작된다"라는 시인 까몽이스의 시구가 새겨진 석비다. 한반도는 유라시아대륙의 동단(東端)이니, 우리는 이 대륙의 한쪽 끝에서 다른쪽 끝으로 온 셈이다. 이 두개의 구조물 말고도 좀 처져서는 등대와 감시초소가 있다.

대서양의 검푸른 물결은 이따금씩 절벽에 부딪혀서는 하얀 물보라를 흩날린다. 저 너머가 바로 미국이다. 이름 모를 들꽃들이 싱그러운 바닷바람에 흐느적거린다. 땅의 끝을 밟아보려는 호기심 많은 답사객들은 저마다 흥분을 감추지 못한 채 바다를 배경으로 카메라 셔터를 연신 누른다. 30명가량의 한국 관광객들은 가이드의 선창에 맞춰 바다를 향해 한 목소리로 "대서양, 코레아!"를 연거푸 외친다. 20여명의 중국 관광객들도 눈에 띈다. 엔히끄가 이곳을 대서양항로의 출발지로 삼은 것은 아마 유라시아대륙 가운데서 가장 대서양에 깊숙이 자리한 곳이기 때문이었을 것이다.

1418년경 엔히끄가 이 후까곶에서 대서양 항해의 첫 닻을 올리게 된 것은 그의 탁월한 선견지명과 치밀한 준비에 의해 비로소 가능했다. 금발에 훤칠한 키를 지닌 엔히끄는 주앙 1세 왕의 셋째 아들로, 어머니는 영국 황실의 공주다. 어릴 적부터 기사도 정신으로 훈육된 그는 약관의 나이에 정복대를 이끌고(1415) 지중해를 건너 세우따(Ceuta, 현 모로코 영토)를 강점했다. 스물여섯에는 교황의 후원을 받는 최강 기사단 가운데 하나인 그리스도 기사단의 단장이 되어 해외 정복의 푸른 야망을 키워갔다.

그 무렵 왕자는 남부 알가르베의 총독을 맡게 된 기회를 이용해 최
서남단에 있는 싸그레스곶에 자그마한 성채를 짓고 종합적인 해양기
술자 양성기지를 꾸린다. 일명 '인판떼(왕자)의 저택'이라 불렸던 이
성채로, 각지에서 우수한 항해기술자·조선기사·천문학자·수학자·
지리학자·세공업자·어부 등 조선과 항해에 관련된 인재들이 모여들
었다. 각종 탐험기와 지리서, 지도 등을 갖춘 도서관도 마련되었다.
소문을 듣고 인근 여러 나라에서 전문가들이 쇄도했다. 여기서 미래
의 항해도가 구사(構思)되었으며, 당시로서는 가장 뛰어난 조선술과
항해술이 고안되었다. 자그마한 나라 포르투갈(당시 리스본 인구는 4만)
이 세계적인 해양강국으로 발돋움할 수 있었던 도약대가 이 무명의
곳에서 남몰래 한뼘씩 쌓아올려졌다.

그 도약대는 까라벨이라는 신형 선박 위에 설치되었다. 전문가들
은 용골(龍骨)을 특징으로 하는 북해·대서양의 바이킹 선박과 삼각돛
대로 두각을 나타낸 이슬람 선박의 장점을 슬기롭게 결합해 성능이
뛰어난 까라벨을 만드는 데 성공했다. 바이킹에서 횡범(橫帆)을 따다
가 주(主)마스터 주위를 돌게 함으로써 종범(縱帆)에 못지않게 바람을
잘 가를 수 있었고, 순풍일 때는 횡범에 의해 큰 속력을 낼 수 있었다.
그리고 선수에는 자그마한 횡범 마스터를, 선미에는 중형(中型) 마스
터를 각각 설치해 역풍에도 아랑곳하지 않고 정상적으로 항해할 수
있게 했다. 당시로서는 가장 뛰어난 선박이었다.

엔히끄는 생전에 열다섯번이나 대서양항로 개척을 위해 서부 아프
리카의 대서양 연안에 선단을 파견해 몇몇 섬들을 발견하고 사금과
노예들을 본국으로 실어왔다. 그가 직접 이런 선단을 이끌었는지는

명확하지 않다. 대체로 그 자신은 참가하지 않고 파견을 주도했다는 것이 중론이다. 왕자 엔히끄가 죽자 대서양 탐험은 일시 중단되었다가 포르투갈의 또다른 항해가 디아스(Dias)에 의해 재개되었다. 그가 이끄는 세척의 범선이 1488년에 드디어 아프리카의 최남단에 도착했다. 그는 심한 폭풍우를 이겨내고 발견했다고 해서 이곳을 '폭풍우의 곶'(Cape of Storms)이라고 명명했다. 이후 디아스의 보고를 받은 국왕은 미래에의 야망을 드러내며 '희망봉'(Cape of Good Hope)이라고 개명했다. 그곳이 바로 오늘의 케이프타운이다. 몇년 뒤에 역시 포르투갈 항해가 바스꾸 다 가마가 아프리카 남단을 에돌아 인도로 가는 '인도항로'를 개척했다. '대항해시대'의 서막을 연 이 모든 사실을 감안해 엔히끄와 포르투갈을 대서양 항로의 개척자라고 말하는 것이다.

후까곶 답사를 마치고는 북쪽으로 한시간 거리에 있는 마프라(Mafra)를 찾아갔다. 인구 5만에 불과한 이 자그마한 도시에 화려하기로 소문난 마프라수도원이 있다. 1711년, 자식이 없던 주앙 5세는 왕비 마리아 아나와 함께 자식을 갖게만 해준다면 수도원을 지어 바치겠노라고 신에게 서약한다. 과연 얼마 지나지 않아 공주가 태어났다. 왕은 서약대로 1717년 수도원을 짓기 시작해 5만명의 인력으로 13년 만에 완공했다. 독일 건축가에게 맡겨 지은 이 수도원은 방만 해도 2,000여 개나 된다.

공교롭게도 찾아간 날 보수공사가 진행되고 있어 일부밖에 둘러보지 못했다. 중앙부에 자리한 예배당은 바티칸의 성베드로(San Pietro) 사원을 본따 지었는데, 돔의 높이만도 70m나 되며, 바로크양식의 내부는 몽땅 핑크색과 백색, 회색의 아름다운 대리석으로 장식했다. 호화가 극치에 이른 궁전과 300명을 수용할 수 있는 병원, 3만권의 장서

1730년에 지어진 바로크양식의 화려한 마프라수도원 내부.

를 소장한 도서관, 여러 성인들의 초상화 등 장식과 소장품이 깊은 인상을 남겼다. 나뽈레옹이 쳐들어와 귀중한 보물을 마구 쓸어갔다고 가이드는 귀띔한다. 수도원 우측 가까이에는 육군사관학교가 자리하고 있으며, 학교 정문 앞에는 여러점의 군사 관련 조각품이 배치되어 있다.

　거기서 38km 떨어진 리스본에 돌아왔을 때는 이미 오후 2시를 훨씬 넘긴 시각이었다. 다들 허기진 김에 기사의 안내로 전통음식점을 찾아갔다. 식탁이 네개밖에 없는 고풍스러운 전통식당이다. 역시 그의 추천으로 쇠고기 완자와 감자가루 지짐, 훈제한 돼지고기와 감자튀김, 닭튀김과 감자가루 지짐 등 세가지를 주문해 각자 한가지씩을 들었다. 맛이 일품이다. 이곳 음식의 특징은 감자요리가 빠지지 않는

점심으로 먹은 전통음식. 포르투갈 전통음식에는 감자가 빠지지 않는다.

다는 것이다. 어제 어느 간이식당에서 점심식사 메뉴로 생선조림을 청했더니, 삶은 감자조각이 곁들여져 나왔다. 공히 감자는 이곳의 주식품이다. 후식으로는 작은 잔의 터키식 커피에 리콜(알코올의 일종)을 섞은 음료가 나왔다. 감칠맛 나는 일종의 리스본 식 칵테일이다. 이 소박한 서민 식당에서 한가지 놀라운 사실을 발견했다. 화장실 전기가 1분 간격으로 켜졌다 꺼졌다 하는 절약정신이다.

오후에는 못 다한 시내 관광에 나서기로 했다. 메트로(M자 표시의 지하철)를 세번 갈아타고 호시우광장으로 이어지는 해변가 거리에서 시내를 일주하는 '황색버스 28E' 유궤전차에 몸을 맡겼다. '몸을 맡겼다'라고 표현한 것은 그만큼 위험이 도사린 아찔한 승차였기 때문이다. 열대여섯명을 태운 전차가 너비 5~6m밖에 안 되는 고불고불한, 그것도 경사가 30~40도나 되는 언덕 골목길을 오르락내리락할 때는 지지대를 꼭 잡고 있던 승객들 저마다가 좌우상하 휘청거리기가 일쑤다. 소음도 요란하게 귀청을 때린다. 이것이 이곳 사람들의 일상 교통수단이다. 그러나 어느 누구의 얼굴에도 원망이나 불만의 낌새가 좀처럼 보이지 않는다. 다들 묵묵히 참고 견디며 순응한다. 하나의 관

행으로 이미 굳어져버린 성싶다. 성급하고 미숙한 사람들이라면 당장
이 '불편한 현실'을 뒤집어엎을 법도 한데… 역설적으로 이것이 이
나라의 저력이 아니겠느냐고도 생각해봤다. 이런 전차를 타고 그들과
함께, 그들 속에서 두시간의 시내 관광을 마쳤다. 주말이라서 거리는
붐비고 볼거리도 많다. 벽마다 꽉 찬 낙서도 그중 한가지다. 좀도둑이
거리를 배회하는 것도 잊히지 않는 추억이다.

어제의 영화와 오늘의 쇠락이 공존하고 숨바꼭질하는 유구한 도시
리스본에서의 마지막 하루는 이렇게 저물어갔다. 이제 장도의 닻은
서서히 올라가고 있다.

03
세계적 미항(美港), 리우데자네이루

　장도의 첫 행선지는 브라질의 리우데자네이루다. 이른 아침인데도 리스본공항은 꽤 붐빈다. EU 성원국답게 공항 출구는 EU국과 비EU국 승객을 분별해 두개로 되어 있다. 출국수속은 입국도장만 확인하고는 곧바로 출국도장을 찍는 식으로 극히 간소하다.

　내가 탑승할 TP 73편(포르투갈 항공, 좌석 30F)은 오전 9시 30분에 이륙하기로 예정돼 있었으나 40분가량 지연되었다. 이제부터는 이유 여하를 불문하고 '지연'을 참아내는 인내심을 길러야 할 터다. 이륙 10분 만에 기수는 서남쪽으로 향한다. 잠시 대서양의 창파가 시야에서 일렁이더니 어느새 뭉게구름 속에 자취를 감춘다. 오래간만에 대서양 상공을 헤가르는 감격도 잠시, 몸도 마음도 망망운해(茫茫雲海)에 잠기고 만다. 9시간 30분을 날아 6월 16일(2012) 현지시각 오후 5시 30분(리스본과는 4시간, 서울과는 12시간 시차)에 리우데자네이루공항(일명 갈

레앙공항)에 착륙했다.

차제에 한가지 부언하고자 하는 것은 비행시간 계산법이다. 비행기 문의 여닫이를 기준을 삼는 등 두세가지 엇갈리는 주장이 있지만, 필자는 나름대로 활주로에서의 이륙부터 착륙까지의 소요시간을 비행시간으로 계산한다. 이유는 어느 공항에서나 비행기가 문을 닫은 후 활주로에서 이륙할 때까지의 시간은 그야말로 '고무줄'이기 때문이다. 인간이란 공칙(公則)에 얽매여야 하기도 하지만, 간혹 사칙(私則)대로 살아가는 것도 그만이 누리는 권리요 멋이 아니겠는가.

여기 리우데자네이루는 한겨울인데도 습기가 감도는 훈훈한 날씨다. 그런가 하면 겨울철답게 5시 반인데도 벌써 어스레히 땅거미가 내려앉는다. 시가는 공항에서 약 15km 떨어진 곳에 자리하고 있다. 차창으로 스쳐지나가는 풍경이 낯설기만 하다. 시 중심가에 있는 마리아에우고니아(Maria Eugônia) 거리 55번지의 민박집 2층에서 숙박하기로 예약되어 있었다. 모두가 동경하는 미항답게 일년 내내 관광객으로 붐벼 호텔 잡기가 여간 힘들지 않다고 한다. 그래서 우리는 민박집을 택했다. 3층짜리 미황색 벽칠을 한 소박한 건물로, 내부시설은 변변찮으나 그런대로 지낼 만하다. 민박집도 오래전에 예약해야 한다고 하니, 이런 집을 얻게 된 것만도 행운이었다. 집주인은 문단속을 거듭 당부한다. 자정이 훨씬 지나서까지 거리는 오가는 사람들과 차량으로 소란하다. 소란스러운 와중에 이 궁리 저 궁리로 뒤척이다 깊이 잠들지 못하고 선잠에서 깨어났다. 이렇게 라틴아메리카에서의 첫 밤은 흥분 속에서 어정쩡하게 지나갔다.

여행이건 답사건 관광이건 일단 집을 나설 때는 가는 곳의 사정을 대충이라도 알고 떠나면 그만큼 편하고 얻는 것이 많다. 낯선 고장일

수록 더더욱 그러하다. 이곳 이름 이야기를 꺼내려는 이유다. 흔히들 이곳을 '리우데자네이루'라고 부르는데, 이것은 라틴어나 스페인어 식 발음이다. 기왕에 현지 발음대로 쓴다면 이곳 공용어인 포르투갈어 식으로 써야 한다고 집주인은 타이른다. 즉 포르투갈어에서 단어의 첫 글자 'R'은 'h'로 발음하기 때문에 '히우데자네이루'로 발음해야 한다는 것이다. 책속에서 '리우데-'와 '히우데-'가 뒤섞여 나오는 이유를 이제야 알게 되었다. '히우데자네이루'라는 이곳 지명이 탄생한 연유도 우스꽝스럽다. 1502년 1월 구아나바라만(灣)에 이른 포르투갈 탐험대는 만을 강으로 착각하고 포르투갈어로 강이라는 뜻의 '히우'(rio)와 1월이라는 의미의 '자네이루'를 합성해 이곳을 '히우데자네이루'라고 불렀다. 무지에서 온 오명(誤名)인 줄 뻔히 알면서도, 체면과 위선에 사로잡혀 우겨대는 바람에 아이러니하게도 오명이 관용으로 굳어져 오늘에 이른 경우다. 오용(誤用)이라도 일단 관용으로 굳어버리면 바로잡기란 녹록지 않다.

오명이었으나, 알려지자마자 이곳은 곧 열강들의 각축장으로 변했다. 16세기 중엽, 프랑스는 귀중한 염료 재료인 이곳 특산 브라질나무를 얻기 위해 불의에 침공했다가 1567년 1월 20일 터줏대감 포르투갈에게 격퇴당한다. 이날이 바로 가톨릭의 쎄바스띠안 기념일이자 포르투갈 왕 돈 쎄바스띠안의 생일이어서, 아예 이곳 이름을 '쌍쎄바스띠안 두 히우데자네이루'라는 긴 이름으로 바꿔버렸다. 이때부터 쌍쎄바스띠안이 리우데자네이루의 수호성인이 되었으며, 1월 20일이 정식 공휴일로 제정되었다.

기름진 땅에서 나는 풍성한 농산물에다가 주변의 미나스제라이스 주에서 풍부하게 생산되는 금과 다이아몬드 등 광물이 수출되기 시

1812년 낀따다보아비스따공원 안에 중국차의 수입을 기념하기 위해 세운 몽골-중국 식 정자.

작한 17세기 말엽에 이르러 리우데자네이루는 그 중요성과 명성이 일취월장한다. 드디어 1763년에는 총독부가 쌀바도르에서 이곳으로 옮겨와 사실상 이 지역의 수부(首府) 역할을 하기 시작한다. 그러다가 1822년 브라질이 포르투갈로부터 독립한 후 1960년 다시 브라질리아로 천도할 때까지 근 200년 동안이나 줄곧 브라질의 공식 수도로 남아 있었다. 오늘날 인구 700여만을 헤아리는 리우데자네이루는 쌍빠울루에 이어 브라질에서 두번째 큰 도시로 이탈리아의 나뽈리, 호주의 시드니와 더불어 세계 3대 미항으로 꼽힌다. 여기서 해마다 세계적 축제인 카니발이 열리고 있으며, 카니발을 열광의 도가니 속에 몰아넣는 쌈바 춤의 고향 역시 이곳이다.

콜로니얼양식의 국립박물관 외관.

　일세를 풍미하던 유명지를 찾는다는 것은 여행에서 하나의 행운이
다. 이튿날 아침 자체로 마련한 훈제한 고기를 넣은 샌드위치와 녹차
로 간단하게 조식을 하고 답사에 나섰다. 마침 출근시간이라서 차는
서다가다를 반복한다. 첫 답사지는 낀따다보아비스따공원 내에 있는
브라질 최대의 박물관인 국립박물관이다. 일찍이 도착했지만 10시
가 개관시간이어서 공원 내를 한바퀴 둘러봤다. 푸른 잔디가 주단처
럼 깔려 있고 이름 모를 수목이 빼곡한 공원 안에는 제법 호수도 있고
동굴도 만들어놓았다. 일요일이라서 아침 일찍부터 산책하거나 운동
하는 사람들이 적잖다. 쌍쌍이 유모차를 끌고 한가로이 거니는 모습
은 퍽 애틋하고 평화로웠다. 갑자기 저 멀리 호숫가 수림 속에서, 몽골

식 원형 지붕에다 중국 식 본체를 끼워 맞춘 이색적인 정자 하나가 눈에 띄었다. 가까이 가보니 굵은 대나무로 엮은 정자인데, 몇 사람이 걸터앉아 땀을 식히고 있다. 박물관 관계자에게 물어보니, 1812년에 시작된 중국차의 수입을 기념하기 위해 세워놓은 정자라고 한다. 200년 전부터 중국차가 이곳에 전파된 셈이니, 이것 역시 신·구대륙 간 오래된 교류의 한 실례라고 할 수 있다.

콜로니얼양식의 국립박물관 건물은 원래 19세기에 어느 왕족의 저택으로 지어진 것이었으나, 후일 박물관으로 개조했다. 상당한 연구를 토대로 한 전시품들은 많은 것을 시사해주고 있다. 현생인류의 기원에서부터 포르투갈 식민지가 되기까지의 긴 역사적 과정을 일목요연하게 유물로 보여주고 있으며, 브라질뿐 아니라 남미 전역을 포함한 동물학·민족학·고고학·식물학 등 여러 분야의 귀중한 자료들도 가지런히 전시되어 있다. 눈길을 끈 것은 공룡의 뼈와 멸종된 고대어(魚) 실라칸스의 표본, 암각화와 각종 토기, 희귀한 조류, 바이아(Bahia) 주 벤데고 강가에서 발견된 세계 최대라고 하는 운석(무게 5,360g) 등이다. 특히 발길을 오래도록 멈추게 한 것은 고대 라틴아메리카 인디오들의 이동로 지도다.

라틴아메리카 인디오들의 조상문제에 관해서는 수백년 동안 갑론을박 설왕설래하다가 근간에 와서 아프리카에서 발원한 현생인류(호모사피엔스사피엔스)가 인도양과 태평양, 혹은 아시아대륙 북부(베링해협)를 거쳐 유입되었다는 설이 신빙성을 얻고 있다. 고대 인디오들의 이러한 이동로를 적시한 지도가 바로 여기에 걸려 있다. 필자는 일찍부터 이 문제에 관해 관심을 지녀오다가 이번 답사 때 그 해답을 얻었으면 하는 기대를 은근히 품었다. 그러던 차 여기서 이 지도를 만났으

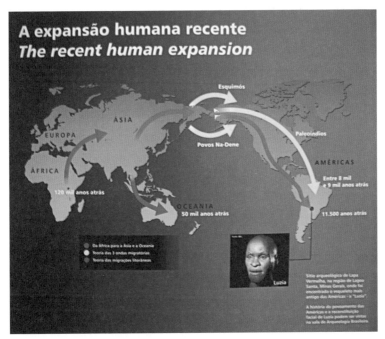

고대 라틴아메리카 인디오들의 이동로 지도.

니, 그 감개무량함이란 이루 형언할 수가 없다. 흥분을 차분히 가라앉히면서 부동의 자세로 육안의 렌즈를 최대한 확대했다. 저만치 갔다가 다시 돌아와서 재확인하기도 했다. 앞으로 이런 유의 지도나 전시물을 더 접할 수 있기를 바라며 가벼운 걸음으로 박물관을 나섰다.

다음으로 이른 곳은 유명한 깐델라리아교회다. 시내의 남북을 관통하는 히우브랑꼬 거리와 프레지덴트바르가스 거리의 교차점에 자리한 이 교회는 이곳에서 가장 오래된 가톨릭교회다. 로마의 성베드로대성당을 본떠 지은 이 교회는 1630년에 짓기 시작해 무려 181년이나 걸려 1811년에 완공했다고 한다. 원래 내부 구조는 네오르네상스

양식이었으나 1878년에 바로크양식으로 개조했다. 내부와 천장이 지극히 화려하고, 세 벽에 걸린 성인 상들은 우아하고 후덕하며 생동감이 넘친다. 한창 정오 미사 시간이라 신부님들과 신도들로 꽉 찼다. 남녀노소 할 것 없이 다들 경건한 마음으로 정중히 미사를 올리고 있다.

다음으로 국립역사박물관으로 가는 길에 부둣가에 들렀다. 이곳은 지하철의 종착역이기도 하다. 점심 요기를 위해 한 전통 간이식당에 들어갔다. 음식은 자유선택이다. 선택지라야 몇가지 안 된다. 주식으로 우리네 녹두 비슷한 페이자웅(Feijão)으로 만든 걸쭉한 죽을 쌀밥에 섞은 비빔밥이, 반찬으로는 큰 고추 크기의 가지 비슷한 '질로'(gilo)라는 채소가 나왔는데, 케첩 같은 소스를 발라 먹는다. 맛은 좀 씁쓸하나, 처음 맛보는 음식치고는 꽤 먹을 만하다. 식비는 9.90헤알(한화 약 6,000원)로 허술한 내용에 비하면 어지간히 비싼 편이다.

여기서 15분쯤 걸어서 국립역사박물관에 갔다. '국립'이니 오전에 본 박물관보다 더 웅장하고 버젓할 것으로 믿고 갔으나, 한마디로 실망스러웠다. 사실 박물관을 놓고 보면, 라틴아메리카 전체에서 몇몇을 제외하고는 내용이나 외형에서 국립이 사립보다 못한 것이 현실이다. 아마 밑천이 있는 개인 수집가들이 자신들의 명예를 걸고 유물들을 모으다보니 사립박물관에 값진 것들이 몰릴 수밖에 없을 것이다. 이곳에서도 상황은 비슷하다. 원래 싼띠아고요새가 있던 이곳에 1922년에 당국이 충분한 준비도 없이 '국립'이라는 이름으로 이 박물관을 세웠다고 한다. 그러다보니 2층짜리 자그마한 이 박물관 전시품은 무기류가 태반이고, 기타 화폐나 문서류 등 유물이 약간 전시되어 있다. 1층은 어가(御駕)를 비롯한 몇몇 마차류가 선을 보인다. 그나마도 볼 만한 것은 브라질의 '발견'으로부터 공화국 선포에 이르기까지

1822년에 세워진 허술한 국립역사박물관 외경.

의 약 500년간 역사를 연대순으로 정리한 기록이다. 덤불 속의 옥인 셈이다. 브라질 식민사 연구에 일조가 될 것이다. 이것 하나만이라도 건져냈으니, 허탕은 모면했다고 자위하면서 박물관을 나섰다.

이어 택시로 30분 거리에 있는 식물원에 들렀다. 1.4km²의 부지에 600종의 난과 각종 선인장, 아마존 식물군에 속하는 희귀식물 등 총 8,000여종 식물이 한자리에 모인 꽤 큰 식물원이다. 이 식물원은 일찍이 포르투갈 왕 주앙 6세가 1808년부터 1821년 사이에 브라질 각지를 샅샅이 누비면서 채집한 식물들을 이곳에 심어 키운 데서 유래되었다고 한다. 세세연년 기릴 만한 일을 한 성왕이다. 필자가 놓칠세라 이 식물원을 찾은 데는 이유가 있다. 자고로 이 나라의 주요 특산 교역품이자 희귀한 적색 염료 원료로 쓰이는 브라질나무의 실체를 알아보려는 간절한 소망 때문이다. 으레 흔할 것이라는 예상과는 달리, 아무리 식물표식판을 훑어봐도 이 나무는 좀처럼 눈에 띄지 않는다.

희귀한 적색 염료의 원료인 빠우브라질(브라질나무).

한참 뒤에야 물어물어 키 큰 나무(약 30m) 한그루와 작은 나무 두그루, 합쳐 세그루를 찾아냈다.

과연 소문처럼 껍질이며 속내가 온통 불그스레하다. 이 나무를 포르투갈어로 '빠우브라질'이라고 부르는데, '불꽃처럼 빨간 나무'라는 의미를 지녔으며, 이로부터 브라질이라는 이름이 유래했다고 한다. 그런가 하면 이 '빠우브라질'이라는 말이 중세 유럽의 전설에 나오는 한 이상국의 이름에서 따온 것이라는 일설도 있으나 신빙성은 별로 없어 보인다. 1500년대 브라질 해안 일원에서 이 희귀한 나무를 발견한 후 브라질을 식민화한 포르투갈은 해안 일대에 이 나무의 전문 채집장인 팍또리아(Factoria)를 건설해 나무의 재배와 수출을 독점했다. 이 나무는 단단해서 대패질하기가 쉽지 않지만, 귀중한 염료 탓에 난발을 면치 못했다. 급기야 18세기에 이르러 이 나무는 희귀종으로 변해 점차 자취를 감추기 시작했다. 오늘날에는 세계자연보존연맹이 멸종위기종으로 등재하는 지경에까지 이르렀다. 그래서 원산지인 브라질의 식물원에서조차도 보기 드문 나무로 되고 말았다. 화학염료가 아무리 좋다고 한들, 이 자연식물염료보다는 못하다는 회한 속에 지금 브라질은 묘목을 심어 되살리는 운동을 전개하고 있다고 안내원은 귀띔한다. 식물원 안에는 브라질과 일본 간의 국교 100주년을 기념해 1995년에 꾸민 일본 정원이 있다는 간판이 보였지만, 시간이 없어 그냥 스쳐지나가고 말았다. 다른 곳에서도 그러하거니와 일본 사람들은 기회와 여백(餘白)을 잡는 묘수들이다.

리우데자네이루에서의 촉박한 일정의 대미를 무엇으로 장식할 것인가를 곰곰이 숙고하던 끝에 꼬르꼬바두(Corcovado) 언덕 위에 자리한 그리스도 상을 구경하고 나서 돌아오는 길에 비록 '주마간화(走馬看花)'이지만 추억이라도 남겨놓고파 이곳 미항의 상징이자 '세계 연인들의 해변'으로 이름난 꼬빠까바나(Copacabana) 바닷가를 스쳐지나오기로 했다. 식물원을 서둘러 나섰지만 시간은 이미 다섯시를 넘어 햇볕이 풀죽어가는 무렵이었다. 초조한 마음으로 택시를 다그쳤지만, 기사는 오히려 느긋해하면서 이맘때 가보는 것이 적시라고 한다. 그래야 어둠을 밝혀주는 예수상의 숭엄함을 제대로 만끽할 수 있다고 신나게 설파한다. 그제야 마음이 좀 놓인다. 정말 기사의 말이 신통했다.

꼬즈메벨호(Cosme Velho)역에 이르니 늦은 시각인데도 언덕으로 올라가는 톱니바퀴 식 등산열차를 기다리는 사람들이 장사진을 이루고 있다. 한참 기다려서야 우리 차례가 다가왔다. 평균 경사도가 30도쯤은 되어 보이는 가파른 협궤를 열차는 털렁거리면서도 제법 잘 타고 올라간다. 간혹 심하게 좌우나 상하로 기우뚱거릴 때면 소름이 오싹 끼친다. 오른편 차창으로는 얼른거리는 숲을 뚫고 저 멀리 시내의 야경이 희끗희끗 비친다. 20분가량 걸린 종착역에서 내려 다시 승강기를 타고 밖에 나오니 예수상 발밑까지의 126개 계단이 기다리고 있

리우데자네이루의 상징인
높이 38m의 예수상(상)과
그곳에서 내려다본 도시 야
경(하).

다. 한달음에 계단을 밟고 상 기단까지 올라갔다.

리우데자네이루의 상징이기도 한 이 상은 1931년 브라질 독립 100주년을 맞아 포르투갈이 선물한 것으로, 한 브라질 조각가에 의해 설계·제작되었다. 해발 709m의 언덕 위에 세워진 예수상의 높이는 30m(기단까지는 38m), 일직선으로 편 두 팔의 길이는 28m, 무게는 무려 1,145톤이나 나간다. 인근 미나스제라이스주의 특산인 매끌매끌한 유백색 돌을 정교하게 다듬어 지은 이 대형 상은 동쪽을 향해 리우데자네이루 시가를 굽어보고 있다. 기단에는 150명을 수용할 수 있는 예배당이 있으며, 승강기를 타고 올라가니 널찍한 전망대가 나타난다. 흐린 날이면 언덕에 피어난 구름이 상을 휘감는 통에 상을 볼 수 없게 된다고 한다. 밑에서 쳐다보는 예수의 얼굴은 부드럽고 평화롭다. 어둠을 밝히는 형형색색의 전등이 일제히 켜지자 발밑에 리우데자네이루의 야경이 한폭의 그림으로 펼쳐진다. 바다와 호수, 고층빌딩과 스타디움, 줄줄이 뻗은 도로와 반짝이는 네온사인… 이 모든 것들이 조화를 이루어 그야말로 황홀경을 연출한다. 과시 미항다운 절경이다.

약 30분가량 황홀경에 묻혔다가 다시 열차를 타고 기슭에 내려와서는 택시로 꼬빠까바나 해변을 달렸다. 얕은 어둠이 살짝 내려앉은 바닷가에서는 절기가 절기인 만큼 화보에 단골로 등장하는 비키니를 입은 여인들이나 썬탠하는 연인들은 찾아볼 수 없지만, 삼삼오오 한가히 거니는 유객들은 많이 눈에 띈다. 이 해변을 한번쯤 거닐지 않고는 리우데자네이루에 왔다갔다는 말을 하지 말라는 경고까지 있는 판이니, 어찌 보면 당연한 광경이다. 살짝 휜 활 모양을 한 3km 길이의 바닷가, 끝없이 펼쳐진 희디 흰 모래밭, 신기할 정도로 짙푸른 파도가 넘실거리는 바다… 그래서 유흥기가 섞인 서양 말로 비치라고 부른다.

비치와 가지런히 아뜰란띠까 거리가 뻗어 있다. 고층건물이 즐비하고, 사이사이에는 홍등가를 방불케 하는 유흥업소들도 끼어 있다. 거기서 간간히 그 유명한 리우데자네이루 카니발 때 들었던 격정 어린 쌈바 멜로디가 흘러나온다. 이곳 음악에 문외한이지만, 이 멜로디만은 어지간히 귀에 익숙하다. 리우데자네이루 카니발은 율동적이고 관능적이면서도 경쾌한 브라질 특유의 타악기들과 쌈바가 어울려, 아니 어울린다기보다는 선도해서 브라질 사람들의 열광적인 기질을 그대로 보여주며 세인의 혼을 빼놓는 것이다. 쌈바는 본래 아프리카 이주민들의 춤과 리듬으로, 처음에는 '막시세'라는 이름으로 유행했다. 원무를 추거나 줄을 지어 행진하면서 추는 춤으로, 템포가 빠르고 아주 리드미컬했다. 그러다가 1920년대에 와서 이 도시의 카니발을 상징하는 가무로 자리 잡게 되었다. 1930년대에는 오케스트라 연주에 맞추어 추는 사교댄스로도 변신했다. 브라질의 쌈바는 지역과 리듬에 따라 여러가지 종류가 있는데, 근간에는 재즈를 배합한 보사노바라는 장르가 인기를 모으고 있다고 한다.

이 미항의 바닷가를 한낮에 걸어보지 못한 아쉬움을 뒤로한 채, 떠나야 할 시각을 세시간 앞두고 서둘러 민박집에 돌아왔다. 인근 간이 식당에서 허겁지겁 저녁 요기를 하고 공항으로 향했다.

04

흑인노예들의 한이 서린 땅, 쌀바도르

밤시간인데도 갈레앙국제공항은 가는 사람, 바래는 사람들로 분주하다. JJ 3152편(브라질 항공, 좌석 19C)으로 이륙 1시간 50분(21:30~23:20) 만에 쌀바도르국제공항에 착륙했다. 보기 드문 정시 비행이다. 다같이 지구의 남반부에 위치하고 있지만, 이곳은 위도상으로 리우데자네이루보다 10도쯤 적도에 더 가깝다. 바깥에 나오자마자 금방 열기가 온몸을 달군다. 겉옷을 벗어 든 채 택시를 타고 45분간 30km를 달려 자정이 넘은 시각에 마라줄호텔(904호실)에 도착했다. 오래된 건물을 리모델링한 것도 그렇고, 내부 시설도 그렇고, 어느모로 보나 3급 호텔에도 미칠까 말까 할 수준의 후진 호텔이다. 그럼에도 떠나기 전 한국에서 구해 본 한 가이드북에서는 이 호텔을 방마다 개인금고가 딸린 멋진 4성 호텔이라고 소개하고 있으니, 실로 어처구니없는 허풍이다. 바닷가에 자리하고 있다는 점 때문에 그러한 오보가 버젓이 실린 것 아닌가 한다.

쌀바도르는 브라질 동북지구에 속한 바이아주의 주도로, '바이아'라는 애칭으로 부르기도 한다. 1549년 포르투갈의 초대 총독 또메 데 쏘우자(Tomé de Sousa)가 이곳에 수도를 건설한 이래 1763년 리우데자네이루로 천도할 때까지 214년간이나 브라질의 첫 수도로 번영을 누렸다. 이곳이 최초의 수도로 된 데는 그럴 만한 이유가 있었다. 원래 포르투갈은 무력으로 브라질 땅을 강점하고 나서는 이른바 '까삐따니야'라고 하는 이 땅을 12명의 귀족들에게 나눠 경영케 하는 봉건적 영지제(領地制)를 시도했다. 그러나 경험 없는 무능한 귀족들에 의한 경영이 불가능하게 되자, 이 제도를 폐지하고 대신 국가권력에 의한 직접통치로 방향을 돌렸다. 이에 따라 총독을 파견해 통치의 중추로 삼을 수도를 이곳에 건설하도록 했다. 이와 같은 방향 전환은 식민통치의 경제적 지반인 사탕수수의 경작과 밀접한 관계가 있다. 열대성 기후에다 흑인노예로부터 노동력을 손쉽게 얻을 수 있으며, 유럽 시장과도 상대적으로 가까운 쌀바도르는 수도로서 더없는 적지(適地)였다. 그러다가 18세기 중엽에 이르러 남동부 지방에서 채굴되는 금이 세계 금 채굴량의 85%나 차지했던, 이른바 '금의 시대'가 열리면서 사탕수수는 점차 빛이 바래갔다. 그 결과 수도는 '금의 시대'를 주도한 남동부 지방의 리우데자네이루로 옮겨가게 되었다. 이렇게 쌀바도르의 역사는 포르투갈의 식민사와 궤적을 같이해왔다.

도착한 이튿날(6월 18일)의 답사일정은 빽빽하다. 일당 150헤알(1.9헤알=1달러, 3헤알=한화 1,800원)을 주고 택시를 대절했다. 50대 초반의 기사는 여느 가이드 못지않게 아는 것도 많거니와 달변이다. 열성적으로 쉬지 않고 이어가는 그의 생동한 소개와 해설은 이곳을 이해하는

1598년에 지어진 바하요새 전경.

데 정말로 큰 도움이 되었다. 지금도 고마운 마음으로 사진에 남겨진 그의 얼굴을 들여다보곤 한다. 날씨는 서울의 한여름 같다. 쨍쨍한 햇볕이 내리쬐는 낮 기온은 32도다. 이것이 한겨울 온도니 여름철의 열기야 어떠하랴.

먼저 찾아간 곳은 호텔 가까이에 있는 바하(Barra)요새다. 바하 해안의 곶에 자리한 이 요새는 1598년 방어용 군사시설로 지은 것으로, 이 도시에서 가장 오래된 구조물이다. 지은 지 30여 년 만에 한때 네덜란드에 점령되기도 했다. 네덜란드는 16세기 말부터 약 60년간 포르투갈이 스페인의 지배하에 놓이게 된 틈을 타서 사탕수수 재배로 호황을 누리던 바이아주(州) 지대를 눈독 들여 무력으로 이곳을 점령했으

움막에 가까운 어부들의 집.

나, 얼마 못 가서 쫓겨나고 말았다. 요새 안에 있는 바이아해양박물관에는 항해일지와 선박 도구 등 '대항해시대'의 유물이 전시되어 있다. 19세기에 지은 등대는 지금도 여전히 망망대해를 비춰주고 있다.

요새에서 나와 바닷가 길을 따라 얼마쯤 가다가 바닷물에 씻겨 반들거리는 넓적바위에 매미처럼 딱 붙어 있는 두세채의 집을 발견했다. 집이라기보다는 허름하기 이를 데 없는 움막이다. 밀물 때는 가재도구를 싸들고 언덕바지로 피신한다고 한다. 쪽배 한척이 낚아온 여남은 말의 물고기를 아낙네가 손질하고 있다. 오늘 어시장에 내놓을 밑천이란다.

여기서 한참 달려 구시가지 중심에 있는 바이아 주정부청사 맞은편에 차를 멈췄다. 청사 앞 광장 한가운데는 이 나라의 독립을 위해 몸 바쳐 싸운 한 영웅(페르난도스 사르디나로 추정)의 동상이 하늘 높이 우뚝 서 있다. 높이는 족히 40m는 되어 보인다. 조각도 꽤 섬세하다. 이곳부터는 가로수가 울창하다. 길 양편에 늘어선 한아름씩이나 되는 큰 나무에서 뻗어나간 가지들이 마치 포도넝쿨처럼 서로 뒤엉켜 하늘을 가리고 그늘을 만들어 사뭇 시원하다. 이곳의 특산품인 망고나무 숲도 군데군데 섞여 있다. 이러한 가로수의 음덕(蔭德)도 얼마 가지 못하고 달동네라는 비경(悲境) 앞에서 자취를 감춘다.

길 오른편 나지막한 언덕에는 빠끔히 열린 창문가에 지저분한 옷가지들을 마구 널어놓은 집들이 벌집처럼 다닥다닥 붙어 있다. 판자나 흙으로 지은 집이 태반이지만, 간혹 벽돌로 지은 집도 띄엄띄엄 끼어 있다. 그러나 한가지 공통점을 발견했는데, 재료야 어떻든 한결같이 옥상이 평평한 평옥(平屋)들이라는 것이다. 궁금해서 기사에게 물었더니, 모두가 구차한 사람들이라서 후손들이 그 위에 집을 덧지을 수 있도록 지붕을 마무리하지 않고 평옥으로 남겨놓는다는 것이다. 슬픈 현실이 아닐 수 없다. 얼마나 집 고생이 막심했으면 저런 궁여지책까지 나왔을까.

여기서 얼마쯤 달리다가 신기한 가장물이 박혀 있는 연못이 나타나기에 차를 멈춰 세웠다. 다가가 보니 그 가장물은 각이한 색깔의 옷을 입은 깐돔블레의 여신상들이다. 깐돔블레(Candomble)란 16~19세기의 포르투갈 식민시대에 아프리카에서 노예로 끌려온 흑인들에게서 생겨나 19세기 초반 이곳에 정착된 일종의 토속 종교다. 오늘날에 와서 깐돔블레는 이 종교 명칭이면서, 흔히 그 이색적인 노래와 춤이 어울린 종교의식을 지칭한다.

이 종교의 주신(主神) 올로두마레(Olodumare)가 악셰(Axe)라는 에너

아프리카 흑인 노예들의 토속 종교인 깐돔블레의 여신상.

지를 가지고 만물을 창조하며, 이 악셰의 조합에 의해 여러가지 작은 신들인 오리사스(Orixás)를 만들어내는데, 이 오리사스들은 각기 인간 이나 자연현상을 하나씩 관장한다. 사제나 신자들은 춤이나 노래 등 다양한 의식을 통해 특정한 오리사스와 교감하면서 특이한 신앙생활 을 한다. 다른 곳도 마찬가지이지만, 브라질에 끌려온 아프리카 노예 들은 반드시 세례를 받고 가톨릭으로 개종해야 했기 때문에 깐돔블 레는 식민당국으로부터 이단시되지 않을 수 없었다. 그래서 신자들은 비밀리에 의식을 근행하거나, 미사 중에도 속으로는 자신들의 오리사 스와 교감하곤 해왔다. 그래서 20세기 초반까지도 당국은 이 종교의 성물(聖物)을 압수하거나 파괴하고 관련자들을 감금하는 등 탄압을 가해왔다. 그러다가 1930년대에 와서 이 특색있는 종교유산을 보호해야 한다는 세계 여론에 밀려 탄압을 중지하고 활동을 허용했다. 그 결과 쌀바도르를 비롯한 여러 곳에서 깐돔블레는 회생의 기회를 맞았다.

깐돔블레의 지주(支柱)를 이루는 오리사스가 얼마나 되는가에 관해서는 이론이 있다. 이곳 연못에는 10상이 있으나, 다른 책에서는 15상을 소개하기도 한다. 이곳 여신상 중에서 특별히 키가 크고 우람한 상은 주신 올로두마레의 아들로, 인간을 창조한 오샬라(Oxalá)이다. 상들이 모두 여성상인 것은 집안이나 공동체의 수장을 '영적인 어머니'(Mãe de santo)로 여기기 때문이다. 각이한 대상을 관장하는 각 여신상들은 복식의 색깔이 서로 다를 뿐 아니라, 출현하는 날(요일)도 서로 다르다. 그래서 신자들은 선택한 오리사스와 지정된 날짜에 교감하면서 해당하는 종교의식을 치른다.

신기하기만 한 이 오리사스들을 뒤로한 채 잠시 달리다가 길 우측 산기슭에서 중단된 터널 공사장을 목격했다. 기사의 말에 의하면, 원래는 산을 뚫는 지하철 공사였는데, 설계 실수로 뚫고 보니 길이 어긋나 맞물리지 않자 공사를 10년째 방치하고 있다는 것이다. 무능하고 무책임한 이곳 행정의 한 단면이다. 달변인 기사도 그 앞에서는 어이없다는 듯 말문을 닫고 혀만 끌끌 차고 만다.

차는 그 유명한 노예시장 터와 빈민촌을 지나 나지막한 언덕 위에 세워진 본핌교회로 향한다. 대서양이 한눈에 바라다보이는 이 교회는 '기적의 교회'라고도 부른다. 그 옛날 포르투갈의 배 한척이 조난을 당하자 선장이 신에게 구원의 기도를 올렸더니 마침내 쌀바도르에 무사히 표착했다고 한다. 이에 감사하는 뜻으로 18세기에 이 교회를 세운 것이라고 한다. 지금은 이곳 바이아 사람들을 수호하는 성소로 숭

18세기에 세워진 '기적의 교회'라는 본핌교회 외관.

배되고 있다. 교회 내부장식에서 특이한 점은 성상 말고도 천장에 마네킹 손이나 다리가 걸려 있고, 벽에는 병상에 누워 있는 사람이나 결혼식 모습, 그리고 어린이들의 평범한 사진들이 질서 없이 되는대로 붙어 있다는 것이다. 의아해 물었더니, 이 교회에서 기도를 한 덕에 병이 나았거나, 사고로 다친 손발이 완치되었거나, 행복한 결혼식을 올리게 된 데 대한 감사의 표시로 관련 사진들을 보내온 것이라고 한다.

교회의 정문 밖 난간에는 현란한 색조의 리본이 올올이 매달려 있다. 마치 러시아나 중국의 성소에 자물쇠를 꽁꽁 매달아놓는 유행처럼 말이다. 알고 보니, 신자들이 행운을 빌기 위해 리본을 손목에 묶은 채 미사를 마치고 나서 여기에 걸어둔 것이라고 한다. 그래서 '행운의 리본'이라고 한다. 리본 색깔은 여러 오리사스를 대표하는 색깔

옛 노예시장 터.

인데, 그 가운데서 제일 많은 백색은 인간 창조신인 오샬라의 색으로
평화의 상징이며, 붉은색은 불의 신인 샹고(Xangò)의 상징이다. 유일
신과 다신교가 교묘하게 통섭(通涉)하는 현장이다.

　돌아오는 길에 옛 흑인촌 한가운데 자리한 노예시장 터를 찾았다.
지금은 민예품을 비롯한 일용품 시장으로 개조하기 위한 공사가 한창
이다. 곳곳에 옛 건물 잔해들이 지저분하게 널려 있다. 잔해만 봐도 노
예들이 그 속에 갇혀 겪었을 참상이 악몽처럼 뇌리를 스쳐간다. 노예
제도는 인간의 비인간적 악재이고 만행이다. 이 만행이 짜낸 노예들
의 고혈은 서구 번영의 가장 값싼 밑거름이며, 서구의 비만도 다름 아
닌 이 고혈의 집적이고 응고다. 수천수만의 노예들이 끌려오는 선상
에서 굶주림과 질병으로, 그리고 끌려간 광산과 농장에서는 고역으로

무참히 죽어갔다. 그러나 여태껏 이 만행에 대해 서구 열강 중 그 누구도 참회고백 한마디 한 적이 없다. 이것이야말로 몰염치의 극치다.

시장 어귀에는 언제 붙여놓았는지 알 수 없는, 허름한 광고판 위 포스터 한장이 차들이 지나가면서 일으키는 먼지바람에 너덜거린다. 무심코 눈길을 돌렸다. 두 흑인 청년이 머리를 땅에 대고 빙빙 돌면서 손짓과 발차기를 하는 모습을 그린 광고포스터다. 어느 책에서 읽어본 기억이 나서 기사에게 저것이 까뽀에이라(Capoeira) 아니냐고 물었더니 고개를 연신 끄덕인다. 이 말의 뜻을 풀이하면 그 내용이 짐작될 것이다. 이른바 브라질 식 포르투갈어로는 '닭장'이라는 뜻이다. 까뽀에이라의 동작이 마치 닭장에 갇힌 두 수탉이 서로 뒤엉켜 싸우는 모습과 비슷하다고 하여 붙여진 이름이라고 한다. '수풀'이라는 다른 뜻도 있다고 하는데, 별로 믿음은 안 간다.

까뽀에이라는 수만리 낯선 땅에 끌려온 아프리카 흑인노예들이 애절한 사향(思鄕)과 한을 한시나마 달래려고 아프리카 전래의 예능 인자(因子)를 되살려 춤과 노래, 게임, 그리고 심신수련까지를 아울러 완성시킨 일종의 종합적 기예다. 이러한 다재다능의 기예를 소유한 노예들이 각성했을 때, 마침내 그 기예는 해방투쟁을 위한 신체단련용 무술로 승화되었으며, 한때는 브라질 사회변혁을 일으킬 가능성이 있는 위험 요인으로까지 지목되어 경계 대상이 되기도 했다. 까뽀에이라의 주체들은 이를 비밀리에 암행하다가 몇차례 금지를 당하기도 했다. 1930년에 와서야 마지막 금지령이 해제되었다. 그 이후로는 모두, 특히 흑인들과 물라또(백인과 흑인의 혼혈) 속에서 인기있는 기예로 발달해왔다. 반경 3m의 원(호다) 안에서 서로의 기량을 뽐내는 동작들은 율동적이면서도 해학적이다. 여기에 말발굽 소리를 내는 아프리카의 전통 리듬을 타는 타악기 반주는 흥을 한껏 돋운다. 까뽀에이라는 리우데자네이루를 비롯한 흑인들이 사는 곳 어디서나 볼 수 있지만, 여기 쌀바도르는 그 본향이다.

까뽀에이라는 깐돔블레와 더불어 대표적인 아프로-브라질리언 혼합문화다. 혼합문화란, 이질적인 두 문화가 만나서 뒤섞인 문화를 말한다. 이때의 뒤섞임은 순수한 뒤섞임이 아니라, 서로 문화적 접변(接變, 만남에서 일어나는 변화)을 일으키면서 생겨난 뒤섞임이다. 이러한 혼합문화는 만남에서 어느 쪽 문화가 얼마만큼 접변하는가에 따라 그 성격이 규정된다. 즉 두 이질적인 문화요소가 서로 만나서 전통문화를 단절시키거나 파괴한 것이 아니라, 더 살찌운다든가 발전시킨다면 그 혼합은 순기능적이며 건설적인 융합(融合)이고, 만나서 이것도 아니고 저것도 아닌 제3의 것이 만들어지는 경우는 중립적인 융화(融化)이다. 그렇지 않고 어느 한쪽이 일방적으로 흡수하면, 이런 경우는 역기능적이며 파괴적인 동화(同化)라고 한다. 구체적인 접촉이 없어서 단정하기에는 주저되는 바가 없지 않으나, 까뽀에이라는 융합에 가까운 것으로 사료된다. 온갖 핍박과 무시 속에서도 아프리카적 요소를 지켜낸 끈질긴 문화적 생명력 덕택에 지금은 관광객들을 위한 전문 공연장이 마련되어 있으며, 전문학교도 운영되어 계승자들을 양성하고 있다.

흑인노예들에게 강요되었던 암울한 과거가 그저 덧없는 역사로 흘러가지 않고 오늘까지도 그 잔영을 거둬들이지 못한 채 남아 있는 것이 못내 가슴 쓰리다. 길가에는 할 일 없이 빈둥거리는 사람들이 욱실거리고, 차가 멈추기 바쁘게 앙상한 고사리 손들이 창가를 도닥거린다. 애처롭기만 하다. 필자의 이러한 심경을 헤아리듯, 묻지 않는데도 기사는 다음과 같은 푸념을 늘어놓는다. 즉 '이곳 사람들에게 제일 불편한 것은 화장실 부족이다, 그래서 사람들이 아무 곳에서나 볼일을 보다보니 시내가 온통 퀴퀴한 냄새뿐'이라는 것이다. 문득 아침에 있던 일이 상기된다. 일찍 일어나 호텔 앞 바닷가를 산책하는데, 도로 청소부가 바닷가 후미진 곳마다에서 무언가를 주섬주섬 바구니에 쓸어담는 광경이 눈에 띄었던 것이다. 물론 극소수의 유산자들이 사는 곳이야 사정이 다르겠지만, 아무튼 허탈한 광경이다.

쌀바도르는 또도스오스싼또스(Todos os Santos)만에 자리하고 있는데, 크게 만 언저리를 따라 펼쳐진 하도(下都, Cidade Baixa)와 상도(上都, Cidade Alta)의 두 지역으로 나뉜다. 구시가이며 중심지인 하도는 브라질 최초의 수도로서 지금은 항만을 중심으로 상업구를 형성하고 있다. 여기에는 유명한 전통 시장이나 음식점들이 즐비하다. 점심을 먹으려고 푸른 바다가 한눈에 안겨오는 바닷가 2층의 전통식당에 들어갔다. 천장이며 벽을 갖가지 그림과 민속품으로 장식한 깔끔한 식당이다. 기사의 추천으로 이곳 바이아 지방의 전통음식인 무께까를 주문했다. 생선에다 감자 비슷한 만디오바(Mandioba) 가루와 푸른 고추를 비롯한 각종 야채를 듬뿍 섞어서 후줄근하게 끓인 요리다. 우리네 된장찌개를 연상케 하는 이 푸짐한 요리는 실로 별미다. 쌀밥을 곁들이니 더더욱 입맛이 돈다. 세 사람이 70헤알(한화로 약 4만원)어치를 먹었으니 값도 저렴한 편이다. 명색이 겨울철인데도 한낮 기온이 32도를 웃도는 곳이라서 맥주가 음료수에 맞먹는 푸대접을 받는다. 맥주 한병 값이 3헤알인데 물 값은 2.5헤알이니 하는 말이다.

오만가지 잡화가 산더미처럼 쌓여 있는 시장을 한바퀴 돌아보고 나서 상도로 향했다. 하도에서 언덕 위에 자리한 상도로 올라가는 데

생선과 만디오바 가루, 야채를 넣고 끓인 전통음식 무께까.

는 라세르다(Lacerda)라고 하는 높이 73m의 승강기 또는 케이블카를 이용하는 방법과 차를 타고 가는 방법 두가지가 있다. 우리는 일당으로 대절한 택시를 타고 굽이굽이 에돌아 올라갔다. 상도에는 식민시대에 지은 궁정과 교회, 고층건물들이 빼곡히 들어서 있다. 커다란 몇 개의 교회와 성당으로 둘러싸인 또메데쏘우자광장은 더운 날씨에도 사람들로 붐빈다. 여기서 해마다 쌈바 축제가 열린다.

먼저 광장 한편에 세워진 화려한 대형 삼지창(三枝槍) 가장물을 지나 쌘프란치스꼬교회를 찾았다 18세기에 세워진 브라질의 대표적 바로크양식 건물로, '황금교회'라는 다른 이름도 가지고 있다. 내부 촬영이 금지되어 카메라에 담을 수는 없었지만, 그 이름에 걸맞게 내부가 거지반 황금으로 장식되어 화려의 극치를 이루고 있다. 벽이나 천

삼지창을 비롯한 각종 가장물로 장식한 상도의 화려한 거리.

장은 몽땅 금가루로 칠해서 눈부시다. 회랑 벽은 청백색 타일 성화로 채워져 있다. 목제 제단은 섬세한 돈을새김으로 수놓았다. 가톨릭 교파 가운데서 유난히 청빈을 내세우는 프란치스꼬회 소속의 교회가 어떻게 이토록 사치스러울 수 있을까? 올해(2012) 초에 『오도릭의 동방기행』을 역주해 출간한 필자로서는 도무지 이해가 안 가는 대목이다. 오도릭은 이 교회 산하의 '소형제회(小兄弟會)'에 속한 수사다. 그는 겉옷 한벌에 세겹으로 매듭지어진 밧줄을 허리에 매고 맨발로 12년 동안이나 수만리 이역 땅을 주유하고, 세계 4대 여행기의 하나인『동방기행』을 남겼다. 프란치스꼬회는 13세기 초 로마 가톨릭에 소속된 탁발수도회의 일파로 출범했다. 이 조직의 특징은 청빈을 강조하면서 상업행위를 자제하고 직접 노동할 것을 장려한다는 점이다. 탁발로 복음 전파를 솔선하는 것으로도 유명하다. 이럴진대, 이 교회의 모습은 단연코 그 본연과는 판이하다. 프란치스꼬회는 교세가 점차 커지자 청빈에 대한 서약을 의무적으로 해야 하는가라는 문제를 놓고 이견을 빚었고, 기타 교파들과의 갈등이 발생해 분파가 생기면서 부침을 거듭했다. 혹여 이 교회의 모습은 청빈을 거부한 일파가 이곳에 와 보란듯이 그 집념을 과시한 결과가 아닐는지? 현문우답(賢問愚答) 같은 자의적 해석을 해본다. 쌘프란치스꼬교회는 화요일을 '축복일'로 정해놓고 매일 오후 네시에 축복미사를 올린다. 오늘은 월요일인데도 숭엄한 미사 소리가 장내 가득 메아리친다.

벤치에 앉아 잠시 숨을 고른 다음 광장의 북서쪽에 자리한 바실리까대사원(Cathedral Basílica)으로 발길을 돌렸다. 1657년부터 약 5년에 걸쳐 지어진 이 대사원은 원래 아름다운 바로크양식의 외관으로 소문났으나, 지금은 세월의 풍상에 할퀴어 많이 퇴색되고 내부도 으스스할 정도로 고즈넉하다. 그럼에도 채색 타일과 금분으로 장식한 대형 제단, 제단 안쪽 성구실(聖具室)에 걸려 있는 성화나 벽화는 여전히 고색창연하다.

3시 반경에 호텔에 돌아와 며칠간 쌓여왔던 피로를 두세시간 풀고 나서, 일찌감치 인근 식당에서 피로에 수반한 허기(기실은 허기에 수반한 피로일 수도)를 채웠다. 야채와 새우 등을 속에 넣어 튀긴 전통 빵 아까라제(Acarajé)에 구미가 당겼다. 곁들여 마신 까삐리냐(Capirinha)는 가위 일품 음료다. 사탕수수로 빚은 까샤샤(Cashaça)에다 레몬과 설탕, 향료 등을 넣어 만든 일종의 칵테일인데, 술맛도 도는 일석이조의 아주 시원한 음료로 입안이 가뿐하다. 한 컵에 10헤알이니 마실 만하다. 이렇듯 기기괴괴한 볼거리들을 많이 제공해주어 호기심을 잔뜩 부풀게 한 쌀바도르에서의 하루는 저물어갔다.

이튿날은 새벽 5시에 기상했다. 지평선 넘어 동녘이 희끗희끗 밝아온다. 이윽고 하늘이 불그스레 해지더니 해가 방긋이 얼굴을 내민다. 황금빛 햇살이 밤새 떠돌던 구름덩이를 갈기갈기 찢어놓는다. 일출은 희망이요 길조다. 그 모습을 카메라에 담는 순간마다 가슴팍엔 새로운 하루를 기약하는 잔잔한 물결이 인다. 여러가지 추억을 안고 공항으로 달린다. 역시 이색적 풍경의 연속이다. 바닷가에 붙여 지은 한 요새 곁에는 해신을 모시는 붉은 벽돌집 사당이 보인다. 이 해신은 아름다움을 즐겼기 때문에 사람들은 한해 한번씩 축제를 벌여 거울 등 화장품을 바다에 던져놓곤 한다고 한다. 이윽고 길 왼편 도로에는 배가 불룩 튀어나온 비너스 상 3기가 약 50m 거리를 두고 차창을 얼핏얼핏 스쳐지나간다. 카메라를 들이댔으나 허탕이다. 아직껏 촬영에서 순간 포착능력이 부족해서다. 공항에 가야 할 시간이 촉박해 차를 되돌릴 수는 없었다. 답사를 다니다보면 심심찮게 이런 아쉬운 장면이 연출되곤 한다. 아, 북방 유라시아 초원로의 전유물로 알려진 비너스 상이 여기에도 있다니! 인간들의 지적 수준이 비슷하게 될 때, 유사한 문명이 만들어질 수도 있다는 모건의 '심리공통설'로 이 현상을 설명할 수 있을까? 두고 풀어야 할 숙제다.

어느새 공항에 도착했다. 행선지는 브라질 수도 브라질리아다.

05
과거가 없는 수도, 브라질리아

화창한 아침 쌀바도르국제공항에서 일행을 태운 JJ 3304편(좌석 3C)은 원래 9시 20분에 출발 예정이었으나 30여분 늦게 이륙해 11시 43분에 소음을 삭이면서 브라질리아국제공항에 사뿐히 내려앉는다. 소요 비행시간은 1시간 50분이다. 비행기가 이륙하자마자 서남 방향으로 기수를 돌리니 망망대해는 시야에서 가뭇없이 사라지고, 브라질 중앙고원의 황막한 반사막지대가 눈길 모자라게 펼쳐진다.

브라질은 면적이나 인구로 보아 라틴아메리카에서 가장 큰 나라다. 면적은 한반도의 37배에 달하는 851만 1,965km²로 라틴아메리카 대륙 면적의 거의 절반을 차지하며, 지구 육지 면적의 17분의 1로 러시아와 캐나다, 중국, 미국에 이어 세계 다섯번째로 큰 나라다. 칠레와 에콰도르를 제외한 나머지 모든 남미 나라들과 국경을 접하고 있다. 따라서 브라질은 라틴아메리카 나라들과 다자관계를 이루지 않을 수 없다. 인구는 약 1억 9,000만(2010년 통계)에 달하는데, 그 가운데 백인이 55%, 물라또가 37~43%, 흑인이 6%, 원주민과 아시아인이 각각 1%를 차지하는 다인종 사회다. 그들이 쓰는 공용어는 포르투갈어이지만, 여전히 원주민 언어(인디오어)가 남아 있는 지역도 있다. 종교는 로마 가톨릭이 80%로 우세하고, 버금으로 프로테스탄트(개신교)가 11%쯤 되며, 기타 유대교와 앞에서 언급한 아프리카 기원의 토속종교인 깐돔블레도 유행하고 있다.

포르투갈을 비롯한 서구 열강들의 마수가 뻗치기 시작한 15세기 말엽 이전의 브라질의 역사와 문화에 관해서는 아직껏 미지(未知) 그 자체라고 해도 과언이 아니다. 그렇게 된 것은 식민주의자들의 말살과 무시 때문이다. 그렇지만 작금 그 미지의 터널에 희미하나마 불빛이 스며들면서 조금씩 실상이 드러나고 있다. 최초의 원주민은 지금으로부터 약 1만 1,000년 전 저 북방 베링해협을 건너 남하해 온 몽골로이드계의 인디오들이다. 그들의 남행에는 자그마치 3,000년이라는 긴 세월이 걸렸다. 기원전 8000년경에 이곳에 도착한 인디오들은 곳곳에 흩어져 원시적인 농경과 어업으로 연명해왔다. 그들은 크게 뚜뻬-과라니(Tupi-Guarani)와 따뿌이아(Tapuia)라는 두 그룹으로 나누어 공동체 사회를 구성했다. 서구 식민주의자들이 들어오기 전까지 그 수효가 수백만에 달했으나, 그들의 무자비한 학살과 가혹한 식민통치 하의 혹사, 그리고 창궐한 전염병 등으로 인해 오늘날 인디오들은 겨우 27만 명밖에 남아 있지 않다. 이것은 1500년대에 8,000만이나 되던 전체 아메리카인디오의 숫자가 식민시대에 10분의 1로 줄어든 역사의 비극과 맥을 같이한다.

우리가 외래 인종인 인디오를 브라질을 비롯한 라틴아메리카의 원주민이라고 하는 것은 체질인류학적으로나 문명사적으로 그들이 이 땅에 남긴 가시적인 흔적(유적·유물)에 근거해 내린 인위적인 가설이지, 결코 이 땅의 역사가 그들로부터 시작되었다는 뜻은 아니다. 리우데자네이루에 있는 브라질 최대의 국립박물관에 전시된 구석기시대의 석기유물에서 보다시피, 인디오가 발을 붙이기 이전부터 이 땅에는 이미 구석기인들이 살고 있었음을 알 수 있다. 다만, 아직은 연구의 미흡으로 인해 그 실태가 밝혀지지 않고 있기 때문에 '어거지로' 인디오를 '최초의 원주민'으로 둔갑시키고 있을 따름이다. 언젠가는 이 '둔갑'의 허울이 벗겨질 것이다. 이것이야말로 역사의 아이러니다. 인간이 편의주의에 함몰되다보니 왕왕 역사에는 눈 가리고 아웅하는 식의 억지를 부릴 수밖에 없을 때가 있다. 바로 이 경우다.

그래서 브라질에 관한 기존의 역사책을 펼쳐보면, 라틴아메리카 일반의 역사시대 구분법에서 첫 시대인 구석기시대(3만년 전~기원전 7000년까지)에 관한 언급은 거의 없으며, 라틴아메리카의 고대문명을 다룬 사전에도 브라질 고대문명 사항은 빠지기가 일쑤다. 이 땅에 대한 명칭도 서구인들은 직접 와보기 전에는 막연하게 '앵무새의 땅'이라느니, 베라끄루즈(Vera Cruz, 참된 십자가)라느니, 산따끄루즈(Santa Cruz, 성스러운 십자가)라느니 근거 없는 억설(臆說)을 난발했다. 그러다가 앞 절에서 설명했다시피, 포르투갈인들이 이곳에서 값비싼 적색 염료와 단단한 목재를 제공해주는 나무, 즉 브라질나무(일명 빠우브라질)를 발견한 1503년경부터 이곳을 그 나무 이름을 따서 '브라질'이라고 명명했다. 그 이전에는 필히 원주민들 스스로가 부르던 이름이 있었을 텐데, 종시 알아내지 못하고 있다.

빠우브라질 같은 진귀한 자원의 발견이 왕왕 식민화라는 재난을 초래한 것이 중세 식민사의 통례일진대, 브라질의 식민사도 예외 없이 포르투갈 식민주의자들의 탐욕에서 비롯되었다. 이른바 '대항해시대'의 선두주자였던 포르투갈은 1415년 북아프리카 모로코의 세우따섬에서 해외정복의 첫 총성을 올린 이래, 그 세기 말 바스꾸 다 가마가 '인도항로'를 개척할 때까지 아프리카대륙의 대서양 연안에 산재한 여러 섬들을 연이어 경략하면서 노예노동에 의한 사탕수수 플랜테이션 등 식민 착취로 재미를 톡톡히 보았다. 욕심은 무절제한 탐욕을 낳는 법. 드디어 1500년 3월 9일 갓 서른을 넘긴 젊은 귀족 출신의 뻬드루 까브랄이 13척으로 구성된 선단을 이끌고 리스본항을 떠난다. 그때까지의 포르투갈 출항 선단 가운데 규모가 가장 큰 선단이었다. 선단은 서쪽으로만 항진하다가 4월 21일 오늘날의 브라질 바이아주에 자리한 뽀르뚜쎄구르항에 닿았다. 이 사건을 두고 역사가들은 조류에 의한 우연한 '표착'인가, 아니면 사전에 짜놓은 각본인가를 놓고 이견이 분분하다. 더러는 '우연한 표착'이라고 강조하지만, 식민지 정복을 목표로 한 '예정된 도착'이라고 보는 것이 보다 가당하다고 본다. 그렇지 않고서야 이 '표착지'를 즉각 '포르투갈령'으로 선포할 리가 만무하다. 이것이 포르투갈에 의한 브라질 식민화 300년사의 단초다.

30년이 지나서 프랑스가 빠우브라질의 채벌에 도전하자 포르투갈은 기다렸다는 듯이 브라질에 대한 본격적인 식민화 활동에 들어간다. 첫 조치는 포르투갈인들의 대거 이주다. 이어 포르투갈 국왕은 직접적인 식민통치를 위해 오늘의 바이아주 쌀바도르에 총독부를 설치한다. 이제 통치의 기제(機制)를 갖춰놓은 식민주의자들은 아프리카에서 숱한 흑인노예들을 끌어다가 바이아주와 인접한 뻬르남부꾸

(Pernambuco)주에서 대규모의 사탕수수 플랜테이션에 착수한다. 17세기 말 내륙인 미나스제라이스주에서 금광에 이어 다이아몬드광까지 발견되자 일확천금을 노리는 사람들이 파리 떼처럼 미나스에 몰려들었다. 이렇게 내륙 오지개발의 붐이 일어나자 황금과 다이아몬드 수출이 시급해졌다. 그래서 1763년 총독부를 쌀바도르에서 지리적으로 미나스와 가까운 리우데자네이루로 부랴부랴 옮겼다.

19세기 초 유럽을 풍미하던 나뽈레옹이 포르투갈을 점령하자 왕실은 멀리 안전한 곳 브라질로 일시 몽진한다. 나뽈레옹이 물러나자 국왕 주앙 6세는 귀국하면서 남겨놓은 황태자 뻬드루로 하여금 1822년 9월 7일 브라질의 독립 아닌 '독립'을 선포하게 한다. 그가 바로 브라질제국의 초대 황제 둠 뻬드루 1세다. 다들 이를 두고 파격적인 '무혈독립'이라고 평가하길 주저하지 않는다. 물론 무혈은 무혈이지만, 이 '독립'이야말로 브라질 원주민들의 민족적 독립이 아니라, 포르투갈 왕실의 분가(分家)나 분조(分朝)에 불과한 '라틴아메리카 식 독립'이다. 우리는 앞으로 라틴아메리카 곳곳에서 경우는 조금씩 다르지만 이런 '라틴아메리카 식 독립'을 목격하게 될 것이다. 분가적 제정(帝政)은 약 70년간 명맥을 이어가다가 1889년 11월 15일 육군의 무혈 쿠데타에 의해 공화제로 바뀐다. 이러한 연고로 브라질에는 여타 국가의 국경절에 해당한 독립기념일(9월 7일)과 공화제선포기념일(11월 15일)이라는 두가지 명절이 병존한다. 공식적으로 공포된 십여개 명절 가운데 토착 전통 명절은 리우데자네이루의 카니발이 유일하다.

오늘날은 대통령 중심의 연방공화제가 실시되어 정식 국명은 브라질연방공화국이다. 전국을 행정적으로는 26개의 주와 한개의 연방구(수도 브라질리아)로, 지리적으로는 북부·북동부·중서부·남동부·남부의 5개 지역으로 분할한다. 국기는 7대 10 비율의 크기로 녹색 바탕에 황색 마름모가 있고, 그 안에 청색 원이 자리하고 있으며, 원 안에는 백색 리본이 그려져 있다. 녹색은 산림과 농업을, 황색은 광물과 지하 자원을, 청색은 하늘을 상징한다고 한다. 흥미로운 것은 청색 원의 하반부에 천구의(天球儀)의 28개 별자리가 그려져 있는데, 이것은 독립일인 1889년 11월 15일 아침 8시 30분, 당시 수도였던 리우데자네이루의 상공에 펼쳐진 별자리라고 한다. 백색 리본에는 녹색의 포르투갈어로 '질서와 진보'라는 글씨가 적혀 있다. 상징은 상징대로 의미가 있지만, 그나마도 질서와 진보라는 캐치프레이즈가 마음에 든다.

착륙하는 짧은 시간 안에 너무나 많은 것이 머릿속을 맴돈다. 고도가 몇백 미터로 낮아지자, 200만 인구를 갈무리한 신흥 계획도시 브라질리아의 형체가 주마등처럼 시야에 들어온다. 과시 '파일럿 플랜'이라는 설계답게 총체적으론 제트기 형상이다. 기수는 인공호 파라노아(Paranoá)호를 향해 펼쳐진 삼권광장(三權廣場)이고, 중앙부의 동체(胴體, 몸통)는 높이 218m의 텔레비전탑이며, 좌우 날개는 중앙대로 좌우에 촘촘히 일떠선 고층 빌딩과 주택, 호텔들이다. 일견에 계획도시라는 인상을 주기에 충분하다.

공항을 빠져나오자 대뜸 고원에서만 느낄 수 있는 건조하고 시원한 산들바람이 얼굴을 스친다. 남위 15도, 해발 1,152m의 내륙 고원지대에 자리한 브라질리아는 어제까지 헤집고 다니던 대서양 해안 쪽에 비하면 확실히 기온이 낮다. 평균기온이 6~7월은 18도이고 10~3월은 22~23도이니 쾌적한 편이다. 수천년 동안의 메마름을 벗어던진 고원에는 제법 생기가 돈다. 길 양옆에는 파릇파릇한 잔디가 주단처럼 깔려 있고, 푸르싱싱한 수목들이 듬성듬성 전원을 수놓고 있는데, 그 사이사이로 아담한 주택들이 얼굴을 빠끔히 내민다.

공항에서 12km 떨어진 북부호텔지구(SHN, 남부호텔지구는 SHS)에 있는 아이람호텔(Airam Hotel)에 도착했다. 마침 점심시간이라서 입실 수속은 못하고 짐을 임시보관실에 맡기고는 법석거리는 뒷골목 시장에 갔다. 대중식당에서 새우와 채소, 고기, 우유 따위가 한데 버무려진 정식 볶음밥으로 점심 요기를 했다. 15헤알(약 5,000원)어치다. 간소한 뷔페식도 있다. 인근 회사원이나 행인들이 많이 이용하는 대중식당으로, 한창일 때는 입추의 여지가 없다고 한다. 점심을 마치고 호텔에 돌아와서 904호실에 여장을 풀었다. 얼마 전 리모델링한 호텔이다. 그러나 말이 호텔이지 물컵 하나 없는 빈털터리 숙박소에 불과하다. 아침식사 메뉴도 고작 계란, 치즈, 소시지 등 몇가지뿐이다. 배식대도 벽돌을 쌓다가 중단한 채 누르무레한 식탁보를 아무렇게나 펴놓고 식기류 몇가지를 달랑 올려놓았다. 그래도 대로변에서 괜찮다고 해서 예약한 호텔이 이 몰골이다. 겉보기에는 멀쩡한 고층건물이지만 내실은 엉망이다. 적이 실망스러웠다. 그저 새로 지은 도시라서 그러리라고 너그러이 대했다.

브라질리아는 현대 도시다. 1955년 당시 대통령이던 꾸비체끄는 이 황막한 고원지대에 새로운 수도를 건설할 유토피아적 구상을 발의하면서 '50년의 진보를 5년 만에 이루자', 즉 50년간 걸려서도 건설할까말까 한 국가의 수도를 5년 동안에 짓겠다는 야심찬 구호를 내걸었다. 총 설계는 유엔 청사를 설계한 유명한 건축설계사 오스까 니마이어가 맡았다. 설계 보조로는 그의 스승 루치오 꼬스따와 두명의 브라질 건축가가 기용되었다. 대통령의 명예를 걸고 착공한 수도 건설은 마침내 5년째 되는 1960년 4월 수도를 리우데자네이루에서 이곳으로 옮겨오면서 일단 성공의 축포를 쏘아올렸다. 이렇게 '과거가 없는' 세계 첫 수도가 탄생했다. 유네스코는 주저 없이 세계문화유산 등재를 허용했다(1987).

그러나 환성이 채 가라앉기도 전에 시비에 휩싸인다. 호화로움만 추구한 나머지 친서민적이지 않다는 일침이다. 졸속엔 용빼는 재간이 없다. 50여년이 지난 지금도 그 시비는 유효한 것만 같다. 여기에 필자의 현장 목격을 덧붙이자면, 겉치레 도시라는 인상을 지울 길이 없다. 큰길이나 고층건물은 화려하고 정갈하지만, 한치 벗어난 뒷골목은 지저분하고 무질서하며, 길 포장도 울퉁불퉁하다. 그토록 시원한 사막 바람과 쪽빛처럼 푸른 하늘가에 두둥실 떠 있는 화사한 뭉게구름도 아직은 이 고민을 상쇄해주지 못하는 성싶다. 조속한 치유를 바라면서 거리 구경에 나섰다.

처음으로 찾은 곳은 브라질리아의 상징인 메뜨로뽈리따나대성당이다. 이 역시 건축가 오스까 니마이어의 작품이다. 16개 기둥이 받치고 서 있는 왕관 모양 건물의 천장 높이는 36m에 달하며, 세명의 천사가 실내 공간을 배회한다. 1,000여명을 수용할 수 있는 꽤 넓은 공간이다. 대리석 바닥에는 나무의자들만이 가지런히 놓여 있고, 모자이크 벽면에는 성화 같은 것이 없어 소박한 느낌이 든다. 구석에는 자그마한 단독 고백실이 마련되어 있다. 성당 입구에는 예수를 도와 성경을 정리한 성인 네명의 동상이 세워져 있는데, 모두 3m쯤 되어 보이는 휜칠한 키에 해진 옷을 입고 맨발이다. 이 네명의 동상과 세명의 천사 상은 유명한 조각가 체샤띠(Alfredo Ceschiatti)의 작품이라고 한다. 문을 나서자 왼편에 있는 넓은 광장에 덩그러니 서 있는 이색적인 흰 원형건물이 눈에 띄기에 가봤더니, 현대화를 전시하는 갤러리다. 시

1,000여명을 수용할 수
있는 메뜨로뽈리따나대
성당의 왕관 모양 외관
(상)과 내부(하).

원치 않아 주마간산 식으로 휙 둘러보고 되돌아섰다.

　이어 삼권광장으로 발길을 옮겼다. 대형 국기게양대를 중심으로 왼쪽에 대통령 집무실이 있고, 뒤쪽에 국회가 자리하고 있으며, 오른쪽에 좀 처져서 재판소와 법무부가 있다. 이렇게 행정·입법·사법 3부가 널따란 광장을 에워싸고 한데 모여 있는 곳이라서 '삼권광장'이라고 부른다. 광장 한편의 자그마한 2층짜리 '시건설연혁소개관'에는 이 신도시의 건설 연혁이 일목요연하게 정리되어 있다. 저만치 떨어져 있는 대통령 집무실 입구에는 보초병 두명이 '받들어 총' 하고 단정히 서 있을 뿐, 주위에는 담조차 없으며 사복 감시요원도 눈에 띄지 않는다.

　짧은 시간 내에 좀더 집중적으로 시내를 살펴보려고 시티투어(시내관광) 버스에 올랐다. 2층 버스여서 주위를 살펴보기엔 안성맞춤이다. 1시간 45분에 1인당 25헤알을 요하는 투어다. 시간이 넉넉할 때는 하나하나 찾아다니며 봐야 하지만, 촉박할 경우는 시티투어로 여러 곳을 한꺼번에 둘러보는 것도 관광의 한 묘미다. 버스는 한참 달리다가 파라노아호 다리를 지나는데, 지그재그의 교가(橋架) 설계가 아주 이색적이다. 호변을 반쯤 따라가다가 에돌아서 다리를 다시 건넌다. 잔디와 관목, 갖가지 꽃들이 잘 조화된 아늑한 공원 한복판을 꿰뚫고는 대통령 관저 앞에 이르렀다. 웅장한 궁전이 아닐까 하는 예상은 빗나갔다. 300~400m까지 접근한 주차장에서 하차해 보니 관저는 소박한 벽돌로 지은 이층집이다. 앞에는 정원으로 쓰이는 잔디광장이 펼쳐져 있으며, 경호벽 같은 것은 전혀 없고 너비 2m, 깊이 1m쯤의 해자(垓字)로만 둘러싸여 있을 뿐이다. 앞 두 모퉁이에 자그마한 초소가 설치되어 있지만, 초병은 보이지 않는다. 몇마리 백조가 잔디밭을 한

소박한 2층짜리 대통령 관저 외경.

가로이 거닌다. 모든 것이 검소하고 아늑하며 친근하다. 대통령 집무
실도 그렇고, 이곳 관저도 그렇고, 삼엄한 기운은 어디서도 찾아볼 수
없다.

이어 차는 삼권광장 곁을 스쳐 의회와 재판소, 법무부 청사를 차례
로 지나간다. 법무부 청사 출입문 위에는 분수장치가 있어 물을 뿜어
내린다. 아주 이채로운 건축공학이다. 시원함을 보태는 것 말고도 혹
여 법이 물 흐르듯 줄줄 풀려나가기를 바라는 마음을 담은 설계는 아
닐지, 나름대로의 엉뚱한 상상도 펼쳐보았다. 고층건물이 줄지은 시
내 중심가를 돌아보고 새로 짓는 경기장 등 몇몇 시설들을 스쳐지나
갔다. 연이어 시내에서 가장 높은 언덕에 자리한 꾸비체끄대통령기
념관을 에돌아서 시티투어의 마지막 코스인 텔레비전탑에 이르렀다.

주위에 행정·입법·사법 3부의 최고 기관이 몰려 있는 삼권광장.

브라질리아의 상징인 이 탑은 하늘가에 치닫는 듯 굉장히 높고 웅장
하다. 높이가 218m로 세계에서 네번째 높은 탑이라고 한다. 승강기를
타고 75m 높이에 설치된 전망대로 올라갔다. 시내가 한눈에 부감된
다. 방금 지나온 투어 코스가 한손에 잡힐 듯하다.

　꾸비체끄대통령기념관이 위치한 언덕과 이 탑, 그리고 중앙대로와
삼권광장은 일직선상에 배치되어 있다. 이 네개의 구조물이 도시의
중추인 셈이다. 계획도시만이 가능한 일이다. 도시, 특히 수도는 정치
적 중심지로서의 도읍이나 상업적 중심지로서의 시장으로부터 싹터
서 점차 형성·발달하는 것이 상례이나, 브라질리아 경우는 사정이 다
르다. 즉 개발 논리나 정치적 충동에서 인위적으로 고안되고 단기간
내에 서둘러 세워진 압축도시다. 이렇게 상궤(常軌)를 벗어나다보니

높이 218m의 텔레비전탑에서 바라본 중심 거리.

문제점이 다발할 수밖에 없다. 만사에는 순리라는 것이 있는 법이다.

저녁에는 호텔 건너편에 있는 유명한 바비큐 전문식당(Foco de Cháo)에서 별미를 만끽했다. 소문대로 식탁이며 벽 장식이며 주방까지 으리으리하다. 시간이 지나자 식객들이 모여든다. 어느새 만원이다. 더러는 대기실에서 차례를 기다리고 있다. 부위별로 통째로 구운 소나양, 돼지, 닭 등의 고기가 굵은 쇠꼬챙이에 끼워 나온다. 쇠고기만 해도 열한가지나 된다. 손님의 요구에 따라 고기를 저며주기도 한다. 와인에 레몬즙을 섞은, 약간 시큼하면서도 상쾌한 칵테일 까삐리냐 두 잔은 오늘의 여독을 말끔히 씻어낸다. 지역마다의 별미를 맛보는 것은 여행의 또다른 추억이고 즐거움이다. 때로는 그 추억이 기록으로 남겨져 전승되거나 전파되기도 한다.

이튿날(6월 20일) 반나절도 브라질리아에서 관광으로 보냈다. 어제 시티투어로 대충 외관만 본 꾸비체끄대통령기념관을 다시 찾았다. 꾸비체끄(Juscelino Kubitschek, 1902~76)는 디아만띠나(Diamantina)에서 출생해 대학에서 의학공부를 마친 후 빠리·빈·베를린 등지에서 외과수련의 과정을 거쳐 외과의 자격을 얻고 귀국해서는 육군 의무반의 외과과장으로 근무했다. 그러면서 정치활동에도 적극 참여해 두차례나 연방 하원의원에 당선된다. 그러다가 미나스제라이스 주지사를 거쳐 1956년 드디어 대통령에 취임한다. 브라질 '건설의 아버지'로서 '50년 진보를 5년 만에'라는 담찬 구호를 제시하고, 공업화 추진과 내륙부 개발을 위해 약속대로 시공 5년 만에 수도를 리우데자네이루에서 이곳 브라질리아로 옮겨왔다. 퇴임 후인 1964년에 다시 사회민주당 대통령 후보로 지명되었지만, 바로 그해에 쿠데타가 일어나는 바람에 국외로 추방되어 망명생활을 하다가 객사했다.

여기 기념관은 그의 묘소로서, 커다란 관(棺)을 방불케 하는 독특한 디자인의 웅장한 건물이다. 주위는 수면(水面)으로 에워싸여 있다. 정문에는 고공감(高空感)을 살리려는 꾸비체끄의 입상이 아스라이 보인다. 1층은 집무실과 서재다. 서재에는 약 3,000권의 책이 꽂혀 있는데, 의사답게 대부분의 책은 의학서다. 부인의 집무실도 함께 있는데, 역시 퍼스트레이디답게 생전에 누리던 영화를 말해주듯 화려한 의상과 사치스러운 가재들이 전시되어 있다. 또한 대통령이 새 수도 건설을 계획하거나 직접 현장을 지휘하는 사진들이 많이 눈에 띈다. 2층 중앙에는 그의 적갈색 관이 놓여 있는데, 덮개는 속에 천사를 그려넣은 특수한 상감(上嵌) 스테인드글라스로 만들었다고 한다. 약간은 우중충한 조명으로 근엄한 분위기를 살린다. 대통령의 위훈을 홍보하려는

브라질 '건설의 아버지' 꾸비체끄 대통령의 기념관 내 집무실.

듯 숱한 훈장들이 반짝이고 있다. 기념관 내의 모든 일꾼들이 한결같이 흰색 제복을 입고 있는 것이 인상적이다. 돌아오는 길에 현지 택시기사에게 꾸비체끄에 대한 소감을 물었더니, 학교 교과서는 그의 업적에 관해 이야기하고 있지만 그는 결코 브라질의 가장 위대한 지도자는 아니고, 그저 그 가운데 한 사람일 뿐이라고 담담하게 대답한다.

이어 찾아간 곳은 보아본따지(Boa Vontade)사원으로, 모든 종교의 화합과 세계평화를 표방하는 일종의 혼합형 신흥종교 사원이다. 외형부터가 신비롭다. 7면의 피라미드형 백색 건물로, 꼭대기에는 세계에서 가장 큰 크리스털이 박혀 있다고 한다. 내부는 신비를 넘어 황홀한 지경이다. 지름이 60~70m나 되는 원형 바닥에는 너비 30cm쯤 되는 검은 대리석과 누르무레한 대리석을 엇갈아 깐 줄 7개가 평행으로 원을 그리고 있다. 한가운데에 지름 10cm 정도의 금빛 동그라미가 표시되어 있다. 기도자는 신발을 벗은 채 검은 줄을 밟고 돌다가 정중앙 벽에 걸려 있는 황금빛 하트형 판 앞에 이르러 나름의 방식대로 기도의 예를 표한다. 계속 걷다보면 한가운데의 표시판에 이르게 되는데, 그러면 누르무레한 줄을 따라 돌아나온다. 기도의식이라든가, 회전 수는 인도자나 설교자 없이 기도자 스스로 알아서 행한다. 기도 시간도 따로 없다. 이것도 종교인가 하는 의문이 들 정도로 모든 것이 의아하고 신비롭다.

그런데 사람들은 사뭇 진지하게 무언가를 염원하면서 돌고 또 돈다. 앞 좌측 구석에 소감을 적는 쪽지가 놓여 있고, 몇몇이 숙연한 자세로 소감을 적고 있다. 기왕이면 세계평화를 기원한다고 하니 마다할 리 없다. 필자도 "온 세계의 영원한 평화를 두 손 모아 기원합니다. 한국문명교류연구소장 정수일, 2012년 6월 20일"이라고 쓴 쪽지를 광주리에 넣고는 옆 사무실로 발길을 옮겼다. 교주 보아본따지의 초상화와 종교적 화합을 상징하는 여러장의 포스터가 벽에 다닥다닥 붙어 있다. 참배용으로 교주의 가묘(假墓)를 이곳에 만들어놓고 참배객을 맞는데, 진묘는 고향인 리우데자네이루에 있다고 한다. 이곳 크리스털이 인기가 있다고 해서, 상점에 들러 크리스털 목걸이 두개를 선물용으로 70헤알을 주고 구입했다. 하도 별의별 사이비 종교가 판을 치는 세상이라서, 제발 이 보아본따지만은 사이비 종교가 아니었으면 하는 바람을 품고 사원을 나섰다.

브라질리아는 급조한 데서 오는 문제점에다, 그 반동으로 새로운 성벽(性癖)이 자리잡아가고 있다. 이에 관해 공항으로 향하는 차 안에서 기사가 한 말이 떠오른다. 즉 이곳 사람들이 열정적이고 친절한 점은 예나 지금이나 크게 다를 바가 없지만, 수도에 살면서 먹고살 만하니까 어느 때부터인가 '오늘 해도 그만 내일 해도 그만'이라는 안일하고 느긋한 성격을 갖게 되었다고 한다. 아직은 더 분발해야 하는데 성장동력을 잃어가고 있다는 것이다. 듣는 순간, 잘 나간다고 하는 브라질도 여느 후발국과 마찬가지의 문제점을 안고 있다는 것을 깨달았다.

06
남미 개발의 상징, 쌍빠울루

　드넓은 국토에다가 다양한 역사와 문화를 갈무리하고 있는 브라질에서의 여행은 한두 곳으로 마무리할 수가 없다. 리우데자네이루와 쌀바도르, 브라질리아에 이어 네번째로 쌍빠울루로 향했다. 도시마다 나름의 특색이 있어 접하는 데 지루하지 않다.

　6월 20일(수요일) 오후, 쌍빠울루행 JJ 3583편(좌석 16F)에 몸을 실었다. 3시 52분에 이륙해 5시 12분에 착륙했으니, 비행에 1시간 20분이 걸렸다. 이륙한 지 3~4분도 채 안 되어 목책(木柵, 나무 띠)으로 에워싸인 푸른 초원이 점점이 나타난다. 다른 곳에서는 상공에서 내려다보면 길이 대체로 늘여놓은 흰 실오리처럼 보이지만, 여기서는 적갈색 띠로 시야에 들어온다. 아마도 토질이 적갈색이기 때문일 것이다. 푸른 땅과 어울려 하늘은 청청하며, 창공을 수놓은 다층 뭉게구름이 너울거린다. 25분쯤 지나서는 초원이 수림으로 바뀌면서 햇빛이 군데군데 크고 작은 연못들의 수면에 반사되어 번쩍인다. 이 짧은 순간에도 그러하거니와, 지난 며칠 동안의 답사를 통해 브라질이 간직하고 있는 다양한 풍토를 내심 느낄 수가 있었다.

자연풍토를 보면, 브라질은 크게 3대 지역으로 나뉜다. 첫째는 마나우스와 벨렘을 중심으로 한 북부지역인데, 여기에는 아마존강 유역과 브라질 고원이 펼쳐져 있다. 세계 최대의 유역면적(650만km²)을 가진 아마존강 유역은 브라질의 최고봉인 네블리나산(Neblina, 해발 3,014m)이 자리한 기아나 고지를 제외하면 해발 200m 이하의 평원지대다. 아마존강 유역은 한해에 한두달(8~9월) 빼고는 내내 비가 오며 기온(연간 평균 25~35도)이 높다. 그래서 이곳은 상록수가 무성한 열대우림(熱帶雨林, 셀바)지대로 소문이 나 있다. 다음으로는 수도 브라질리아가 위치한 브라질고원을 중심으로 한 중앙지역인데, 연중 강수량은 적고 대낮 기온은 높으며, 일교차가 심하다. 대체로 우기와 건기(5~9월)로 나뉘는데, 건기에는 습도가 매우 낮다. 그러나 파라과이나 볼리비아와 국경을 접하고 있는 내륙부 평야는 우기가 되면 질퍽한 습지를 형성하며, '생명의 낙원'이라고 불릴 정도로 야생동물의 보고로 알려져 있다. 이에 비해 브라질 남부는 반데일라산(해발 2,890m)을 비롯해 산세가 험한 지역이다. 연중 기온이 높고 건기가 확실한 열대 사바나 기후이지만, 남단부는 고도가 낮고 온화한 기후에다가 건기가 없어 제법 초원을 이루고 있다.

이러한 서로 다른 자연풍토에다가 곡절 많은 식민통치와 그에 따른 사회변동이 겹치니 사회풍토도 자연히 다양할 수밖에 없다. 브라질은 사회적·문화적으로 각이한 특징을 지닌 다섯개의 지역, 즉 북부와 북동부, 중부, 남동부, 남부로 구분된다. 대체적으로 그 흐름을 보면, 쌀바도르를 비롯한 북동지역은 식민 초기인 16~17세기에 흑인노예들을 끌어다가 사탕수수 농장을 경영함으로써 번영을 누려왔다. 그러나 18세기에 이르러 사탕수수 재배가 시들해지고 남동지역에서 금광이 발견되면서부터는 쇠퇴의 길로 접어들어 오늘날 이곳은 1인당 수입이 국내 평균의 40%에 불과한 최빈곤 지역으로 전락하고 말았다. 이와는 대조적으로 리우데자네이루나 우리가 지금 찾아가는 쌍빠울루를 비롯한 남동지역은 1690년 금광의 발견과 19세기 부가가치가 높은 커피 재배를 계기로 일약 개발의 상징으로 도약했다. 그리하여 면적은 국토의 11%이지만, 인구는 43%가 모여 살고 있으며, 산업 생산의 80%가 집중되어 생활수준은 북동지역보다 3.5배나 높다. 그런가 하면, 20세기에 들어와서 아마존 개발 붐이 일어나고 브라질리아로 수도를 옮기면서 북부지역과 중부지역에 새로운 개발의 바람이 불어오고 있다.

어느덧 비행기가 고도를 낮추자 마천루 숲이 눈에 확 안겨온다. 쌍빠울루국제공항(일명 과률료스국제공항) 출구는 그야말로 인산인해다. 손님의 이름이 적힌 피켓을 든 사람들이 줄지어 서 있고, 그 사이사이를 목 터져라 호객하는 택시기사들이 이리저리 헤집고 다닌다. 은행과 숙박 안내소도 숱하다. 이 국제공항 말고도 국내 전용으로 꽁고냐스(Congonhas)공항이 따로 있다. 공항에서 25km쯤 떨어진 시 중심(구시가지)에 자리한 플랫레지던스호텔(Flat Residence Hotel) 1211호실이 일행을 기다리고 있었다. 호텔이라기보다는 숙박소에 가깝다. 시설은 그런대로 갖췄으나 허름하기 짝이 없다. 이곳 쌍빠울루는 현대 도시치고 호텔 사정이 최악이라고 한다. 시내 한복판에 이러한 잠자리라도 마련된 것이 그나마도 감지덕지 천만 다행스러운 일이라고 한다.

이튿날 새벽, 일찌감치 잠에서 깨어났다. 바깥은 아직 캄캄하다. 먼동이 틀 때까지는 두세시간이나 남아 있다. 답사를 앞두고 흔히들 '개발의 상징'이라고 하는 이 공룡 같기도 하고 거머리 같기도 한 혼잡한 도시에서 무엇을 찾아보아야 할지 불현듯 고민이 일어났다. 그 자본주의적 '개발'이란 숱한 희생과 소외, 저주와 환락에 의해 생겨난 '배설물'에 불과할진대, 어떤 것은 알아야 하기에 파헤쳐야 하며, 또 어떤 것은 역겨워서 그만 넘어가야 할 것인가를 가려내는 것이 고민이다. 그것은 이곳의 속내를 제대로 파악해가는 첫 공정이기도 하다.

구질구질 내리는 보슬비를 맞으며 시내 구경에 나섰다. 사방이 30km가 넘는 남미 최대의 도시 쌍빠울루를 대충 한바퀴 도는 데는 족히 2~3일은 걸린다고 한다. 이 도시의 인구는 무려 1,100여만으로, 브라질 국민총생산량의 절반을 생산하며, 은행 1,000개와 점포 3,000여개, 영화관 170개, 라디오방송국 13개, 일간지 11종, 각종 정보지 250여종 등 어마어마한 규모의 금융·통상 기관과 문화시설·매체를 보유하고 있는 거대 도시다. 이곳을 찾는 사람들에게 가장 매력적인 것은 아마도 다양한 인종과 문화가 한데 어울린, 이른바 '혼돈의 조화'를 체험하는 일일 것이다.

마침 숙소에서 지척에 있는 빠울리스따(Paulista) 거리로 나섰다. '빠울리스따'는 '쌍빠울루에 사는 사람'이라는 뜻이다. 그만큼 이 거리는 상징성이 높다. 길이가 무려 2.8km에 달하는 이 거리는 대표적인 금융가다. 각종 금융기관과 함께 여러가지 문화시설과 대형 호텔, 상점들이 촘촘히 들어서 있다. 처음 눈에 띈 곳은 쌍빠울루미술관이었으나 11시에 문을 연다고 하기에 건너편에 있는 또리아논공원에 들렀다. 문패는 공원이지만 기실은 수목원이나 다름없다. 이름 모를 갖

대표적 금융가인 빠울리스따 거리 모습.

가지 나무들이 빼곡히 하늘로 치솟아 있다. 빗물을 머금은 나뭇가지
에는 생기가 돈다. 눈길을 끈 것은 '일본산'이라는 명패가 붙어 있는
나무로, 키가 7~8m는 실히 되는 상록수다. 원산지가 일본인 나무가
어떻게 여기까지 왔는지는 알 수 없으나, 이 나무 역시 신·구대륙 간
교류의 증거물임은 분명하다.

시간에 맞추어 미술관 문어귀에 도착하니 이미 사람들이 매표소
앞에 줄지어 차례를 기다리고 있다. 원래 이 미술관은 매스컴 왕 아시
스 샤또브리앙의 개인 컬렉션이었으나, 지금은 공공미술관으로 탈바
꿈했다. 지하 1층, 지상 3층의 전시관에는 중세 이후의 약 1,000점에
달하는 미술품이 소장되어 있다. 이 미술관이 세계적인 명성을 얻게

된 것은 라파엘로, 고흐, 모네, 세잔, 마티스, 그레꼬(El Greco), 모딜리아니, 피카소 등 기라성 같은 화가들의 명작이 전시되어 있기 때문이다. 여러 장르의 화폭뿐 아니라 종교화도 곁들여져 있다. 지하층에는 약 20점의 조각품이 전시되어 있고, 1층에서는 개인 사진전이 한창이다. 2층에는 흑백사진들이 선을 보이고 있다. 늘 색조에만 찌들어오다가 그 옛날(사실은 그리 멀지 않은 과거)의 흑백조를 접하니, 감회가 새로울 뿐만 아니라 무언가 심원하고 눅진한 느낌이 든다. 오랜만에 복고주의 화폭에 심취해본다. 보안이 철석같은 3층은 앞서 말한 유명 화가들의 작품이 걸려 있다고 해서 호기심이 크게 동했다. 그러나 고흐를 비롯한 몇몇 화가의 작품만 눈에 띌 뿐, 피카소를 비롯한 다른 화가들의 작품은 보이지 않기에 지킴이들에게 물어봤더니 머뭇거리며 확답이 없다. 사진으로라도 갖고픈 마음이 굴뚝같았으나 역시 촬영은 엄금이다. 허전함을 달래며 미술관 문을 나섰다.

오후에는 3시간 반 동안(1시 50분~5시 20분) 시티투어 버스를 타고 시내 일주관광에 나섰다. 승객은 열한명인데, 그 가운데는 세르비아에서 온 젊은 남녀 한쌍이 들어 있다. 아주 순박하고 예의도 바르며 의사소통이 가능한 영어 실력을 갖추고 있어 관광 내내 이야기를 주고받았다. 시간에 쫓기다보니 할 수 없이 관광은 문자 그대로 주마간산 격이다. 낯선 풍경들이 주마등처럼 획획 스쳐간다. 다행히 중요한 몇군데는 차에서 내려 안팎을 살필 수 있었다.

쌍빠울루의 중심가(구도시)에서 첫눈에 띈 것은 이 도시의 상징물 중 하나인 메뜨로뽈리따나대성당이다. 40년간의 시공을 거쳐 1954년에 완공된 이 성당 정면 좌우에는 고딕양식의 첨탑 두개가 나란히 서 있으며, 그 사이로 지름 27m, 높이 65m의 대형 돔이 빠끔히 보인다.

1922년에 지어진, 화려한 아이콘으로 가득한 쎄성당 내부 모습.

한꺼번에 8,000명이나 수용할 수 있다니 그 규모를 가히 짐작할 수 있다. 지하에는 이 도시의 역대 사교(司敎)들이 묻혀 있다. 이어 보슬비 속에서 버스는 쎄성당 앞에 멈췄다. 이 지역 개척자들의 발원을 담아 1922년에 문을 연 이 성당 내부는 상당히 화려하다. 6,000개의 관이 달린 파이프오르간이 있는가 하면, 벽을 가득 메운 갖가지 아이콘은 단연 압권이다. 발 디딜 틈 없이 기도자들로 꽉 차 있다. 마침 주교가 미사를 집전하는 중이었는데, 낮은 톤으로 조용히 퍼지는 찬송가 소리가 은은하면서도 장중하다.

성당 문을 나서는데 벽에 걸린 게시판에 웬 갈색 성모상이 소개되어 있다. 흔히들 성모하면 유백색의 성모 마리아 상을 떠올리는데, 이곳 성모상만은 유달리 갈색이니 이색적이라고 하지 않을 수 없다. 풀리지 않는 수수께끼를 품고 호텔에 돌아와 이리저리 참고서를 뒤지다가 그 영문을 알아냈다. 1717년 이 지역을 통치하던 한 집정관이 오늘의 쌍빠울루에서 북동쪽으로 약 170km 떨어진 자그마한 도시 아빠레시다(Aparecida, 현 인구 3만명)를 순방하고 있었다. 집정관을 대접하고자 어부 세 사람은 강으로 가 카누를 타고 그물을 연신 던졌으나, 어획기가 아닌 때라서 번번이 허탕을 친다. 한 어부가 실망 속에 돌아서면서 얼결에 던진 그물에 무언가 걸려 있기에 낚아보니 머리 잘린 갈색의 성모상이 나왔다. 다시 한번 그물을 던지니 그제야 머리 붙은 온전한 성모상이 건져졌다. 더불어 물고기도 그물 가득 잡혔다.

성모상을 건진 어부가 상을 집안에 정중히 안치하고 정성껏 기도를 올리니 잇따라 여러가지 기적이 일어났다. 소문이 퍼지자 아빠레시다는 일약 성지로 변해 참배객이 몰려왔다. 해마다 축제일인 10월 2일에 브라질뿐 아니라 라틴아메리카 전역에서 찾아오는 참배객이 13만명 이상이라고 한다. 원래 원주민이나 혼혈들에게 갈색은 본색(本色)으로서, 그것을 신앙에 담아내려는 것은 인지상정일 것이다. 색이야 어떻든 간에 속내에는 별 다름이 없었을진대, 백색 서양인 종교(가톨릭)마저도 내키지는 않았겠지만 묵인하지 않을 수 없었을 것이다. 갈색 성모상에 관한 유사한 전설은 라틴라메리카의 다른 지역에서도 발견된다.

가장 번화한 빠울리스따 거리의 한 모퉁이에는 브라질의 축구 영웅 뻴레(Pelé)의 등신대(等身大) 크기의 초상화가 걸린 축구박물관이 있다. 궁금하지만 스쳐지나갔다. 이윽고 버스기사는 명소라면서 쌍뜨 대학 식물원으로 안내한다. 알고 보니 세계적으로도 이름난 부딴따

(Butantã)독사연구소다. 1898년에 문을 연 이 연구소는 처음엔 브라질 내의 독사나 독거미, 전갈 등 유독생물에 대한 해독제 개발로 시작했으나, 지금은 일반적인 질병에 쓰는 백신 개발에 진력하고 있다. 나무와 잔디가 어울린 야외 실험장에는 곳곳에 촘촘한 철조망을 친 우리가 있다. 그 속에는 영락없이 한두마리 독사가 똬리를 똘똘 틀고 도사리고 있다. 부속 생물박물관에는 정글에서 유독생물을 채집하는 여러 가지 도구가 전시되어 있으며, 독사 등 살아 있는 유독생물들도 공개하고 있다. 간혹 연구원이 독사를 끌고 나와 독을 채취하는 장면도 연출한다고 한다.

돌아오는 길엔 이삐랑가공원(Parque de Ipiranga, 독립공원)을 에도는데, 나지막한 공원 언덕에는 1922년 독립 100주년을 맞아 세운 독립기념비 군상이 용자를 드러낸다. 1822년 9월 7일 세상을 향해 '독립이냐 죽음이냐'라고 포효하면서 독립선언을 하는 둠 뻬드루 1세의 동상을 각이한 포즈를 취한 131명 병사의 동상이 마치 호위병처럼 에워싸고 있다. 대좌의 면적만도 1,600m²이니, 어마어마한 구조물이다. 5시가 가까워오자 거리는 붐비기 시작한다. 우중충한 날씨에 너나없이 귀가를 서두르고 있다. 시티투어 버스라고 해서 양보하는 양심은 좀처럼 없다. 기사는 거리가 붐비기 때문에 이제 리베르다드 구역에 있는 '동양인 거리' 한 곳만으로 오늘의 투어를 마칠 수밖에 없다고 일방적으로 선포한다.

가까스로 동양인 거리 어귀에 도착하니 웬걸 분위기부터가 달라진다. 약간 경사진 내리막길 양옆에는 '동양상점(東洋商店)' 같은 한자 간판이나 한자가 섞인 일본어 간판이 줄지어 붙어 있다. 각종 은행과 식료품 상점, 번듯한 옷가게와 화장품 상점이 빼곡한가 하면, 일본어

1922년 독립 100주년을 맞아 이삐랑가공원(독립공원)에 세워진 독립기념비 군상.

신문도 매대에 꽂혀 있다. 이 한 거리에 일본인이 경영하는 점포만도 무려 400소나 된다고 한다. 차라리 '일본인 거리'라고 이름 붙이는 것이 적격일 성싶다. 간혹 중국어 간판도 띄엄띄엄 눈에 뜨이기는 하나, 얼마 안 된다. 이 도시와 일본 오오사까 사이의 자매결연을 기념해 세운 주홍색 구릉다리 밑을 지나니 저만치에 '브라질일본이민사료관'이 보인다. 폐관시간이 지나서 들를 수는 없었다. 1908년부터 시작된 이민 70주년을 기념해 1978년에 세운 사료전시관이다. 후술하겠지만, 일본은 라틴아메리카 도처에 유사한 전시관이나 공원을 만들어놓고 있다. 그만치 일본은 동양의 그 어느 나라보다도 일찌감치 라틴아메리카에 진출해 터전을 닦아놓았다. 이 거리에는 한국인도 5만명가량 살고는 있지만, 흩어져 있기 때문에 '꼬레아타운' 같은 것은 아직 명색이 없다고 한다.

저녁엔 한국 식당 '석정(石井)'에서 된장찌개로 입맛을 돋웠다. 11년 전에 이곳에 와 식당을 운영하고 있다는 여주인의 말에 의하면, 쌍빠울루에만 약 60개소의 한국 식당이 개업 중이라고 한다. 바로 길 건너 편에는 '구월'이라는 명패가 네온에 반짝거린다. 한창 저녁식사 때인데도 10평은 실히 돼 보이는 식당에 손님은 고작 7~8명뿐이다. 우리네 고유 음식을 선보이면서도 현지인의 입맛에 맞게 접변(接變)시킨 요리를 다양하게 개발해 좀더 흥성거리는 식당이 되었으면 하는 바람을 마음속으로 전하면서 주인과 작별인사를 나눴다.

07
세계 최대의 커피수출항, 싼뚜스

이튿날은 아침 일찍이 쌍빠울루 남쪽 75km 지점에 있는 싼뚜스 (Santos)로 향발했다. 브라질 제1 대항인 싼뚜스는 쌍빠울루의 외항으로서 개척의 운명을 함께해왔다. 특히 남부에서 많이 생산되는 커피의 수출항으로 브라질의 근대화에 큰 몫을 담당해오고 있다. 남부터미널에서 15분 간격으로 출발하는 최신형 전용 버스에 올랐다. 요금은 편도에 29헤알인데, 연석 좌석에다가 편의시설까지 갖춰 관광버스로는 나무랄 데가 없다. 5분 후에 시내를 벗어나자 길 양옆으로 움막같은 집들이 다닥다닥 붙은 낙망(落望)의 판자촌들이 이곳저곳에 널려 있다. 화려한 도시나 버스와는 극적 대비를 이루는 비참한 풍경이다. 버스는 해발 500~600m쯤 되는 산비탈을 숨가쁘게 치닫는다. 그리 높지 않는 산령인데도, 안개가 산 중턱을 자욱이 감싸고 있어 마냥 구름을 타고 비상하는 기분이다. 우거진 수림과 계곡이 장관이다. 컨

쌍빠울루 교외 도로의 양옆에 늘어선 빈민가.

테이너를 가득 실은 대형 트럭들이 꼬리를 물고 거북이걸음을 한다. 한참 달리니 남쪽 산기슭에 꾸바똥(Cubantão)공업단지가 나타난다. 굵직한 굴뚝들과 전용 화물차가 드나드는 것으로 보아 큰 공업단지임에 틀림없다. 구절양장(九折羊腸)의 산길을 1시간 20분 달린 끝에 이름난 쌍뚜스항구에 다다랐다.

　소문대로 지형상 적격의 쌍뚜스만을 끼고 있는 대항이며 양항이다. 대항답게 눈이 모자라게 뻗어간 쌍뚜스만에는 대형 화물선들이 줄줄이 선체를 맞대고 정박해 있으며, 육중한 기중기들이 쉴 새 없이 화물을 올리고 내린다. 그리고 커피·옥수수·설탕·밀가루 등 수출입 화물(주로 농작물)의 전용저장고가 5km는 족히 되는 부둣가에 쭉 늘어서 있다. 그 곁에는 옛 영광을 증언하듯 숱한 창고와 철길 잔해가 흉물스럽게 바닥에 널부러져 있다. 개척기에 세워진 으리으리하던 성당이나 동상, 건물들도 아직껏 미련을 버리지 못한 듯, 시대 앞에서 허우적거리는 모습을 드러내고 있다. 옛날엔 화물전용 항구였으나, 지금은 매일 8~10회(처음엔 1~2회)씩 여객선도 운영하고 있다. 역사적 잔해와 오늘의 약동하는 시설이 증명하듯 쌘뚜스는 브라질뿐 아니라 세계에서도 으뜸가는 커피수출항이다.

바쁜 일정에도 굳이 이곳을 찾은 이유는 그 유명한 브라질 커피의 내력과 세계로 실려가는 모습, 이를테면 라틴아메리카의 전통적 교류의 한 단면을 현장에서 확인하기 위해서다. 그래서 선참으로 찾아간 곳이 바로 옛 커피거래소다. 1922년에 푸른색 돔을 얹어 지은 이 전형적 식민시대 풍의 건물이 지금은 커피박물관으로 개조되어 볼거리와 마실거리를 제공해주고 있다. 1층에는 거래소였을 당시의 거래 상황을 보여주는 사진들과 관광객들을 위한 커피숍이 마련되어 있으며, 2층에는 각종 커피 생산이나 교역과 관련된 유물 및 현장 사진자료들이 전시되어 있다. 여기서 커피의 원산지라고 하는 예멘이나 에티오피아에서와는 다른 또 하나의 커피 체험을 하게 되었다. 그리고 커피 플랜테이션에서 고역에 시달리는 사람들의 고달픈 생활상과 잔혹한 수탈상은 가슴을 저미게 한다. 그러나 이상하게도 음료로서의 커피의 제조 과정에 관한 전시나 소개는 어디를 둘러봐도 없다. 이것은 아마 수익 독점을 위해서라면 나만의 비법을 숨겨놓아야 하는 자본주의의 태생적 기제(機制) 때문일 것이다.

약 1시간 동안의 참관은 커피에 관해 배울 수 있는 기회였다. 오늘날 커피는 만인이 즐기는 기호음료로서 선호도나 보급도에서 여타 음

1922년에 지어진 커피거래소의 외관. 지금은 커피박물관으로 이용되고 있다.

료들을 저만치 앞지르고 있다. 커피라는 단어가 아랍어의 캇파(caffa, '힘'이라는 뜻)에서 유래되었다는 일설이 있는데, 불확실하다. 왜냐하면 아랍어로 커피는 '까흐와'라고 하며, 음사에서 차이를 보이기 때문이다. 커피의 원산지는 통상 에티오피아의 산간지대로 알려지고 있다. 커피는 신속하게 퍼져서 오늘날 북위 25도~남위 25도는 커피벨트와 커피존(coffee zone)을 이루고 있다. 일종의 문화대다. 커피나무는 심어서 약 5년쯤 자란 뒤에는 빨간색 또는 노란색 열매(체리)를 맺는

커피거래소에 전시된 커피운반공 모형.

다. 이 열매에서 외피나 과육, 내과피, 은피(隱皮)를 벗겨낸 씨앗을 생
두(生豆, green bean)라고 한다. 이 생두를 가공해서 음료를 만드는데, 그
가공법에는 수확한 체리를 그대로 말린 후 과육을 제거하는 건식법
과 물을 이용해 과육을 제거한 후 발효 및 건조하는 습식법 두가지가
있다.

  커피나무는 여러가지 품종이 있는데, 주요 품종으로는 아라비까와
로부스따 두가지가 있다. 한편 음료로서의 커피에도 숱한 종류가 있
으나, 세인이 공선(公選)한 세계 3대 커피로는 자메이카의 블루마운
틴, 하와이의 코나, 예멘의 모카를 꼽는다. 무엇을 알고 하는 것과 모
르고 하는 것 사이에는 지적 개안(開眼)의 개입에서 오는 잠재적 효과
가 크게 달라질 수 있다. 그래서 필자는 가끔 그런 잠재적 효과의 공

유를 위해 필요한 계기마다에서 주제넘게도 이런 식 장황설을 마다하지 않음을 차제에 독자들에게 밝혀두는 바이다.

각설하고, 이제 이 커피박물관이 보여준 브라질 커피의 면모를 한번 훑어보기로 하자. 커피가 브라질에 알려지게 된 것은 1727년 프랑스령 기아나를 통해서다. 그 유입에는 한가지 절절한 비화가 전해오고 있다. 그때까지만 해도 프랑스의 허가 없이는 다른 지역에 커피를 반출할 수 없었다. 당시 기아나에 파견되어 근무하던 포르투갈 육군 상사 빨에따(Palheta)는 브라질의 빠라(Pará)강 출신이었다. 이 젊은이는 커피나무 묘목을 고국에 전할 방법을 고민했다. 다행히 그를 사랑하고 있던 프랑스 총독의 아내는 부케 속에 커피 열매를 숨겨서 빨에따에게 넘겨주었고, 다행히 그것이 브라질에 전달되었다. 이것이 브라질로 하여금 커피세계의 '거인' '군주'로 우뚝 서게 한 기적적 단초다. 커피의 효능을 인지한 브라질은 1822년 독립을 계기로 생산을 본격화했다. 비교적 낮은 고도에 적당한 습기, 흐린 날씨, 기름진 땅, 값싼 노동력 등 커피 생산에 필요한 제반 요인들이 다 갖춰졌기에 생산량은 급증했다. 20세기 초에 벌써 세계 커피생산량의 40~50%를 점하게 되었다.

그로부터 근 300년이 지난 지금, 이 나라에는 약 39억 7,000만그루의 커피나무가 자라고 있으며, 연간 생산량은 약 280만톤(2008)으로 생산과 수출에서 단연 세계 1위를 차지하고, 소비량은 2위로 미국 다음이다. 전국 26개 주 가운데 17개 주에서 커피가 생산되는데, 쌍빠울루와 빠라나, 미나스제라이스, 에스뻬리뚜싼뚜 등 네개 주가 전량의 98%를 생산한다. 그중에서도 중남부의 빠라나주가 생산량의 약 절반을 차지한다. 그러나 비약적 발전은 한가지 악과(惡果)를 초래하고야

싼뚜스항을 찾은 일행. 가운데의 필자와 오른쪽은 장석 이사, 왼쪽은 여인욱 군.

말았다. 수익 일변도의 과잉생산에 매달린 나머지, 2차대전이 발발하기 전 한때 잉여품 7,800만 포대를 불에 태워버리거나 물속에 수장시키는 비극이 발생한 바 있다.

식민 약탈과 과욕이라는 덫에 걸려 오랫동안 단일작물화라는 폐단을 겪고 있지만, 어쨌든 오늘날에 이르기까지 브라질 경제의 기둥 역할을 해오고 있는 것만은 사실이다. 1990년대 이후에는 시장개방체제로 돌입하면서 견인차 역할을 해오던 '브라질커피관리국'이 '국가경제협회'로 개편되는 등 일련의 구조조정을 통해 생산의 정상화를 시도하고 있다. 그리고 매해 우수한 커피들의 품질을 가리는 COE(The Cup of Excellence)를 열어 국가별·지역별로 최고 품질의 커피를 선정해 커피 발전을 장려하는 등 국제 활동도 활발히 벌이고 있다. 경제대국을 향한 브라질의 꿈은 여기서도 부풀어오르고 있다.

브라질의 주요 재배 품종은 아라비까와 그 변종인 부르봉(Bourbon), 띠삐까(Typica) 등이며, 자연당도를 유지하기 위해 가공에서는 건식법을 도입하고 있다. 약간 시큼한 요오드 맛에 향내가 나는 것이 특징이다. 커피는 품질 등급에 따라 맛이 다르거니와 가격도 천차만별이다. 재미있는 것은 품질의 등급을 나누는 방식인데, 생두 300그램당 결점두(缺點豆)가 몇개 있는가에 따라 등급을 결정한다. 결점두란 재배나 가공 과정에서 생긴 비정상적인 결실로 커피의 질을 떨어뜨리는 생두를 말한다. 가령 2급의 경우는 결점두가 4개 이하, 4급은 26개 이하 등으로 등급을 구별한다. 리우데자네이루의 민가에 투숙할 때, 여주인으로부터 환영과 환대의 의미로 까페지뇨(Cafezinho)라는 커피를 대접받은 적이 있다. 이것은 브라질인들이 손님을 맞는 관행인데, 커피 제작방법이 좀 특이하다. 냄비에 물과 설탕을 넣고 가열해 끓기 시작하면 커피를 넣고 잘 저은 다음 여과 천에 걸러서 마신다.

이 박물관 정문에 들어서면 우측에 그 옛날의 커피거래소답게 각종 커피를 즉석에서 만들어 파는 매대가 있고, 1층에는 간이 커피숍이 마련되어 있다. 일행은 2층에서 관람을 마치고 1층 커피숍에 내려와 기왕이면 다홍치마라고 최상의 커피를 주문했다. '자꾸버드'(Jacu Bird)라는 커피(한잔에 18헤알)인데, 정말로 그윽한 향기에 감칠맛이 일품이다. 이 커피는 브라질의 대표적 커피인 부르봉싼뚜스의 일종이라고 접대원이 설명한다. 부르봉싼뚜스는 아라비까 품종 가운데 3~4년생 나무에서 수확(보통 5~9월 사이)하는 커피다. 이것 말고도 요오드 성분이 함유돼 쌉쌀한 맛이 강한 까페리오떼(Cafe Riote)도 이곳에서 인기있다. 호기심에 한잔 청했더니, 자꾸버드와는 확실히 다른 맛이다.

최상의 커피라고 하는
자꾸버드 커피.

　싼뚜스에서 한가지 주목되는 것은 이곳이 일본과 특별한 관계가 있
는 고장이라는 점이다. 일본은 백여년 전부터 국가 시책으로 라틴아
메리카로의 이주를 독려했다. 그 첫 상륙지가 바로 싼뚜스다. 1998년
브라질 일본인연합회가 주축이 되어 상륙 90주년을 기념해 '브라질
일본계이민90주년기념비'를 세웠다. 본래는 해변가에 세웠으나, 지
금은 에미사리오공원으로 옮겼다. 낯선 땅에 발을 붙인 그들은 열심
히 일해서 쌍빠울루 동양인 거리에서 보다시피, 이 나라에서 당당한
한 사회집단을 이루고 있다. 커피박물관에는 1920년대 일본인들이
경영한 커피농장에 관한 사진이 여러장 전시되어 있다. 브라질 커피
의 70%가 일본인이 경영하는 농장에서 나온다니, 그 기여도를 가히
짐작할 수 있다. 동양인의 구미에 맞는 이구아커피가 바로 일본인들
의 농장 소작이라고 한다.
　커피박물관을 나서니 맞은편 저만치에 나지막한 언덕이 보인다.
몽떼세하(Monte Serrat) 언덕이다. 정상에는 자그마한 성당 하나가 우두
커니 서 있다. 그 옆에는 이곳의 명물인 바다와 시내를 부감할 수 있

는 전망대가 보인다. 이것 말고도 쌍뚜스는 난으로도 유명한 고장이다. 난 공원에는 무려 6,000여종의 각종 난이 선을 보이며, 세계 유수의 난 컬렉션도 있다. 시간이 부족하다보니, 전망대나 난 공원은 곁을 스쳐지나갔을 뿐이다.

점심은 선 자리에서 간단한 몇가지를 골라먹는 뷔페식(11.80헤알)으로 대충 때우고 서둘러 쌍빠울루로의 귀로에 올랐다. 돌아오는 길은 갈 때와는 달리 평탄한 고속도로로 고작 50분이 걸렸다. 오후 3시경에 쌍빠울루 북쪽에 자리한 '개척의 집'에 당도했다. 지난 글 꼭지에 '남미 개발의 상징 쌍빠울루'라는 제목을 붙였지만, 어제 하루의 시티투어로는 그 주제를 풀어내기에 미흡했다. 그래서 덤으로 오전에는 쌍뚜스항을, 돌아오는 길에는 이 '개척의 집'을 찾은 것이다. 원래는 번듯한 이민박물관을 찾아가려했으나, 공교롭게도 무슨 사정으로 인해 오늘은 개관하지 않는다고 한다. 그래서 그 대타로 이 '개척의 집'을 찾았다. 규모는 작지만 현장이라서 볼 만하다.

이곳은 18세기에 지은 한 농가를 개조한 미니 박물관이다. 단층으로 된 사각형 집으로, 벽은 몽땅 흰색 칠을 하고 출입문이나 창문은 나무로 만들었다. 원래 이 집은 이 땅에 강제로 끌려온 아프리카 흑인노예들이 잠시 머물다 가는 곳이었다. 그래서 사탕수수 재배용 농기구나 철제 제당(製糖) 가마 같은 몇가지 유물과 함께 주로 흑인노예들이 이 땅을 개척하기 위해 겪은 지긋지긋한 참상들을 사진이나 기록물들로 보여준다. 그러나 찾는 사람이 별로 없다고 하면서 관리원은 우리를 의아하게 바라본다. 그렇다, 우리는 흔히 남들이 찾아가지 않는 곳에서 무언가 유의미한 것을 건져내려는 채굴공(採掘工)이 아닌가.

이 이민박물관은 1882년부터 1978년까지 약 100년 동안 각국에서

Diamantwäscherei am Ribeirão do Inferno.

아프리카에서 끌려온 흑인노예들의 광산노동 현장을 그린 그림.

이민 온 사람들의 임시수용소였다. 이탈리아·네덜란드·독일 등 유럽, 시리아와 레바논 등 중동지역, 일본·한국·필리핀 등 아시아에서 온 80여개국 이민자들이 싼뚜스항에서 열차를 타고 이곳에 와서 등록 수속과 화물 검역을 마치고는 며칠씩 머물다가 원하는 곳으로 이송됐다. 지금은 당시 등록된 이민자들의 명단이 데이터베이스화되어 클릭하기만 하면 개인 성명이나 타고 온 배 이름까지 알 수 있다고 한다. 관내에는 검역실이나 세관에서 쓰던 물품들이 고스란히 전시되어 있다. 지금은 매주 일요일이면 싼뚜스에서 이민자들이 타고 온 증기기관차를 타고 몇 킬로미터쯤(약 30분간) 달리는 체험도 할 수 있다고 한다. 이렇게 보면, 이 '개척의 집'이나 '이민박물관'은 역사의 빛을 계산하고 고발하는 현장이자 재판소이기도 하다. 보건대, 아직까지 그 빚은 제대로 갚아지지 않은 성싶다. 비록 역사는 일회성으로 반복되지 않는다고들 하지만, 그 하나하나의 역사적 사실을 무시해도 된다는 소리는 결코 아니다. 사실은 사실대로 밝혀내서 역사의 단죄를 받아야 할 일은 받아야 한다. 역사의 관용은 사실이 밝혀진 다음의 일이다. 이 세상에는 아직까지도 이 단순하고 명명백백한 도리가 외면되거나 무시당하는 일이 수두룩하니, 우리 모두가 아직은 역사의 범죄에서 자유롭지 못하다.

돌아오는 길에 빠울리스따박물관(Museu Paulista)에 들렀다. 이삐랑가공원 안에 자리한 이 박물관은 쌍빠울루의 근대를 애써 보여주려고 한다. 원래 이 집은 1895년에 베르사유궁전을 본떠 지은 한 포르투갈 귀족의 저택이었다. 외관의 화려함에 비해 내용은 부실하다. 쌍빠울루의 근대 역사유물이라고 하지만, 전시품이 온통 호화판이다. 거개가 사치스러운 귀족들의 생활용품들이다. 민초들의 것이라곤 아무리 눈을 비벼도 보이는 것이 없다. 언필칭 '귀족박물관'이라고 함이 제격이다. 그 속에서나마 다리미와 대패 따위는 우리의 것과 유사해서 문명의 공유성을 느낀 점이 수확이라면 수확이다. 이곳을 보고 나서 택시 머리를 '라틴아메리카기념공원' 쪽으로 돌리려 했으나, 얼마쯤 떨어져 있는 곳이라서 폐관 전에 닿기 어렵다는 기사의 판단에 의해 포기했다. 책에서 보니 흑백색을 잘 조화시켜 지은 건물군 안에는 라틴아메리카의 역사와 문화 전반을 이해할 수 있는 도서관과 박물관, 이벤트홀, 각국의 맛나는 식당 등이 있어 꼭 가보려고 했으나 무산되고 말았다. 미련을 남겨두는 것이 여행의 한 묘미라는 누군가의 말에 자위하고 다음을 기약했다.

이삐랑가공원 안에 있는 빠울리스따박물관 외관.

알고보면 '개척'이나 '개항' '개방'은 마치 야누스의 두 얼굴과 같다. 어느 한쪽만 보면 악 아니면 선, 한가지로만 보인다. 두 쪽을 맞대고 보아야 비로소 진실이 드러난다. 이 사실을 미지의 대륙 아메리카를 여행하면서 내내 내려놓지 말아야 할 화두로 간직하기로 결심하며 쌍빠울루에서의 마지막 밤을 보냈다.

08

자연의 신비, 이구아수폭포

오늘(6월 23일, 토요일)은 오매불망 그려오던 자연의 신비, 세계적 명소 중 명소인 이구아수폭포(Cataratas do Iguaçu)를 만난다는 흥분에 괭이잠을 자고나서 꼭두새벽부터 설쳐댔다. 새벽 4시에 기상해 5시에 호텔을 나섰다. 이른 새벽이라서 공항은 한산하다. 원래 7시 20분에 출발하기로 된 JJ 3169편(좌석 28F)은 그저 지연 신호만 보낼 뿐, 원인은 함구한 채 무작정 기다릴 것을 강요한다. 두시간이 넘어선 9시 25분에야 가까스로 이륙한 비행기는 곧바로 기수를 서북 방향으로 돌린다. 한시간 남짓 비행하더니 10시 45분에 포스두이구아수(Foz do Iguaçu)국제공항에 안착했다. 1시간 20분을 비행한 셈이다. 쌍빠울루에서 여기까지는 매일 네편의 여객기가 운항한다.

우리는 지금 브라질 쪽에서 이구아수를 찾아가는 길이다. 이구아수는 아르헨티나와 브라질의 국경을 이루는 수계(水界)로 아르헨티나

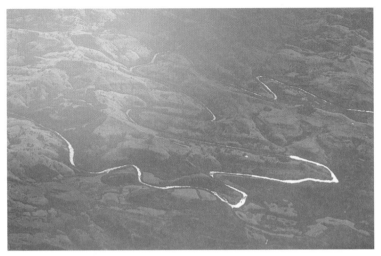

이구아수폭포로 흘러들어가는 실오리 같은 강(상공에서 부감).

쪽으로도 많은 관광객들이 몰려든다. 흔히들 브라질쪽 이구아수를 포스두이구아수라고 하며, 아르헨티나 쪽 이구아수를 뿌에르또이구아수(Puerto Iguaçu)라고 하는데, 유역 면적의 크기로 보면 뿌에르또이구아수가 80%를 차지해 훨씬 넓다. 두 곳 다 소문난 국립공원(브라질 쪽 국립공원은 17만헥타르, 아르헨티나 쪽은 22만 5,000헥타르)으로, 서로 다른 경색(景色)으로 자웅을 겨루고 있다.

희끄무레한 얇은 구름층을 뚫고 시야에 들어오는 지상은 온통 푸르싱싱한 수림과 초원으로 뒤덮여 있다. 그저 뒤덮여 있는 것이 아니라, 신비에 가까울 정도로 지그재그 무늬를 수놓고 있다. 약 40분 지나서는 나지막한 야산과 계곡이 마치 숨바꼭질이라도 하듯 엇바뀐 모습을 드러낸다. 이윽고 실오리 같은 여러 내가 줄줄이 어디론가 뻗어간다. 그 내들이 모여서 이구아수의 물줄기를 이룬다고 한다. 마침내 햇살에 번뜩이는 넓은 호수가 나타나더니, 저만치에서 우람찬 폭포가 노도 같은 물줄기를 뿜어낸다. 장관이다. 다들 감격에 겨워 웅성거린다. 이 장관을 카메라에 담고 싶지만, 촬영은 금지다.

구름 한점 없는 맑고 화창한 날씨다. 포스두이구아수국제공항에 내려앉기 바쁘게 택시를 불러 탔다. 약 15km 떨어진 인구 30만의 이구아수 시내 중심가를 가로질러 포스두이구아수국립공원 정문에 이르렀다. 브라질대로를 중심으로 한 거리는 정갈하고, 건물들은 깔끔하다. 아스라이 떨어진 곳에서부터 천지를 진동하는 굉음이 들려온다. 정문에서 2층 관광버스를 타고 약 10분간 들어가니 드디어 폭포가에 다다랐다. 뿌연 물보라가 눈앞을 가린다. 다들 넋을 잃은 사람처럼 '아!' '와!' 하고 감탄사만 연발한다. 문자 그대로 경이롭고 신비로운 비경이다. 전망대까지 약 2km의 고불고불한 산책로를 걸어가는 동안 폭포는 숱한 불가사의한 파노라마를 연출한다. 실타래 같은 낙수, 포효하는 파도, 뽀얗게 피어나는 물보라, 영롱한 칠색 무지개, 물기를 담뿍 머금고 반짝이는 꽃잎과 흐느적거리는 나뭇가지, 우거진 짙푸른 원시림, 씻기고 할퀸 기암괴석… 조물주만이 그려낼 수 있는 한폭의 신비경 그림, 그 자체다. 오죽했으면 미국 대통령 부인 엘리너 루스벨트는 이구아수를 보고 '불쌍한 나이아가라!'라며 자존심 꺾인 개탄을 마다하지 않았겠는가. 물기에 찌든 미끌미끌한 산책로를 따라 대충 감상하면서 스쳐지나가는 데만도 1시간 10분이 걸렸다. 요소마다에 설치된 간이전망대를 선점하려는 남녀노소의 경쟁은 염치불구다.

원주민 과라니족의 말로 '큰 물'이란 뜻의 이구아수폭포는 브라질 빠라나주의 꾸리치바(Curitiba) 근처에서 발원한 이구아수강이 아마존 북부에서 흘러온 빠라나강과 합류해 이곳에서 장대한 폭포를 이룬다.

세계 3대 폭포의 하나인 이구아수폭포의 비경.

이구아수폭포는 지금으로부터 1억 2,000만년 전부터 존재해왔다고 알려져 있으며, 이곳 원주민들은 내내 신비의 성지로 추앙해왔다. 서양에 처음으로 알려진 것은 16세기 중반, 아르발누에스 경이 여행 중 우연히 발견한 뒤다. 이구아수폭포는 빼어난 자연경관을 자랑할 뿐아니라 동식물의 보고로서 1986년에 유네스코 세계자연유산으로 등재되었다.

이구아수폭포는 나이아가라폭포·빅토리아폭포와 더불어 세계 3대 폭포의 하나로 꼽힌다. 너비(4.5km)와 평균낙차(70m)로 보면 이구아수가 단연 1위이나, 수량(240~830만㎥)에서는 나이아가라가 앞선다. 공통점은 모두가 두 나라의 수계를 이루지만, 수량이나 규모에서는 어느 한쪽에 치우친다는 점이다. 나이아가라의 큰 폭포(수량 94%)는

이구아수폭포의 물보라 속을 가로지르는 나무데크.

캐나다 쪽으로 흐르고, 빅토리아의 다섯개 물줄기 중 네개가 짐바브웨 경내를 지나며, 이구아수의 경우 유역 면적의 8할을 아르헨티나가 차지한다.

비스듬히 경사진 산책로는 넓은 병풍처럼 둘러친 대폭포를 지켜서 있는 높이 60m의 전망대로 이어진다. 전망대 꼭대기에서 폭포의 굉음을 듣거나 내리꽂히는 물살, 영롱한 무지개, 뿌연 물보라 등을 위에서 부감해도 그 장관을 만끽할 수 있지만, 그보다 더한 장관은 물 한가운데로 100m쯤 깊숙이 늘어놓은 데크(외나무다리)를 타고 들어가 '수중체험'을 하는 것이다. 갠 날씨인데도 짙은 물보라가 비를 만들어 뿌리기 때문에 비옷 없이는 이 데크에 들어갈 수 없다. 7헤알에 임시 비옷을 사 입고 카메라를 품속에 숨긴 채 마치 태풍 속에 있는 것처럼 비바람이 휘몰아치고 데크가 휘청거리는 와중에 종종걸음으로 데크의 끄트머리까지 도강(渡江)하는 '모험'에 도전했다. 신발은 물론 바짓가랑이까지 흠뻑 젖었다. 다녀온 사람들은 다들 '모험'에 성공했다는 희색이 만면에 가득하다.

전망대 승강기를 타고 올라와 물가 벤치에 앉아 젖은 신발과 바짓가랑이를 내리쬐는 햇볕에 말리면서 눈앞에 다시 펼쳐진 천만 갈래의 낙수를 물끄러미 바라보는데, 불현듯 이곳에 저 신비의 물줄기가 생겨나게 된 전설 한가지가 떠올랐다. 아득한 옛날 이곳 과라니족의 나이삐라는 처녀와 따로바라는 총각이 사랑에 빠져 있었다. 불행하게도 나이삐는 이곳 지배 신인 뱀에게 바쳐질 공희물(供犧物)로 뽑혔다. 이에 두 젊은 연인은 배를 타고 도망을 친다. 그러나 신의 마수에서 벗어날 수는 없는 법, 결국 신은 그 강을 쪼개 폭포를 만들고, 두 연인도 폭포로 만들어 없애버렸다. 그래서 만들어진 것이 근 300개에 달하는 저

어마어마한 폭포수라고 한다. 이곳에서 회자되고 있는 이 전설은 절대적 신권(神權)에 의해 우주만물이 창조되며, 인간은 그 권력에 거역해서는 안 된다는 준엄한 메시지를 전달한다. 그래서 이곳 원주민들은 저 폭포를 지고의 경외와 숭앙의 대상으로 섬겨왔던 것이다.

포스두이구아수, 즉 브라질 쪽 이구아수폭포 너머에는 뿌에르또이구아수가 역시 장관을 이루어 해마다 숱한 관광객을 끌어모으고 있다. 뿌에르또이구아수에서 제일 볼 만한 곳은 이구아수의 하이라이트라고 하는 이른바 '악마의 목구멍'(La garganta del diablo)이다. 이 폭포는 독특한 U자 형태의 모양 때문에 소름끼치는 이런 별명을 얻었다고 한다. 폭 700m, 높이 82m의 이 '목구멍'에서는 초당 6만톤의 물을 퍼부어댄다. 이구아수의 전체 모습을 어느 쪽에서나 지상에서 본다는 것은 거의 불가능하기 때문에 헬리콥터를 이용한 공중 관광이 한때 유행했다. 그러나 헬리콥터의 소음 때문에 야생동물들이 피해를 입는다는, 환경보호단체로부터의 거센 항의로 인해 지금은 좀 뜸한 상태다.

포스두이구아수국립공원 정문 앞에는 유명한 조원(鳥園, 새의 정원)이 하나 있다. 세계적으로도 진기한 약 150종 900마리의 새들이 사육되고 있는, 조류학 연구의 중요한 장이다. 그밖에도 500여종의 희귀한 나비가 폭포 주변에 서식하는 등, 이구아수는 폭포를 비롯한 희유의 자연생태계를 한품에 안고 있는 명소 중의 명소다. 'Do not try to describe it in your voice'(괜히 당신의 언어로 묘사하려 애쓰지 마시오)라는 경고가 괜한 말이 아님을 실감하면서, 포스두이구아수국립공원의 정문을 나섰다. 이날도 달리는 차 안에서 햄버거로 허기를 달랬다.

이어 공원에서 택시로 20분 거리에 있는 이따이뿌댐(Itaipu Binacional) 참관 길에 나섰다. 이따이뿌는 과라니어로 '노래하는 돌'이라는 뜻이

세계에서 가장 큰 댐이라고 하는 이따이뿌댐 외경.

다. 빠라나강을 가로막아 조성한 이 댐은 이구아수폭포에서 흘러내
린 물을 담고 있는, 세계에서 가장 큰 댐이다. 이 댐 때문에 근처에 시
우다드델에스떼(Ciudad del Este)라는 신흥도시가 생겨났다. 오후 3시경,
방문객 쉼터에 도착했다. 우선 약 20분간 「댐이 건설되기까지」라는
영상을 틀어주고, 50대 후반의 해설원이 열성적으로 댐의 이모저모
를 소개한다. 그러고 나서 50명가량의 참관자들이 버스 두대에 분승
해 현장을 둘러봤는데, 도중 세곳에서는 차에서 내려 현장 설명을 들
었다.

세계 최대의 수력발전 출력을 자랑하는 이따이뿌댐은 브라질과 파
라과이의 수계인 빠라나강을 막아 건설된 댐이다. 두 나라가 공동사
업으로 1975년에 착공해 1984년에 준공, 송전을 시작했다. 200억달

러의 공사비 중 무려 190억달러가 외채였다고 한다. 택시기사의 말에 의하면, 공사 중 130여명의 인부가 목숨을 잃었다. 댐은 호형(弧形, 부채꼴 모양)으로 길이가 8km, 최고 높이는 185m, 최고 수심은 196m, 저수지 면적은 1,350km², 저수량은 2,010억m³, 초당 물 배출량은 5만 8000m³이다. 전기 출력량은 시간당 70만kW로 브라질 27개 주에 전기를 공급한다. 발전기 18대를 동시에 가동하면 시간당 1,260만kW의 발전이 가능하다고 한다. 전력의 절반은 공동사업자인 파라과이가 소유권을 행사한다. 이 댐은 또한 세계에서 으뜸가는 양어장이라고 해설원은 자랑하면서, 지금 수백 종의 물고기를 키우고 있는데, 이것은 제2의 대체 식량이 될 것이라고 전망한다.

한시간 반쯤 댐 현장을 버스로 돌면서 참관하고 나서 다음 행선지인 파라과이로 가기 위해 버스터미널로 돌아왔다. 터미널 근처 식당에서 저녁을 먹고 6시 30분 파라과이 수도 아순시온(Asunción) 행 버스에 몸을 실었다. 야음이 다소곳이 스며드는 버스정류소는 별로 붐비지는 않지만, 어쩐지 어수선한 분위기다. 분실이 다반사라고 해서 짐을 제대로 싣는가에 촉각을 세웠다. 2층짜리 중형버스의 2층에는 영국인 한명과 우리 일행 세명, 달랑 네명뿐이다. 파라과이 국경에 들어서서야 겨우 두세 사람이 증원되었다. 출발 15분 만에 양국 국경선인 빠라나강에 건설된 '우의의 다리'(Puente de la Amistad)에 도착해 브라질 출국수속을 밟았다. 다리를 건너자마자 하차해 걸어서 파라과이 국경 초소에 들어갔다. 브라질 출국도장만 확인하고는 아무런 심사절차도 없이 즉석에서 입국도장을 찍어주었다. 이것은 두 나라 간의 신임과 우의의 표시라고 기사는 자랑삼아 말한다.

차창으로 스며드는 성크름한 밤바람이 오늘 하루의 벅찼던 격정을 식혀준다. 불빛 하나 없는 캄캄칠야를 버스는 신나게 질주한다. 덜커덕거리는 바퀴 소리는 마냥 자장가처럼 졸음을 불러온다. 얼마나 지나서인지, 법석이는 소리에 눈을 뜨니 차는 어느새 종착역 아순시온 버스터미널에 멈춰섰다. 밤 12시 10분이다. 브라질 이구아수에서 여기까지 버스로 5시간 40분이 걸린 셈이다. 터미널에서 택시로 30여 분 거리에 있는 아순시온인터내셔널호텔(4성급) 1005호실에 여장을 풀었다. 새벽 두시경에 긴 하루의 노독에 지칠 대로 지쳐 자리도 제대로 깔지 않은 채 그만 깊은 잠에 곯아떨어지고 말았다.

09
자기 지킴의 강골, 파라과이

아순시온에 도착한 것은 2012년 6월 24일 일요일, 자정을 약간 넘은 시각이다. 그 시각 아순시온의 기온은 섭씨 14도였고 대낮 수은주는 24도를 가리켰으니, 일교차는 10도다. 한국의 가을 날씨처럼 서늘하고 쾌청하다. 파라과이는 북동은 브라질, 북서는 볼리비아, 남은 아르헨티나에 에워싸여 있는 내륙국으로, 아열대성 기후대에 속한다. 가장 더운 1월의 최고기온은 35도이며 최저기온은 22도다. 월평균강수량은 가장 건조한 8월이 38mm이며, 가장 습하다고 하는 12월이라야 고작 157mm에 불과하다. 그리고 지역에 따라 기온차가 심하다. 북서부의 차꼬 지역은 최고온도가 40도를 넘어설 때도 있다. 내륙국 파라과이는 큰 규모의 유적이나 이렇다 할 경관은 없지만, 집집마다 흰 벽에 형형색색의 꽃을 가꾸며 오손도손 살아가는 소박하고 화평한 천혜의 나라다.

풍광이 명미한 피서지이자 요양지인 이빠까라이호 모습.

시원한 날씨에 공기도 맑아 단잠을 자고 나니 그간의 피로가 말끔히 가셔진다. 상쾌한 기분으로 파라과이에서의 첫날 일정을 시작했다. 첫 방문지는 아순시온에서 동쪽으로 약 1시간 20분(택시) 거리에 있는 이빠까라이호(Lago Ypacaraí)와 그 주변 마을이다. 부지는 꽤 넓지만 인구가 약 52만(2008)밖에 안 되는 한적한 도시라서 그런지 아침 9시 반경, 출근시간인데도 거리는 그다지 붐비지 않고 한산한 편이다. 1537년 안데스 지역으로 통하는 교통거점으로 건설된 이 고도는 '숲과 물의 도시'로, 470여년이라는 긴 세월의 풍상을 이겨낸 흔적이 역력하다. 며칠간 브라질에서 부대낀 화려한 도시들이 남긴 여운이 아직 채 걷히지 않아 그런지, 혹은 한적한 도시라는 선입견 탓인지, 라틴아메리카의 중위권(中位圈) 도시라고는 도시 믿기지 않는다. 현대적 고층건물도 별로 눈에 띄지 않는다. 스페인 식민시대가 남겨놓은 우중충한 건물들뿐이다. 길 포장도 부실해, 달리는 앞차 바퀴에서는 흙먼지가 연해 풀썩거린다. 짙은 안개처럼 뽀얀 흙먼지가 차창을 가린다.

신기한 것은 신호등을 가로로 한 줄에 배열하는 것이 아니라, 가로세로로 여섯개씩이나 묶어놓고 붉은 화살로 통행금지 방향을 표시하는 점이다. 차가 멈추기 바쁘게 남녀노소 행상들이 하찮은 물건들을 들고 달려들며, 새파란 젊은이들이 달랑 신문 몇장을 들고 뛰어다니면서 호객한다. 많은 사람들이 실업에 시달린다는 징표다. 가는 길가에서는 현대차 영업소를 목격했다. 시내를 거의 빠져나갈 무렵에 1889년 창설된 국립아순시온대학 정문이 오른편에 나타났다. 정문밖에는 지름이 1.5m는 될 법한 커다란 흰색 공과 붉은색 공이 가지런히 놓여 있다. 대학의 상징으로, 공처럼 둥근 우주를 향한 원대한 포부를 상징하는 것은 아닐까 하고 생각해봤다. 들어가보고 싶었지만, 시간이 허락지 않았다. 원래 이 도시에는 전철이 다녔으나 지금은 다니지 않는다. 그런데 철궤를 거두지 않아 아직도 곳곳에 철궤 조각이 흙속에서 비스듬히 모습을 드러내고 있다. 이 나라에는 있던 철도도 다 거둬내어 지금은 없다. 다만 일요일에만 관광용으로 아순시온의 동식물원에서 토기마을 아레구아(Aregua)까지 남미에서 가장 오래된 증기기관차가 운행하고 있다.

길을 사이에 두고 좌우에 펼쳐진 드넓은 초원에서는 흰색 얼룩소들과 양들이 한가로이 풀을 뜯고 있다. 이빠까라이호에 가까워질수록 숲이 울창해져 하늘을 가린다. 파라과이라는 이름은 나라의 중앙을 남북으로 관류하는 파라과이강에서 따온 것이며, 이 강을 경계로 양쪽의 지세가 전혀 다르기 때문에 두개의 지역, 즉 동파라과이와 서파라과이로 나뉜다. 수도 아순시온이 바로 이 경계선 상에 위치하고 있다. 면적의 40%, 인구의 98%를 차지하는 동부는 구릉삼림지대로서 강수량이 넉넉하며 푸른 초원과 우거진 수림으로 뒤덮여 있다. 이에 반해 서부는 메마른 평원지대로, 약 10만명밖에 살고 있지 않지만, 대신 야생동물들이 많이 서식하고 있다. 머릿속에서 이러한 파노라마를 그리고 있는 사이 차는 어느새 호숫가에 다다랐다. 피안이 아스라할 정도로 넓은 호수다. 호숫가에는 갖가지 나무들과 꽃들이 미풍에 흐느적거린다. 문자 그대로 풍광명미한 피서지이며 요양지다. 호객 스티커가 붙어 있는 민박소가 간간이 눈에 띈다. 레이스를 비롯한 전통 민예품 가게도 여럿 있다.

약 30분간 호숫가를 거닐며 아름다운 자연풍광을 만끽한 다음 오던 길로 되돌아섰다. 여기서 10분 거리의 언덕 위에는 남미 최대의 야외극장이 자리하고 있다. 관광객이 없는데다 수리 중이어서 극장 문은 굳게 잠겨 있고 관리자도 없다. 그렇다고 이 희유의 유물을 그저 스쳐지나갈 수는 없었다. 가축의 진입을 막기 위해 대충 얽어놓은 철조망을 두루 살피다가 뚫린 구멍을 발견하고 거기를 통해 안으로 잠입했다. 1만명은 실히 수용할 만한 대형 원형극장이다. 200여년 전에 지은 건물치고는 퍽 낡아 보인다. 그간 몇번의 수리를 거쳤고, 이번 보수는 수년째인데도 진전이 없다고 기사는 불만을 토한다. 이대로라면 언제 끝날지 부지하세월(不知何歲月)이란다. 끝간 데 없이 펼쳐진 숲 언저리에서는 확 트인 이빠까라이호의 잔잔한 물결이 햇빛에 반짝인다.

호수나 극장과 한 관광단지를 이루는 곳은 호수 서쪽의 아레구아

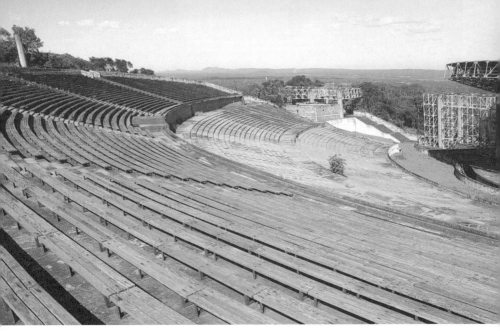

남미 최대의 야외 원형극장의 모습.

와 호수 동북쪽의 싼베르나르디노(San Bernardino) 마을이다. 이 두 마을은 옛적부터 토기로 이름이 났으며, 물길로 서로가 연결되어 있다고 한다. 극장에서 30분 거리에 자리한 아레구아 마을은 동구에서부터 형형색색의 유약을 입힌 각종 토기가 도로 양편에 무더기로 쌓여 있다. 300~400호밖에 안 되는 자그마한 마을이 온통 토기 더미 속에 파묻혀 있다. 통상 지구 이쪽 편 유라시아 세계에서 토기라고 하면, 저온에서 구워낸 거칠고 투박하고 단순한 흙구이 그릇쯤으로 알고 있지만, 그런 식으로 여기 아레구아 마을의 토기를 대하다가는 그야말로 경황망조(驚惶罔措)에 빠지기가 십상이다.

우리가 익히 보아온 단순한 토기가 아니라, 각종 색채와 무늬, 기형을 구색 맞게 도입한, 인간생활의 모든 영역을 미학적으로 그려낸 신비의 예술작품이다. 일반 그릇에서 시작해 장식품과 놀잇감에 이르기

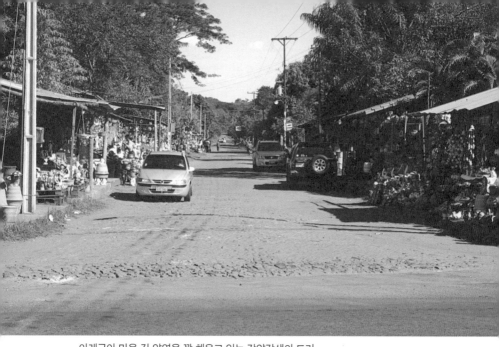

아레구아 마을 길 양옆을 꽉 채우고 있는 각양각색의 토기.

까지 없는 것이 없다. 여기는 토기제품의 판매지이자 전시장이다. 그 신비가 궁금해 제작자나 제작소가 어딘가 하고 물어보면, 가게 주인마다 그저 고개를 절레절레 저으며 갈 수 없다고만 하면서 종시 대답을 피한다. 이것은 수천년 동안 이름을 날린 토기를 오늘날까지도 그대로 전승해오는 파라과이 사람들의 자기 지킴이 얼마나 굳건한가에 대한 첫 체험이다.

돌아오는 길에 시간은 이미 정오를 한참 넘었지만, 또 하나의 특수한 체험현장인 마까(Maká)족 부락을 찾았다. 수도 아순시온의 동북쪽 8km 지점에 있는 동·식물원을 에돌아서니 한 부락이 나타났다. 부락은 폭 5~6m의 길 하나를 사이에 두고 현지 주민들과 격리되어 있다. 넓은 호수면에 떠 있는 기름 한방울과 같은 신세의 마을이다. 1인당 0.5달러의 입촌료를 물고 한참 기다리는데 40대 중반의 안내원 메칠리(Metsili) 씨가 다가왔다. 거무튀튀한 얼굴에 제법 풍채 도는 장년이다. 이곳 마까족 가운데서 스페인어를 아는 몇 안 되는 인텔리라고 자기소개를 한다. 안전상 마까족 출신 안내원 없이는 부락 참관이 불허된다. 특히 빈둥대는 주당(酒黨)들이 많아, 걸리기만 하면 큰 낭패를 본다고 안내원은 조심을 당부한다.

원래 인디오의 후예이며 원주민인 마까족은 자끄라는 곳에 살다가 심한 수해를 입게 되자 정부의 조치로 1984년에 이곳으로 집단 이주해와 부락을 이루어 살고 있다. 인구는 약 2,000명인데, 아동이 절반 이상이다. 정부가 집만 지어주고 나서는 아무런 지원도 해주지 않아 이주민들은 극빈 상태에 허덕인다고 한다. 그래서 범죄가 날로 늘어나고 있는 것이 이 평온하고 화목하던 자그마한 인간 공동체에 들이닥친 큰 문제다. 빈곤에서 오는 사회문제라서 해결하자면 다들 넉넉하게 살아야 하는데, 그것이 결코 쉽지 않다고 메칠리 씨는 고백한다.

전통을 그대로 지켜내려는, 이를테면 자기 지킴이 강한 인디오 원주민들을 만난다는 것은 인디오 문제에 관심이 있는 사람에게는 탐구의 호기가 아닐 수 없다. 먼저 부락 중심에 있는 전시관에 들렀다. 놀라운 것은 입구 벽에 "일본정부 기증, 개발공사 지원, 2001년 9월"이라고 적힌 동판이 걸려 있다는 사실이다. 이 구석진 곳에서 일어나는 일말의 사회적 변동마저도 놓치지 않고 관심망(關心網)을 펼치는 일본인들의 예지에 같은 동양인으로서 감탄과 경의를 표하지 않을 수 없다. 50평 남짓한 전시관에는 전통의상과 농기구, 장식품 등 마까족의 일상용품들이 전시되어 있다. 그 가운데서 특별히 필자의 눈길을 끈 것은 『마까어-영어 사전』이다. 비록 단어 대 단어의 대역(對譯) 위주의 사전이지만, 마까족을 비롯한 인디오를 연구하는 데는 더없이

한국의 윷놀이와 매우 유사한 마까족의 윷놀이 현장.

귀중한 도구가 아닐 수 없다. 한권 얻고 싶어 물었더니, 절판이라고 안내원은 대답한다. 필자는 방명록에 "마까족의 민족적 전통이 영원히 계승되기를 바랍니다. 전통은 곧 역사와 문명입니다"라는 한마디 글을 남겨놓았다.

마당에 나와보니 30여명의 청장년들 사이에서 윷놀이가 한창이다. 웅성거리며 소리를 지르기도 한다. 그러다가도 자못 진지한 분위기가 흐르기도 한다. 인디오들의 윷놀이가 우리의 윷놀이와 비슷하다는 것을 어디선가 읽은 바가 있어 일시에 궁금증이 동했다. 모자에 새 깃을 꽂은 추장을 비롯한 노인들은 저만치 뒤로 처져서 구경을 한다. 간혹 손가락으로 무엇인가를 가리키기도 한다. 안내원의 허락을 받고 가까이에 다가섰다. 정말 듣던 대로다. 윷짝은 길이 10cm쯤 되는 나무를 절반으로 쪼개서 만들었으며, 움직이는 밭길은 우리네 것과 진배없는데, 말로는 화살을 쓰는 것이 다르다. 이것은 분명 문명의 공유성 인자(因子)다. 그렇다면 어떻게 시·공간적으로 아득히 먼 두 지역 간에 이러한 공유성이 형성될 수 있었을까? 당연히 일어나는 의문이다.

그 단서로는 학계에서 바야흐로 논의되고 있는 인디오의 한반도 경유를 들 수 있을 것이다. 즉 아프리카에서 기원한 현생인류(호모사피엔스사피엔스)가 동진해 인도양을 건너 일파는 시베리아로 북상, 베링해협을 건너 아메리카대륙에 진입했으며, 다른 일파는 한반도 등 동아시아 해역을 거쳐 태평양으로 동행, 아메리카대륙에 이르렀다는 이른바 고대 인디오의 아메리카 이동설이 바로 그 단서다. 놀랍게도 이러한 이동경로는 브라질 리우데자네이루에 있는 국립박물관을 비롯해 몇개의 라틴아메리카 박물관 지도에 명시되어 있다.

인디오 마까족의 현대화 조짐도 감지된다. 그들 나름대로 진(철조망)을 쳐놓고 자기 지킴에 충실하려고 하지만, 문명은 흐르는 물처럼 사방으로 스며들어 막을 길이 없다. 젊은 여성 4~5명이 담장 너머에 숨어서 배구를 하는 모습, 철조망으로 에워싸인 넓은 운동장에서 현대식 유니폼에다 축구화를 신고 황·백으로 나누어 경기하는 정경… 모든 것이 변하고 있음은 틀림없다. 다만 그 속도에서 차이가 있을 뿐. 지금 파라과이에는 마까족과 같은 원주민 15개 종족이 살고 있다. 그들에게는 고유의 풍속은 물론, 자기만의 언어가 있다고 한다. 헤어지는 우리를 향해 저만치에서 손을 흔들며 바래주는 안내원 메칠리 씨와 동리 조무래기들의 그 순진하고 애틋한 모습이 지금도 눈앞에 선하다.

3시가 넘어서 시내에 돌아와 맥도날드에서 개당 2,200과라니(약 미화 5달러)씩 하는 햄버거 한개로 허기를 달래면서 쉴 틈 없이 박물관과 미술관을 찾아나섰다. 그러나 일요일이라서 모두 휴관이다. 휴일일수록 문을 열어야 한다는 우리의 통념과는 딴판이다. 어찌 하랴, 로마에 가서는 로마법을 지켜야 하는 터. 차 머리를 항구 쪽으로 돌렸다. 아담한 흰색 대성당과 붉은 벽돌로 지은 가톨릭대학, 의사당(국회)을 단숨에 지나 대통령궁전에 이르렀다. 여느 왕국이나 대통령궁전에서 흔히 보는 위압적인 벽은 없다. 경호도 별로 삼엄하지 않으며, 얼마 되지 않는 앞마당은 잔디를 다듬어 만든 대형 꽃시계로 장식했다. 어느 면으로 보나 차분하고 목가적인 분위기다. 파라과이강가에 자리한 이 2층짜리 새하얀 궁전은 프랑스에 유학을 다녀온 2대 대통령 프란시스꼬 쏠라노 로뻬스가 빠리의 루브르미술관을 본떠 지은 것이라고 한다. 그러고 보니 그 축소판처럼 보인다.

차분한 외형을 지닌 궁전의 내부는 비록 들어가볼 수 없지만, 마냥 치열한 자기 지킴의 흔적이 역력히 찍혀 있을 법하다. 작달막한 키에 균형 잡힌 몸매와 윤기 도는 검은 머리카락을 한 파라과이 사람들의 자존심과 자부심은 남달리 강해 보인다. 스페인의 피가 섞인 메스띠소들조차 피보다는 과라니 선조를 더 소중히 여기며, 그 후예임을 자부한다고 한다. '파라과이'라는 말은 과라니어로 '새의 관을 쓴 사람들의 나라'라는 뜻으로, 스스로를 숭고한 존재로 여긴다. 그리하여 메스띠소들은 관용적으로 자신들을 과라니라고 부르며, 스페인어로 묻는데도 스스럼없이 과라니어로 대답한다. 상점에서 과라니어로 값을 흥정하면 금방 깎아준다고 한다. 이러한 부동의 민족성은 바로 자력으로 나라를 구하고 지키려는 굳건한 의지에서 여실히 나타난다.

1537년 스페인 식민지로 전락한 이래 근 300년 동안 파라과이는

담벽도 없는 소박한 대통령궁전의 외경.

아르헨티나 등 주변 나라들과 협력해 독립투쟁을 줄기차게 벌인 끝에 1811년 5월 15일 독립을 쟁취했다. 독립 후 인접국인 아르헨티나나 브라질 등 강대국들의 틈바구니에 끼인 파라과이는 그들의 간섭과 지배를 막아내고 독립을 수호하기 위해서는 무엇보다 강력한 독재정치를 실시해 정체성을 확보해야만 했다. '닥터 프랑스'라고 불린호세 가스빠르 로그리께스 데 프란시아는 27년간(1813~40)이나 독재정치에 의지해 나라의 기틀을 마련했다. 그는 확고한 민족주의적 치정으로 민족적 주권을 확립하고 경제적 번영을 이루어냈으며, 대내적안정과 평화를 확보할 수 있었다. 물론 그 과정에서 지나친 정치적 억압이나 국가의 대외적 고립 등의 문제도 발생했다. 라틴아메리카의이러한 정치적 경험은 100년 후 아시아·아프리카의 여러 신생 독립

국가들에서 판에 박은 듯 재현되었다. 그래서 역사는 경험을 중시하고, 잘못된 경우는 전철을 밟지 말라고 경고한다.

프란시아 사후 1844년 삼권분립의 신헌법이 제정되면서 대통령으로 선출된 까를로스 안또니오 로뻬스는 나라의 근대화와 경제개발, 대외교류 등 개방적 자유주의 정책을 실시했다. 그의 아들이자 2대 대통령인 프란시스꼬 쏠라노 로뻬스는 선친의 정책을 계승하다가 그만 이웃들과의 충돌에 부대낀다. 구원(舊怨)이 폭발한 셈이다. 민족적 자주 및 자립경제를 추구하는 파라과이와 스페인 식민주의자들의 조종을 받으면서 자유무역주의를 표방하는 이웃들과의 충돌은 불가피했다. 이른바 '국경분쟁'을 구실로 아르헨티나와 브라질, 우루과이 '3국동맹'(Triple Alianza)과 6년간 전쟁(이른바 '3국동맹전쟁' 혹은 '파라과이전쟁', 1864~70)을 치르고 난 파라과이는 나라가 거의 황폐화되었고, 인구의 절반을 잃었다. 전후 파라과이의 남녀 성비(性比)는 1대 4에 달했다. 그로부터 60여년이 지나서 파라과이는 볼리비아와 또다시 '국경분쟁'이라는 명목하에 3년간 전쟁(1932~35, 이른바 '치꼬전쟁')을 치렀다. 그후 오늘날까지도 파라과이는 자기 지킴을 위한 선택에서 성공과 실패를 반복하고 있다.

대통령궁전에서 파라과이강을 따라 얼마쯤 가니 부두가 나타난다. 한때는 대서양으로 통하는 국제무역항으로 크게 번성했으나 지금은 초라한 모습이다. 사실 수도 아순시온도 바로 이 무역항 때문에 여기에 자리를 잡게 되었던 것이다. 기껏해야 수천톤밖에 안 되는 몇척의 짐배가 부둣가에서 낮잠을 자고 있다. 선적이나 하적은 하는둥마는둥 좀처럼 기미가 보이지 않는다. 아직은 이른 시간(오후 4시)인데도 굴착기는 작업을 멈추고 서 있다. 두세척의 일엽편주(一葉片舟)가 대안으로 길손들을 나른다.

　사람들은 허름한 부둣가 찻집에서 삼삼오오 모여서 마떼차를 마시며 회한을 달래고 있는 성싶다. 이 나라 전통차인 마떼차는 빨아들일 때 '떼라라'라는 소리가 난다고 해서 일명 '떼라라차'라고도 부른다. 일상에서 떼어놓을 수 없는 음료다. 심지어 대통령궁전 경비원들도 선 자리 바닥에 마떼차 통을 장만해놓고 있다. 민예품 가게마다 가장 눈에 띄는 것은 단연 레이스와 다구(茶具)다. 부의 가늠대가 어떤 다구를 얼마만큼이나 소유하고 있는가라고 하니, 그 진중함을 가히 짐작할 수 있다. 마떼차는 마떼나무의 잎사귀를 따다가 찬물이나 더운물에 우려낸 것이다. 속설에 함께 마시면 친구가 된다고 해서 이렇게 여럿이 모여 마시는 것이 상례라고 한다. 알고 보니, 엄격한 다도(茶道)가 있다. 좌중의 최연소자가 연장자부터 시곗바늘 반대방향(우측)으로 찻잔을 돌린다. 아마 어른을 존중하는 이곳 사람들의 인지상도(人之常道)에서 비롯된 것이리라.

　그야말로 동분서주하면서 복잡다단한 일과를 큰 차질 없이 마쳤다. 이튿날 아순시온에서 보낼 시간은 오전 나절의 절반뿐이다. 시간을 최대한 효과적으로 이용하기 위해, 우선 바르베로박물관을 찾았다. 정각 아침 8시, 정문을 노크하고 들어선 첫 손님을 맞이한 중년의 직원은 퍽 의아한 눈치였다. 그는 1층에 마련된 도서관 사서지만, 2층 박물관의 해설원도 겸하고 있다. 설립자 바르베로(Barbero) 박사의 이름을 따 1929년에 개관한 이 박물관은 5개의 실내 전시실과 복도 전시실에 약 3,000점의 유물을 전시하고 있다. 이곳 원주민인 과라니족의 역사와 문화 및 생활상을 증언하는 유물들이다. 눈으로 익힌 몇가지 유의미한 유물들을 상기하면 다음과 같다. ① 토기 옹관(甕棺): 남

바르베로박물관에
소장된 토기 옹관.

방 해양문화의 특징 가운데 하나로, 겉면에 수압식(手押式) 무늬가 새겨져 있으며 자그마한 피라미드형 토기 옹관이다(과라니족은 몸집이 작음). ② 나무 촛대: 3족(足) 나뭇가지 위에 십자가를 얹고 그 위에 목조(木鳥, 나무 새)를 올려놓았다. ③ 문양을 새긴 박 반 조각: 약속 확인용으로 쓰였다. ④ 비너스 상: 부인의 유부를 돌출시킨 비너스 상이다. ⑤ 각종 목제 활과 화살: 그중 겉면에 가시 같은 돌기를 만들어 걸리면 빠져나올 수 없도록 고안한 화살이 있다. 작고 허술하지만 꽤 알찬 박물관이다. 해설원의 친절한 안내를 받으며 약 45분간 둘러봤다.

이어 '독립의 집 박물관'을 찾아갔다. 1811년 독립운동의 발상지인 이곳에서 자기 지킴에 강한 이 나라가 어떻게 독립을 이루어내고 지켜냈는가를 알아보려는 큰 바람을 안고 달려갔으나, 한마디로 실망스러웠다. 바람을 만족시켜주는 답은 어디에서도 찾아볼 수가 없으니 말이다. 1772년에 지어진 이 식민시대 풍의 건물은 파라과이전쟁 당시 대통령 로뻬스의 저택으로 사용되기도 했다. 로뻬스를 비롯해 여러 고관대작들이 쓰던 가구와 세간, 의상이 전시되어 있다. 역사박물

가게에서 팔리는 레이스 등 다양한 민예품.

관과 미술박물관의 휴관으로 인해 얻고자 했던 것을 얻지 못한 아쉬움을 남긴 채, 아순시온과 작별했다. 여행하다보면 잡아야 할 기회를 이렇게 본의 아니게 놓치는 경우가 종종 있다. 그럴때면, 그래서 여행은 계속되어야 하는 것이 아니겠는가 하고 자위하곤 한다.

공항으로 향하는 길가에서 한 민예품 가게에 잠시 들렀다. 이 나라 명품인 레이스가 눈에 확 들어왔다. 얼른 기념품으로 잔 받침 6개를 미화 10달러를 주고 구입했다. 레이스 뜨기는 과라니족의 전통 민예로, 곳곳마다 상품을 팔지만 아따우과(Atauguá) 마을에서 나는 난뚜띠라는 레이스가 가장 유명하다. 과라니어로 '거미집'이라는 뜻인 난뚜띠는 100여가지나 되는 동식물을 추상화한 레이스로 매우 정교하고 섬세하며 다채로운 예술품이다.

시내 중심에서 동쪽으로 15km 떨어진 실비오뻬띠로시국제공항 (Aeropuerto Internacional Silvio Pettirossi)에서 스파게티로 점심을 때우고 우루과이 항공 PU 704편(좌석 10A)으로 몬떼비데오로 향했다. 구름 속에서 사라져가는 파라과이는 작지만 제 발로 뚜벅뚜벅 걸어갈 줄 아는, 개성있는 꿋꿋한 나라로 뇌리에 깊이 각인되었다.

10
몬떼비데오, 경박한 '남미의 스위스'

낮 12시 43분에 이륙한 비행기가 오후 2시 12분에 몬떼비데오 (Montevideo)의 까라스꼬국제공항(Aeropuerto de Carrasco)에 착륙했으니, 1시간 29분 비행한 셈이다. 놀라운 것은 이 우루과이 항공 여객기는 기내에서 아무런 서비스도 제공해주지 않는다는 사실이다. 음료수 한 잔마저도 돈 주고 사 마셔야 하는 판국이다. 요즘 상욕(商慾)에 허덕이는 이른바 '저가항공'도 이 지경은 아니다. 지금 날아가고 있는 고장이 과연 '남미의 스위스'라고 하는 우루과이가 맞는지 의심이 들 정도다. 단순한 서비스에 대한 감성적 불만이 아니라, 이 나라에 대한 시각 조정에서 오는 의아함이요 모멸감이다. 불현듯 지난 세기 50년대 말에 스위스 수도 베른에서 모로코의 까사블랑까까지 탑승했던 스위스 여객기 내의 그 깔끔하고 푸짐했던 서비스 광경이 삼삼이 떠올랐다. 그러한 서비스를 본받아 이름을 날리던 이 나라가 이 꼴 이 모양이 되다니, 세상만사의 무상함을 새삼스레 절감했다. 문명의 퇴행, 시대의 역행치고는 너무나도 심한 퇴행이요 역행이다.

대서양으로 흘러들어가는 라쁠라따(La Plata)강 하구에 위치한 수도 몬떼비데오는 공항에서 서쪽으로 약 20km쯤 떨어져 있다. 공항택시를 타고 공항터미널을 빠져나오자 바로 왼편에 드넓은 라쁠라따강이 나타난다. 끝이 보이지 않는데다가 대형 선박들이 오가는 바람에 바다로 착각했다. 택시는 강가를 쏜살같이 달린다. 대형 광고판이며 가지각색의 간판을 어지럽게 내건 현대적 건물들이 차창을 스친다. 시내에 들어서자 식민시대의 고층건물들이 하늘을 가린다. 오후 4시가 좀 지나서 가장 번화한 '7월 18일 거리'의 귀퉁이에 자리한 발모랄플라자호텔(Balmoral Plaza Hotel) 506호에 여장을 풀었다. '7월 18일 거리'는 헌법을 제정한 1830년 7월 18일을 기념하기 위해 붙인 이름이다.

초행지는 늘 호기심부터 불러일으켜 방안에 가만히 박아두지 않는 법이다. 거리 구경에 나섰다. 이 나라의 공식 명칭은 '우루과이동방공화국'(La República Oriental del Uruguay)이다. 서쪽으로 아르헨티나와의 분수령을 이루는 우루과이강 동쪽에 자리한 곳이라고 해서 이런 이름이 붙었다. 대국 브라질과 아르헨티나 사이에 끼어 있는, 면적 17만 6,000km²에 인구 330만(2011)의 작은 나라다. 우루과이는 과라니어로 '화려한 깃털의 새(uru)가 사는 강'이라는 뜻이다. 수도는 몬떼비데오인데, 그 어원에 관해서는 1520년 이곳을 지나가던 마젤란이 나지막한 언덕을 보고 '몬템 비데오', 즉 '우리들 산을 보았네'라고 내뱉은 한마디에서 유래되었다고 한다. 1726년 이곳에 대한 포르투갈인들의 진출을 막기 위해 아르헨티나의 부에노스아이레스 주지사가 이곳에 도시를 짓고 '몬떼비데오'라고 정식 명명했다.

당초 이 도시는 방어요새로 건설되었으나, 양항을 비롯해 여러가지 유리한 지리적 조건을 겸비함으로써 경쟁력을 갖춘 국제무역항으로 일약 발돋움했다. 급기야 스페인 식민당국은 우루과이를 아르헨티나에서 분리해(1828) 독립시키고는 농·축산품의 전문 수출항으로 만들었다. 이어 19세기 후반부터는 이탈리아를 비롯한 여러 유럽 나라에서 이민자들이 속속 들어오면서 몬떼비데오는 번화한 국제상업도시로 변모해갔다. 현재 나라 전체 수출입의 4분의 3이 이 항구도시를 통해 이루어진다. 이와 더불어 모든 것이 이 한 도시에 집중되는 기형적 편향도 나타났다. 도시민이 전체 인구의 40%에 육박하는 약 132만명(2011)에 달하는 것이다. 라틴아메리카 국가들의 수도 인구 집중률에서 단연 1위다. 이것이 한때 라틴아메리카의 스위스라고 자랑하던 이 나라에 치유 불능의 각종 적폐를 몰고와 멍들게 한 주요 원인이다. 밤에는 홀로 다니기를 삼가라는 안내책자의 분부에 따라 어스름이 내려앉기 전에 호텔로 돌아와야 했다. 그래서 첫날 저녁에는 호텔 인근 식당에서 푸짐한 우루과이 식 바비큐로 저녁식사를 하고 일찌감치 돌아왔다.

집 떠난 지 열이틀 만에 핸드폰으로 집에 안부 이메일을 보냈다. 원래가 '기맹(機盲, 기계 문맹)'이라서, 그간의 외국여행 때는 한번도 이러한 시도를 해본 적이 없었다. 며칠 전부터 송출 방법을 물어물어 약간은 자신이 있었으나, 몇번이고 만지작거리면서도 끝내 엄두를 내지 못했다. 오늘은 한번 용기를 내봤다. 12시간의 시차를 둔 지구의 대척점에서 통신한다는 자체가 신기한 일이다. 도대체 제대로 가닿았을는지? (며칠 후 닿았다는 답신을 받음.) 반신반의 속에 잠자리에 들었다.

이튿날 오전에는 호텔에서 5분 거리에 있는 가우초박물관에 들렀다. 늦은 아침시간(10시)인데도 거리는 오가는 사람들, 꼬리를 물고 달리는 버스와 자동차로 한창 붐빈다. 쾌청한 하늘에 기온은 15도, 여행하기에는 안성맞춤인 날씨다. 남위 30도에서 35도 사이에 걸쳐 있는 우루과이는 온대권에 속해서, 몬떼비데오의 여름(12~3월) 평균기온은 25도, 겨울(6~9월)은 12도다. 가우초(gaucho)란 우루과이나 아르헨티나의 광활한 초원지대(팜파)에서 야생 소를 사육하며 살아가는 카우보이(목동)를 말한다. 우루과이의 경우 국토의 대부분이 평균높이 100m(최고 500~600m)밖에 안 되는 구릉 초원지대로, 소 사육은 물론 목축업이나 농업에도 더할 나위 없는 적지다. 방목이나 농사를 할 수 있는 땅이 국토에서 차지하는 비중이 전체 라틴아메리카는 평균 23.8%인데 비해 우루과이는 무려 그 세배 이상인 87.6%나 된다. 천혜의 땅인지라, 잘살 수밖에 없다. 가우초박물관은 바로 그 단면을 잘 보여준다.

고층건물의 2층에 자리한 박물관에는 가우초들의 생활과 관련된 각종 유물이 전시되어 있다. 작지만 알차다. 필자의 주목을 끈 것은 두가지다. 하나는 각배(뿔잔)다. 이때까지의 통념으로는 북방 유라시아 유목사회에서 술잔으로 사용되어오던 것이 그리스-로마시대에 가서는 신화 속 '풍요의 상징'이, 헬레니즘문화에서는 대표적인 공예품이 되고, 급기야는 바닷길을 타고 한반도의 가야나 신라에까지 파급된 것으로 알고 있었다. 그런데 웬걸, 여기 라틴아메리카에도 그러한 각배가 있다니. 그것도 헬레니즘시대의 것에 못지않은, 어떻게 보면 더 정교하게 장식된 여러 형태의 각배에 눈길이 닿는 순간, 저도 모르게 '우물 안의 개구리' 신세였음을 자탄하지 않을 수 없었다.

다른 하나는, 발달한 기마술이다. 이곳에서 말을 언제부터 사육했

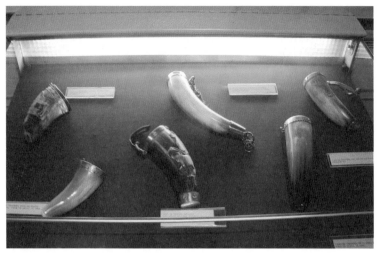

가우초박물관에서 눈길을 끈 각배.

고 언제부터 기마용으로 이용했는가는 분명치 않다. 전시된 마구류로 보아서는 서구의 식민지가 된 이후에 수용된 것으로 추측된다. 말의 원산지가 아메리카라는 사실을 감안할 때, 말의 사육이나 기마술의 출현을 무턱대고 북방 유라시아에 한정시키는 지금까지의 통설은 재고되어야 할 것이다. 박물관에 전시되어 있는 채찍과 등자, 안장 등 마구류는 상당히 정교하고 실용적이다. 이렇게 라틴아메리카에 대한 무지와 오해, 통념은 날을 거듭할수록 도전에 부딪혀 산산조각이 나고 있다. 작금의 무지에 당혹스럽고 부끄럽기는 하지만 통쾌하다. 그 과정이 곧 이곳을 제대로 알아가는 과정이기 때문이다.

시티투어에는 차를 타는 대신 걸음을 팔기로 했다. 골목이 좁은데다 택시마저 잡기 어려우니 그럴 수밖에 없다. 10분 걸어서 도시의 중심에 자리한 독립광장에 이르렀다. 식민지시대로부터 물려받은 우중

우리네 것과 꼭 같은 각종 채소를 파는 거리 매대.

충한 빛바랜 건물들이 광장 사위를 에워싸고 있다. 광장의 한가운데
에는 우루과이 독립전쟁의 영웅 아르띠가스(Gervasio Artigas, 1764~1850)
의 기마동상(1974년 건립)이 세워져 있다. 명문가에서 출생한 아르띠
가스는 일찍이 농촌 경호대의 사관으로 있다가 아르헨티나로부터의
분리독립을 위한 운동에 가담했다. 1820년 내침하는 포르투갈군과의
일전에서 패배하자 인근 파라과이로 피신해 30년간 망명생활을 하다
가 객사했다. 동상은 수리 중이어서 근처에 얼씬도 할 수 없었다.

　독립광장을 벗어나자 현대식 고층건물이 즐비한 신시가지가 나타
난다. 20분 걸어서 시티은행에 도착했으나 개점은 오후 1시부터라는
안내판을 보고 근처 부두로 발길을 돌렸다. 은행이 반나절이나 휴무
하는 한가한 나라다. 도중 길가에 있는 채소가게 몇 곳을 지났는데,
신기하게도 우리가 즐기는 마늘이며 파·고추·양배추·토마토 등 온

갓 채소가 다 있다. 부둣가 근처는 안전이 가장 취약한 곳이라고 한다. 부두에는 대형 선박과 군함, 여객선이 뒤섞여 있다. 한창 일할 대낮인데도, 한산하고 적적하다. 마당에 설치되어 있는 육중한 철제 닻 같은 조형물 몇점이 지난날을 증언하고 있다.

돌아오는 길에 시티은행에 들러 볼 일을 보고, 가까이에 나란히 있는 3대 박물관을 찾아갔다. 3대 박물관이란 역사상 영웅시 되어온 두 인물의 이름을 딴 라바예하저택박물관(Casa Museo de Lavalleja)과 리베라저택박물관(Casa Museo de Rivera), 그리고 초상화를 비롯한 그림과 식민지시대의 가구를 주로 전시한 로만띠꼬박물관(Museo Romantico)이다. 기대 속에 찾아갔으나 허탕이다. 수리 중이라는 등 이유로 세 박물관이 몽땅 문을 걸어잠갔다. 주변의 가게에 들러 이유를 물어보니 한결같이 관광객이 적은 탓이라고 한다. 그럴싸한 이유 같다. 외형으로 봐도 식민지시대가 남겨놓은 낡고 초라한 작은 건물들이다. 개인에 의해 운영되는 것이 분명해 보인다. 관광객이 적은 것은 볼거리가 변변찮기 때문이리라. 관광객이 적으니 돈줄이 말라서 운영이 불가해졌을 것이다. 박물관의 소외(疏外)는 역사의 망각(忘却)이고, 역사의 망각은 곧 미래의 무망(無望)이다. 소외-망각-무망, 이것은 역사의 냉엄한 경고다. 그 시절 책이나 영화에서 봐오던 그 화려하고 넉넉하던 남미의 스위스가 이 몰골이 된 것은 역사의 비극이다. 더이상 그러한 서글픈 현장이 나타나지 않았으면 하는 순진한 바람 속에 발길을 이어갔다.

그래도 박물관 하나쯤은 봐야겠다는 욕망에서 물어물어 얼마 멀지 않은 곳에 있는 인디언미술박물관(MAPI)을 찾아냈다. 다행히 문을 열어놓고 있어 들어갔더니, 역시 어느 고관대작의 사택을 개조한 박물관이다. 석기와 토기, 각종 편직물을 비롯해 고대 인디언들이 사용하

한적한 라쁠라따 강변 산책로.

던 생활유품이 주로 전시되어 있다. 눈길을 끈 것은 인디오 계보에 속하는 여러 종족들의 상세한 분포도다. 아쉽지만 이것으로서 이 나라의 유적·유물에 관한 조사는 접을 수밖에 없었다. 박물관이란 절제된 공간으로, 간혹 박제품이나 사진 같은 복사품들만을 전시해 현장 실감이 떨어지는 곳도 있지만, 많은 경우 실제 유물들을 옮겨와 선을 보임으로써 한 나라(지역)의 역사·문화에 대한 생생한 실증을 제공해주는 공간이다. 그래서 필자는 어디를 가든 먼저 박물관을 찾아간다. 마치 참새가 방앗간을 지나치지 못하는 것처럼. 박물관을 보지 않으면 마음속에 공동(空洞)이 생겨 허전하고, 박물관이 허술하면 마음도 따라 허술해진다.

촉박한 시간이지만, 한때 낭만적이기로 명성이 자자했던 라쁠라따 강변을 잠시라도 산책하며 만끽하려고 그쪽으로 발길을 옮겼다. 강변에는 까페테리아와 바가 즐비하고, 자전거 전용도로까지 잘 정비되어 있다. 그러나 웬걸, 정작 산책길은 한적하다. 거의 텅 비어 있다. 겨울철 정오를 갓 넘어선 때라서 따사로운 햇볕이 화기를 감돌게 하고, 훈훈한 바닷바람이 얼굴을 스쳐지나간다. 산책에는 그야말로 적시적소다. 그러나 강변 나지막한 둑 위에 걸터앉아 사랑을 속삭이는 몇몇 연인들과 강태공 말고는 어디서도 낭만적 풍경이란 찾아볼 수가 없다. 아마 자연의 겨울철이기 때문에, 또는 사회의 '겨울철'이어서일 것이라는 나름의 해석을 해보면서 30분 만에 씁쓸히 발길을 되돌렸다.

이제 행선지는 쁘라도(Prado)공원으로 잡았다. 문제는 교통편이다. 30여분이나 기다린 끝에 가까스로 택시를 잡았다. 버스는 있는지 없는지 좀처럼 나타나지 않는다. 이곳에 온 외국 관광객들에게 가장 불편한 점이 바로 교통문제라고, 만나는 관광객들마다 약속이나 한 듯 입을 모았다. 힘겹게 도착한 쁘라도공원은 자그마한 식물원이다. 식물박물관이 부설되어 있으나, 역시 수리 중이라면서 문을 열어주지 않는다. 식물원 조성이나 관리가 허술한 가운데서도 지금껏 뇌리에 맴도는 것은 남미의 단풍 광경이다. 적도 이남 지역의 단풍은 과연 어떤 모습일까? 겨울철을 맞은 브라질에서부터 이곳에 올 때까지 간간히 나무가 아롱진 단풍 옷을 두르고 있는 모습이 눈에 띄기는 했지만, 세심히 관찰하지는 못했다. 그런데 이곳 쁘라도공원 안에는 이름 모를 남방 수목에 색색의 단풍이 살짝 내려앉았다. 우리네 단풍에 비하면 색조가 여리고 어스름하다. 낮과 밤의 기온 차가 얼마 되지 않기 때문일 것이다. 게다가 신기한 것은 단풍과 더불어 파릇파릇한 나무 순과 이파리가 공존한다는 사실이다. 공원 내에는 장미 정원이 따로 있어 찾아오는 사람들이 많다고 한다. 그래서 '연인들의 정원'(Jardín

쁘라도공원(식물원)에
서 볼 수 있는 적도 이
남 남미의 단풍 모습.

de los Enamorados)이라는 별칭도 갖고 있다.

공원 관리원에게서 근방에 미술관이 하나 있다는 얘기를 듣고는
찾아가기로 했다. 애당초 택시를 이용할 엄두는 버리고, 무작정 걷기
시작했다. 도보 15분 거리에 바로 후안마누엘블라네스미술관(Museo
Juan Manuel Blanes)이 자리하고 있다. 19세기의 유명한 화가 블라네스의
저택을 개조한 이 박물관에서는 그 말고도 뻬드로 피가리(Pedro Figari,
1861~1938)와 우고 아리에스(Hugo Aries) 등 기라성 같은 자국 근대 화
가들의 작품을 선보이고 있다. 주로 유화 작품들이다.

미술관 뒤뜨락에는 '헤이세이엔(平成苑)'이라는 일본 공원이 있다. '헤이세이'는 일본 천황의 연호(2016년 현재)다. 공원 입구의 현판에는 일본 총리 코이즈미 준이찌로오(小泉純一郎)가 헤이세이 십구년 구월 이십사일(平成 十九年 九月 二十四日)에 낙성했다고 씌어 있다. 공원 안에는 기후현 나까쯔가와(岐阜縣 中津川)의 한 시민이 기증한 소박한 석탑과 석등 한쌍이 놓여 있다. 얼핏 보아 별난 유물은 아니지만, 멀리 이역 땅으로 보내진 동양 고유의 유물이라는 데 값어치가 있는 것이다. 먼 훗날 이 한쌍의 석물(石物)이 아시아와 아메리카 간에 진행된 문명교류의 한 유물로 조명되기라도 하면, 오늘의 이 기록이 그 전거로 남을 수도 있다고 예상하니 가슴이 설렌다. 그래서 가는 곳마다에서 관능적으로 이런 식의 기록을 남기는 데 각별히 유념하는지 모르겠다! 옹기종기 모여 있는 연못 사이로 꼬불꼬불한 오솔길이 나 있다. 영락없는 일본 식 공원이다. 한 말뚝에는 '일본 이민의 땀으로 이루어진 비(日本移民汗の碑)'라는 글귀가 적혀 있다. 일찍이 이곳으로 이민 온 일본 사람들이 땀 흘려 가꾼 비라는 뜻이다.

이렇게 주마간산 식으로 동분서주하는 하루의 일정을 마치고 오후 5시경에 호텔로 돌아오며, 호텔 앞 민예(民藝) 시장에 들렀다. 갖가지 수예품과 골동품이 산더미처럼 쌓여 있으나, 찾는 사람은 별로 없이 한산하다. 대충 한바퀴 돌아보고 나서는 시장 모퉁이에 있는 작지만 깔끔한 전통식당에 들어갔다. 가우초의 나라 우루과이는 자고로 목축업이 발달해 육류의 품질이 좋기로 정평이 나 있다. 주인의 추천으로 전통요리의 한가지이자 이 집의 장기인 까수엘라데모흐동그(cazuela de mohdonge)라는 쇠고기 요리를 주문했다. 소의 위와 내장, 감자와 편두콩을 섞어 푹 끓인 고깃국으로, 먹을 만하기는 한데 너무나 느끼하

전통 쇠고기 요리인
까수엘라데모흐동그.

다. 느끼함을 가셔내는 데는 와인이 제격이다. 이곳 특산인 와인 비노
(Vino)와 유럽산 맥주 필센(Pilsen) 두잔을 곁들였다.

약간의 취기 속에 호텔 방 한구석에 마련된 책상에 마주앉아 기대
를 걸고 찾아온 몬떼비데오의 하루를 꼼꼼히 되돌아봤다. 이곳에서 나
는 과거의 영광이나 오늘의 번영, 미래의 비전을 찾을 수 있을까 기대
했다. 그도 그럴 것이 이 나라는 일찍이 '남미의 스위스'로 알려졌으니
까. 원주민인 차루아족의 줄기찬 반식민주의 투쟁으로 1828년 스페인
으로부터 독립을 쟁취한 이래 국력이 승승장구했다. 특히 1903년 대
통령에 취임한 J. 바리에 치하에서 농·목축업이 약진해 경제적 번영
을 누리기 시작했으며, 사회보장제와 의무교육 등 남미에서는 일찍이
보지 못했던 선진적 복지와 민주주의, 그리고 평화정책을 실현해나갔
다. '남미의 스위스'라는 칭호를 얻은 것은 그즈음이다.

그러나 반세기쯤 이어오던 이러한 호황은 2차대전 후, 특히 1950년
대 이후 남미에서 일기 시작한 사회적 변혁의 동란 속에서 점차 꺼져
갔다. 1973년에 대두한 군부독재를 비롯해 정권이 자주 뒤바뀌면서

나라는 미증유의 혼란에 빠지고, 경제는 악화 일로를 걸었으며, 민심은 황황해졌다. 40년이 지난 이 시점에서도 그 여독의 끝은 보이지 않는다. 그러니 은행은 반나절만 일하고, 박물관은 찾는 사람이 없어 무시로 문을 잠그게 되었다. 요컨대, 더이상은 '남미의 스위스'가 아니다. 그나마도 옛 영광이 남겨놓은 약간의 후광이 있어, 굳이 그 체면을 차려준다면 '천박한 스위스'라고나 할까. 스위스 식 평화로움이나 넉넉함은 이미 퇴색해버린 지 오래인 이곳에서 뒤숭숭한 잠을 청해본다.

11
'남미의 빠리' 부에노스아이레스, 그 혼란스런 정체

몬떼비데오의 천박한 이미지는 떠나는 아침까지 내내 뒤따랐다. 아침 일찍이 식전에 떠나는 투숙객에게 도시락 같은 서비스를 제공하는 것은 어느 나라 호텔이나 불문율이다. 그러나 이곳만은 7시부터 조식이라면서, 6시 45분에 떠나는 손님의 서비스 요청을 일언지하에 거절한다. 빈속으로 공항에 이르러 PU 365편(좌석 9F)의 탑승수속에 착수했는데, 문제가 생겼다. 우리 일행 세명의 짐 무게가 6kg이나 초과하니 초과 운임을 물라는 것이다. 여태껏 같은 무게의 짐을 끌고 여러 나라를 다녔지만 초과 운임 시비에 걸린 적은 한번도 없었다. 전혀 뜻밖이다. 다시 무게를 재달라고 요구하니 얼토당토 않은 핑계를 대면서 우겨댄다. 단호하게 항의하니 그제야 저울추가 오작동했다는 구실을 대면서 물러선다. 알고 보니, 18kg의 짐 무게를 24kg으로 부풀린 것이다. 이렇게 사실이 드러났음에도 불구하고 그 직원은 사죄의 말

한마디 없이 태연자약하다. 너무나 능란한 뻔뻔스러움에 할 말을 잃었다.

9시 25분에 시동을 건 비행기가 9시 35분에 이륙해 10시 21분에 부에노스아이레스의 에세이사국제공항(Aeropuerto Internacional Ezeiza, EZE)에 착륙했으니, 비행에 45분이 걸린 셈이다. 비행시간의 절반가량은 우루과이와 아르헨티나 사이의 수계를 이루는 바다처럼 드넓은 라쁠라따강을 가로지르는 데 소요된다. 착륙을 몇분 앞두고 사막과 초원이 엇바뀐다. 인구 약 300만명에 면적은 약 200km²인 부에노스아이레스는 라쁠라따강 하구에 자리한 국제적 항구도시다. 위성도시까지를 합친 이른바 '대부에노스아이레스', 즉 수도권의 인구는 1,100만에 달해 아르헨티나 인구 3,800만의 근 3분의 1을 점한다. 이곳 사람들은 외람되게도 자신들을 항구사람이라는 의미와 세련된 도회지 사람이라는 이미지를 합쳐 '뽀르떼뇨'라고 부른다. 일종의 자화자찬이다. 시는 행정상 48개 지구로 나뉘는데, 지구마다에 각각 특색있는 거리 풍경을 조성해 관광객을 유혹하고 있다.

공항은 영접 나온 사람들로 붐빈다. 저마다 내빈의 이름이 적힌 피켓을 들고 초조히 기다리고 있다. 얼핏 봐도 여기가 '인종의 집합장'임을 알 수 있다. 피켓을 들고 서 있는 내국민 개개의 모양새가 서로 다를 뿐만 아니라, 피켓에 적혀 있는 내빈들 이름 또한 갖가지다. 낯익은 동양인의 얼굴이 보이는가 하면, 피켓에는 한자며 아랍어 같은 동양어 글자가 씌어 있기도 하다. 알고 보면, 이들의 조상 중 더러는 고요하던 '인디오들의 동산'에 쳐들어와 주인 노릇을 하면서 이 땅의 인명과 지명까지 제멋대로 바꿔놓은 서구 식민주의자들이다.

1516년 탐험가 후안 디아스 데 쏠리스(Juan Diaz de Solis)가 이 땅을

'발견'한 후 스페인인들은 이곳에서 많이 생산되는 은이 못내 탐나서 나라 한복판을 흐르는 강(라쁠라따강)을 '은의 강'(Rio de la plata)이라고 불렀다. 그 후 300년 동안 스페인의 통치를 받아오던 이 나라가 프랑스의 도움으로 독립하자, '은'이라는 말이 스페인어 'plata'에서 프랑스어 'argent'로 바뀌면서 하루아침에 국명이 '아르헨티나'(Argentina)로 고정되어 오늘에 이르고 있다. 수도 부에노스아이레스의 이름도 이와 비슷하게 타자에 의해 지어진 것이다. 이 도시 건설에 착수한 뻬드로 데 멘도사(Pedro de Mendoza)와 함께 라쁠라따강 지역에 상륙한 싼초 델 깜뽀(Sancho del Campo)는 대초원의 신선한 공기에 "이 땅은 어찌 이리 공기가 좋을꼬!"라고 감탄했는데, 그 한마디 말 'buenos aires'(좋은 공기)가 곧 도시의 이름이 되었다. '부에노스아이레스'의 명명에 관해서는 이것 말고도 기적의 성모 '부엔 아이레'(Buen Ayre)에서 유래되었다는 일설도 있으나, 침략자든 성모든 명명자는 모두 외래 간섭자들이다. 한반도를 강점한 일제의 창씨개명 소동이 떠오른다. 지구의 어디서나 침략자들이 하는 짓은 매일반이다.

공항에서 택시를 타고 30분 만에 시내 중심에 있는 아르뜨데꼬하우스(Artdeco House)라는 민박집에 도착했다. 호텔 방값이 비싸고 찾기도 어렵다는 이유로 현지 여행사가 이 집을 잡아주었다. 개조한 호화주택 1층에 투숙했다. 고풍스러운 이 집은 어느 고관대작의 고택이라고 한다. 1일 숙박비가 웬만한 호텔 못지않은 150달러다. 관리인은 중년 부인인데 아주 친절하다. 50여년 전 북아프리카에서 배워두었다가 이번 여행의 필수 휴대품으로 구한 스페인어 회화집에서 다시 익힌 몇마디 스페인어를 함부로 건넸더니, 부인은 알아들은 둥 만 둥 입속으로만 무어라 응답한다. 알고 보니, 그녀가 쓰는 말은 이곳에서만 쓰이는 룬파르도(Lunfardo)라는 독특한 방언이었다.

여장을 풀어놓기 바쁘게 인근 식당에서 닭고기와 감자튀김으로 대충 점심을 먹고 시내 참관에 나섰다. 우선 택시로 10분 거리에 있는 유명한 레꼴레따(Recoleta)묘지로 향했다. 부에노스아이레스의 세군데 묘소 중 가장 화려하고 값비싼 곳이다. 이러한 공동묘지는 1822년 가톨릭 국가인 아르헨티나에서 교회 내 무덤을 금지하면서 발생했다. 수도원에 딸린 과수원에 무덤을 조성한 것을 시작으로, 1881년부터 지금처럼 주위에 담을 쌓았고, 그 후부터 많은 호화 장묘가 자리하기 시작했다. 이 레꼴레따묘지에도 1m²에 우리 돈으로 2,500만원이나 되는 고가 묘지가 있으며, 도시 한복판의 금싸라기 땅에 조성된 이 묘역은 면적 4헥타르에 6,400기의 가족묘를 품고 있다. 여기 유택들은 모두 이탈리아나 프랑스에서 수입한 대리석 같은 최고급 자재로 지었다. 바로크 풍의 멋지고 고풍스러운 다양한 조각상들은 마치 가상현실 공간이나 조각공원에 온 느낌을 자아내기에 충분하다. 많은 독립 영웅들과 대통령들이 묻혀 있는 이 묘지의 대부분 무덤은 국가가 지정한 역사유물로 기록되어 보호를 받고 있다. 이곳에 묻힌 망자들은 호화유택에서 영생 같은 것을 누리고 싶어 할지 모르겠지만, 역시 죽은 자는 죽은 자일 뿐, 이승의 사람으로 회생할 수는 없는 법이다. 묘지의 호화나 사치는 보는 순간의 눈요기뿐, 금방 으스스한 소름으로 바뀐다.

우리의 특별한 관심을 끈 것은 1950년대 정치적 아이콘으로 인구에 회자되었던 후안 페론 대통령과 영부인 에비따(에바 페론의 애칭)의 묘다. 육군 대령 출신인 페론은 사회적 안정을 이루기 위해서는 노동자들과의 동맹이 필요하다는 것을 깨달았고, 군사정권하에서의 노동부 장관을 거쳐 1946년 선거에서 46%의 다수 지지를 얻어 대통령으로 당선되었다. 그는 1954년까지 대통령을 지내면서 부인 에바 페론과 함께 포퓰리즘 정책의 원조인 페론주의를 창시했다. 이 페론주의는 그후 아르헨티나에서뿐 아니라, 전체 라틴아메리카의 정치에 상당한 영향을 미쳤다. 오늘까지도 이 페론주의에 대한 평가는 크게 엇갈린다. 긍정적 평가도 있지만, 20세기 중반까지만 해도 남미 최고의 부국, 세계 5대 부국으로 꼽혔던 아르헨티나가 반세기도 채 못 되어 여러가지 사회적 악폐에 시달리는 개도국 수준으로 곤두박질치고 만 것은 바로 이 페론주의 폐단 때문이라는 혹평도 만만찮다.

페론주의의 한 축이 부인 에바 페론에 의해 구축되었다는 것은 역사의 아이러니다. 페론의 두번째 부인인 에바는 대농장주 첩의 막내딸로 태어나 사회의 천시를 무릅쓰고 라디오 방송국의 성우로 성장한다. 그녀는 대중매체로 인기를 모을 수 있는 이러한 지위를 이용해 페론의 대통령 당선에 크게 기여했다. 이때 그녀는 자신을 '셔츠를 입지 않는 사람들'이라는 뜻의 데스까미사도스(Descamisados), 즉 노동자나 빈민계층 사람들의 상징이라고 선양하면서 남편의 정치적 입지를 넓혀주었다. 에바는 페론당 내에 여성분과를 조직하고, '에바페론재단'을 통해 모든 사회복지사업을 통제했으며, 정부와 노조의 중재자 역할을 자임했다. 그녀는 1950년 남편 페론의 재선 러닝메이트인 부통령 후보로 나섰으나 군부의 반대에 부딪혔다. 그리하여 이듬해 8월 수백만이 모이는 까빌도(일종의 시민민주주의 행사)에서 부통령 후보 사퇴를 선포했다.

이렇게 빈자들에게는 성녀로, 가진 자들에게는 정치적 목적으로 빈자들을 이용한 악녀로, 극에서 극의 세평을 몰고 다니던 에비따는

레꼴레따묘지에 안장된 페론주의 창시자 후안 페론 대통령(상)과 영부인 에비따(하)의 묘비.

학식도 가문도 없던 시골소녀에서 일약 대통령 영부인으로 급부상
했다가 34세에 비운의 죽음을 맞는다. 남편 후안 페론의 대통령 재선
을 위해 선거유세로 동분서주하다가 자궁 종양이 폐까지 전이되어 그
만 1952년 7월 사망한다. 미라화되어 전국노동조합연맹 본부 건물에
안치되었던 시신은 1955년 군사쿠데타가 일어나 페론이 실각하자 갑
자기 사라진다. 그때부터 7년이 흘러서야 시체가 다른 사람의 이름으
로 비밀리에 이탈리아에 이장되었다는 사실이 밝혀졌다. 발견된 시신
은 당시 스페인에 망명 중이던 남편 페론에게 반환되었다. 이렇게 숱
한 수난을 겪은 시신은 사후 22년(1974) 만에 가까스로 레꼴레따묘지
에 이장되었으나, 곧바로 또다시 유괴되어 2년 동안 군 시설을 전전하
다가 드디어 사후 24년 만인 1976년에 레꼴레따묘지에 있는 두아르떼
(Duarte) 가문의 가족묘에 안치되어 영면에 들어가 오늘에 이르고 있다.

그녀의 묘 앞에는 아르헨티나의 노총과 각 지방 노조들에서 보내
온 추모비가 한 줄로 붙어 있다. 사실 에비따의 묘는 다른 묘들에 비하
면 소박한데다가 이름도 한 귀퉁이에 조그맣게 새겨져 있다. 그렇지
만 이곳 외에 수도나 지방 도시들은 물론, 저 남부 극지인 우수아이아
의 후미진 골짜기에서조차 그녀의 기념비를 발견할 수가 있다. 그녀
의 묘지를 찾는 조문객은 한달에 500여명에 달한다고 한다. 그래서인
지 높이 4m쯤 되는 흑갈색 묘비 앞에, 묘지 내에서는 유일하게 대여
섯 송이의 생화가 놓여 있다. 묘비의 상단에는 에비따의 다음과 같은
유언이 새겨져 있다. "내가 멀리 갔다고 슬퍼하지 말라. 네가 있음으
로 인해 내가 있다. 내 모든 사랑과 슬픔은 예정되어 있었다. 나는 그
리스도를 닮아가려는 작은 목표를 이루었다." 이 비문에 더 큰 울림을
주는 것은 다음과 같은 비장한 노랫말이다. 즉 이 글(비문)에 마침표를

브라질 침략군에 대항한 알베아르 장군 기마동상. 프랑스 조각가 앙뚜안 브루델 작품.

찍는 순간 흘러나오는 "날 위해 울지 말아요. 아르헨티나!"(Don't cry for me Argentina!)라는 영화 「에비따」속 노래가사는 바로 그녀가 까빌도에서 부통령 후보직을 사임하는 그 비장한 장면을 그려낸 것이다.

레꼴레따묘지를 둘러보고 문을 나서자 대로가 엇갈리는 지점에 서 있는 우람한 기마동상이 눈에 들어온다. 알베아르 장군의 기마동상이다. 동상 비문에는 그가 일찍이 아르헨티나와 우루과이의 합동군을 이끌고 브라질 침략군에 대항해 마침내 우루과이 독립을 지켜낸 공적을 기념하기 위해 세운 기념동상이라는 내역이 적혀 있다. 이 동상은 프랑스의 유명한 조각가 앙뚜안 브루델의 작품으로, 근 10년이 걸려 완성해 빠리에 전시했는데, 프랑스 정부는 그 가치를 인정해 국가적 기념물로 지정했다. 1925년 브루델은 프랑스 정부의 승인을 얻어 이곳에 가져와 설치했다. 조각가의 명성에 걸맞은 걸작이다.

동상을 둘러보고 나서 수백미터 앞에 보이는 국립미술박물관을 향해 아름드리 나무가 우거진 인도를 따라 걸어갔다. 서늘한 나무그늘 밑을 걷는 발걸음은 가벼웠다. 인도의 절반쯤에 왔을 때 갑자기 젊은 여성 두명이 나타나 나뭇가지를 가리키며 나무에서 무엇이 떨어진다고 너스레를 떤다. 그 순간 일행 세 사람에게 누군가 잽싸게 흰 가루물을 뿌려댔고, 여성들은 우리더러 나무 꼭대기를 쳐다보라고 손가락질한다. 아차, 올 것이 왔구나 하고 정신을 가다듬은 우리 세 사람은 아랑곳하지 않고 그들을 뚫어지게 쏘아보았다. 그들은 히죽 웃고는 나무 속으로 유유히 사라진다. 우리가 집을 떠나기 전 가이드북에서 읽은, 지능적으로 성행한다는 대낮 소매치기다. 설마가 현실로 나타난 셈이다. 곁을 스쳐지나가는 숱한 과객들은 강 건너 불 보듯 누구 하나 개의치 않는다. 그것이 더 야속하고 민망스러웠다. 옷에 묻은 가루물은 대충 씻어냈지만 얼룩진 옷을 입은 채 반나절을 돌아다녀야 했다. 이것이 이 사회의 불미에 대한 침묵의 고발이라고 생각하니, 얼룩진 옷을 걸쳐도 별로 쑥스럽지가 않았다. 그저 곪아가는 이 사회의 악폐가 염려스러울 뿐이다.

약 1시간 10분 정도 미술박물관을 참관했다. 24개 전시실에 총 1만 2,000여점의 미술품을 소장하고 있는 꽤 큰 2층 건물이다. 주 전시장인 1층 전시실은 거개가 17~20세기 전반에 그려진 이탈리아와 프랑스, 다음으로 스페인과 벨기에 등 서구 화가들의 유화 작품으로 채워져 있다. 프랑스의 나띠에(Nattier, 1685~1766)의 「부인상(婦人像)」을 비롯한 인물상은 대체로 나체상이다. 그밖에 약간의 조각품도 전시되어 있다. 눈길을 끈 것은 동양 도자기다. 백색 바탕에 연분홍색 무

1만 2,000여점의 미술품을 소장하고 있는 국립미술박물관의 입구.

늬가 그려진 지름 약 55cm의 원형 도자기 겉면에 일본 전통 옷을 입은 한쌍의 남녀 무사가 칼을 빼들고 있는 점으로 보아 일본 도자기임이 분명하나, 출처나 작품 설명은 없다. 다른 도자기의 안내문에는 "Anónimo, 중국 명대(中國 明代), Mahots 'Ho-Ho' 39×23.5cm, 1970"라고 명기되어 있어, 1970년에 기증된 중국 명대의 도자기임을 알 수 있었다. 이 청색 바탕의 명대 도자기 겉면에는 키 30cm 정도의 두 남자가 가지런히 서 있는 모습이 그려져 있다. 그들이 착용한 옷은 섶이 있는 우임(右袵)의 만주 식 복장인데, 한 사람은 손에 술병(?)을, 다른 한 사람은 막대기(?)를 들고 있다.

그림이든 도자기든 전시품은 몽땅 외국 것이라서 아르헨티나의 것은 없는가 하고 감시원(해설원은 없음)에게 물어보니 머뭇거리다가 건성으로 2층에 있다고 대답한다. 복도를 통해 2층으로 올라가는 계단은 막혀 있고, 작고 낡은 승강기가 삐걱거리며 오르내리고 있다. 2층 전시실은 텅 비어 있다. 관람객은 우리뿐이다. 전시품도 정리하지 않은 채 어정쩡하게 널어놓았다. 모두가 유화인데, 헤아려보니 겨우 22점에 불과하다. 추상주의와 사실주의 작품 위주인 것 같다. 인물화도 몇점 눈에 띈다. 인상적인 것은 안또니오 베르니(Antonio Berni, 1961~)의 취학 연령 아동에 관한 사실주의적 화폭이다. 구차한 취학 연령 아동들이 남루한 옷을 입고 쫑그리고 앉아 무언가 하염없이 바라고 있다. 에밀리오 쎈뚜리온(Emilio Centurión)의 「비너스 상」(1935)과 라껠 포르네(Raquel Forner)의 「드라마」(1942)도 기억에 남는 유화다. 사실주의 모티프는 늘 현실을 꿰뚫어보게 하는 힘을 불어넣어준다. 그래서 보고 나면 때로는 현실에 대한 희열과 낭만으로, 때로는 울분과 실망으로 가슴이 설레곤 한다. 다행히 박물관 컬렉션이 있어 두권짜리를 200달러에 구입했다. '제것'이 너무나 빈약한 문화현장이다.

돌아오는 길에 5월광장 주변을 참관할 계획이었으나, 운수노동자들의 총파업으로 주변이 완전히 봉쇄되었기 때문에 참관이 무산되고 말았다. 조금 전에 구입한 컬렉션을 비롯해 그동안 구입한 서적들을 서울에 우송하려고 중앙우체국에 갔으나 역시 파업으로 휴업상태다. 택시기사의 말에 의하면, 파업은 임금 인상과 세금 감면 등을 요구하는 반정부투쟁이라고 한다. 실제로 아르헨티나의 노동운동은 페론주의에 힘입어 줄기차게 진행되어왔다. 그런데 호텔에 돌아와 알아보니 파업은 아르헨티나와 브라질 간의 축구경기로 인해 일찌감치 5시에 끝나고 말았다는 것이다. 아르헨티나 같은 축구광 나라에서나 있을 법한 진풍경이다. 여기서 정치는 축구 관전 뒤의 일이다. 그만큼 축구는 이 나라에서 절대적인 '인기몰이' 중이라고 한다. 아르헨티나는 역대 FIFA 랭킹에서 항상 상위 10위권 안에 들어왔다. 거의 일년 내내 쉼 없이 12개 팀(6개는 수도가, 나머지 6개는 위성도시가 본거지)으로 구성된 1부 리그가 진행된다고 한다. 가장 인기있는 팀은 부에노스아이레스에 본거지를 두고 있는 보까주니어스와 리버쁠라떼 두 팀이다. 축구 신동 마라도나가 속했던 보까주니어스는 노동자들 속에서 절대적 인기를 얻고 있으며, 리버쁠라떼는 부유층으로부터 성원을 받고 있다. 이렇게 스포츠마저 계급 분화가 된 아르헨티나에서 갈등과 불화를 다스리는 일이란 결코 쉽지 않아 보인다.

시간적 여유가 생겨 돌아오는 길 옆에 있는 '일본정원'(Jardín Japonés)에 들렀다. 제법 일본 식 공원을 차려놓고 입장권까지 받고 있다. 일본 외무상이 서명한 '일본 이민의 땀으로 이루어진 비'라는 제하의 비석이 세워져 있는 것으로 보아, 일본정부가 이곳 이민을 기념하기 위해 조성한 공원임을 알 수 있다. 정자와 못, 도서실과 다실을 갖춘 일본 식 식당 등을 포함해 모두 2.5헥타르에 달하는 복합 놀이공원이다. 또한 이곳에서는 꽃꽂이 전시회나 합기도와 선(禪) 교실 같은 문화체육 프로그램도 운영한다고 한다. 낯익은 벚꽃과 동백나무도 눈에 띈다. 몬떼비데오에서도 이와 유사한 공원을 본 일이 상기되면서, 일본인들 특유의 기념관(紀念觀)에 대해 적이 부러움이 앞선다. 우리네 이민들은 아직 그러한 경지에 이르지 못한 것 같아 못내 아쉽기만 하다.

이어 겨울 등산복 상표로 세계적 명성을 얻고 있는 파타고니아(Patagonia) 상점에 들렀다. 과연 소문대로 고품질의 각종각양의 등산복이 마음을 사로잡는다. 오리털 겨울 파카 값이 1,509페소, 약 한화 40만원쯤 되니 그럴싸한 가격이다. 여러번 만지작거리다가 장도에

짐 무게가 우려되어 결국 놓고 말았다. 지금에 와 돌이켜보니, 후회 막급하다. 명품 한가지쯤은 챙겼어야 했을걸. 역시 세상 만사와의 만남은 그 한번뿐이라는 '일기일회(一期一會)'의 잠언(箴言)이 그래서 나왔구나를 다시 한번 깨닫게 되었다. 그러면서 누군가가 '기회를 잡는 것이 성공의 비결'이라고 한 말이 새삼스레 떠오른다. 문제는 기회를 제때에 포착하고 값지게 효용하는 지혜와 능력이다. 한번 실기(失機)는 만회할 수 없다.

저녁은 한인촌에 찾아가 한식으로 기력을 회복했다. 오래간만에 부대찌개에 김치와 된장, 두부, 쌀밥을 곁들여 한끼 성찬을 누렸다. 무엇보다도 추억으로 남는 것은 멀리 이곳까지 찾아온 우리네 소주 '참이슬'의 반주다. 아껴 남겼다가 다른 몇 곳에 가서 한잔씩 흥을 돋우곤 했다.

흥도 잠시, 집에 돌아와보니 돌변사가 기다리고 있었다. 원래 하루 뒤(29일) 남극 땅 우수아이아에 가기로 일정이 짜여 있었는데, 갑자기 항공사 측에서 아무런 이유도 밝히지 않고 일정이 하루 연기된다는 통지만 보내왔다. 이제 일정에 차질이 생겼으니, 긴급 조처로 일정을 수정하지 않을 수 없게 되었다. 가장 큰 우려는 오매에도 그리던 남극 행의 성사 여부다. 어떻든 그곳에는 꼭 가야 할 터, 부득이하게 다른 곳 일정을 조절하지 않을 수 없었다. 방책은 아쉽지만 우수아이아 다음 노정인 뿐따아레나스의 하루 체류 일정을 취소하는 것이다. 그리고 부에노스아이레스에 하루 더 머무는 데 따르는 일정도 새로 짜야만 했다. 빡빡한 하루 일정에 시달리다가 이런 돌발사까지 맞다드니 심신은 녹초가 되었다.

일정을 마감하는 메모를 노트에 적자고 보니, 하루 동안 보고 듣고 체험한 그 숱한 일들이 주마등처럼 뇌리를 스친다. 많은 일들 가운데 대낮에 당한 소매치기가 먼저 떠오른다. 그것이 뼛속까지 병든 이 나라 환부(患部)의 한 단면이기 때문일 것이다. 한때 드넓은 팜파(대초원)의 지평선 끝까지 소떼가 욱실거려, 이탈리아 대리석 한장과 소 한마리를 맞바꾼, 미증유의 풍요를 자랑하던 나라. 19세기 말에 벌써 지하철을 건설하고 세계 5대 부국의 하나가 되었던 나라. 세계에서 가장 넓은 '7월 9일 대로'와 가장 화려한 콜론극장을 지녔고 곳곳에 고풍스러운 바로크 식 고층건물이 즐비하던 나라. 이 부귀영화는 졸지에 백일몽처럼 사라지고, 이제는 염세주의자의 우울처절한 말세적 참상만이 배회하는 나라가 되었다. 그 바로미터가 바로 2,000억달러에 육박하는 외채와 마이너스의 경제성장률, 15%에 달하는 실업률 등 몇 가지 비관적 지표다. '남미의 빠리'라고 불리던 오늘의 부에노스아이레스는 한마디로 부유층에게는 천국이지만, 절대 다수의 빈민층에게는 지옥이다. 도시 주변에는 120여개의 골프장이 늘어서 있고, 그 사이사이에는 쓰레기 하치장을 방불케 하는 비아(Villa, 빈민촌)들이 너저분하게 널려 있다. 3,500만 인구 중에 절반은 최저생계비로만 살아가며 200만은 극빈층이라고 하니, 이 사회의 썩고 병든 처참상과 허약상을 가히 짐작할 수 있다.

만성적인 이러한 병폐를 치유코자 그간 엇바뀌가면서 군림한 군사정권과 민주정권(민정)이 안간힘을 써왔지만, 별반 효험은 얻지 못한 채 연년세세 악순환만 지속되고 있다. 페론의 포퓰리즘이나 메넴의 민영화정책과 기상천외한 1달러 1페소 정책 등 갖가지 처방과 방책을 시도해봤지만 끝내는 외국자본에 손과 발이 묶여 국가가 국민을 위해 아무것도 할 수 없는 속수무책의 나락에 빠지고 말았다. 이것이 오늘날 아르헨티나에게 들씌워진 비운이다. 많은 학자들은 이러한 현황을 진단하면서, 그것을 시정하려는 국가적 노력이나 사회적 관심은 찾아볼 수 없다고 실망조로 개탄한다.

흥미롭게도 그들은 그 한 원인을 이민으로 구성된 나라라서 '애초부터 국가적 연대감이나 애국심이 빈약'한 데서 찾는다. 일리가 없지 않은 해석이지만, 근본 원인은 군부독재와 정치부재, 경제실정에서 오는 병폐라고 봐야 할 것이다. 그 결과 한때 몰려들던 이민 행렬은 이제 엑소더스(탈출) 행렬로 역행되어가고 있는 추세다. 바야흐로 삶을 개척해나가던 한인 교포들도 부득이하게 이 탈출 행렬에 동참할 수밖에 없어서, 그 수효가 1980년대의 3만 5,000명에서 2000년 말 현재는 2만 명으로 급감했다. 여기까지 메모하고 나니 참을 수 없을 만큼 잠이 엄습해왔다. 비몽사몽 속에 이른 아침을 맞이했다.

12
교류의 흔적이 오롯이 찍혀 있는 땅

좋은 공기를 가진 땅이라는 감탄사가 이름이 되었다는 이 부에노스아이레스의 새벽 공기는 예보와는 달리 흐리터분하다. 흐린 날씨에 밤새도록 꿈속을 배회한 이곳의 우울한 참상과 혼탁은 심신을 더더욱 흐리멍덩하게 만들었다. 그렇지만 한때는 세계의 부국으로, 남미의 선두주자로 발호(跋扈)하던 땅이라서 이 참상과 혼탁을 가셔낼 불빛이 어딘가에 비장되어 있으리라는 믿음과 기대 속에 오늘의 일정을 짜봤다. 만만찮게 짜놓은 일정이다. 민가에서의 아침식사는 우유 한컵에 빵 몇조각, 사과 한알로 조촐하다. 우중충한 날씨는 좀처럼 가시지 않는다. 매캐한 스모그가 피어오르기 시작한다.

문을 여는 10시에 맞춰 중앙우체국에 들러 어제 미술박물관에서 구입한 도록 두권을 비롯해 서적 열권을 서울로 우송했다. 해운편은 없어 항공편으로 부치다보니 우송료만도 200달러나 들었다. 쓸모있는

책이라서 고비용을 감수해야만 했다. 이어 외곽에 자리한 옛 항만도시이자 탱고의 발상지인 보까 지구(Barrio Boca)로 행했다. 택시로 30분 걸려 이른 곳은 옛 항만의 입구다. 지금의 북쪽 항 다르세나노르떼가 생기기 전에 보까항은 아르헨티나에서 제일가는 항구였다. 19세기 유럽에서 오는 배들은 모두가 이 항구에 정박하거나 기항했으며, 이탈리아인들을 비롯한 서구 이민자들은 리아추엘로(Riachuelo)강 하구에 위치한 이곳에서 이주의 첫 발을 내디뎠다. 그리하여 강 '하구'라는 뜻의 '보까' 항구가 생겨나게 되었다. 당시 보까에는 조선소와 도살장이 있었으며 선원들과 노동자들, 노예들로 넘쳐났다. 밤낮으로 거친 부두 일에 시달린 해안 노동자들이나 선원들은 선술집이나 바에 모여 술을 마시거나 웃음을 파는 여인들과 담소하고 춤을 추면서 뼈에 사무친 향수와 애환을 달랬다. 그 관능적인 탱고 스텝은 그러한 어둡고 침침한 선술집과 바 한구석에서 쓸쓸이 태어났던 것이다.

그토록 쇠락하고 침울하던 항만도시가 '까미니또'(Caminito, 작은 길)라는 문화 재건사업을 통해 추억과 생기가 함께 흐르는 관광명소 보까 지구로 거듭 태어나서 1948년에는 국가역사지역으로 지정되어 국가의 보호를 받게 되었다. 그 소생 과정을 반영한 그 유명한 「까미니또」는 탱고의 본고장인 보까 지구의 상징적 노래가 되어 세상에 퍼졌다. 지금의 보까는 양철판과 나무판자를 묶어 지은 각양각색의 집들로 하나의 주거단지를 이루고 있으며, 가게들이 모여 있다. 원래 이 지역에 살던 이민자들이나 노동자들은 형편이 가난해 페인트를 살 수가 없어서 조선소에서 쓰다 남은 페인트를 조금씩 얻어다가 그 페인트 양만큼씩 색깔을 칠하다보니, 한 집에도 얼룩덜룩 여러가지 색을 칠하지 않을 수 없었다. 이러한 이색적인 정경을 까미니또의 대중적 미술로 승화시킨 사람이 있었으니, 그가 바로 이곳 태생의 화가 낀 겔라 마르띤(Quinquela Martín)이다.

낀겔라는 길가에 늘어선 집들의 벽과 테라스, 지붕을 여러가지 원색으로 대담하게 칠해 독특한 분위기를 자아내는 미술적 아이디어를 내놓았다. 그는 이곳에서 고되게 일하는 사람들의 형상을 거칠면서도 부드러운 터치로 생생하게 캔버스에 옮김으로써 일약 세계적인 화가로 발돋움했다. 낀겔라는 자신의 그림을 판 돈으로 고향에 병원과 초등학교, 유치원, 미술관 등을 세웠다. 그 유치원이 바로 오늘날의 낀겔라마르띤미술관의 전신이다. 이 미술관에는 낀겔라가 그린 그림과 그가 기증 받은 그림 총 500점 가량이 소장되어 있다. 낀겔라의 친구인 보까 태생의 탱고 명인 후안 데 디오스 필리베르또(Juan de Dios Filiberto)는 자신의 작품인 「까미니또」를 불후의 명곡으로 만들기 위해 당국으로부터 철도용 땅을 불하받아 그 자금으로 폭 7m, 길이 100m의 골목길 공원을 조성해 문화 재건사업을 앞장서 추진했다.

보까의 집 벽마다에는 당시 항해와 관련된 회화적인 그림과 조각들이 장식되어 있으며, 민중 화가들은 거리 바닥에 캔버스를 세워놓고 즉석에서 그림을 그려 전시하거나 팔기도 한다. 거의 모든 작품에서 빠짐없이 등장하는 화소(畵素)는 관능적인 탱고 춤사위다. 까미니또를 한바퀴 돌아보고 나서 노천 식탁에 앉아 점심으로 생선요리를 청했다. 식탁 앞에는 작은 나무 무대가 설치되어 있다. 이윽고 남녀 무용수가 나타나 경쾌한 리듬의 탱고를 선보인다. 분위기가 한창 무르익을 무렵, 갑자기 지나가던 한 늙은이(70세가량)가 무대의 귀퉁이에 올라와 마이크를 잡고 반주에 맞춰 제법 애절한 노래가락을 뽑아댄다. 식사가 끝날 즈음, 한 무용수가 뒤집은 모자를 들고 와서 '관람

길거리 노천식당에서
선보이는 탱고춤(상)과,
보까항에서의 고된 하
역 작업(하).

료'를 요구한다. 가이드가 팁 정도의 관람료를 물었다. 접대원이 제아무리 아량을 떨고 너스레를 부리며 호객행위를 한들, 관람객은 고작 우리 일행 셋뿐이다. 두명의 반주자 중 한명이 한달 전에 한국에 다녀왔다고 했고, 접대원은 어디서 얻은 것인지 정성스레 포갠 한화 천원짜리를 지갑에서 꺼내 보이며 "안녕하세요!"라고 인사말을 건넨다.

이어 여기서 택시로 15분 거리에 있는 인구 4만의 띠그레(Tigre)시로 향했다. 여기에 자리한 싸르미엔또해군박물관(Museo del Presidente Sarmiento)을 참관하기 위해서다. 이 박물관은 빠라나강에 정박한 퇴역함정 싸르미엔또를 개조해 만든 특이한 선상박물관이다. 해군 장교 출신의 해설원 씸프론떼라 진반데라(Simfrontera Ginbandera)의 친절한 안내로 박물관의 이모저모를 구체적으로 살펴볼 수 있었다. 이 3,000톤급 함정은 1897년 영국에 의뢰해 건조한 이래 1961년 퇴역할 때까지 무려 64년간이나 복역했다. 아르헨티나 해군 건설의 증인이다. 2차대전 전까지 총 37회나 세계를 주유해 혁혁한 전공을 세운 함정으로, 그 내력이 상세하게 소개되어 있다. 기타 몇몇 함정의 세계일주 기록도 전해주고 있다. 도표와 그래프를 섞어가면서 여러 함정들의 항정을 소상히 설명하고 있어, 지난 세기 전반의 해상실크로드를 이해하는 데 중요한 자료가 된다. 풍력(범선)과 석탄 동력을 혼용하는 등 이채로운 함정도 있어 매우 흥미로웠다. 안내에 따라 조타실이며 기관실, 주방, 사무실 등을 샅샅이 둘러봤다. 그밖에 영국과의 포클랜드전쟁에서 사용된 몇가지 무기들도 전시했다. 100년 전에 활약한 함정치고는 장비나 항해술에서 상당히 높은 수준을 갖췄음을 알 수 있다. 그만큼 아르헨티나는 일찍부터 해상강국의 면모를 갖추고 있었다. 아주유익한 1시간 50분의 참관이었다.

퇴역할 때까지 총 37회나 세계를 주유한 전함 싸르미엔또 선상의 해군박물관 내부.

참관 도중 갑자기 장대 같은 소낙비가 약 30분간 내리꽂힌다. 일기
예보도 없었거니와 현지인들도 예견 못한 듯 우산을 준비한 관람객
은 없었다. 다들 무방비여서 안절부절 못하고 하늘만 쳐다보고 있다.
면적이 278만 400km²(남한의 28배)에 달하는 대국 아르헨티나는 남위
21도에서 55도 사이에 위치하고 있다. 라틴아메리카의 남부 대부분
을 차지하고 있는 쐐기 모양의 길쭉한 지형을 가진 이 나라의 남북 길
이는 무려 3,800km에 달한다. 그만큼 지세와 기후가 다양하고, 이에
따라 강수량도 각이할 수밖에 없다. 북부는 아열대성 지역, 동부는 팜
파(대초원), 서부는 안데스산맥 지역, 남부는 황량한 사막이 펼쳐지는
빠따고니아 지역 등 각이한 지세를 이루고 있다. 이러한 지세에 따라
기후는 아열대·온대·건조·한랭의 다양한 기후로 분류되며, 그것은

다시 16개의 기후구로 세분된다. 부에노스아이레스가 속하는 팜파(국토 면적의 20%)의 기후는 온대성으로 일년 내내 비가 골고루 내리기 때문에 농경 적지다. 오늘 같은 폭우는 이례적이라고 한다. 비록 기온은 별로 낮지 않지만, 절기는 겨울이어서 그런지 비온 뒤의 날씨는 꽤 을씨년스럽다.

비가 멎자 질벅거리는 거리를 건너 걸어서 10분 만에 후안암브로세띠민속박물관(Museo Etnográfico 'Juan B. Ambrosetti')에 도착했다. 이 박물관은 범라틴아메리카적인 민속학과 고고학 유물들을 한자리에 모아놓은 의미있는 박물관으로 많은 흥미와 관심을 끌었다. 3층 건물로 층마다 대형 전시실이 여러개 마련되어 있다. 특히 2층 전시실에는 필자가 늘 관심가져오던 라틴아메리카 원산 교류품 몇가지가 확연한 유물로 전시되어 있다. 이러한 유물을 접하는 순간 뇌리에서는 짜릿짜릿한 전류가 일고, 가슴속에서는 흥분의 물결이 일렁인다. 그 원산 교류품이 바로 옥수수·감자·고추·땅콩·편두(扁豆)·해바라기·담배 같은 이곳 특산 농산물이다. 이러한 농산물은 16세기를 기해 5대양을 아우르는 환지구적 해상실크로드를 통해 유라시아 구대륙에 수출·전파되었다. 그때부터 이러한 농산물이 유럽인과 아시아인들의 식탁에 오르고 입맛을 다스렸으며, 구대륙의 사회·경제 발전에 지대한 영향을 미쳤다.

필자는 이와 같은 지울 수 없는 역사적 사실에 근거해 해상실크로드가 이때부터 구대륙(유라시아)에서 신대륙(아메리카)으로 연장되었으며, 따라서 실크로드는 범세계적인 문명교류 통로로 자리매김되었다고 일찍부터 주장해왔다. 이것이 바로 필자가 그토록 학운(學運)을 걸고 주장하는 실크로드 개념 확대의 제4단계, 즉 환지구적 문명교류

En la puna se cultivaban
papas y otros tubérculos,
como el *ullucu*, la *oca* y la
mashua, adaptados a la gran
altitud y bajas temperaturas.
Aprovechando la frecuencia
casi diaria de las heladas
nocturnas, se sometían las
papas a congelamiento para
deshidratarlas, permitiendo
así su conservación por largo
tiempo.

Chuño o papas deshidratas.

신·구대륙 간의 교류를 실증하는 농산유물(옥수수와 감자). 후안암브로세띠
민속박물관 소장.

단계인 것이다. 유감스럽게도 아직까지는 실크로드가 구대륙에만 국
한되었다는 진부한 통념이 마냥 정론(正論)인 양 학계를 풍미하고 있
다. 바로 이러한 지론 때문에, 그리고 그 통념을 혁파하기 위해 필자
는 이 신대륙 현장에서 그 거역할 수 없는 사실(史實)을 확인하고 싶

었던 것이다. 지금 바로 후안암브로세띠민속박물관 현장에서 그러한 유물을 발견함으로써 오매에도 그리던 역사적 숙원이 이루어지고 지론이 확인되는 순간이라고 생각하니 실로 감개무량하기 그지없었으며, 하늘을 우러러 높이 외치고도 싶었다.

주로 중남미 잉카문명의 유산인 이 전시실의 유물들은 신·구대륙 간의 교류를 실증하는 것이며, 이밖에도 몽골초원에서 자주 맞닥뜨리는 석인(石人), 연주(聯珠) 목걸이(8~9세기), 구리거울, 금박 좌불상(중국제, 1911) 등이 있다. 그리고 유사한 공유(共有) 유물로는 채색토기, 구리 비녀, 나무 빗, 짚신 같은 것이 눈에 띈다. 각종 토기와 다양한 색깔과 무늬(인물상, 기하학 무늬 등)를 가진 도자기는 상당히 정교하고 윤택하다. 그밖에도 여러가지 생활용품과 수공예품들이 선을 보이고 있다. 잉카문명의 정수를 보는 듯하다. 아르헨티나나 라틴아메리카뿐 아니라, 세계 여러 나라들의 민예품을 소개하는 컬렉션도 마련되어 있다. 아쉽지만 다음 일정을 위해 한시간 반(오후 2~3시 반)으로 관람 시간을 줄일 수밖에 없었다. 아쉬움을 남기고 문을 나서자 저만치 떨어진 거리를 걸어가는 스님 한분의 뒷모습이 카메라 렌즈에 포착되었다. 영상을 되돌려 보니 회색 승복을 입은 한국 스님이다. 이 사바세계에 오신 스님이 적이 반가웠다.

이어 찾아간 곳은 어제 시위 때문에 갈 수 없어 미루었던 수도의 심장부 '5월광장'이다. 원래 부에노스아이레스는 400여년 전 서구 식민주의자들이 제멋대로 구사해 얼개를 짜놓은 도시로, 숱한 우여곡절을 겪으면서 오늘과 같은 면모를 갖게 되었다. 1900년경만 해도 부에노스아이레스는 그 화려함에서 세계 12대 도시 중 하나로 꼽혔다. 첫 정복자 뻬드로 데 멘도사는 1536년 강가의 둑 위에다 첫 기지를 꾸리고 도시를 지어나갔다. 도시가 모양새를 갖춰나가자 외국인들이 눈독을 들여 한때는 영국인과 미국인의 손에 넘어가 농장과 대저택지로 개발되기도 했다. 그러다가 1857년 한 상인이 사재를 털어 이 땅을 매입해 공원으로 조성했고, 그가 죽자 그 미망인이 공원을 시에 기증했다. 그곳이 바로 오늘날 레사마공원(Parque Lezama) 자리다.

13
'춤추는 슬픈 감정', 탱고의 원형

부에노스아이레스는 제2차 정복자 후안 데 가라이(Juan de Garay) 시대에 작성한 설계에 의해 오늘과 같은 도시 형태를 갖추게 되었다. 지금의 대통령궁, 그 앞에 있는 시의 상징 5월광장, 이 광장에 면해 있는 대성당과 시의회의 위치는 모두가 434년 전, 그 시대에 설계한 도면 그대로이다. 광장이 시의 기점이 되는 라틴아메리카 도시 구도의 전통이 여기서도 고스란히 지켜졌다. 총 44개 블록(1블록=100m×100m)으로 구성된 도시 구획 도면을 보면 0번은 정복자의 저택, 1번은 광장, 2번은 대성당, 5번은 의회(까빌도)와 감옥 등의 순으로 배치되어 있다. 0번 정복자의 저택은 오늘의 대통령궁전이고, 1번 광장은 오늘의 유명한 5월광장이며, 2번 대성당과 5번 의회는 그대로이다.

스페인어로 까사로사다(Casa Rosada), 즉 분홍색 궁전(Pink House)이라고 불리는 대통령궁전은 1530년대부터 줄곧 최고 위정자(정복자나 대통령)의 권부(權府)가 자리한 곳이다. 대통령궁이 지금처럼 핑크빛을 띠게 된 것은 1870년대 싸르미엔또 대통령 시대부터인데, 연방주의자와 중앙집권주의자 간의 내전 이후 통일의 상징으로 이런 색깔을 채택했다고 한다. 이곳은 대통령의 집무실일 뿐, 거주하는 곳은 아니다. 지하철에서 대통령궁으로 이어지는 지하 갤러리에는 역대 대통령들의 유품을 소장한 대통령박물관(Museo de la Casa de Gobierno)이 있다.

대통령궁 바로 앞에 5月광장(Plaza de Mayo)이 있다. 이 광장은 스페인의 식민정책에 불만을 품고 자치를 요구하며 일어난 아르헨티나 태생의 스페인인 '끄리오요'들이 1810년 5월 25일 독립을 선언한 날을 기리기 위해 조성한 광장으로, 시의 기점인 동시에 상징이기도 하다. 광장에는 독립 1주년을 기념하기 위해 세운 백색의 '5월의 탑'(Piramide de Mayo)이 한가운데 우뚝 솟아 있다. 부에노스아이레스에서 가장 오래된 기념물인 이 탑 속에는 통일과 단합을 상징하기 위해 전국에서 가져온 흙이 들어 있다고 한다. 원래 이 탑(피라미드)은 프란시스꼬 까네레(Francisco Cañere)가 아도비 벽돌로 쌓은, 속이 빈 14m 높이의 오벨리스크였다. 그런데 보기 싫다는 주변의 여론이 있어 1857년에 높이를 18m로 높였으며, 그 후 얼마 안 가서 탑 위에 자유를 상징하는 공화국 조각이 얹히게 되었다. 광장에는 또한 아르헨티나 국기의 창안자인 마누엘 벨그라노(Manuel Belgrano) 장군의 기마동상이 서 있으며, 그 앞에서는 매일 대통령 근위병의 교대식이 거행된다. 근자에 이 5월광장이 세계적으로 유명해진 것은 군사정권 때(1976~83) 실종된 자식들을 찾아달라고 외치는, 하얀 머릿수건을 두른 '5월광장어머니회' 회원들이 매주 목요일에 이곳에 모여 집회를 열어왔기 때문이다. 광장에 서니 서울 일본대사관 앞에서 가해자 일본국에 사죄와 배상을 요구하는 한국 위안부 할머니들의 수요집회가 머리에 떠오른다.

대성당에 가기 전에 '광명의 집'(Manzana de las Luces)에 들렀다. 지금은 예수회가 운영하는 문화회관 공연장으로 쓰이고 있는데, 그 전신은 식민지시대인 1722년에 예수회 신부들이 건설한 싼이그나시오교회(Iglesia de San Ignacio de Loyola)다. 신부들은 교회 옆에 시 최초의 중학교와 지금의 부에노스아이레스국립대학 등 교육·문화 기관을 세우며 교세를 확장해나갔다. 스페인 왕은 남미 각지에서 예수회 교세가 커지는 것을 우려해 1767년 예수회 성직자들을 남미에서 모두 추방하는 조처를 취했다. 독립 후에는 '종교단체 총개혁법'에 의해 이곳에 대학·박물관·국립도서관 등의 시설이 줄줄이 들어섰다. 그리하여 이곳에서 숱한 문화가 꽃피었다는 뜻에서 '광명의 집'이라는 이름이 붙었다고 한다.

메뜨로뽈리따나대성당(Catedral Metropolitana)은 문자 그대로 규모가 클 뿐만 아니라 대단히 화려하다. 그러나 입구의 거리 바닥에 누더기를 걸치고 누워 있는 노숙자들과 피골이 상접한 걸인들의 처참한 모습은 안타깝게도 성소의 품격을 구겨놓고 있다. 18세기 중엽부터 짓기 시작한 이 네오클래식 양식의 대성당은 1827년에 완공되었는데, 건물 전체를 12명의 사도를 상징하는 12개의 거대한 기둥이 떠받치고 있으며, 기둥과 벽은 정교한 부조와 성화들로 숭엄하게 장식되어 있다. 본당 오른쪽에는 완공 때부터 이 시각에 이르기까지 줄곧 꺼지지 않고 불빛을 발산하는 성화와 함께 남미 해방의 아버지로 추앙받는 호세 데 싼 마르띤(José de San Martín) 장군의 관이 높은 기단 위에 안치되어 있다. 관은 흰색과 푸른색 바탕의 아르헨티나 국기로 덮여 있고, 남미의 3대국인 아르헨티나와 칠레, 페루를 대표하는 세 성녀가

메뜨로뽈리따나대
성당의 외관(상)
과 내부(하).

주위를 에워싸고 있으며, 그 앞에는 당시 마르면 장군 예하의 독립군 제복을 입은 두 호위병이 좌우를 지키고 서 있다.

제2차 정복자 후안 데 가라이의 도시건설 도면에서 51번 블록에 해당한 국회의사당은 5월광장의 서쪽에 자리하고 있다. 이탈리아 출신의 빅또르 메아노(Victor Meano)가 설계한 그레코로만 양식의 위엄있는 이 의사당 건물은 1906년에 완공되었다. 폭 100m, 부지면적 9,000㎡의 대지 위에 대리석으로 지은 이 건물의 중앙에는 높이 85m, 지름 20m의 청동제 돔이 창공을 향해 우뚝 솟아 있다. 이 돔은 지리적으로 이 나라의 중심점이 되는 곳이다. 의사당광장에는 분수와 더불어 로댕의 걸작 「생각하는 사람」(El Persador)의 복제품이 세워져 있다. 그리고 그 곁에는 콘도르와 천사를 조합한 기념비(Monumento a los Dos Contresos)가 서 있는데, 이 기념비는 1914년 7월 9일 독립기념일에 세워진 것이다. 조형물 하나하나가 모두 격조 높은 예술품이다.

오늘로 이어진 어제의 부에노스아이레스를 오롯하게 증언하는 이러한 거대한 유적·유물을 둘러보고 나서는 오늘을 보여주는 거리 구경에 나섰다. 행선지는 식당과 바가 늘어선, '결코 잠들지 않는' 꼬리엔떼스 거리(Avenida Corrientes)와 아르헨티나 유행의 발상지인 플로리다 거리(Calle Florida), '영화관 거리'로 유명한 라바예 거리(Calle Lavalle) 등 몇몇 번화가들이 모여 있는 싼니꼴라스 지구(Barrio San Nicolas)다. 걸음이 닿는 곳마다가 눈길을 멈추게 하고 유혹의 손짓을 건넨다. 그렇지만 이 모든 것을 뿌리치고, 이 지구를 남북으로 관통하는 '7월 9일 대로'를 걷기로 했다. 세계에서 가장 넓다고 하는 이 '7월 9일 대로' 양 옆에는 그 명성에 걸맞은 기념비적 건축물들이 즐비하게 들어서 있다.

세계에서 가장 넓은 거리(폭 140m)인 '7월 9일 대로'의 모습.

폭 140m로 세계에서 가장 넓다고 하는 이 길은 아르헨티나가 한창 세계 5대 부국의 하나로 영화를 누리던 그 시절인 1911년 알베아르 (Carlos María de Alvear) 대통령이 건설을 제안한 것이다. 그의 발의에 의회가 호응하고, 프랑스 건축가 샤를 다이스(Charles Thays)가 설계를 맡아 1887년부터 근 100년에 걸쳐 완공했다. 실로 역사에 보기 드문, 야심찬 대역사였다. 이 길을 포장하기 위해 1,000개의 만사나(면적 단위로, 1만사나=100m×100m)에 자리했던 집들을 강제 철거했다고 한다. 얼마간의 보수야 있었겠지만, 철거민들의 애환은 이만저만이 아니었을 것이다. 길 한가운데는 부에노스아이레스의 상징물인 높이 67.5m의 하얀 오벨리스크가 창공에 치닫고 있다. 이 기념탑은 아르헨티나 건축가 알베르또 쁘레비치(Alberto Prebisch)가 1936년 5월, 시 건설 400주년을 맞아 설계해 지은 것이다. 철근 콘크리트로 만든 오벨리스크 내

1908년에 지어진 세계 3대 극장의 하나인 꼴론극장의 외관.

부에는 200개나 되는 계단이 있고, 꼭대기에는 작은 창이 하나 나 있다. 수천년 전 이집트에서 축조하기 시작한 오벨리스크는 아프리카와 유럽, 아시아, 그리고 남미 대륙까지 아우르는 인류문명의 공동 문화유산으로 자리매김되어 있다.

이 대로변에는 또 하나의 자랑거리가 있다. 바로 꼴론극장(Teatro Colón)이다. 이탈리아의 밀라노극장에 이어 세계에서 두번째로 크며, 프랑스의 빠리오페라극장과 함께 세계 3대 극장의 하나로 꼽힌다. 극장 안을 견학할 수 있는 전문 투어가 있어 내부 시설을 두루 돌아볼 수 있었다. 대리석 기둥과 조각품들, 순금으로 장식한 기둥들, 전구가 700개나 달려 있는 샹들리에… 한마디로 극장이라기보다는 화려한 궁전 같다. 역시 영화를 누리던 시절인 1908년에 이탈리아 르네상스 양식으로 지어졌는데, 오늘날까지 그 화려한 모습을 그대로 유지하고 있어 많은 관람객을 유치하고 있다. 완공한 그해 5월 25일에 신축 축하공연을 했던 전통을 이어 해마다 이날에 시즌 공연을 개막해 11월까지 계속한다. 6층까지 관람석이 배치되어 있는데, 입석까지 포함하면 한꺼번에 4,000명의 관객을 수용할 수 있다. 예전에는 유럽에서 일단 화제에 오른 오페라라고 하면, 한달도 채 안 되어 이곳에서 상연되곤 했다니 그 위상을 가히 짐작할 수 있다. 매해 시즌에는 세계적으로 유명한 오페라나 발레, 오케스트라 연주 등 100여개의 프로그램이 공연된다고 한다. 한국의 소프라노 조수미도 이 극장에서 미성을 자랑한 바가 있다.

거리 끄트머리에 있는 한 방송국 벽에는 에비따의 대형 초상이 현란한 조명을 받으며 오가는 시민들을 자애롭게 굽어보고 있다. 나라 곳곳에서 그녀에 대한 영원한 흠모의 정이 흐른다. 어느덧 땅거미가 지기 시작했다. 큰 거리를 조금 비껴 앉은 대중식당에 들어가 이곳에서 제일 흔한 전통음식을 맛보기로 했다. 아무래도 소고기 요리라고 한다. 왜냐하면 이 나라에는 1인당 두마리가 차례질 정도로 소(약 6,000만 마리)가 많기 때문이다. 자고로 소는 이 나라 부의 상징이다. 여러가지 요리 중 얼른 값싸게 먹을 수 있는 요리가 아사도(asado)라고 해서 주문했더니 10분도 채 안 돼 푸짐한 상이 차려졌다. 소갈비에 양념을 하지 않고 소금만 뿌려서 은은한 숯불에 몇시간 구운 요리다. 소고기치고는 담백하고 연하며 감칠맛이 난다. 값도 보통 요리의 3분의 2 정도로 싸다.

식후에는 고대하던 탱고 관람이 예정되어 있었다. 9시 개막에 맞춰 까페또르또니(Cafe Tortoni) 극장으로 갔다. 아르헨티나 사람들은 탱고 음악을 들으며 태어나고 자라며, 탱고를 통해 사랑을 구가하고 아품을 달랜다. 탱고 극장이 연중무휴로 성황을 이룰 수밖에 없다. 우리가 찾아간 까페또르또니 극장은 지하에 있는데, 약 70명을 수용하는 규모다. 관람료는 1인당 120페소이며, 관람시간은 연속 한시간이다. 서비스로 와인 한잔이 차려진다. '탱고'는 영어 식 발음이고, 원고지인 이 고장에서는 '땅고'(tango)라고 부른다. 탱고의 본고장에 와서 제대로의 탱고를 한번 감상하며 이해하고 싶었다. 옛 시절에는 그저 호기심이 동해 먼 발치에서 구경만 했었지. 이제 제 고장에서 무엇이 원형이고, 무엇이 변형인지 가려내고 싶었다. 탱고를 그저 대중적인 사교댄스쯤으로만 알고 있던 문외한에게 이러한 욕구는 어쩌면 일종의 무모한 만용일 수도 있지만 말이다.

이 극장에서 관람한 공연은 일종의 단막 뮤지컬이었다. 남성 배우의 독창과 독백으로 막을 열고 막을 내린다. 해변가 선술집에서 고독과 연민을 달래는 애절한 음악과 격정적인 춤이 어우러지기도 한다. 이 대목에서 필자의 어슴푸레한 기억을 뚫고 김정구 선생이 망향의 설움을 달래며 애처롭게 부르던 「항구의 선술집」이 떠오른다. "부어라 마시어라 탄식에 술잔, 잔우에 찰랑찰랑 부서진 하소, 파이프에 연기처럼 흐르는 신세, 내일은 어느 항구 선술집에서." 공간과 시간, 그리고 인종은 달라도 망향의 고독을 달래는 음조나 표상은 그렇게 닮을 수가 없다.

이 공연은 보아오던 바와 달리, 남녀 간 1대 1의 교제무(交際舞) 같은 것은 별로 없고, 남녀 여럿이 함께 애수를 달래는 장면이 위주다. 가수가 노래로 청중을 유도하면 청중은 박수나 환호로 화답하기도 한다. 가끔 상대를 노리는 해학적이거나 관능적인 춤사위나 노래 장면도 선을 보인다. 동작이 절도있고 경쾌한 것은 보아오던 바와 진배

까페또르또니 극장에서 관람한 원조 탱고 공연 장면.

없다. 놀라운 것은 신비의 경지에 이른 두 중년 남자의 발재주다. 고 저장단의 리듬을 타면서 잽싸게 움직여대는 두 발 사이에서는 시멘트 바닥을 누비는 발굽 소리가 쟁쟁하다. 작은 아코디언인 '반도네온'이 이끄는 5인조 반주는 탱고음악의 선율을 집약하고 있다. 애당초 악무에는 무식한 터라서 정말로 탱고를 제대로 감상하고 이해했는지, 자신 없는 우문우답을 독백하면서 극장 문을 나섰다.

본래 탱고는 1860년대 아메리칸드림을 안고 찾아온 사람들이나 끌려온 사람들이 부에노스아이레스나 몬떼비데오의 사창가나 선술집에서 향수에 젖은 외로움과 슬픔, 절망감을 달래기 위해 추던 춤과 부르던 노래, 그리고 연주의 세 박자가 어우러진 악무의 한 장르였다. 그래서 탱고를 '춤추는 슬픈 감정'이라고 표현했던 것이다. 동병상련의 처지에서 탱고는 쿠바를 비롯한 라틴아메리카에 신속하게 퍼져나갔고, 20세기 초에는 부국 아르헨티나를 찾아온 유럽 사람들에 의해 유럽에 소개되었다. 1920년 빠리에서 처음으로 상영된 탱고 영화는 폭발적인 인기를 얻었다. 탱고는 점차 우아하고 선율적인 악무로 변하면서 태어난 지 100년도 채 되기 전에 세계적인 사교댄스 및 음악 장르로 자리잡았다. 곳에 따라서는 문화적 접변(接變)도 일어났다.

항공 사정으로 우수아이아로 가는 일정이 하루 늦춰졌기 때문에 부에노스아이레스에서 하루 더 체류하게 되었다. 오전에는 일정 조정을 겸해 휴식하기로 했다. 오후 들어 우선 찾아갈 곳으로 체게바라박물관을 택했다. 전화부를 이리저리 뒤지다가 우연히 이 박물관이 로하스(Rojas) 129 거리에 있다는 것을 알아냈다. 반가운 김에 전화통을 들었다. 통화자는 6년 전 정부 지원 중단 등의 이유로 문을 닫은 체게바라박물관의 관계자였다. 지금은 박물관이 따로 없이, 본인이 운영하는 조그마한 가게에 전시품 일부를 소장하고 있다고 대답한다. 시종 상당히 면구스러워하는 어투였다. 그래도 방문을 간청하니 주소와 가는 길을 알려준다. 체 게바라는 아르헨티나 로사리오에서 태어나 부에노스아이레스에서 의과대학까지 마쳤다. 비록 로사리오에서의 활동은 많지 않았지만, 태어나서 유년시절을 보낸 곳이니 무언가 흔적이 남아 있으리라는 기대에 부풀어 있었다. 로사리오가 웬만한 거리라면 한달음에 찾아갔을 텐데. 그러나 로사리오가 족히 1일 노정거리라고 해서 포기하고, 박물관을 찾아가기로 했다.

가게 창가에는 여러가지 모션을 취한 게바라의 사진이 여러장 붙어 있다. 60대 초반의 가게 주인은 친절하게 우리를 맞아주었다. 숙연한 마음으로 흥분을 가라앉히면서 가게 안을 한바퀴 휘 둘러봤다. 10평

체 게바라 관련 홍보물을 판매하는 가게의 내부 모습.

가게 주인과 여인욱 군
및 필자.

도 채 안 되는 허름한 가게 안에는 문구를 비롯한 갖가지 잡동사니와 함께 박물관에 전시되었던 일부 전시품과 폐관 후 수집한 유물들이 무질서하게 놓여 있거나 걸려 있었다. 그 가운데서 사진과 신문·잡지 스크랩이 분량으로는 가장 많다. 전시하면서 판매도 한다. 10페소를 주고 옛 박물관 모습 사진과 부에노스아이레스의 한 운수업자가 홍보용으로 자신이 운영하는 관광버스에 부착한 게바라의 사진 한장을 구입했다. 두툼한 스크랩에는 게바라를 흠모해 각국에서 보내온 편지와 보도자료들이 여백 없이 빼곡이 붙어 있다. 그리고 박물관 방문자들이 남긴 방명록도 숱하게 남아 있다. 더러는 이 가게를 찾아온 방문객들의 글도 끼어 있다. 의미있고 참고될 만한 사진과 스크랩을 여러장 카메라에 담았다. 주인은 마음대로 담아가란다. 비록 초면이지만 정말로 그와는 이심전심, 마음이 통하고 뜻이 이어지고 있었다. 아마 그 유대의 원천은 우리 모두가 경모하는 체 게바라라는 공유상(共有像)이었을 것이다. 방문을 마치면서 스크랩 마지막 두번째 장에 이런 글을 남겼다. "'사건창조적 인간' 체 게바라 동지의 세계변혁정신 영생불멸하리라. 한국문명교류연구소장 정수일, 2012년 6월 29일." 남겨서 빛을 발하는 글이 되기를 소망하면서 주인과 포옹으로 작별인사를 나눴다.

이어 큰 기대를 안고 국립역사박물관을 찾아갔다. 사실 답사에서 현지 역사박물관을 찾는 것은 첫번째 일정이며, 그것은 이미 오래된 관행이자 타성으로 굳어졌다. 그런데 아이러니하게도 이 큰 도시, 부에노스아이레스에 관한 안내서에는 이렇다 할 박물관 소개가 올라 있지 않으며, 시티투어에도 박물관 투어는 아예 빠져 있다. 그래도 혹여나 하고 전화부를 뒤진 끝에 몇군데 찾아내 국립박물관을 방문했으나 기대와는 달리 너무나 실망스러웠다. 고작 네개밖에 안 되는 전시실에는 식민지 개척과 그 이후 식민지 시기의 역사에 관한 몇점의 문서와 무기류, 유화가 전부였다. 그 이전 시기 원주민의 역사는 전무하다. 이럴진대 어떻게 '국립역사박물관' 운운할 수 있단 말인가. 더 이상의 참관은 무의미하다고 판단해 단 5분 만에 발걸음을 돌리고 말았다. 또 한 곳, 시립박물관을 찾아갔으나 수리 중이라고 해서 돌아섰다. 돌아오는 길에 블랑꼬미술박물관에 들렀다. 주로 개인이 소장하고 있던 금속공예품만을 전시하고 있어, 이 나라의 미술 전반을 요해하기에는 턱없이 부족했다. 역사를 홀대하는 이 나라의 앞날이 심히 걱정된다.

계획에 없던 반나절의 시내 관광을 마치고 돌아오는 길에 민박집과 10m쯤 떨어진 채소가게에 들렀다. 뜻밖에도 주인은 중국 푸젠(福建)에서 온 젊은 화교 오누이다. 감자·옥수수·고추·가지·양배추·호박·파·마늘·오이·포도 등 우리에게 친숙한 채소나 과일이 풍성하다. 모양새나 빛깔마저도 크게 다르지 않다. 특이한 것은 우리네 감과 꼭 같은 것으로, 이곳 산품인데 일본어 식으로 '카끼'라고 부른다는 것이다. 아마도 아시아가 원산지인 감이 일본인들에 의해 처음으로 이곳에 알려졌거나 재배되어 일본 이름으로 불리게 되었으리라 짐작된다. 교류라는 물꼬는 무슨 수로도 막아낼 수가 없다. 일시 막혔다고 영원히 막히는 것은 결코 아니다.

저녁식사는 한국 식당 '비원'에서 70페소어치의 육개장으로 때웠다. 그런대로 입맛에 맞는다. 임시 편성한 하루 일정을 어영부영 마치고 자정께야 자리에 누웠다.

14

지구의 땅끝 마을, 우수아이아

아무래도 비행 일정이 염려되어 깊이 잠들 수가 없었다. 아직 어둠이 짙게 깔린 새벽 4시경에 자리를 털고 일어나 주섬주섬 여장을 챙겨 날이 밝기 전에 호텔을 나섰다. 20분 거리에 있는 공항은 싸늘한 새벽 한기만이 감돈다. 한참 있으니 승객들이 삼삼오오 모여든다. 까페에서 간단하게 아침식사를 하고는 비행기 이착륙 시간 안내판에만 초조하게 눈길을 맞추고 지켜 섰다. 이윽고 9시 15분 예정이던 탑승기가 두시간 지연된다는 신호가 역시 아무런 이유 설명 없이 안내판에 찍힌다. 순간 가슴이 덜렁 내려앉는다. 짙은 안개가 자욱한 흐린 날씨, 걱정부터 앞섰지만 그렇다고 어디 대고 하소연할 데도 없다. 그저 묵묵히 기다릴 수밖에.

다행히 두시간 좀 지나서 출발 방송이 울린다. 우리를 태운 아르헨티나 항공 LA 4442편(좌석 15L)은 바닷가를 따라 뻗은 활주로를 미끄러지듯 달리다가 11시 31분에 하늘로 솟구쳤다. 좌석이 150석쯤 되는 중형 비행기에는 절반도 채 안 되는 60명 가까운 승객만이 탑승했다. 우리처럼 지연에 초심하던 승객들의 얼굴에는 안도하는 기색이 역력하다. 서로가 행운의 미소를 주고받는다. 비행기는 이륙하자 금방 먹구름 속에 잠겨버린다. 그제야 쌓였던 긴장이 풀리면서 온몸이 녹신해진다. 저도 모르게 몸이 뒤로 젖혀지면서 눈이 살며시 감긴다. 순간 3일 동안 부에노스아이레스에서 보고 경험한 일들이 주마등처럼 눈앞을 스쳐지나간다. 희비가 엇갈리고 변화와 굴곡이 무상한 이 주마등은 불행과 희망이 엇갈리는 판도라의 궤나 알쏭달쏭한 요지경처럼 적이 사람을 심란하게 만든다. 아르헨티나 탱고의 황제 까를로스 가르델이 작곡하고 친히 불렀다는 유명한 「나의 사랑하는 부에노스아이레스」(Mi Buenos Aires querido) 속에 나오는 노랫말 한 구절이 뇌리에 떠오른다.

사랑하는 나의 부에노스아이레스
내가 너를 다시 볼 때는
고통도 망각도 없을 것이다.

'고통도 망각도 없는' 부에노스아이레스와 다시 만날 것을 기원하는 한 이방인을 싣고 비행기는 지구의 땅끝 마을 우수아이아로 기수를 돌린다. 오후 2시 58분에 산하가 온통 은빛으로 물든 공항에 착륙했으니, 장장 3시간 27분을 날아온 셈이다. 아침에 2시간이나 지연되어 점심시간을 훨씬 넘긴 시각에 비행하는데도, 기내 서비스라고는 고작 성냥갑 크기의 초콜릿 한개와 과자 몇조각, 그리고 음료수 한병

설산 기슭에 자리한 우수아이아의 공항.

이 전부다. 사실 요즘 다반사로 일어나는 이런 후진성을 두고 '이것은 아닌데!'라는 말을 거듭하다보니, 나 자신이 옹졸한 밥투정꾼이 된 성싶어 되레 민망스럽다.

마침내 땅끝을 밟게 되었다는 흥분은 피로도 서비스에 대한 불만도 모두 삼켜버렸다. 우수아이아공항은 마을 남쪽, 돌출된 반도부에 자리하고 있다. 7km 떨어진 마을 중심까지는 버스가 없고 택시만이 운행한다. 오후 3시 40분 실레네(Cilene)호텔에 도착하니 206호 방이 예약되어 있었다. 객실과 주방이 갖춰진 스위트룸이다. 원래는 일당 260달러였으나 겨울철 비수기라 좀 싸게 얻었다. 지구의 오지 중 오지라서 물가는 상당히 비싸다. 값도 값이려니와 방 잡기가 하늘에 별 따기라고 한다. 설한풍이 휘몰아치는 엄동설한에 여하불문하고 기거

'땅끝 우수아이아'라는
푯말.

할 수 있는 보금자리가 차려졌다는 것만도 감지덕지한 일이 아닐 수
없다.

착륙 25분 전부터 만년설을 머리에 인 험준한 산봉우리들이 점점
이 시야에 들어온다. 기내방송으로 비행 방향의 좌측 해상에 자리한
섬이 바로 아르헨티나와 영국 간에 영유권을 둘러싼 전쟁이 벌어졌
던 말비나스(Malvinas)섬, 즉 포클랜드(Falkland)섬이라는 소개가 흘러나
왔다. 모두의 시선이 좌측 창문가로 쏠린다. 영국은 이 섬을 남대서양
의 전초기지로 삼고 1833년부터 영유권을 소유하고 있었다. 독립 후
아르헨티나는 이 섬에 대한 종주권을 누차 주장했으나 번번이 실패
한다. 그러다가 아르헨티나 대통령 갈띠에리 장군은 군사정권에 대한
국민의 신뢰가 떨어지자 정세 전환용으로 1982년 4월 2일 4,000명의
해병대를 파견해 이 섬의 영국 주둔군 1,000명을 기습, 섬을 제압했
다. 일시 이 섬은 아르헨티나의 속령으로 되었다.

이에 영국의 대처정부는 정규군을 급파해 74일간의 치열한 전투 끝에 아르헨티나군을 물리치고 전쟁에 종지부를 찍었다. 문자 그대로 전격전으로 끝난 이 전쟁을 승전국·패전국 양쪽이 한자리에 탑을 세워 기념하고 있다는 사실은 실로 아이러니한 일이다. 전패국 아르헨티나는 부에노스아이레스의 레띠로(스페인어로 '철군'이라는 뜻)역 공원 안에 영원히 꺼지지 않는 횃불을 설치한 '말비나스전쟁기념탑'을 세워놓았다. 그런가 하면 전승국 영국은 전승을 기념하는 높이 70m의 르네상스 식 탑을 같은 공원 안 바로 맞은편에 세웠다. 승전은 승전대로, 패전은 패전대로 나름의 경험과 교훈을 반추하려는 범상찮은 발상일 수도 있다.

7월 초의 우수아이아는 한창 겨울이다. 대낮 기온은 영하 3도로, 산하가 온통 눈으로 뒤덮여 은빛 세계다. 부에노스아이레스에서 3,250km, 남극에서 1,000km 떨어진 남위 54도 48분, 서경 68도 19분 선상에 위치한 우수아이아는 남극에서 가장 가까운 세계 최남단 마을이다. 비글(Beagle)해협에 면한 자유항으로, 인구는 약 5만 7,000명 (2010)이다. '마을'치고는 큰 규모다. '시'라고 일컬어도 하자가 없을 듯하다. 지금은 항만과 호텔, 상점과 식당, 관광업소와 박물관 등 규모는 작지만 현대적인 도시가 갖춰야 할 시설과 구조물은 나름대로 다 갖추고 있다.

1520년 대서양 연안을 따라 남하하던 마젤란은 벼랑 위에서 몇개의 불을 발견했는데, 그 불은 원주민들이 지핀 횃불이었다. 바람이 강한 이 불모의 땅에서 타오르고 있는 불꽃을 이상하게 여긴 그는 그곳을 '띠에라 델 푸에고', 즉 '불의 대지'라고 명명했다. 스페인으로부터 독립한 후에는 아르헨티나에 속하게 되었으며, 19세기 초엽부터 서방 선교사들이 찾아왔다. 그 세기 후반부터는 금광이 개발되면서 식민인

남극지방을 항해하는 화물선과 유람선으로 붐비는 우수아이아항.

구가 급증했다. 1904년 우수아이아는 푸에고 연방령 수부(首府)가 되었으며, 20세기 전반에는 정치범 유배지가 되었다가 50년대에 폐지되었다. 그러면서 군사기지로 이용되기도 했다. 동시에 목축업·어업·목재업 등이 발달했으며 석유·금광·천연가스 등 부존자원이 개발되기 시작했다.

　푸에고(Fueguinas)섬은 마젤란해협과 비글해협(수로), 대서양으로 둘러싸여 있으며, 면적은 약 4만 8,000km²에 달한다. 그중 절반은 칠레령이고 나머지 절반은 우수아이아를 수부로 한 아르헨티나령이다. 일년 내내 세찬 바람이 불고, 여름에도 평균기온이 9도 전후다. 일반적으로 우수아이아를 사람이 사는 지구의 최남단 마을(사실은 소도시)로 알고 있는데, 사실은 그 남쪽에 위치한 칠레령 나바리노(Navarino)섬에 있는 뿌에르또윌리암스(Puerto Wiliams)가 최남단 마을이다. 원래 이 마을에는 군사시설만 있었는데, 지금은 인디오 야간(Yaghan)족 후예들이 사는 우끼까(Ukika)라는 작은 마을이 생겨났다. 이 마을에서 서쪽으로 2km 떨어진 곳에 마르띤구신데박물관(Museo Maetin Gusinde)이 있는데, 여기에는 야간족을 비롯한 인디오 여러 종족들이 사용했던 생활용품과 이곳을 탐방했던 다윈의 유품들이 전시되어 있다.

일찍이 다윈은 배를 타고 6년간 브라질과 아르헨티나, 칠레를 비롯한 라틴아메리카의 해안 지역을 역방하면서 1,500여종의 동물표본을 채집했다. 우끼까 마을과 우수아이아 사이에는 크루즈와 소형비행기가 비정기적으로 운항하며, 겨울철에는 운항이 전면 중단된다. 그리하여 그곳까지 가보려고 하던 당초 계획은 무산되고 말았다. 이렇게 교통이 불편하고 여행하기가 어려우니 통상 우끼까를 땅끝 마을로 여기지 않고, 대신 정상적인 내왕이 가능한 우수아이아를 지구 남반부의 땅끝 마을로 인지하고 있다.

우여곡절 끝에 찾아온 곳이어서 한시 바삐 둘러보고 싶었다. 여장도 풀지 않은 채 거리 구경에 나섰다. 산기슭에 자리한 터라 우수아이아의 거리는 줄줄이 바다 쪽을 향해 뻗어간 언덕길이다. 중심거리인 싼마르띤 거리를 따라 항구로 가는 길에 관광정보를 얻으려고 관광안내소에 들렀다. 직원이 특별행사라면서 이곳에 다녀왔다는 기념으로 무턱대고 여권에 도장을 찍어준다. 별로 내키지 않는 일이지만 호의로 받아들였다. 이어 바다에 면해 있는 '세계의땅끝박물관'(Museo del Fin del Mundo)을 찾았으나 수리 중이라면서 문을 봉해놓았다. 안내서를 보니 이 박물관에는 푸에고섬에 살던 오나·야간·알라칼루프·테우엘체 등 인디오 네 부족의 분포도와 그들이 사용하던 생활용품,

그리고 각종 박제품이 전시되어 있다고 한다. 이 네 부족은 서구 식민주의자들의 무참한 학살에 의해 지금은 그 종적을 거의 찾아볼 수 없다고 한다.

이어 선박박물관(Museo Martimo)으로 발길을 옮겼으나, 역시 수리중이라면서 참관을 불허했다. 본래는 1920년대에 지은 2층짜리 감옥이었던 곳인데, 감옥일 당시 많을 때는 수감자가 600명이 넘었다고 한다. 남극지방의 선박이나 항해에 관한 정보를 얻으려던 기대는 이렇게 박물관들이 문을 닫는 통에 그만 수포로 돌아갔다. 이런 유의 박물관은 사영(私營)이라서 주인이 제멋대로 운영하는가보다.

실망 속에 돌아오는 길에 우연히도 언덕바지에서 '야마나박물관'(Museo Yámana)이라는 간판을 발견했다. 해가 뉘엿거린 지도 한참이나 되는 시각이라서 문을 조심스레 두드렸다. 문지기인 듯한 중년 사나이가 창문을 빠끔히 열어 제친다. 찾아온 사연을 말하니 뜻밖에도 측은한 기색으로 빗장을 풀면서 안으로 안내한다. 방마다 일일이 다니면서 불을 밝힌다. 캄캄하던 방안이 일시에 환해지면서 전시품과 안내문이 윤곽을 드러낸다. 크기가 서로 다른 전시실 5개를 갖춘, 자그마하면서도 알찬 민속박물관이다. 야간족을 비롯한 원주민들의 생활상과 우수아이아의 탐험 및 발견사를 적잖은 사진과 유물로 보여주고 있다.

특히 놀란 것은 우측 첫 전시실 벽에 걸려 있는 인디오의 이동로 지도다. 편년은 명시하지 않았지만, 중남미 원주민의 조상들이 아프리카에서 시원해 아시아대륙을 지나고 태평양을 건너 중남미에 이르렀다는 동이경로도(東移經路圖)다. 그중 일파는 한반도를 북에서 남으로 종단해 태평양을 건너 마침내 중미에 이르렀다고 확연한 화살표

야마나박물관 외관.

로 적시(摘示)하고 있다. 이 지도에 눈길이 닿는 순간 걷잡을 수 없는 전율을 느꼈다. 몇줄 글로만 읽어오던, 몇마디 말로만 들어오던, 인디오의 '동이설'이나 한민족과 인디오의 '친연성' 같은 이른바 '허황된' 주장이 글이나 말이 아닌 직관적 지도로 재현되었기 때문이다. 필자가 라틴아메리카 현장을 찾아 그 실상을 밝혀보고자 했던 오랜 숙원이 결코 헛된 것이 아니었다는 자신에 비상의 날개를 달아주는 순간이었다.

우연히 찾아오는 행운의 보람은 몇 갑절 큰 법이다. 급기야 방명록에 이런 글을 남겼다. "남극문명 이해의 보고! 한반도를 경유한 아메리카로의 고대민족 이동은 우리에게 시사하는 바가 매우 크다고 할 수 있다. 한국문명교류연구소장 정수일, 2012년 6월 30일 오후 4시 20분." 방명록을 훑어보니 일본어 7건, 중국어 1건은 있었으나 한국어는 전

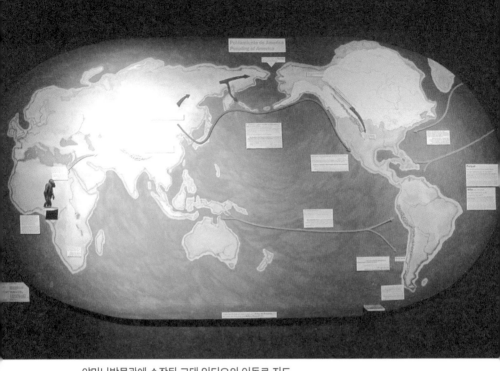

야마나박물관에 소장된 고대 인디오의 이동로 지도.

무하다. 그 공백을 메웠다는 점에서도 일말의 위안을 느꼈다. 문지기
의 친절에 거듭 감사하면서, 야음이 짙게 깔린 박물관 문을 나섰다.
어쩐지 발걸음이 떨어지지 않아 몇번이고 뒤를 돌아보았다.

돌아오는 길에 기념품 가게에 들러 '우수아이아, 지구의 끝'(Ushuaia
Fin del Monde)이라고 쓴 석제(錫製) 종 다섯개(개당 29페소, 총 29달러)를
구입했다. 종이란, 사람을 각성시키는 요물이다. 지금도 가끔 머리가
흐리멍덩할 때면 서랍에서 그 종을 꺼내 심신을 깨우치곤 한다. 그럴
때면 그 종의 본향 우수아이아의 맑디맑은 설경이 눈앞에 선히 펼쳐
진다.

호텔 가까이에 있는 식당에서 이곳 명물 쎈또야(centolla, 큰 게) 튀김
으로 저녁식사를 했다. 기내에서 점심을 거의 거르다시피 한데다 몇

우수아이아의 전통음식 쎈또야.

시간 눈길을 헤맸더니 어지간히 출출하지 않다. 쌀밥을 곁들여 맛있게 먹으려 했지만 간이 너무나 짜서 식미를 무디게 했다. 무뎌진 식미를 그나마 쌉쌀한 흑맥주로 상쇄(相殺)했다. 이곳 음식은 죄다 이렇게 짜다. 한랭한 고장인데 왜서 그렇게 음식이 짠지 지금껏 수수께끼다. 마침 옆 좌석에 여기서 비행기로 3시간 거리(236km)에 있는 리오그란데에서 봉직하는 삼성 직원을 만났다. 그는 40대 초반으로, 아내·아들·딸과 함께 휴가차 이곳에 왔다고 한다. 이역만리에서 혈육을 만난다는 것은 서로에게 행운이다. 네 가족과 반갑게 인사하고 담소를 나눴다. 이러한 반가운 만남으로 오늘의 일정을 마감했다.

15

다윈의 항적(航跡)이 찍힌 비글해협

남극의 해돋이 광경을 보려고 이튿날(7월 1일, 일요일) 아침 5시 반경
에 일어나 호텔 데스크에 해 뜨는 시각을 물었더니, 아침 10시에 떠서
오후 5시경에 진다고 한다. 오늘의 정확한 일출시각은 9시 59분이고,
일몰은 5시 19분이다. 여기는 4~9월이 겨울이나 지난해에는 7월에
첫눈이 내리는 이상기후 현상을 보였다고 한다. 오늘의 낮 최고기온
은 영상 3도이고, 밤 최저기온은 영하 3도다. 그러니 일교차는 6도에
불과한 셈이다. 여기서 1,000km 떨어진 남극지방은 12~3월이 여름이
며 그밖에는 긴 겨울철이다. 12~1월에는 해가 지지 않는 백야(白夜)
가, 6~7월에는 해가 뜨지 않는 극야(極夜)가 계속된다. 겨우내 최저기
온은 보통 영하 40도 정도이나, 추위가 극심한 내륙에서는 영하 90도
까지 내려가는 경우가 있다. '흑야'와 '영하 90도'! 듣기만 해도 끔찍
스럽다. 그러나 인간은 적자생존의 법칙에 따라 적응하면서 삶을 지

한국인이 운영하는 옷가게 외관.

탱해간다.

　오늘의 주일정은 시 외곽 답사다. 햇살이 퍼지기를 기다리다보니 10시 반경에야 띠에라델푸에고국립공원(Parque Nacional Tierra del Fuego)으로 출발할 수 있었다. 떠나기 전 시내의 한 대여점에서 40페소를 주고 눈막이 바지를 대여했다. 바지는 한기와 눈을 막는 데 한몫 단단히 했다. 언덕바지에 있는 대여점에서 택시를 타려고 내려오다가 우연히 '옷가게'라는 한글 간판이 붙은 한복 가게를 발견했다. 창가 진열창에는 오방색 여성 한복 두세벌과 색동천, 그리고 양장한 마네킹이 전시되어 있다. 다가갔으나 일요일이라서 문은 닫혔다. 이웃 가게들도 휴업이라서 구체적으로 알아볼 수는 없지만, 가게 안의 전시품으로 미루어 주인은 분명히 한인 교포일 것이다. 택시기사의 말에 의하면, 이 도시에는 이 가게 말고도 분재업(盆栽業)에 종사하는 한인 한분이 산다고 한다. 틀림없이 그들 모두는 우리 문화의 전도사로, 음으로 양으로 우리 문화를 이곳에 알리고 두 나라 간의 소통과 이해의 가교 역할을 하고 있을 것이다. 찾아뵙고 싶었지만 시간이 허용치 않았다.

밤새 내린 눈으로 분간하기 힘든 산길을 택시로 약 30분 달려 공원 입구에 다다랐다. 입장료는 무료인 대신 신분을 철저히 확인하고 현장 가이드를 붙여주면서 몇가지 주의를 당부한다. 로마에 가서는 로마의 법을 따를 수밖에 없다. 사실은 이 파견 가이드보다 고용 택시 기사의 설명이 더 구색이 맞고 맛깔스러웠다. 1920년에 국립공원으로 지정된 면적 약 630km²의 이 자연공원은 서쪽으로는 칠레와 접하고, 남쪽으로는 비글해협에 면해 있다. 안데스산맥의 남쪽 끝자락에 해당하는 이 공원은 험준한 산과 여러 갈래의 강, 맑은 호수와 깊은 계곡을 갈무리하고 있어, 그 경관이 빼어나기로 유명하다. 수목은 렌가(Lenga)와 느릅나무(Nire), 귄도(Guindo) 등 6~7종이 자라는데, 그 가운데 빠라시도스(Parasidos)라고 하는 일종의 등나무가 있다. 이 나무는 신기롭게도 다른 나무에 얽혀 기생하고 있다. 2~3월에는 멋진 단풍도 구경할 수 있다고 한다. 세계에서 가장 작은 사슴인 뿌두(몸길이 40cm, 무게 9kg 가량)를 비롯해 여우·비버·야생 토끼 등이 서식하며, 바다제비·딱따구리·카우켄 등 조류도 살고 있다. 잔잔한 호수면에서는 씨스네(Sisné, 목이 검은 거위 비슷한 새)가 유유히 무자맥질을 하고 있다. '세계의땅끝호'(Tren del Fin del Mundo)라는 관광열차가 기적을 울리며 공원 내의 일부 구간을 달린다.

가장 인상적인 것은 돌아오는 길에 마주친 '땅의 끝점'이다. 즉 아메리카대륙의 북단 알래스카에서 시작해 남북 아메리카 전대륙을 종단하는 길이 아르헨티나의 국도 3번 길로 이어져 이곳 공원에까지 와

띠에라델푸에고국립공원 내의 수림이 우거진 눈길.

북남종단로(17,848km)의
끝점 표시판.

서 멋은 지점이다. 이렇게 북남 아메리카 대륙을 세로로 뚫은 종단 길의 총 길이는 1만 7,848km이며, 부에노스아이레스까지는 3,079km이다. 경주에서 로마까지의 오아시스로(1만 4,759km로 추정)보다 더 긴 이 길은 아메리카대륙을 남북으로 이어주는 종단 육로로, 범지구적 실크로드 육로 개념으로 정리할 수 있는 개연성이 있다고 판단된다. 이는 분명 확대된 개념으로서의 실크로드 육로 연구의 새로운 한 과제다. 이런 점에서 오늘의 이 공원 답사는 대단히 유의미한 답사였다고 말할 수 있다. 두시간 동안 진행된 공원 답사 내내 날씨는 정말로 변덕스러웠다. 청청 하늘이 갑자기 먹구름으로 뒤덮이면서 강풍이 휘몰아치고, 한치 앞을 가려볼 수 없을 정도로 폭설이 쏟아지다가도 어느새 진눈개비로 돌변하기도 한다. 이런 변덕이 몇번이고 반복되었다.

그러나 다들 크게 쪼들리지 않고 신이(新異)에 신명이 났다. 여세를 몰아 차 안에서 햄버거로 점심을 때우면서 마셜빙하(Glaciar Martial)로 향했다. 이 빙하는 우수아이아를 에워싸고 있는 험준한 마셜산맥의 허리 자락에 만년설을 뒤집어쓰고 있는 두터운 빙벽에서 흘러내린다. 최고봉인 비신게라 산이라야 해발 1,450m밖에 안 되는 그리 높지 않은 산들로 이루어진 산맥이지만, 워낙 위도(근 남위 55도)가 높기 때문에 빙하가 발생하는 것이다. 눈과 빙하를 즐기러 온 사람들로 발 디딜 틈이 없다. 리프트가 빙하 언저리까지 사람들을 실어나른다. 유감스럽게도 우리는 시간이 촉박해 리프트를 즐기지 못했다. 아래 자락은 스키장으로 남녀노소 스키어들이 벅적거린다. 신기한 것은 수림과 빙벽 사이가 꼭 자를 대고 줄을 그은 듯 일직선으로 갈라져 보인다는 점이다. 돌아오는 길에 전망대에 서니 눈 덮인 우수아이아가 한눈에 안겨온다.

우수아이아 근교의 마셜빙하 스키장의 모습.

오늘의 마지막 일정으로 잡은 비글해협 크루즈투어 시간(3시 출발)
이 다가오자 서둘러 선창으로 달려갔다. 허겁지겁 승선표를 구해 출
발 몇분을 앞두고 배에 올랐다. 2시간 코스의 크루즈 표는 성인 1인당
70달러다. 약 100명을 수용할 수 있는 유람선이지만 50명 내외만 승
선하고 있다. 승객들의 인종적 면모는 매우 다양하다. 포구를 떠나 비
글해협에 이르자 배는 강풍 때문에 종잡을 수 없이 기우뚱거린다. 검
푸른 바다는 노도에 휩싸이고, 물보라는 선창을 사정없이 후려친다.
가끔 거센 파도가 밀려올 때면 배는 잠시 멈춰서 숨을 고른다. 해협
군데군데에서 작은 돌섬과 암초들이 나타난다. 배는 마치 곡예를 하
듯 섬과 암초들을 요리조리 피해 항진한다. 배가 돌섬 근처에 접근하
면 약속이나 한 듯 숱한 오따리아와 펭귄, 이름 모를 바닷새들이 떼지

어 모여든다. 돌섬은 삽시간에 해면에 떠 있는 동물원으로 변한다. 난생 처음 보는 장관이다. 녀석들은 다가가면 피하기는커녕 유유히 자맥질하면서 교태를 부린다. 매서운 칼바람이나 몰아치는 물보라도 아랑곳하지 않고 갑판을 오르내리며 그 장관을 연신 카메라에 담았다. 이따금 선실에 돌아와 따스한 커피로 몸을 녹이면서 말이다.

일명 '남아메리카 바다사자'(South American Sea Lion, 南美海獅)라고 하는 오따리아(Otaria)는 '오타리아바이로니아'(Otaria byronia, 이전에는 Otaria Flavescens)라는 학명을 가진 식육목(食肉目) 포유강(哺乳綱) 물개과(科)에 속하는 바다 동물이다. '오따리아'는 '작은 귀'라는 뜻이다. 우리가 흔히 동물원에서 보아오던 물개와는 비슷하면서도 여러가지 면에서 서로 다르다. 분포지는 태평양 쪽에서는 페루 이남, 대서양 쪽에서는 우루과이 이남의 해안 지역으로, 수심 50m 이하의 해역에 무리지어 서식한다. 다갈색 몸의 길이는 수컷은 보통 2.5m, 암컷은 2m이다. 주로 어패류를 먹고 사는 녀석의 몸무게는 150~350kg이며, 수명은 약 20년이다. 바다 동물치고는 꽤 큰 편에 속한다.

뒤뚱거리며 귀공자처럼 아양을 떠는 펭귄은 남극의 특종이다. 작은 치어(크릴, krill)를 먹고 사는 펭귄은 서로가 어슷비슷하지만, 가까이서 보니 모양새가 똑같지는 않다. 소개 글을 보니 남극 펭귄에는 크기와 서식지가 서로 다른 아델리·젠투·마카로니·수염·황제·이와토비·임금 등 일곱가지 이름을 가진 펭귄이 있다고 한다. 마젤란해협을 지날 때 본 펭귄에게는 '마젤란 펭귄'이라는 이름이 따로 있다고 들었다. 펭귄은 떼를 지어 몰려다녀도 철저하게 일부일처제를 유지하며, 암수가 금슬이 좋기로 유명하다. 비글해협에는 오따리아나 펭귄말고도 다섯 종류의 가마우지(cormoranes)가 많이 서식하고 있다. 비글

비글해협의 돌섬에 올라 앉은 오따리아(남아메리카 바다사자)와 펭귄 무리.

해협 주변의 바다와 섬들은 태고의 자연환경을 그대로 간직하고 있어 일찍부터 인문학자들이나 자연과학자들의 연구대상지로서 각광을 받아왔다.

선창을 떠난 지 1시간 20분쯤 되니 저만치에서 빨간색과 흰색 띠를 두른 등대가 어스름히 보인다. 암초 위에 외로이 서 있는 에끌레르 등대(Faro les Eclarireurs)다. 등대는 너울거리는 파도 장단에 맞춰 춤을 추고 있다. 이것은 흔들리는 배에서 보는 착시다. 배는 등대 가까이에서 이물을 돌려 회항한다. 해진 뒤라서 바다는 평온을 찾은 듯하다. 멀리 뭍에서 불빛이 하나둘씩 반짝인다. 그제야 반짝이는 불빛과 더불어 그 시절 읽었던 비글해협 이야기 한두가지가 어렴풋이 뇌리에 떠오른다. 찰스 다윈과 관련된 이야기다.

다윈의 항적이 찍힌 비글해협의 에끌레르등대.

비글해협은 푸에고섬과 나바리노섬, 오수떼섬 사이에 있는 해협으로 동쪽의 대서양과 서쪽의 태평양을 잇는 수로이며, 아르헨티나와 칠레의 국경이기도 하다. '비글'이라는 이름은 영국의 진화론자 찰스 다윈이 이 지역을 탐험할 때(1831~36) 승선했던 해군의 측량선 비글호에서 따온 것이다. 약관을 갓 넘은 22세의 청년 다윈은 보수 하나 없는 무급의 박물학자 신분으로 이 비글호를 타고 남반구 각지의 지질과 동식물 탐사에 나선다. 그에게는 오로지 구지(求知)의 목표만 있을 뿐, 보수나 명예 따위는 안중에 없었다. 그는 남극세계에 대한 탐구와 과학자의 비범한 예지로 가득 찬 불후의 명작 『비글호 항해기』(1839)와 『산코 암초의 구조와 분포』(1842)를 연이어 저술했다. 그리고 항해 중에 발견한 남아메리카대륙의 여러 화석과 현생동물, 특히 갈

라파고스군도의 동식물 진화에 관한 세심한 관찰을 통해 자연도태에 의한 생물의 진화법칙을 발견했고, 1859년 드디어 진화론의 고전인 『종의 기원』을 세상에 내놓는다.

우리는 지금 다윈을 비롯한 유수의 선학들이 개척한 항로를 따라 미래를 향해 항진하고 있다. 그 일환으로 여기 남극의 바다세계를 찾아왔다. 해상실크로드가 환지구의 문명교류 통로임을 고증하고 확인하기 위해서 말이다. 어느새 배는 선창가에 닿았다. 잠깐의 선상 반려들이지만 서로가 석별의 정을 나누면서 헤어졌다.

저녁메뉴로는 이곳 전통요리인 양고기 바비큐를 택했다. 1인당 120페소의 뷔페식이다. 내일의 장정을 앞두고 며칠 동안 허술했던 영양을 보충해야 한다는 것이 '호식(好食)'을 택한 변이라면 변이다. 사실 장기간 여행을 하다보면, 휴식이나 잠은 항시 모자라는 법, 유일무이한 에너지원은 먹거리다. 그래서 필자는 여행에서 탐식가(貪食家)를 제일 반긴다. 내일 아침의 새벽 기상을 위해 일찌감치 여장을 차려놓고 잠자리에 들었다.

16
동서양 바닷길을 튼 마젤란해협

오늘(7월 2일)은 라틴아메리카 남단의 푸에고섬에 있는 아르헨티나령 우수아이아를 출발해 리오그란데를 거쳐 칠레의 마젤란해협을 건너 남극행 전초기지인 뿐따아레나스까지 장거리를 이동해야 한다. 자동차로 12시간(아침 5시~오후 5시)이나 소요되는 녹록지 않은 여정이다. 3시 반에 기상해 캄캄칠야 속에 짐을 끌고 미끄러운 비탈길을 한걸음 한걸음 더듬으면서 가까스로 버스터미널에 도착해 5시 첫차를 탔다. 새벽 기온은 영하 3~4도쯤 되었다. 허름한 중형 버스에 승객은 달랑 12명뿐, 차 바닥과 창 틈새로 스며드는 칼바람에 난방시설도 없어 차내 온도는 바깥 온도와 별 차이가 없다. 닳을 대로 닳은 종잇장 같은 모포 한장으로는 도저히 엄습하는 추위를 막아낼 수가 없었다.

오돌오돌 떨면서 3시간 10분을 달려 우수아이아에서 230km 떨어진 푸에고섬 북부의 중심도시 리오그란데(Rio Grande)에 도착했다. 세

철조망을 사이에 둔 양국 간의 경계지대에서 진행되고 있는 석유 시추작업 모습.

찬 바닷바람까지 덮쳐 체감온도는 영하 10도로 느껴진다. 이곳은 아르헨티나 각지에서 버스로 우수아이아에 갈 때 필히 들러야 하는 중계지다. 석유 정제공장과 양모나 양가죽 가공공장의 육중한 굴뚝이 띄엄띄엄 보인다. 그제 저녁 우수아이아의 한 식당에서 만난 삼성 직원 일가족이 바로 이곳에 살고 있다. 그들의 말에 의하면, 비록 작은 항구이지만 교통요로에 위치하고 있기 때문에 면세지역(Zona Franca)으로 지정되어 상품거래가 활발하다고 한다. 여기서 다시 비슷한 유형의 버스로 갈아탔다. 어둠이 차츰 가시고 햇살이 돋기 시작한데다 승객 20여 명이 증원되다 보니 차내에는 콧김 같은 온기가 감돌기 시작한다. 움츠러들었던 몸이 조금씩 펴진다. 예상 밖의 추위에 대비하지 못한 대가를 톡톡히 치른 셈이다. 초행길은 대저 이런 법이다. 차내에서의 아침이나 점심식사도 추위만큼이나 냉랭하고 푸대접이다.

차는 오른쪽에 검푸른 대서양을 끼고 북쪽을 향해 황량한 푸에고

섬을 숨가쁘게 달린다. 이 섬은 라틴아메리카의 남단에서 마젤란해협을 한 변으로 해서 이루어진 세모꼴 모양의 섬으로, 앞에서 언급한 바와 같이 '불의 섬'이라는 뜻이다. 섬의 면적은 4만 8,187km²인데, 그 3분의 2를 차지하는 서측은 칠레에, 3분의 1인 동측은 아르헨티나에 속한다. 인구는 오히려 칠레령이 7,080명인 반면 아르헨티나령은 12만 6,000명이나 된다(2010년 기준). 이 경계는 1881년 영국 왕실의 조정에 의해 대서양에서 비글해협까지의 서경 68도 36분 38초로 설정되었다. 두 나라의 경계는 식민주자들이 책상머리에 앉아 임의로 휘두른 펜촉에 의해 그어졌다. 여지껏 몇번이고 국경을 넘나들어봤는데, 보통 지형지물에 의해 경계선을 설정하는 국제 관례와는 다르게 임의로 그어졌다는 것을 실감했다. 그러다보니 국경 분쟁이 빈발할 수밖에 없다.

양국 간의 국경분쟁은 멈추지 않고 계속되어왔다. 특히 1970년대 원유가 발견되면서부터는 분쟁이 더욱 치열해졌다. 결국 비글해협 동쪽 세개 섬을 칠레에 할양하는 선에서 분쟁은 일시 봉합되었다. 사실 이러한 분쟁은 영국을 비롯한 서구 식민주의자들의 식민정책에 의해 좌우되었으며, 그 과정에서 원주민은 멸족의 운명에 처하게 되었다. 마젤란이 이 섬을 발견할 당시에는 이 섬에 오나·야간·알라칼루프 등 원주민들이 거주하고 있었다. 당시 그들은 스스로를 '오니신(오나 민족의 땅)'이라고 불렀다. 지금은 이 섬에 살았던 원주민들을 일괄해서 '푸에고도민(島民, 섬사람)'이라고 한다. 스페인과 포르투갈에 이은 후발 식민국가 영국은 19세기 초부터 포교활동과 더불어 이곳을 남대서양 및 남극해양 진출의 전초기지로 삼았다. 이를 위해 영국 식민당국은 야간어 사전까지 만들어 식민통치의 영구화를 시도했다.

1880년대 동부와 동남 연해 일대에서 금광이 발견됨에 따라 유럽인들의 도래는 급증한 반면 억압과 약탈에 시달린 원주민들의 인구는 급감했다. 오늘에 이르러 원주민들은 거의 멸족 상태다. 전일 띠에라델푸에고국립공원을 찾았을 때 기사에게 원주민의 존재에 관해 물었더니, 지금은 어디서도 찾아볼 수 없다고 대답했다. 라틴아메리카 전체에서 푸에고섬만큼이나 원주민 말살이 철저하게 자행된 곳은 없지 않나 싶다. 서구 식민주의자들이 감행한 부의 약탈과 인종 말살을 가장 적나라하게 밝힐 수 있는 현장이 바로 이곳 푸에고섬인 것이다. 이러한 역사적 비극이 다윈이 제창한 생물진화론의 발상지에서 일어나고 말았다는 사실은 역사의 아이러니다. 다윈은 '종의 기원'에 관해서는 불후의 진화론적 일가견을 정립했지만, 그 '종'(인종)에 대한 파렴치한 서구 식민주의자들의 반진화론적이며 인위적인 멸종에 관해서는 외면하고 비껴갔다. 이것은 다윈주의의 한 한계점이라고 지적하지 않을 수 없다.

　흙길과 포장길이 뒤섞인 길 양옆, 특히 왼편은 황량한 고지대 초원이다. 풀이라야 촘촘한 잔디풀이 아니라 엉성한 갈대풀이다. 희읍스름한 눈밭에서 양떼들이 한가히 풀을 뜯고 있다. 방목은 양이 위주이고 소는 드물다. 신기한 것은 양이나 소를 모는 목동이 별로 눈에 띄지 않는다는 점이다. 아무리 자연방목이라도 주인은 있을 텐데, 도시 신기하기만 하다. 목축 보호용 철책을 길에서 10m쯤 떨어진 곳에 높이 1m 정도로 길과 병행해서 한줄로 쭉 늘어 세웠다. 철책은 2m 간격으로 나무기둥을 세워 유지하고 있다. 아르헨티나 쪽은 대체로 높은 고원지대라 몇시간 가니 갑자기 경사가 나타난다. 약 30분간 후미진 내리막길을 달리니 곧바로 아르헨티나 국경 관문에 이르러 간단한 출국수속을 밟았다. 여기부터는 평지 초원으로 토질이 아르헨티나 쪽과는 사뭇 다르다. 기름진 흑토에서 풀이 싱싱하게 자라고 있다. 두 나라의 국경지대 몇군데서는 석유 시추작업이 한창이다. 사실 이 유전의 소유권을 놓고 양국 간에 맺힌 앙금은 지금까지도 가시지 않고 있다. 양국의 국경 관문초소 사이에는 약 10km 너비의 완충 중립지대가 설정되어 있다. 이 중립지대의 경계선은 어떤 지형지물에 따라 설정된 것이 아니라, 역시 자를 대고 제멋대로 그은 일직선이다.

칠레 쪽 국경 관문에서 약 140km를 달려 오후 2시 40분에 드디어 마젤란해협(Magellan Strait, 스페인어로는 마가야네스Magallanes)의 남안에 다다랐다. 아득한 꿈으로만 그려오던 마젤란해협, 그 얼마나 실재를 확인하고 거기에 족적을 남겨놓고 싶던 곳인가. 가슴팍에서는 마냥 저 검푸른 물결처럼 격정이 일렁이기 시작한다. 필자가 통념을 깨고 실크로드가 범지구적 문명교류 통로라고 단정한 주 근거의 하나가 바로 마젤란이 이 해협을 통해 대서양과 태평양을 잇는 바닷길(해상실크로드)을 열어놓음으로써 실크로드가 비로소 환지구적 문명교류의 통로가 되었다는 사실이다. 그 증거의 현장에 서 있다고 생각하니 실로 감개무량하며, 꿈만 같았다. 차에서 내리자마자 한달음에 달려가 그 차디찬 마젤란해협의 물에 한참 손을 담그고 다시 한번 피부로 그 현실을 체감했다. 이름 모를 물새도 '어서 오라!'고 반기는 듯, 날개를 퍼덕이며 머리 위를 배회한다. 리오그란데에서 우리를 태우고 온 버스는 여기서 되돌아간다.

도해 승객과 차량을 함께 실은 페리에 시동이 걸렸다. 때는 2012년 7월 2일(월) 현지시각 오후 3시 12분(서울과는 13시간 차)이다. 필자의 항해사나 해상실크로드 연구에서 현장 확인의 한 전범으로 남게 될

마젤란해협의 남안 도강장.

언필칭 역사적 순간이다. 건너는 데 29분이 걸렸으니, 그 너비는 어림
잡아 3km는 족히 된다. 물결은 별로 심하지 않으나 바람은 모자를 날
릴 정도로 비교적 세차다. 도해 내내 맞바람을 맞으며 갑판에 서서 검
푸르접접한 물결과 아스라이 멀어져가는 지평선을 번갈아 바라보노
라니, 그 옛날 마젤란을 비롯해 이 험난한 바닷길을 개척한 항해자들
의 고난에 찬 구릿빛 얼굴들이 삼삼히 눈앞에 떠오른다. 모름지기 숱
한 난파선과 해골이 이 물밑에 깔려 있고 묻혀 있을 것을 생각하면서
경건한 마음으로 옷깃을 여몄다. 몇척의 화물선이 저만치에서 느릿느
릿 오가고 있다. 어느새 접안의 고동소리가 울린다. 뱃머리에서 내려
놓는 철갑 부교(浮橋)를 타고 뭍에 내렸다. 바람은 잦아들고 날씨는 한
결 온화하다. 하루 종일 움츠렸던 허리를 펴고 심호흡을 하면서 바닷
가에 세워진 '마젤란도해기념비'로 다가갔다. 근 500년 전 마젤란 선

마젤란도해기념비.

단이 이 해협을 지나던 그 장엄한 '역사적 사건'을 몇줄의 금석문(金石文)으로 압축해놓았다. 이제 자초지종 그 해석문을 적으면 다음과 같다.

1519년 9월 20일 스페인 국왕 까를로스 1세(1516~56년 재위)의 명을 받은 마젤란(Ferdinand magellan, 1480?~1520)은 빅또리아호(85톤), 쌴안또니오호(120톤), 꼰셉시온호(90톤), 쌴띠아고호(75톤), 뜨리니다드호(기함, 110톤) 등 5척의 배로 이루어진 선단과 선원 265명을 이끌고 스페인의 쎄비야(Sevilla)항을 출발했다. 출항 목적은 신대륙인 남미의 남단을 에돌아 향료의 산지 말루꾸제도(Maluku Islands)에 이르는 항로를 발견하는 것이었다. 마젤란은 이 고가의 향료가 생산되는 말루꾸제도가 1494년 스페인과 포르투갈 사이에 맺은 또르데시아스조약(Treaty of Tordesillas)에 의해 결정된 경계선의 서쪽, 스페인의 지배 해역 내에 있는 것으로 알고 그곳을 찾아 떠났던 것이다.

까를로스 1세는 마젤란이 신항로 발견에 성공하면 그로 인해 얻어지는 수입의 20분의 1을 보수로 주겠노라 약속했다. 원래 마젤란은 포르투갈의 하급귀족으로 25세 때부터 7년간 인도와 동남아시아 일원에서 활약했다. 그는 1509년 이집트 맘루크조의 함대를 격파하고 인도양의 제해권을 장악하는 해전에서 혁혁한 전과를 거뒀음에도 그 공적을 제대로 인정받지 못하고 냉대를 받았다. 뿐만 아니라, 마젤란은 일찍이 서쪽으로부터 말루꾸제도에 이르는 해로 개척을 포르투갈 왕에게 제언했으나 거절당했다. 그즈음 해양 진출에 자신을 잃은 포르투갈 왕은 해양탐험 사업을 스페인에 매각했다. 이에 실망한 마젤란은 1517년 스페인으로 아예 이주하고 말았다. 이때부터 그는 해양 진출에 대한 원대한 꿈을 키워나갔다.

마젤란이 탄 기함 뜨리니다드호를 선두로 5척의 선단은 대서양을 남하했다. 그는 선미에 칸델라를 달고 길을 밝히면서 야행(夜行)도 강행했다. 대서양 횡단을 순항한 선단은 1519년 12월 23일 브라질에 도착, 리우데자네이루항에서 식량을 보급받는다. 이어 1520년 3월 3일 선단은 현 아르헨티나의 싼프리안항에 입항해 월동한다. 강풍이 휘몰아치는 황량한 땅에서 겨울을 나기란 여간 힘들지 않았다. 그리하여 왜 이렇게 험난한 항해를 해야 하느냐며 스페인 출신 선장들이 단합해 이방인 포르투갈 지휘관에게 반기를 들었다. 급기야 꼰셉시온호와 싼안또니오호, 빅또리아호가 연대해 선상 반란을 일으키면서 즉각 귀국을 요구했다. 마젤란은 반격에 나서서 반란을 진압하고, 스페인 국

필리핀 막탄섬에 있는 마젤란기념탑(좌).
필리핀 막탄섬 라푸라푸공원 내의 마젤란 전사 관
련 기록비(우).

왕으로부터 위임받은 재판권에 따라 반란을 일으킨 스페인 선장들을
가차 없이 처단했다.

그리고 나서 선단은 다시 남하해 1520년 10월 21일 이른바 '1만
1,000 성모(聖母)의 곶'이라고 하는 지금의 비르헤네스곶(버진곶)에 도
착해 라틴아메리카의 남단과 푸에고제도 사이의, 대서양과 태평양을
잇는 미지의 해협인 마젤란해협 도하에 도전한다. 해협의 길이는 약
600km, 너비는 3~30km, 최대 수심은 570m에 달한다. 동쪽 대서양의
비르헤네스곶에서 중간의 프로워드곶에 이르는 구간은 폭이 넓고 양
안의 지형도 평탄하다. 그러나 거기서부터 서쪽 태평양의 필라르곶까
지 이르는 구간은 깊고도 좁은 협곡이다. 깎아지른 듯한 절벽 사이로
강풍이 휘몰아치고 유속은 빠른데다 곳곳에 암초가 도사리고 있어
문자 그대로 난항이었다. 사실 이러한 멀고도 험한 해협을 36일 만에

통과한다는 것은 기적에 가까운 일이다. 쌘안또니오호는 도중에 선단을 이탈해 행방불명이 되었다. 후에 밝혀진 일이지만 이 배는 겁먹고 몰래 선단을 이탈한 것이었고, 1521년 5월 스페인으로 돌아왔다.

구사일생으로 마젤란해협을 빠져나온 선단은 갑자기 평온하고 드넓은 바다에 들어섰다. 그 평온함에 감격한 마젤란은 이 바다를 '평화로운 바다'라는 뜻의 '태평양'(El Mar Pacfico, The Pacific Ocean)으로 명명했다. 태평양은 지구상에서 가장 넓은 대양이다. 마젤란이 범한 치명적인 과오는 이 태평양의 크기를 과소평가한 것이다. 그 결과 먹을 것과 마실 것을 제대로 장만하지 못했으니 기아가 선단을 엄습한 것은 당연지사다. 100일 이상 먹을 것과 마실 것의 절대 부족 상태가 지속되다보니 괌에 도착할 때까지 19명이나 패혈증에 걸려 쓰러졌다.

그런 난관 속에 항진을 계속하던 끝에 필리핀의 세부(Cebu)에 도착했다. 막탄섬 상륙을 시도하던 마젤란은 이곳 추장인 라프라프가 이끄는 민간군과의 일전에서 많은 선원들을 잃고 그 자신도 전사하고 만다. 지휘관을 잃은 선원들은 꼰셉시온호 선장인 쎄바스띠안 엘까노를 새로운 지휘관으로 위임한다. 그러고는 꼰셉시온호는 포기하고 나머지 두 배에 분승, 무조건 서쪽을 향해 항진을 계속했다. 드디어 말루꾸제도의 띠도레(Tidore)에 기착했다. 여기서 한척(뜨리니다드호)은 향료를 싣고 태평양으로 동항(東航)하다가 포르투갈인들에게 피랍되었는데, 그 말로는 전해지지 않고 있다. 도중 해저 화산의 폭발로 인해 침몰했다는 일설이 있으나 확실치는 않다. 엘까노가 이끄는 다른 한척(빅또리아호)은 향료를 만재하고 서항해 인도양을 횡단, 아프리카 남단의 희망봉을 거쳐 1522년 9월 6일 마침내 스페인의 쎄비야항에 귀항의 닻을 내렸다. 출항시의 선원 265명 가운데 생존자는 겨우 18명뿐이었다.

이상은 마젤란 선단의 첫 세계일주를 항로에 따라 살펴봤다. 독자들이 이 세계항해사에 길이 빛날 한 인간의 장거를 제대로 이해하고 기려야 하기 때문에 필자는 장황한 기술을 마다하지 않았다. 세계일주를 성공리에 마친 공로로 엘까노에게는 500도카드의 연금이 하사되었으며, "그대는 나를 첫 세계일주자로 되게 하였느니라"라는 라틴어가 적힌 지구의를 개인 문장(紋章)으로 하는 것이 허용되었다. 그러나 이 세계일주의 실질적 발기인이자 선도자인 마젤란에게 그 어떤 보상이 주어졌는지는 전해오는 바가 없다. 엘까노는 다시 7척의 선단을 조직해 1525년 마젤란해협을 경유, 말루꾸제도를 향해 가다가 이듬해 8월 괴혈병으로 태평양 항해 중 운명했다. 그후 몇번이고 말루꾸제도를 향한 항행 시도가 있었지만, 이렇다 할 성공 예는 없다. 흔히 '마젤란 세계일주'라고 말하는데, 사실은 노정에서 보다시피 '세계일주'는 그와 엘까노의 합작품이다. 마젤란-엘까노의 세계일주를 통해 지구가 둥글다는 것과 아메리카와 아시아 및 유럽은 서로가 연결되지 않은 별개의 대륙이라는 것이 확인되었다.

이러한 해석문이 응축된 '마젤란도해기념비'를 이모저모로 카메라 앵글에 담고 나서 대기 중인 칠레 관광버스의 앞자리에 자리를 잡았다. 행선지는 칠레의 남단 도시, 마젤란의 행적이 깃든 해안 도시, 남극 탐사기지의 출발지, 세계적으로도 아름다운 자연경관을 자랑하는 빠따고니아(Patagonia, 칠레와 아르헨티나의 남단 지역) 남부의 최대 도시(인구 약 13만) 뿐따아레나스(Punta Arenas)다. '뿐따아레나스'는 스페인어로 '곶의 끝부분'이라는 뜻이라고 한다. 잘 포장된 도로 양편에는 포동포동 살찐 양떼들과 소떼들이 한가로이 풀을 뜯는 푸르른 목장

빠따고니아의 마젤
란광장에 세워진 마
젤란 동상.

이 아득히 펼쳐져 있으며, 그 사이사이에 가끔씩 공장 굴뚝과 현대식
고층건물이 조화롭게 파노라마를 그려내고 있다. 도시는 흰 물보라를
흩날리는 검푸른 바다에 에워싸여 있다.

　1시간 40분 달려, 5시 10분에 버스터미널에 도착했다. 어둠이 살포
시 내려앉기 시작한다. 해가 떨어져서 그렇다고는 하지만, 바람이 장
난이 아니다. 빠따고니아의 흠이라면 바람이라는 말은 익히 들어왔지
만, 이렇게 거셀 줄은 미처 예상치 못했다. 밀고 다니는 20kg짜리 트렁

크가 바람에 휘청거릴 정도니 시속 30~40km는 실히 되는 성싶다. 가위 마젤란해협에 면해 있는 '바람의 도시'답다. 버스터미널에서 10분 거리에 있는 마젤란광장 바로 곁 빨레사호텔(Paleza Hotel) 206호에 여장을 풀었다. 구식 건물이라서 엘리베이터가 없다. 난방도 제대로 가동되지 않아 방안은 썰렁하다. 가구는 죄다 투깔스럽다. 몇시간만 투숙하는 과객(過客)이라서 웬만하면 참으려 했으나, 하도 한기(곁바람까지 합쳐)가 심해 한밤중에 데스크에 내려가 당직자에게 전기난로 같은 것이 없는가 하고 물었다. 40대 초반의 직원은 거슴츠레한 눈길로 힐끔 쳐다보고 나서는 퉁명스럽게 없다고 한마디 내뱉고는 자리를 뜬다.

오늘은 새벽 3시 반에 일어나서 12시간이나 버스에서 곤욕을 치르면서도 변변찮은 도시락과 간식으로 두끼를 겨우 때우다보니, 몸은 지칠 대로 지친데다 허기마저 들었다. 다행히 한국식당이 있다고 하기에 문을 나섰다. 걸어서 20분간, 다섯 블록을 막 지나가려는데, 왼편에 '신(辛)'이라고 쓴 간판이 눈에 띈다. 반가운 김에 한달음으로 달려가니 윤서호 씨가 운영하는 10여평짜리 간이식당이다. '신'은 국내에서 인기있는 '신라면'에서 따온 상호라고 한다. 찾아오게 된 사연을 말하고 명함을 건네니, 주인은 반갑게 맞아준다. 얼른 가스레인지에 라면을 끓여준다. 꿀맛이다. 식후 남은 쌀밥마저 몽땅 털어준다. 그제야 하루 종일 얼어붙었던 오장육부에 온기가 돌고 훈훈해진다. 원래 윤 사장은 한양대 공대 출신으로 기업체에서 근무하다가 7년 전 이곳에 왔다. 한국과 일본에 이곳 수산물을 수출하는 무역업에 종사하면서 부업으로 주로 한국 라면을 끓여 파는 간이식당을 운영한다. 손님이 궁금해 물었더니, 11~12월에 남극탐사를 떠나는 100여명의 한국 탐사대원들, 맛을 들인 현지인들, 몇몇 일본 교민들이 식당을 찾는다

윤서호 씨가 운영하는 간이식당 '신(辛)'의 외경.

고 한다. 거주 중인 한국인은 윤 사장이 유일하며, 2~3명의 '불법 체류자'가 있다고 귀띔한다.

1년 반 전에 17세의 아들이 따라와서 지금은 이곳 고등학교에 다닌다. 수업이 어렵지 않느냐고 물으니 어려운 고비는 지나갔다고 대답한다. 아주 늠름한 젊은이다. 자라서 우리 문화의 전도사가 되고, 우리와 라틴아메리카 간의 가교역할을 할 재목이 될 것이라는 기대를 표하면서 격려했다. 부인도 내년(2013)에 온다고 한다. 벽과 천장에는 그간 다녀간 몇몇 한국인들의 서명과 글귀가 남아 있다. 동행한 여인욱 군도 의자를 밟고 올라서서 천장 방명록에 축원의 글귀를 남겼다. 자리에서 일어나면서 이곳 지도가 없느냐고 물었더니 대뜸 벽에 붙어 있는 빛바랜 지도 사진을 떼어주면서 빈 칸에 "Bien Venido!! 만나서 반갑습니다. 건강하십시오!! 大韓民國 화이팅!! 윤서호(2012.7.2.)"
라고 서명까지 해준다. 얼마나 반가웠으면 쌍(雙) 감탄부호를 세 곳에
나 찍었겠는가.

　이역만리 해외에서 사는 동포들의 나라 사랑, 겨레 사랑의 진심이
우러나는 표지다. 세상 땅 어디에 있든 간에 우리네 동포들은 스스로
애국애족자가 되는 것이 우리의 자랑스러운 민족사 그 자체가 아닌
가. 하루 속히 일가족이 모여 단란한 가정을 꾸려나가면서 사업도 번
창하고 가내에 행운만이 가득하기를 마음속 깊이 기원한다는 말을
건네고 문을 나섰다. 어둠속에 손을 흔들며 바래주던 윤서호 사장의
그 친절하고 열정적인 모습이 지금도 눈앞에 선하다. '피는 물보다 진
하다'는 것은 정에 겨워 사는 우리 겨레만이 체감하는 격언이다.

　며칠 전 바다로 흘러들어가는 하수도 구멍이 막혀 시내가 온통 물
바다가 되었다고 한다. 아직도 물이 채 빠지지 않아 질벅거리는 길을
이리 피하고 저리 에돌면서 호텔 근처의 마젤란광장에 이르렀다. 때
마침 광장을 둘러싼 수백명 인파가 불을 지펴놓고 깃발을 흔들면서
목이 터져라 환호하고 흥겹게 노래하며 춤을 추고 있다. 알고 보니, 그
들이 지지하는 '리오'라는 대학 축구팀이 경기에서 승리한 것을 자축
하기 위한 모임이었다. 이 자그마한 도시에서 폭발한 열광, 라틴아메
리카에서의 축구 열기를 다시 한번 확인하는 순간이다. 불빛 속에서
광장 중심에 선 마젤란의 동상을 자세히 살펴볼 수 있었다. 동상이란,
한 인간이 살아온 역정의 축소판이자 상징물이며 평가물이다. 그래서
필자는 어디에 가서나 동상을 유심히 훑어보면서 그 함축된 의미를
음미하는 데 버릇이 붙었다. 어둠속이라서 동상의 높이를 정확히 헤
아릴 수는 없지만, 어림잡아 40~50m는, 아니 그 이상도 될 성싶다. 마

젤란해협을 바라보면서 대포를 밟고 서 있는 마젤란의 발아래 4면에는 이러저러한 원주민 동상들을 배치하고 있다. 그런데 한 원주민 동상 앞에 여럿이 모여서 웅성거린다. 다가가 보니 우람한 인디오의 상인데, 아래로 드리우고 있는 오른발 발가락이 유난히 반짝인다. 원인은 항해를 떠나는 사람들이 이 동상을 찾아와 안전을 기원하는 뜻에서 그 발가락을 많이 만졌기 때문이라고 한다. 아무래도 그들의 안전을 보호해주는 신은 마젤란 같은 외방인이 아니라, 이 땅에 뿌리내린 원주민의 신이라고 믿어서 그랬을 것이다.

내일의 새벽 기상을 위해 일찌감치 10시 10분에 써늘한 잠자리에 들었다. 그제야 찾아온 아쉬움이 잠을 쫓는다. 원래는 이 유서 깊은 고장에서 하루 더 체류하기로 되어 있었으나 부에노스아이레스에서 우수아이아로 가는 항공편이 느닷없이 하루 연기된 사고로 인해 일정을 순연(順延)할 수는 없고 해서 애꿎은 여기 일정을 하루 단축해버렸다. 그래서 마젤란해협이나 이곳 원주민들의 역사·문화와 관련해 보고팠던 브라운메넨데스박물관(Museo Braun Menéndez)과 빠따고니아 연구소박물관(Museo del Reserdo del Institude de Patagonia), 쌀레시아노박물관(Museo Regional Salesiano) 등 3개 박물관과 유명한 마젤란펭귄 서식지(Pinquineras)는 끝내 놓치고 말았다. 자연생태계의 보고이자 이름난 관광명소인 빠따고니아는 물론 눈독을 들였지만, 일정상 답사가 도저히 불가능해 차후로 미루었다. 여행에는 만족이란 없이 늘 아쉬움과 미흡함만을 남겨놓는 법인가보다.

17

'미숙한 호랑이', 칠레

낮시간을 최대한으로 얻기 위해 좀 피곤하더라도 밤 아니면 아침 첫 항공편을 이용하는 것은 여행에서의 불문율로 굳어져왔다. 오늘도 새벽 3시에 잠자리를 털고 일어나 호텔 측에서 마련해준 커피 한잔으로 잠을 쫓고, 으스스한 새벽 공기를 헤가르며 시내에서 20km쯤 떨어진 뿐따아레나스국제공항으로 향했다. 20분 만에 도착한 공항은 한적하다. 우리를 태운 칠레 항공 LA 096편(좌석 4L) 소형 비행기는 시동 14분 만인 6시 13분에 활주로를 박차고 허공에 뜨기 시작한다. 이윽고 기수를 북향으로 튼다.

뭇별만이 반짝이는 허허 창공을 한참 날아가니 어둑새벽이 트기 시작한다. 아득한 운해(雲海)의 가장자리에서 연분홍 햇살이 부챗살처럼 피어오르기까지는 근 반시간이 걸렸다. 밝음이 버둥거리는 어둠을 밀어내는 인고의 시각이다. 그 시간대에 안데스산맥의 천상천하에

신비로운 안데스산맥의 여명.

서 벌어지는 광경은 형언할 수 없는 장관이다. 구름을 품은 우람찬 산
줄기, 만년설을 머리에 이고 우뚝우뚝 선 영봉들, 걷히는 어둠 속에서
흐느적거리는 뭉게구름, 쪽빛 호수와 굽이치는 강들, 계곡마다를 가
득 채운 울창한 수림… 장대한 안데스산맥이 베푸는 자연의 대향연
이며, 경이로운 신비다. 8시가 되어 동녘에서 해가 뜨기 시작하자 이
러한 대자연의 파노라마는 면사포를 살며시 벗어던지면서 그 자태를
있는 그대로 드러낸다.

　안데스산맥(Andes Mountains)은 남아메리카의 서부 태평양 연안을
따라 북쪽의 파나마지협(地峽)에서 남쪽의 드레이크해협(Drake Passage)
까지 남북으로 길게 뻗은 산맥을 말한다. 길이로는 세계에서 가장 긴
(7,000km) 산맥이며, 높이로는 히말라야산맥에 버금가는 것으로, 평균

고도는 약 4,000m이고, 6,100m 이상의 고봉만도 50여개나 되며, 최고 봉은 해발 6,959m의 아꽁까과(Aconcagua)산이다. 평균 너비는 300km 이나, 가장 넓은 곳은 700km(볼리비아)에 이르며, 베네수엘라·콜롬비 아·에콰도르·페루·볼리비아·칠레·아르헨티나 등 7개 나라를 지나 간다. 그리고 지세에 따라 북안데스와 중앙안데스, 남안데스의 3대 부 분으로 나뉜다. 그 가운데서 중앙안데스가 가장 넓으며, 그곳에서 바 로 안데스문명이 탄생했다. 이 산맥은 지질학적으로 젊은 습곡산맥 (褶曲山脈)으로, 지금으로부터 약 1억 3,500만~6,500만년 전에 형성되 었다. 안데스산맥은 라틴아메리카와 운명을 같이해왔다.

이 우람한 산맥을 무사히 넘자 비행기는 속도를 죽이며 고도를 낮 추기 시작한다. 산기슭에 자리한 싼띠아고(Santiago)의 아르뚜로메리노 베니떼스(Arturo Merino Benitez)국제공항에 정각 9시 20분에 착륙했다. 뿐따아레나스에서 2,400km 떨어진 싼띠아고까지 비행하는 데 3시간 7분이 걸렸다. 2001년에 완공한 공항은 근대적인 건물로 1층은 도착 로비, 2층은 출발 로비이며, 3층은 식당가다. 국내선도 터미널은 여기 를 이용한다. 시 서북쪽에 위치한 공항에서 시 중심까지는 약 25km의 거리다. 출국장은 별로 붐비지 않고 택시나 버스 요금표가 몇 곳에 붙 어 있으며 호객도 심하지 않다. 듣던 대로 칠레는 여느 남미 국가들보 다 안전과 질서가 잘 보장되어 있다는 느낌이 든다. 공항택시로 얼마 쯤 달리는데 길 우측에 새로 지은 일자형 연립주택 단지가 연이어 나 타난다. 기사의 말에 의하면, 올해 3월에 발생한 진도 6.5의 강진 피해 자들에게 정부가 무상으로 긴급하게 지어준 살림집들이라고 한다. 친 절한 택시기사를 만나 시 중심가에 있는 디에고알마그로호텔(Diego Almagro Hotel)로 무사히 안내되었다. 호텔 데스크 종업원들도 상당히

칠레정부가 지진 피해자를 위해 무상으로 지어준 연립주택.

자상하다. 작지만 아담한 416호 방에 짐을 풀었다.

　잠깐 휴식을 취하고 부근 햄버거 가게에서 간단하게 점심식사를 마치고는 곧바로 시내 관광에 나섰다. 평생 동안 행한 숱한 관광이나 답사도 대체로 그러하거니와, 이번 라틴아메리카 답사는 특별히 많은 수수께끼를 안고 임하고 있다. 사실 이번 답사는 지구의 대척지에서 실크로드를 통해 숙성되고 온축된 한 '문명의 보고'를 파헤쳐본다는 만용에 가까운 야심의 소산이다. 문제는 착안점이다. 라틴아메리카는 여러 개체로 이루어진 하나의 집합체다. 그 개체에 대한 이해가 연역적(演繹的)으로 집적됐을 때, 라틴아메리카라는 하나의 집합체를 제대로 이해할 수 있다. 그래서 현장 답사를 통해 하나하나의 개체(매개 나라)가 처한 구체적 상황, 이를테면 개성에 관해 구체적으로 파악하려고 부심하며, 거기에 초점을 맞춰 일정을 짜고 행동 계획을 능동적으로 세운다.

여기 칠레, 그 개성은 과연 무엇일까? 구구한 나열보다 한마디로 압축되는 표현은 과연 없을까? 그제 마젤란해협을 건너 이 땅을 밟을 때부터 고심해오던 물음이다. 마침 동틀 무렵 안데스산맥이 펼쳐놓은 환상적인 파노라마에서 영감을 얻어, 아 이것, 즉 남미의 '미숙한 호랑이'라는 어느 역사학자의 말이 정답으로 떠올랐다. 그 지적은 정곡(正鵠)을 찌르는 명답으로 안겨왔다. 그것은 칠레 답사기간 내내 그럴 법한 현실이 목격되고 감지되었기 때문이다. 그 현실이란 다른 남미 국가들과는 달리 칠레만이 지니고 있는 민주주의 역사 전통과 남미병을 치유하려는 노력이다. 물론 이 두가지 특징으로 인해 동아시아 네마리 호랑이에 비견되는 '남미의 호랑이'로 불릴 만도 하지만, 아직은 어려서 '먹이를 찾는 데 익숙하지 못한' '미숙한 호랑이'에 불과하다는 자성과 겸허가 겹친 함축적인 표현이다. 호랑이다워야 했기 때문에 수많은 우여곡절을 이겨냈으며, 또 앞으로도 그러하리라는 것이다. 칠레인들은 이것을 숙명으로 받아들이면서 자긍하고 있다. '미숙한 호랑이' 모습은 처처에서 발견된다. 이제 그 호랑이 굴속으로 들어가보기로 하자.

옛날 스페인 식민지였던 라틴아메리카 나라들의 도시, 특히 수도의 구도에서 공통점은 시 중심부에 '아르마스'라고 일컫는 광장을 조성하고, 그 주위에 식민지총독부와 대성당·의회·박물관·우체국 같은 식민통치에 선차적으로 필요한 기관들을 배치하는 것이다. 이러한 기관들이 대체로 식민지시대의 상징적 유물로, 오늘날 관광의 중심지가 되는 것이다. 쌘띠아고도 예외가 아니어서 10분 거리에 있는 아르마스광장(Plaza de Armas)을 맨 처음으로 찾아갔다. 구시가지 중심에 자리한 이 광장에는 독립기념비와 함께 스페인의 침략자 뻬드로 데 발디비아(Pedro de Valdivia)의 기마상이 거만하게 우뚝 서 있다. 발디비아는 황금을 찾아 남미에 온 후 페루와 볼리비아, 아르헨티나를 두루 돌아다니다가 안데스산맥을 넘어 이곳에 와 원주민 아라우까노(Araucano)의 끈질긴 저항을 무력으로 진압하고, 1541년에 싼띠아고를 건설했다. 그런가 하면 광장 모퉁이에는 남미에서 최초로 선거를 통해 사회주의정권을 세운 비운의 정치가 쌀바도르 아옌데 대통령의 동상이 서 있다(2000년 9월 건립). 그리고 광장 주변에는 16세기에 세워진 대성당을 비롯해 19세기 중반까지 정부의 중요 건물들이었던 중앙우체국과 시청사, 1808년에 궁전을 개축한 국립역사박물관 등이 둘러싸고 있으며, 광장 서쪽으로 두 블록쯤 가면 그 시대의 국회의사당과 재판소 건물이 남아 있다.

이곳 대통령궁전은 대통령의 관저로서 '모네다궁전'(Palacio de la Moneda)으로 불린다. 모네다는 스페인어로 '돈'이라는 뜻으로, 원래 이 건물은 1784년에 착공해 1805년에 완공한 남미 최초의 조폐창이었다. 건물의 설계자는 당시 건축가로 명성이 자자하던 이탈리아의 요아낌 또에스까였다. 이 건물을 대통령 관저로 사용하기 시작한 것은 1846년 마누엘 부르네스 대통령 시절부터다. 그러다가 이 궁전을 일약 유명하게 만든 것은 그로부터 127년 뒤인 1973년 아우구스또 뻬노체뜨 장군이 일으킨 피의 쿠데타 사건이다. 17년간이나 휘몰아쳤던 뻬노체뜨 군사독재와 살인의 후폭풍은 바야흐로 그 현장에서 사라지고, 지금은 민주주의와 복지의 훈풍이 일고 있음이 피부로 느껴진다. 연한 카키색 군복을 입은 경비원들이 담도 없는 궁전 문을 지켜선 채 드나드는 관광객들과 스스럼없이 사진도 함께 찍어준다.

1805년에 지어진 남미 최초의 조폐창을 개조한 모네다궁전의 외관.

　궁전을 나서면서 눈길을 끈 것은 웅장한 독립기념탑이나 발디비아
의 기마상이 아니라, 광장 한 귀퉁이, 법무부 청사 앞에 세워진 나지
막한 아옌데의 동상이다. 동상 앞에서 기념사진으로 추억을 남기고
기리려는 사람들이 줄을 지어 차례를 기다린다. 우리도 그 속에 끼었
다. 아옌데는 라틴아메리카의 변혁, 이를테면 그 지긋지긋한 남미병
을 치유하려고 손발을 벗고 나선 몇 안 되는 변혁의 선구자로 필자가
추앙해온 사람이며, 그의 사상과 이념, 정책 그리고 생애까지를 심층
탐구해보고 싶었던 인물이다. 동상에는 "나는 칠레가 가야 할 길, 칠
레의 미래를 확신한다"라는 의미심장한 글이 새겨져 있다. 그는 칠레
가 '가야 할 길'을 개척하기 위해 한생을 바쳤다. 이제야 동상으로 그
런 '사건창조적' 위인을 만나니 만시지탄이 없지는 않으나, 그나마도
행운으로 생각한다. 이제 그의 고난에 찬 행적에서 칠레가 갈무리하

고 있는 '미숙한 호랑이' 상을 엿볼 수 있을 것이다.

　의사 출신의 아옌데는 1958년부터 6년마다 한번씩 치러지는 대통령선거에서 사회공산당 연합후보로 출마했다가 연이어 고배를 마신다. 그러다가 1970년 대선에서는 인민연합 후보로 출마해 상대 보수파 진영이 두 패로 나눠지는 바람에 어부지리로 1.4%라는 근소한 표차로 대선의 승자가 된다. 권좌에 앉자마자 그는 법이 허용하는 범위 내에서 진작부터 구상해오던 최대한의 급진적 변화를 추구했다. 최대 부존자원인 구리와 석탄, 철강회사 모두와 일반 은행 60%를 국유화하고, 지방에서도 농장국유화 정책을 강행했다. 근본적인 경제구조와 제도의 변혁이 없는 하행식 국유화 같은 급진정책이 성공할 리 만무하다. 2년도 채 안 되어 반대파의 조직적 반발은 물론, 자영농민과 중소기업인들의 불만이 터져나오고, 3년차가 되어서는 광산노동자들과 더불어 변호사와 학자, 건축가들을 비롯한 중산층들까지도 공개시위에 나서면서 정세는 걷잡을 수 없는 혼란 속에 빠졌다.

　이런 가운데 1973년 9월 11일 아우구스또 삐노체뜨 장군이 쿠데타를 일으켜 대통령궁전을 압박한다. 그러나 아옌데는 자택에서 대통령궁전으로 출근하면서 쿠데타 진압을 시도한다. 공군 장군들로부터 망명을 권유받았지만, "나는 공화국의 대통령으로서 어떻게 의무를 수행해야 하는지 알고 있다"고 하면서 일언지하에 거절한다. 정권이 위기에 처하자 주저 없이 망명의 길을 택한 페루의 후지모리나 아르헨티나의 페론과는 사뭇 다른 강골한(强骨漢)이다. 반란군이 아옌데의 최후 보루인 대통령궁전을 공습해 불바다로 만들었지만 그 속에서 아옌데는 마지막 순간까지 총을 들고 싸우다가 "항복하지 않는다!"라는 최후의 일갈을 남기고 스스로 관자놀이에 총을 쏘아 자결한

아르마스광장에 있는 아옌데 동상.

다. 뚜렷한 증거가 없어 자결설이 중론이지만, 타살설도 떠돌고 있다. 아직까지 풀리지 않은 수수께끼다.

아옌데는 칠레에도 만연된 정치부패와 경제파탄, 빈부격차라는 남미병을 하루빨리 치유하기 위한 조급함으로 무리수를 두면서까지 이러한 급진정책을 시행했던 것이다. 결국 '3년 실험'이라는 단명으로 끝났지만, 많은 교훈과 더불어 후일 17년간의 삐노체뜨 군사독재를 청산하고 민주주의를 복원해 칠레가 남미병을 치유할 수 있는 씨앗을 뿌려놓았다. 그리고 교훈은 교훈대로 앞길을 밝히는 등불이 되었다. 아옌데 실험이 좌절된 결정적 요인은 중간층 이상의 보수 엘리트와 군부의 지지를 얻지 못한 데 있었다는 것이 냉철한 역사적 평가다. 이와 더불어 적시하지 않을 수 없는 것은, 미국 닉슨 정부의 배후 조종과 간섭이다. 2000년 12월 빌 클린턴 대통령은 미국 중앙정보부(CIA)가 칠레 아옌데정권 붕괴에 개입했다는 보고서를 공개하고 유감을 표명한 바 있다. 인구 1,600만 정도의 나라, 그것도 갈등과 혼란에 휩싸여 있는 작은 나라에 대한 거대한 공룡 미국의 개입은 필연적으로 치명적인 결과를 가져올 수밖에 없으며 이는 역사를 통해 증명돼왔다. 이 모든 우여곡절을 겪고 2000년 3월 출범한 리까르도 라고스의 사회당 연립정부는 30년 전에 빛을 발했던 아옌데의 사회당 정신을 계승하고 기리기 위해 그의 동상을 세우고 역사 바로 세우기 운동을 폈다. 그 여세를 몰아 삐노체뜨 군사독재의 고문으로 아버지를 잃은 범중도좌파연합인 '누에바마요리아'의 미첼 바첼레뜨가 2006년과 2013년 대선(62%의 압승)에서 연이어 승리의 개가를 올렸다. 칠레가 '친할머니 같은' 바첼레뜨가 선포한 '근본적인 변화의 길'을 따라 매진할 것을 기대해본다.

아르마스광장 건물 중에서 가장 오래된 것은 대성당이다. 1541년 스페인이 이 땅을 강점하고 나서 제일 먼저 지은 건물(1558)이 바로 이 대성당이다. 상당히 큰 규모에 내부도 화려하다. 「최후의 만찬」을 비롯해 벽에 걸린 성화들은 보는 이들을 숙연하게 하지만, 가난한 사람들을 보듬어야 할 성당에 무게가 20kg도 넘는 화려한 은제 램프가 달려 있는 것은 아무리 궁리를 해봐도 납득이 안 가며 눈살을 찌푸리게 만든다. 사실 이곳 성당뿐만 아니라, 남미의 곳곳에 세워진 성당이나 교회, 그 대부분은 이렇게 서로가 경쟁하듯 호사스럽다. 청빈을 본연으로 출발한 프란치스꼬회 성당들마저도 금은보화로 더덕더덕 치장했으니 말이다. 재부의 탕진이라고 해도 할 말이 없을 것이다.

그렇다고 해서 성당이나 교회가 사회의 변혁이나 발전을 위해 기울인 노력이나 기여를 무시하는 것은 결코 아니다. 이곳 대성당만 해도 독실한 가톨릭 신자가 많은 칠레에서 사람들의 정신적 지주로, 군사독재 시절에는 반군정 시민그룹의 투쟁 근거지가 되어, 성당 앞에서는 자주 반독재 민주화를 위한 집회가 열렸다고 한다. 지금도 성당 앞 광장은 자유 시민들의 여러가지 사회참여 행사나 연기(演技)가 펼

아르마스광장 건물 중 가장 오래된 대성당의 외관.

쳐지는 곳으로 유명하다. 두 사람이 문답 형식으로 진행하는 전통연기가 인기를 끌고 있는가 하면, 거리 화가들은 서로가 화재(畵材)를 겨룬다. 그들의 작품 중에서 특히 말 그림이 인상적이다. 성당 입구에서는 허수아비가 길다란 흰옷을 걸쳐 입고 인형처럼 부동의 자세로 서있다. 그의 손에 돈을 쥐여주면 갸우뚱거리는 모습이 꽤나 해학적이다. 구경꾼들로 발디딜 틈이 없다.

이어 아르마스광장에 면해 있는 레알아우디엔시아(Real Audiencia)궁전 안에 자리한 국립역사박물관으로 발길을 옮겼다. 2층 건물로 1층은 고대에서 중세까지, 2층은 근현대의 칠레 역사를 소개하고 있는데, 기대에 비하면 너무나 소략하다. 이곳도 역시 고대 전통사회에서 근대 식민지시대로의 전환은 계승이 아니라 '돌이변적(突異變的)'인 도

아르마스광장의 임시 매대에 진열된 각종 가면.

약 과정으로 묘사하고 있다. 분조에 불과한 근대 칠레의 독립에 관해서도 건국에만 초점을 맞추다보니, 소위 건국 영웅들의 초상화나 서간, 세간들이 다수 전시되어 있다. 인형을 이용해 원주민들의 생활모습을 생동하게 재현한 도판도 있다. 잉카문명의 토기(특히 문양)와 콜럼버스의 초상(유화), 그리고 고도 발빠라이소 항구의 모형 같은 것은 흥미를 끈다.

다음으로 기대를 갖고 찾아간 곳은 남미에서 가장 오래된 미술관이라고 하는 국립미술관(Museo Nacional de Bellas Artes)이다. 1880년에 지어진 프렌치네오클래식 양식의 아름다운 건물이다. 칠레를 비롯해 남미 각국의 유명한 회화와 조각 작품 3,000여점이 전시되어 있다. 그 가운데는 유네스코 본부의 대벽화를 그린 칠레의 세계적 화가 로베

인디오 노인 상. 국립미술관 소장.

르또 마따(Roberto Matta)의 작품도 들어 있다. 이 미술관에서는 상설전뿐 아니라 특정 화가의 회고전이나 특별전도 마련한다고 한다. 마침 우리가 갔을 때는 칠레 현대 미술가들의 작품전시회가 성황리에 열리고 있었다. 전시관 입구에 들어가기 전 바깥 공간에는 각양각색의 모티프를 지닌 조각품이 상설 전시되어 있다. 이 조각품들은 촬영이 허용되어 몽땅 카메라에 담았다. 하나하나 세심하게 담는 모습을 지켜보던 관리원이 다가와서 어디서 왔는가를 묻기에 한국에서 왔다고 하니, 미소를 지으면서 관람객들더러 자리를 비키게 하는 등 촬영 편의를 친절하게 도모해주었다. 감사한 마음을 담아, 갖고 있던 대한항공 마크가 새겨진 볼펜을 기념으로 드렸다. 고이 간직하겠다면서 거듭 악수를 청했다.

그래도 식민지 침략의 역사를 증언해주는 현장 한 곳쯤은 봐야겠다고 찾아간 곳은 바로 산따루시아 언덕(Cerro Santa Lucía)이다. 중심가에서 동쪽으로 치우쳐 있는, 높이 70m 정도의 나지막한 언덕인데, 원래는 정복자 발디비아가 원주민의 저항에 대비하기 위해 쌓은 요새였다. 지금은 숲이 우거진 공원으로 언덕 꼭대기에 올라가야 돌로 지은 건물과 길 등 옛 자취를 얼마간 접할 수 있다. 엘리베이터가 설치되어 있지만, 걸어서 한 계단씩 밟고 올라갔다. 언덕에는 높이 14m의 성모 마리아 상이 우뚝 서 있다. 이 마리아 상은 브라질 리우데자네이루의 꼬르꼬바도 언덕에 세워진 높이 30m의 그리스도 상과 쌍벽을 이루어 남미 대륙을 동서로 보호하는 성상으로 숭앙되고 있다.

정상에 서니 쌘띠아고의 시 전경이 한눈에 안겨온다. 그런데 일부 고층건물들은 짙은 '안개' 속에 묻혀 하체만 드러내놓고 있다. 그런가 하면 불과 80km 거리밖에 안 되는 안데스산맥의 고도 6,000~6,500m 준봉들도 거의 반토막이 희뿌연 '구름'에 휘감겨 자태를 감추고 있다. 웬일일까? 알고 보니 '안개'나 '구름'이 아니라 스모그다. 아름다운 날씨와 청정 하늘을 자랑해오던 쌘띠아고가 어찌하여 이런 '공해의 도시'로 변모했는가! 그 주범은 시내버스라고 한다. 이 도시의 노선버스는 모두가 개인이 경영하기 때문에 진작 폐차되었어야 할 낡은 버스가 버젓이 시내를 제멋대로 누비면서 난폭한 운전으로 급발진과 급정거를 제멋대로 하니, 그때마다 뿜어져나오는 검은 매연이 시내를 온통 그을려놓는다. 개었던 아침 하늘도 일단 러시아워가 끝날 무렵이 되면 스모그에 가려지기 시작하다가 정오쯤 되면 두터운 스모그 층이 생겨 가시거리를 100m 이내로 줄이는 경우가 다반사라고 한다. 공해를 막기 위해 정부는 10부제나 시내진입 허가제 같은 조처를 취해보지만 유명무실하다고 한다.

한 30분 머물다가 돌계단 길로 내려오니 언덕(요새) 바로 밑에 있는 인디오 민예품 상점이 관심을 끌었다. 호객에 못 이겨 들어가보니 원주민 인디오들이 사용하던 각종 토기와 세간, 악기와 놀잇감, 가지각색의 실로 짠 천과 의상 등이 비교적 헐값으로 팔리고 있었다. 관광안내서에는 이 근방에 인디오박물관이 있다고 소개되어 있는데, 종시 찾지 못했다.

싼따루씨아 언덕에서 내려다본 안데스산맥 기슭의 싼띠아고 도시 풍경.

'인심 좋은 숙이네' 식당에서 보쌈 요리를 즐기는 칠레인 가족.

5시, 저녁치고는 조금 이른 시각인데도 출출해서 한인타운을 찾아
갔다. 여러 한인식당이 눈에 띄었으나 어딘가 이름에 끌려 '인심 좋은
숙이네' 식당에 들어갔다. 이름에 걸맞은 후더분한 주인아주머니가
자리며 메뉴며 화장실까지를 친절하게 안내한다. 한식 메뉴는 꽤 다
양하다. 영양 보충에는 오리곰탕이 제격이라고 해서 청했다. 맛도 있
고 적중했다. 일인분에 4,500페소(한화 약 1만 1,000원)다. 여행 도중 오
래간만에 한식을 먹으면 가버리던 입맛도 되돌리고, 기분도 전환시키
는 일조이석의 효과를 거두는 법. 역시 제 것이 제일이다.

기분 좋게 식사를 하고 있는데, 웬 중년 부부가 딸을 데리고 들어와
두리번거리다가 주인아주머니와 반갑게 인사를 나누고서는 제법 예
약이나 한 듯 구석자리를 잡는다. 그러더니 메뉴도 무시한 채 무언가

주문한다. 잠시 후 보쌈요리가 나온다. 요리는 한식 보쌈이지만, 재료는 한국과 칠레산 혼합이며, 양념은 칠레인들의 입맛을 감안했다고 주인은 설명한다. 너무나 신기하다. 결례가 되니 줄곧 주시할 수는 없는 일, 가끔씩 힐끔힐끔 곁눈질을 했다. 오순도순 얘기를 하면서 맛깔스럽게 된장에 쌈을 싸먹는 그 모습, 정겹고도 존경스러웠다. 조금은 거창하게 문명교류 차원에서 이 모습을 해석한다면, 이것은 일종의 '문명접변(文明接變)'이다. 이를테면, 소정의 한국문명(음식)이 이질적인 이곳 남미(칠레)문명에 전파된 후 이곳 사람들의 기호에 맞게끔 변형되어 받아들여지는 것이다. 각이한 문명은 이러한 접변(acculturation)을 통해 서로 살찌고 발달하는 것이다. 이러한 접변을 매개하는 사람, 즉 이 식당 주인 같은 분들은 명실공히 자랑스러운 문명의 전도사인 것이다. 이런 전도사들이 많을수록 문명은 더 잘 소통되고 어울린다.

일찌감치 호텔에 돌아와 싼띠아고에서의 하루를 정리했다. 한두가지 거리 표정을 적으면, 우선 이곳 사람들의 외형은 아르헨티나 쪽 사람들과는 달리 키가 작고 황동색 얼굴빛에 검은 머리카락을 하고 있으며, 백인은 적어 보인다. 인디오의 혈통이나 문화 비중이 여느 지역보다 높으며, 문화의 다양성(다문화)도 유지되어오고 있다. 따라서 칠레의 독립이나 그 수호 과정은 주로 이주해온 백인들에 의해 성사된 다른 나라들의 경우와는 다른 어떤 양상이나 정체성이 분명 존재할 것이다. 필자의 이러한 문제의식에 대한 명쾌한 해답은 아직 어디서도 찾아내지 못하고 있다. 역사는 기억이라고 할진대, 기억이 더 흐려지기 전에 이러한 역사문제를 제대로 규명해야 할 것이다. 또한 시내 도로는 중간에 벽돌로 삼각형 턱을 만들어 버스나 택시, 자전거의 전용도로를 분간하고 있어 도시교통에 관한 세심한 연구를 엿볼 수 있

거리 시민들의 표정.

다. 그밖에 황소 같은 큰 개가 지천에 깔려 주인이나 목줄도 없이 시
내를 활보하고 있는 것은 이상야릇한 현상이다. 간밤을 설친데다가
종일 허적거리며 발품을 팔다보니 지쳐서 일찍이(10시) 그만 곯아떨
어지고 말았다.

18
천국 같은 계곡, 발빠라이소

오늘(2012년 7월 4일 수요일)의 주요 일정은 쌍띠아고에서 서북쪽으로 114km 떨어진 칠레의 최대 항구도시 발빠라이소(Valparaiso)를 둘러보고, 거기에 있는 사랑의 시인이자 자연의 시인이며 민중의 시인인 빠블로 네루다(Pablo Neruda, 1904~73)의 저택의 하나인 라쎄바스띠아나(La Sebastiana)를 참배하며, 가는 길에 겸사겸사 이 나라의 와인 생산 현황도 알아보는 것이다. 하늘은 종일 흐리고 빗방울이 곳에 따라 오락가락했다. 일당으로 대절한 승합차는 68호 국도를 따라 쏜살같이 달린다. 8시 반에 호텔을 출발해 약 30분 달리니 길이가 무려 3.5km나 되는 해안산맥 터널이 나타난다. 터널을 빠져나오자 사방이 산으로 에워싸인 까사블랑까 지역이라고 하는 넓은 분지가 펼쳐진다. 길 왼쪽의 꾸라카이 계곡은 땅이 기름지고 기후도 적절해 사과 산지로 이름난 고장이라고 한다. 사과나무 사이사이에는 간작(間作)으로 감

까사블랑까 지역에 눈이 모자라게 펼쳐진 포도밭.

자나 당근 같은 작물을 재배하고 있다. 길 오른편에는 푸르싱싱한 포
도밭이 눈이 모자라게 펼쳐져 있다. 이 까사블랑까 지역은 최근 들어
각광을 받기 시작한 와인 생산 적지로, 최상의 와인을 생산할 수 있는
잠재력을 인정받아 많은 국내외 양주기업들이 몰려오고 있다고 한다.

한참 지나니 길 오른편에 이 지역의 대표적 와인공장인 베라몬떼
(Veramonte) 와이너리가 포도밭 한가운데서 모습을 드러낸다. 참관 코
스이기도 해서 잠깐 들러 구경하기로 했다. 공장 본채의 외형은 별
로 커 보이지 않았는데, 막상 안에 들어가보니 상당한 규모를 갖춘 와
인공장이다. 눈에 띄는 품종만도 쁘리무스(Primus, 병당 29달러), 네옌
(Neyen), 낀떼사(Quintessa), 리뚜라(Ritura) 등 십여가지 종류가 있다. 쁘
리무스와 네옌은 한잔에 1,500페소(한화 약 4,000원)씩 주고 시음까지
했다. 공장 안내원은 이 공장뿐 아니라 칠레의 와인 생산 전반에 관해

베라몬떼 와이너리의 다양한 와인.

자랑 섞인 브리핑을 해준다. 관련 홍보책자에도 상세한 소개가 실려 있다. 사실 와인으로 말하면 칠레는 자부심을 가질 법도 한 나라다.

과거 칠레는 3W, 즉 좋은 날씨(weather)와 질 좋은 포도주(wine), 아름다운 여성(woman)의 나라로 세상에 알려졌으리만큼 포도주가 유명했다. 차제에 부언하자면 지금은 이 3W가 3F, 즉 생선(fish)과 꽃(flower), 과일(fruit)로 대체되었다. 빈곤에서 탈피하고자 부심하던 칠레는 1970~80년대에 들어와 농업부문에 집중 투자했다. 포도주 말고는 아무 것도 생산하지 못하던 농촌이 연어 양식장과 꽃, 과일 재배지로 변하면서 나라의 경제 면모에 일대 혁신이 일어났다. 아직은 미숙하지만, 빈곤이라는 남미병을 치유하는 데서 '호랑이다움'을 과시하기 시작했다는 평가다. 3F라고 해서 포도 재배가 기 꺾인 것은 아니고, 수출 주종품의 하나로서 여전히 상승세를 타고 있다.

칠레 와인(포도주)의 역사는 라틴아메리카의 식민사나 칠레의 경제 발전사와 궤를 같이 해왔다. 라틴아메리카에서의 와인 역사는 식민시대까지 거슬러올라간다. 스페인을 비롯한 서구 식민주의자들이 소위 '신대륙'이라고 하는 라틴아메리카에 처음 왔을 때, 이곳에 술이라고는 고작 감자와 고구마 등을 원료로 한 증류주뿐이었다. 정복의 선봉장 역할을 자임한 성당(교회)에서 미사를 집전하려면 '예수의 피'라고 하면서 나눠 마시는 포도주가 필수인데, 그런 술이 현지에 있을 리 만무했다. 그리하여 정복자들은 정복 초기부터 현지에서 포도를 재배하고 와인을 생산하려고 시도했다.

스페인의 정복자 에르난 꼬르떼스(Hernan Cortes, 1485~1547)는 아스떼끄 왕국을 멸망시킨 후 자신의 엔꼬멘데로(encomendero, 통치위임자)들에게 명령을 내려 인디오들로 하여금 1인당 10그루의 포도나무를 5년간 심도록 했다. 칠레의 정복자 뻬드로 데 발디비아의 부하였던 프란시스꼬 데 까라반떼스(Francisco de Carabantes)는 건조한 페루 해안의 평야지대에서 포도 재배를 시도했으며, 1541년에 발디비아가 싼띠아고를 건설한 후인 1548년부터는 드디어 칠레에서 와인이 생산되기 시작했다. 그리하여 16세기 중반부터는 멕시코와 남미의 옛 잉카 제국 영토를 중심으로 한 지역에서 와인 생산이 본격화되었다. 그후 선교사들의 주도하에 브라질과 아르헨티나를 비롯한 남미의 거의 모든 지역에서 미사용 포도주가 생산되기에 이르렀다. 인디오들은 포도주 말고도 과일 등으로 빚은 토속주를 마셨다.

기름진 땅과 알맞은 기후 덕분에 '신대륙'에서의 와인 생산이 급성장하자 위협을 느낀 스페인은 1654년에 식민지에서의 포도나무 재배를 금지하고, 기존 포도밭에 세금을 부과하는 등 통제를 가하는 법령을 반포했다. 남미에서의 와인 생산은 일시 위축되었다. 그러다가 19세기 중엽에 여러 나라가 연이어 독립을 쟁취하면서 와인 생산은 새로운 전기를 맞는다. 신생 독립국가들에는 프랑스를 비롯한 서구 열강으로부터 자본이 유입되고 신기술이 도입되면서 제례(祭禮) 중심의 와인 생산이 이윤추구를 위한 기업 중심 생산체계로 전환했다. 유럽으로부터 신품종과 신기술을 받아들인 칠레와 아르헨티나가 앞장서서 와인 생산을 주도해나갔다. 특히 칠레는 오늘날까지도 가격 대비 품질 면에서 가장 경쟁력 있는 와인 생산국의 위치를 줄곧 유지해오고 있다.

현재 칠레는 근 90개국에 와인을 수출하고 있다. 가장 많이 수출하는 나라는 미국·영국·캐나다·덴마크 순이며, 최근에는 일본이 바싹 그뒤를 좇고 있다. 칠레가 국가 브랜드로 자랑하는 와인으로는 인도미따 리저바(Indomita Reserva)와 라빨마(La Palma), 까실레로 델 디아블로(Casillero Diablo) 같은 레드와인이 있는데, 상당한 국제적 인기를 얻고 있다. 칠레 와인이 세계적인 경쟁력을 갖게 된 데는 유리한 자연조건과 선진 경영전략, 정부의 지원, 국제시장 변화 등 여러 요인이 있다. 겨울철에도 눈과 서리가 거의 내리지 않아 온화하고, 여름에는 따가운 햇볕이 내리쬐는 전형적인 지중해성 기후다. 게다가 높은 산맥으로 에워싸여 지리적으로 고립되어 있으므로, 포도 재배에 치명적 피해를 주는 해충 필록세라(phylloxera, 포도 진드기)가 없다. 원래 칠레 와인은 강한 맛과 향이 있어 식사 때나 마시는 음료였으나, 평시 주류로 와인을 즐기는 미국이나 유럽 사람들의 기호에 맞게 맛을 순화시켰을 뿐만 아니라, 낮은 원가를 토대로 우수한 품질의 저가품을 생산하는 경영혁신을 일으켰다. 그리하여 1998년 브뤼셀 국제포도주박람

회에서 칠레 와인은 프랑스에 이어 종합 2위를 차지해 그 고품질이 세계적으로 공인되었다. 1970년대 아옌데 정부의 토지개혁과 농촌경제의 활성화와 지원, 삐노체뜨 군사독재 정부의 신자유주의 도입과 외국자본의 유치, 1990년대의 원산지표시제도 등 일련의 국가정책 지원은 칠레 와인의 지속적 성장을 보장해주었다.

위에서 보다시피 칠레는 '3W'에서 '3F'로 전환하는 과정에서 생산자와 기업인, 그리고 국가의 3자가 합심해 노력했다. 이러한 과정을 지켜보면서 특기할 것은 역사와 전통, 국가에 대한 칠레국민의 공감대와 책임감, 자부심이다. 한때 사회주의를 경험했지만 생태적으로 자본주의를 따르는 칠레 기업들은 비록 서로가 이윤추구를 위한 경쟁 상대이지만, 칠레라는 통일적인 국격(國格)을 앞세우고, 그 제고에 서로가 나서고 있다. 고급 포도주를 생산하는 중소기업 연합체인 '칠레비드'(Chile Vid)는 '칠레 와인'(Wines of Chile)이라는 법인을 결성해 세계 와인시장에서 칠레라는 통일적인 이미지를 각인시키며, 각 회원사의 브랜드에 앞서 '칠레 산품'(Produced and Bottled in Chile)이라는 통일적 이미지를 제고하기 위해 힘쓰고 있다. 자사의 이익에만 몰두하고 국가의 이익이나 품격은 안중에도 없는 세태에 대한 일종의 적절한 교훈이자 경종이라고 아니 할 수 없다.

절기답지 않게 푸르싱싱한 포도밭과 채소밭을 헤가르며 쏜살같이 달리는 차는 고개 두세넷을 넘더니 쪽빛 바다가 멀리서 안겨오는 600년 해안 고도(古都) 발빠라이소에 도착했다. 원래 이곳은 잉카제국의 지배하에 있었는데, 1536년 스페인 정복자 피사로의 잉카제국 정복에 동참한 디에고 데 알마그로(Diego de Almagro, 1475~1588) 일행이 이곳에 상륙하고는 그 아름다운 자연에 매료되어 '천국과 같은 계곡'

발빠라이소 재래
시장의 풍성한
각종 채소.

이라는 뜻의 '발빠라이소'로 명명했다. 그리고 2003년에는 유네스코
가 도시 전체를 세계문화유산으로 등재했다. 도시를 한바퀴 돌고 나
니 그 등재 이유가 납득된다. 고풍에 찌든 건물들이 다닥다닥 붙은 거
리는 체구와 의상, 얼굴색이 달라 보이는 사람들로 붐빈다. 협곡 같은
곳에 30만 인구가 사니 붐빌 수밖에 없다. 여름 피서철에는 100만이
밀려든다고 한다.

　시 어구의 시장 곁에 차를 세우고 시장 구경에 나섰다. 매주 수요일
과 토요일에 열리는 재래시장은 농산물과 어물이 주 거래품이다. 가
는 날이 장날이라, 오늘이 마침 수요일이다. 바닷가의 온화한 풍토라
서 그런지 풍성한 과일과 채소가 유난히 눈에 띈다. 일찍이 16세기부
터 신·구대륙 간의 교류는 남미의 농산물 수출로부터 시작되었기 때
문에 필자는 남미 곳곳에서 생산되는 농산물에 특별한 관심을 가지
고 살펴본다. 오늘도 거의 모든 종류의 과실과 채소를 카메라에 담았
다. 시장 끄트머리에 높이 약 10m의 구리 구조물이 서 있는데, 두 타

농산물이 주로 거래되는 재래시장과 그 한가운데의 독특한 구조물.

래가 트레트레 꼬아 올라간 기이한 형상물이다. 무엇을 상징하는 것인지, 기사에게 물었더니 모르는 듯 고개만 절레절레 젓는다.

이 구조물을 끼고 차가 왼쪽으로 방향을 틀자 멀리서 노란 고층건물이 보인다. 칠레 국회의사당이라고 하기에, 여기에 와 있는 것이 의아해서 그 사연을 물었다. 1973년 9월 군사쿠데타로 정권을 잡은 삐노체뜨는 집권하자마자 군사적 폭압정책을 자행해 계엄령을 선포하고 국회를 해산했으며 일체 정당 활동도 금지시켰다. 정당정치에 대한 불신 때문에 그는 국회의사당을 아예 수도에서 멀리할 요량으로 이곳에 새 의사당 청사를 지었다. 그가 17년간의 군사독재를 마감하고 하야(1989년 12월 대선에서 낙마)해 민정이양이 실행된 이듬해인

1990년에 가까스로 의회가 다시 구성되었으며, 그 다음해인 1991년 우여곡절 끝에 공식적으로 의회가 이곳으로 옮겨왔다. 2001년 총선이 끝나면 싼띠아고로 다시 돌아가겠다는 계획하에 관련 법안까지 의회를 통과했지만, 발빠라이소 주민들이 반대하고, 이전 경비가 막대하다는 등 이유로 차이피일 오늘날까지 이전이 지연되고 있다고 한다.

국회의사당 건물을 에돌아 차는 오솔길 같은 좁은 골목을 숨박꼭질하듯 요리조리 빠져나오면서 언덕바지를 숨가쁘게 치달아오른다. 신기하게도 전통가옥들은 죄다 서로 다른 색깔로 칠하고 구조도 달리했다. 밀려드는 외국 선원들의 주거를 쉽게 식별하기 위해서였다고 한다. 1886년 이래 이곳 발빠라이소는 항구의 수심이 40m 이상인데다 접안 조건도 좋아 많은 외국 선박들이 폭주(輻輳)하면서 외국 선원들이 산등성이에 제멋대로 무질서하게 집을 짓는 통에 주소를 정확하게 매길 수가 없게 되었다. 그래서 서로 다른 색깔과 모양으로 각자 주거를 가려내려고 했다. 그것이 전통으로 굳어져 오늘날까지 이어지고 있다. 멀리서 보니 마치 아롱다롱한 꽃동산 같다.

15분쯤 가파른 오르막길을 달려 담이 꽤 높은 한 고택 앞에 멋었다. 빠블로 네루다가 한때 머물렀던 집으로 지금은 박물관이다. 박물관을 돌아보고 나서 쁘라뜨부두(Muelle Prat)로 향했다. 주위가 나지막한 산으로 에워싸이고 푸른 파도가 잔잔히 설레는 수심 40여미터의 천연 양항이다. 칠레 최대의 군항이기도 하다. 화물선과 어선들이 분주히 닻을 올리고 내린다. 그리 멀지 않은 부둣가에는 여러 정의 군함이 정박하고 있다. 군함마다에는 흰색이나 붉은색, 청색 바탕에 흰 별이 새겨져 있는 칠레 국기가 미풍에 팔랑거린다. 이 국기를 해부해보면, 흰색은 안데스산맥에 쌓여 있는 눈을, 붉은색은 국화인 꼬삐우에 꽃 색

네루다의 고택을 개조한 박물관.

소또마요르광장 한가운데에 있는 이끼께해전 용사기념탑.

과 스페인군과 싸우다 흘린 전사들의 붉은 피를, 청색 바탕의 흰 별은
칠레의 통일을 각각 상징한다고 한다. 이렇게 한 나라의 국기를 의미
론적으로 해부해보면 그 나라의 성격이나 국격을 가늠할 수 있어, 가
끔 이러한 풀이를 놀이삼아 해보곤 한다. 군항이라서 부두 촬영은 금
지다. 부두에 면해 있는 소또마요르광장(Plaza Sotomayor) 한가운데는
태평양전쟁 때(1879~83) 이끼께해전(Battle of Iquique)에서 용맹을 떨친
이끼께 용사상이 우뚝 서 있으며, 그 안쪽에는 해군사령부가 자리하
고 있다.

여기서 멀지 않은 언덕 위에 항해박물관이 있다는 기사의 말을 듣
고 그쪽으로 발길을 옮겼다. 거기까지 올라가는 데는 이곳 특유의 교
통수단인 아센소르(ascensor)를 이용하기로 했다. 아센소르란 언덕길을
오르내리는 협궤 전동차다. 버스나 승용차가 귀하던 시절에 부두나
해변가 저지대에서 경사가 심한 언덕을 오르내리는 교통수단으로 발
명한 것이다. 승강구의 광고문을 보니 1892년에 착공해 1년 만에 개
통했는데, 그후 이곳 말고도 20개소에 이런 철도가 설치되었다. 그런
데 지진으로 대부분이 파괴된데다가 교통수단이 발달한 지금에 와서
는 기념 삼아 이곳 한 곳에서만 운영한다. 길이 약 150m에 경사도가
30~40도는 실히 되는 가파른 언덕길을 약 5분간에 달린다. 승차료는
어른 1인당 300페소다.

아센소르에서 내려 전망대를 지나 언덕길을 100m쯤 걸어올라가
니 하얀 2층 건물이 나타난다. 약 15개 전시실을 가진 국립항해박물
관(Museo Maritimo Nacional)이다. 1층은 각종 함선을 비롯한 해군장비가
주로 전시되어 있고, 2층은 여러 해군 작전이나 지휘관들에 관한 내용
이 유물과 함께 소개되어 있다. 내용이 비교적 충실해 이 나라의 오랜

언덕길을 오르내리는 협궤 전동차 아센소르(1893년 개통) 모습.

항해사를 한눈에 알아볼 수 있다. 해상실크로드의 라틴아메리카 연장에 관해 특별한 관심을 갖고 있는 필자에게는 상당히 유익한 현장이었다. 박물관 직원들이나 관광객들도 한결같이 친절하다. 촬영도 허용되어 그야말로 금상첨화였다. 시간은 이미 오후 2시를 훨씬 넘겼다.

바닷가 경치 좋은 곳에서 이곳 특식으로 점심을 한답시고 기사의 안내를 받았다. 발빠라이소시를 빠져나와 한참 달리니 새로운 연해도시 비냐델마르(Viña der Mar)가 나타난다. 현대식 주거단지로 부자들의 동네다. 들쑥날쑥 계단식 건물구조가 이색적이다. 조금 지나서 레냐가(Leñaga)라는 어촌의 '칠양(七洋)' 식당에서 이곳 특산 해물로 점심을 청했다. 특이한 것은 우리네 쌀밥과 꼭 같은 차진 단립형(短粒型)

칠레 해양사를 한눈에 알아볼 수 있는 국립항해박물관 내부.

쌀밥이 식탁에 오른 것이다. 다른 점이라면 당근 한조각과 붉은 고
추 한개를 밥 속에 섞은 것이다. 의아해서 주인에게 물었더니, 여기서
400~500km 떨어진 싼까를로스(San Carlos)라는 곳에서 이러한 육도(陸
稻, 밭벼)가 재배된다고 한다. 전날 싼띠아고의 한식당 주인에게서도
이곳 칠레에서 벼가 생산된다는 얘기를 들었다.

　그렇다면 이곳(혹은 다른 남미 지역)에서는 언제부터 어떻게 벼를 심
고 쌀밥을 먹게 되었는지? 통상 벼의 원산지는 아시아의 아쌈-운남
지역이나 아프리카 니제르강 유역으로 추정하고, 그 연대는 지금으
로부터 약 7,000~8,000년 전으로 거슬러올라간다. '이곳 벼의 시원은
언제 어디로 잡아야 하는지? 유형에서 장립형인 인디카인지 아니면

당근과 고추를 섞은 차진 단립
형 쌀밥.

단립형인 자파니카인지? 밭벼가 과연 이렇게 차질 수 있는지?' 등 의
문이 꼬리에 꼬리를 문다. 과문인지는 몰라도, 세계 벼 재배사에서 라
틴아메리카의 벼 재배에 관한 논급은 아직 읽어본 적이 없다. 그만큼
오늘의 현장 체험은 충격적일 수밖에 없다. 특히 우리나라 충북 청원
군 소로리에서 지금으로부터 1만 3,000~1만 4,000년 전의 탄화볍씨
가 발견된 후 우리나라가 벼의 원산지일 개연성을 주장하면서 그 볍
씨 이름까지를 '소로리카'로 지은 필자에게는 더더욱 그러하다. 벼는
6대주 110여개 나라와 지역에서 재배되는 범세계적인 문명유대를 이
루는 농작물로, 그 시원이 한반도로 밝혀진다면 이것이야말로 더없는
한반도의 세계사적 기여일 것이다. 마음 같아서는 한달음에 그 육도
의 산지 쌴까를로스로 달려가고 싶지만, 오늘은 일정상 접기로 하고
후사로 미루었다.

쌴띠아고로 돌아오는 길에 폰크박물관(Museo Fonck)에 들렀다. 개인
이 운영하는 인디오 전문 박물관이다. 2층 건물의 1층에는 출현으로
부터 시대별로 인디오들의 생활상과 더불어 그 변천사를 일목요연하
게 잘 정리했다. 특이한 것은 남방 해양문화의 상징의 하나인 옹관과

인디오의 유물을 소장하고 있는
폰크박물관의 외관(상)과 독특한
옹관(하).

폰크박물관 정원에 피어난 벚꽃.

그 장법(葬法), 그리고 기하학 문양이 새겨진 채도다. 2층에는 주로 각종 진귀한 동식물의 복제품이 전시되어 있다. 작지만 알찬 박물관으로, 인디오문화의 생생한 체험장이다. 다행히 촬영이 허용되어 유물은 물론 설명문까지 거의 빠짐없이 렌즈에 담았다. "아는 것만큼 보이고, 보이는 것만큼 얻는다"라는 신조를 굳건히 간직한 채 세계를 누비고 있는 이 '보헤미안'에게는 어디를 가나 무엇이든 렌즈에 담아내는 것이 최대의 바람이고 보람이다. 그래야 무언가 얻는 것이 있기 때문이다. 근간에 "아는 만큼 보인다"라는 한마디가 금과옥조처럼 회자인구 되지만, '보이기'만 해서 무슨 소용이 있는가, '얻는 것'이 있어야지. 떠나면서 방명록에 이런 글을 남겼다. "남미 고대문명의 한 단면을 사실적으로 보여준 흥미진지하고 유익한 이 박물관에 축하를 드린다. 한국문명교류연구소장 정수일, 2012년 7월 4일." 박물관을 나서면서 앞마당에서 우연히 여러송이 꽃이 피어난 벚나무 한그루를 발견했다. 벚나무는 흔히들 일본을 원산지로 꼽는다. 그곳에서 전해진 것인가? 혹여 토착식물은 아닌지? 모르니 제대로 보이지 않는구려.

해가 서산에 뉘엿뉘엿 떨어질 무렵 싼띠아고에 돌아왔다. 한인타운에 있는 슈퍼마켓에 들러서 내일 이스터섬에 갈 채비를 했다. 이스터섬은 물가가 비싸고 식사가 부실하다는 풍문을 들었기에, 그에 대비해 주로 식료품을 장만했다. 세 사람 분으로 총 2만 9,400페소(한화 약 7만원)어치를 구입했다. 200~300평 되는 마켓에는 한국의 주요한 생필품은 죄다 있는 성싶다. 직원이나 고객은 대부분이 한인들로, 서울의 어느 마켓에 들어온 분위기다. 저녁식사는 어제 저녁처럼 '인심 좋은 옥이네' 한식당에서 하기로 했다. 찾아가니 주인아주머니는 구면처럼 반갑게 맞아준다. 식사로는 4,500페소짜리 육개장을 청했다. 푸짐하고 제맛이 돈다. 수저를 들자 바깥주인 엄기호 씨가 손수 담근 인삼주를 주전자 채로 들고 나와서 따른다. 순간 동포애의 애틋한 정이 울컥 치민다. 몇잔 대작하면서 여러가지 얘기를 나누는 가운데서 많은 것을 배웠다.

엄 씨는 남미 나라들 가운데서 가장 청렴한 나라가 칠레라고 거듭 강조한다. 공무원 사회에서 뇌물이 통하지 않으며, 뒷거래는 거의 찾아볼 수 없다. 교통 위반을 무마해달라고 경찰관에게 돈을 주었다가는 망신만 당하고, 경우에 따라서는 잡혀간다고 한다. 이 나라에서 부정부패라는 것은 불쌍하고 지저분한 일로 간주되어 피해야 한다는 것이 마냥 불문율이고 관습으로 굳어져 있다. 남미병의 가장 큰 병폐가 정치적 부정부패인 점을 감안할 때, 칠레는 도시 예외적이라 말할 수 있다. 관련 자료를 찾아봤더니, 2000년 국제투명성기구가 발표한 국가별 청렴도에서 칠레는 18위를 점했다. 선진국이라고 자랑하는 프랑스는 21위, 일본은 23위, 한국은 48위다. 부정부패의 반의어(反意語)인 청렴도에서 칠레는 가히 선진국이라고 말할 수 있다. 칠레에 부정부패가 적고 청렴도가 높은 원인은 200년에 가까운 의회민주주의와 다당제 같은 선진제도의 조기 도입에 있다는 것이 중론이다. 남미에서 가장 '남미답지 않은 나라'가 칠레라고 하는 소이연(所以然)이 바로 여기에 있다.

엄 씨의 말에 의하면, 이 나라의 연간 국민소득은 1인당 평균 1만 9,000달러이며, 4,000~5,000달러면 4~5인 가족의 월 생활비는 충당된다. 이 식당의 현지 종업원들에게는 월급 1,000달러씩을 주는데, 그들은 만족해하면서 식당 시작 이래 한명도 중도에 나가지 않았다고 한다. 의료보험제도도 편리해 병원에서 해산하는 데 고작 한화 3,000원가량이 소요된다. 그렇지만 문제도 있다. 주요한 산업동맥인 구리만은 국가가 장악하고 있으나, 대부분의 기업이 외국인의 손에 넘어가고 있다고 한다. 이것은 자주국가의 행보를 어렵게 하는 큰 요인으로 작용하고 있으므로 칠레정부는 이 문제 해결에 고심하고 있다.

참으로 칠레는 보면 볼수록, 알면 알수록 흥미를 자아내는 나라다. 라틴아메리카의 대국이자 선도국으로, 그만큼 해온 일과 해야 할 일, 풀어야 할 매듭이 많다. 좋은 날씨일 거라고 생각했던 바와는 달리 이틀 만에 심한 공해와 건조 때문에 코 안이 헐고 입술이 마르며 손가락 끝이 터지는 등 이상(異常)을 겪었다. 태평양 상의 고도(孤島) 이스터 섬으로의 비상을 꿈꾸면서 싼띠아고에서의 마지막 밤을 보냈다.

19
빠블로 네루다와 마주앉다

통상 마주앉음은 믿음과 공유, 소통과 격려에서이다. 그 마주앉음이 위인과일 때, 그 의미는 배(倍)가 된다. 여기 그러한 마주앉음이 있다. 2012년 7월 4일, 칠레 발빠라이소 언덕 위 빠블로 네루다의 고택에서다. 네루다는 칠레 중부의 포도주 산지인 자그마한 마을 빠랄(Parral)에서 자갈을 실어나르는 기차의 기관사였던 아버지와 교사인 어머니 사이에서 태어났다. 어머니가 생후 두달 만에 산고로 세상을 뜨자 계모의 슬하에서 자랐다. 17세 때 쌘띠아고의 사범대학교 프랑스어과에 진학한 이래 그는 쌘띠아고와 그곳에서 서남쪽으로 130km 떨어진 해안가 작은 마을 이슬라네그라('검은 섬'이라는 뜻), 그리고 이곳 발빠라이소 등 세곳에서 번갈아가면서 거처했다.

쪽빛 푸른 바다가 한눈에 들어오는 발빠라이소 언덕 위에 지어진 5층 짜리 이 고즈넉한 목조 고택은 네루다 생전에 사용하던 서재·식당·

구리의자에 마주앉아 대화하는 네루다(동상)와 필자.

침실·바 등 생활공간들을 포함하고 있으며, 그곳에는 유품과 남겨놓은 여러 시작(詩作)들, 세간들을 전시하고 있다. 계단으로 연결된 작은 방들은 아담하고 고풍스럽다. 4층에 있는 부인 방 옷장 문에는 '紅樓(홍루)'라는 중국어 제자(題字)와 중국 무희(舞姬)가 그려져 있다. 내부 촬영은 일체 금지되어 있지만, 네루다의 동양 관계를 연구하는 데 필요한 이 제자와 그림 촬영만은 허락해달라는 간청이 받아들여져 몇 컷 찍었다. 관광객들에게는 5종 외국어 마이크가 부착된 수화기를 나눠주어 안내원의 설명을 수취할 수 있도록 편의를 제공하고 있다. 고

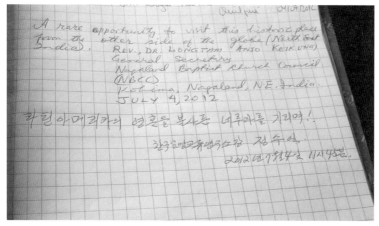

발빠라이소박물관 방명록에 남긴 필자의 글.

택의 정면 외벽에는 네루다의 상징인 원형 물고기 마크가 붙어 있다. 약 한시간 동안의 참관을 마치고 방명록에 이런 글을 남겼다. "라틴아메리카의 영혼을 불사른 네루다를 기리며. 한국문명교류연구소장 정수일, 2012년 7월 4일."

뜨락에 나서자 정문에서 들어오는 오른쪽에 네루다의 얼굴상 조각을 부착한 길쭉한 구리의자가 눈길을 끈다. 의자는 한쪽 끝에 앉으면 40~50cm의 거리를 두고 바로 네루다와 마주앉아 대화하는 형상으로 설계되어 있다. 늘 사람들과 어울려 대화하는 민중의 시인으로서의 네루다 특유의 면모를 후세에 전하려는 아주 기발한 설계이고 착상이다. 흔히 위인을 기리는 기념물이라면 달랑 동상(입상이나 좌상)이나 비석 하나를 세워놓고는 울타리를 쳐놓아 대화는커녕 접근도 하지 못하게 하는 동서고금의 위인상 관리 작태와는 사뭇 다른 양상이다. 한달음으로 달려가 헌팅캡을 푹 눌러쓴 네루다와 마주 앉는 순간, 온

몸에 전율을 느끼며, 그의 거룩한 한평생이 파노라마처럼 눈앞에 펼쳐진다.

대학 시절 라틴아메리카의 몇몇 독립영웅들이나 변혁가들과 함께 시인 '파버러 네루다'(巴勃羅 聶魯達, 중국어 이름)의 이름은 익히 들었고, 시 몇편도 접한 것 같기는 한데 기억이 아리송하다. 1962년 쿠바 방문과 1983년 페루 답사 때는 그의 경력을 들춰보고 시집도 읽은 적이 있다. 그후 오랫동안 잊었다가 이번 남미 답사를 계기로 격랑의 시대를 앞장서 헤쳐나간 변혁적 시인 네루다를 새롭게 공부하면서 경모의 정이 더욱 두터워졌다. 이제 그의 고택을 찾아와 생전처럼 그와 마주앉아 대화를 주고받는다고 생각하니 이를 데 없이 감개무량하다. 그 시절, 20세기 중후반을 살던 우리들 ─ 각성한 젊은이들 ─ 은 동반구나 서반구, 남반구나 북반구, 그 어디에서 무엇을 하고 있건 네루다나 체 게바라 등 기라성 같은 라틴아메리카의 선구자들과 세계변혁에 대한 구상을 공유하고 있었다. 물론 역할이나 기여에서 다들 병렬(並列)일 수는 없었지만, 각자가 맡겨진 초소에서 최선을 다하는 서열(序列) 종대(縱隊)의 일원이었음은 분명했으며, 다들 이것으로 만족하고 자랑스러워했다. 구경(究竟)은 세계의 변혁을 가져오리라 굳게 믿었기에. 그 믿음이 우리를 하나의 유대로 굳건히 묶어세웠던 것이다.

세계 시단에서 네루다만큼 파란만장한 삶을 살아왔고, 시작이나 사회참여에서 심원한 스펙트럼을 발산한 시인은 드물 것이다. 약동하는 20세기의 세계 지성사에서 그를 참지성의 아이콘이고 표상이라고 한들 과연 도를 넘는 평가일까. 독서로 밤낮을 지새우던 네루다는 13세의 어린 나이에 첫 시를 지어 새어머니에게 바친다. 그러나 그가 시인이 되는 것을 한사코 반대하던 아버지는 시구가 적힌 아들의 노트를 창밖으로 내동댕이친 후 불태워버린다. 아버지의 반대에 부딪치자 소년은 1920년부터 빠블로 네루다라는 필명으로 시를 발표한다. 성(姓) '네루다'는 체코의 작가 얀(Jan) 네루다에서 따오고, 이름 '빠블로'는 성(聖) 빠올로(바오르, 바울)에서 영감을 얻어 지었다고 전한다. 필명으로 써오다가 1946년에 아예 법적인 정식 성명으로 고착했다. 그의 본래 이름은 네프딸리 리까르도 레예스 바소알또(Neftali Ricardo Reyes Basoalto)이다.

필명까지 제법 마련한 네루다는 1921년 싼띠아고의 사범대학교 프랑스어교육학과에 입학하면서부터는 아버지의 눈치도 볼 필요 없이 본격적인 시작에 나선다. 정열에 불탄 약관의 나이에 그는 첫 시집 『황혼 일기』(1923)로 시재(詩才)를 선보인다.

하느님, 당신은 하늘을 불 밝히는 이 놀라운,
구릿빛 황혼을 어디서 찾으셨나요?
황혼은 저 자신을 다시 기쁨으로 채우는 법을 가르쳐주었어요.

순수한 젊은 영혼에게 보내는 사회의 갈채는 열렬했다. 이에 힘입은 네루다는 이듬해에 다시 두번째 시집 『스무편의 사랑의 시와 한편의 절망의 노래』를 내놓는다. 시인은 작품에서 전통으로 굳어진 진부한 사랑의 테마를 참신하고 독창적인 기법으로 표현하면서도 화려한 우주의 신비를 담아내며, 감미로운 사랑의 매력을 투영하고 있다. 네루다의 '근본적인 시 정신은 사랑'이고, 그의 민중시 역시 '진정한 인간성 회복을 위한 울부짖음'이며 인간에 대한 사랑이다. 이러한 새로운 시풍(詩風)은 네루다이즘의 시작을 예고했다. 이제 네루다이즘의 발걸

참지성의 아이콘이고 표상인 네루다의 불같은 시작과 저서들.

음은 거침이 없다. 연거푸『무한한 인간의 시도』(1926)와『열렬한 투척병』(1933)을 발표한 데 이어, 라틴아메리카 특유의 '열대성 초현실주의' 걸작으로 주목받은『지상의 주거(住居) 1·2』(1935)를 선사한다.

이러한 시작 행보와 더불어 네루다는 점차 세상사에 눈을 뜨기 시작했다. 그는 미얀마 주재 명예영사로(1926), 마드리드 주재 영사로(1935) 봉직하면서 지견을 넓혀간다. 그 무렵에 발표한 글「순수 없는 시에 관하여」(1935)에서 시인은 몽상적인 시상으로부터 벗어난, 현실적인 삶의 냄새가 물씬 풍기는 시론(詩論)을 펼친다. 이듬해에 현장에서 목격한 스페인 내전은 시세계의 방향전환과 현실참여의 민중시인으로의 변신에 결정적 계기가 되었다. 내전의 와중에 그는 절친한 친구인 스페인의 극작가 로르까(F. G. Lorca, 1898~1935)가 의문의 암살을 당한 현장에서 통분한다. 그 이듬해의『가슴 속의 스페인』이라는 시집에서 시인은 다음과 같이 피눈물로 절규한다.

> 와서 거리의 피를 보라,
>
> 와서 보라
>
> 거리에 뿌려진 피를,
>
> 와서 피를 보라
>
> 거리에 뿌려진!

그는 외교관 신분임에도 반프랑코 성명서에 서명하고, 반파시스트 투쟁 대열에 가담한다. 그것으로 인해 공직에서 파면되고도 인민전선을 지원하는 지식인들의 국제적 연대활동에 적극 동참했을 뿐 아니라, 사재를 털어 스페인 활동가들을 해외로 망명시켜 구출했다. 네루다는 혁명시인으로, 정의를 향한 혼불로 다시 태어나 영혼을 불사르고 투지를 가다듬어갔다. 그는 현실정치의 치열한 격전장에서 자신의 심지(心地)에 굳건히 박아놓은 위대한 이상을 펼쳐보려고 2차대전이 한창이던 1945년 칠레공산당에 가입하고, 이어 북부 탄광지대 노동자들의 지지로 상원의원에 당선된다. 이제 그는 당인으로, 시대가 부여한 사명을 다하고자 자신을 더 맹렬하게 불태운다. 1948년 국회에서는 좌파를 탄압하는 대통령에 대한 탄핵을 발의하는 촌철살인(寸鐵殺人)의 연설(후일 『나는 고발한다』라는 제목으로 출간)을 행했다. 이에 대법원은 그의 상원의원 면책특권을 박탈하고 국가원수 모독죄로 체포영장을 발부했다.

이런 가운데서도 네루다는 망명을 고사하고, 여러 은신처를 전전하면서 라틴아메리카의 슬픈 과거사를 회고하고 밝은 미래를 노래하는 대서사시 『총시가집(總詩歌集)』(15부, 231편 시 수록, 1950)을 펴낸다. 이는 무려 1만 3,000개의 행으로 이루어진, 1938년부터 1950년까지 무려 12년에 걸쳐 완성한 웅대한 역작이다. 이후에도 네루다는 보헤미안의 유랑생활을 계속하면서도 민중시를 비롯한 다양한 시작으로 시대의 등불을 자처했다. 그를 보헤미안에 비유하는 것은 앞에서 밝혔다시피, 그가 보헤미안의 후예인 체코인으로부터 성(네루다)을 따왔기 때문이다. 그가 50여년에 걸쳐 고비마다에서 펼쳐놓은 시작은 그야말로 쾌도난마(快刀亂麻) 그 자체였다. 그는 세계 시성(詩聖)의 반열에 올라섰고, 노벨문학상을 수상(1971)하는 최고의 영예를 누렸다.

칠레인으로서가 아니라, 라틴아메리카인으로서 대(大)조국 라틴아메리카에 진 빚을 이 대서사시로 조금이라도 갚았다고 자위한 네루다는 당국의 삼엄한 경계를 뚫고 이듬해 2월 험준한 안데스산맥을 넘어 기약 없는 망명의 길에 오른다. 아르헨티나를 거쳐 빠리와 폴란드, 헝가리에 들러 보금자리를 찾았으나 여의치 않아 종당엔 이탈리아 남부의 까프리섬(Isola di Capri)에 여장을 풀었다. 그러나 이탈리아 정부는 칠레와의 외교적 마찰을 우려해 그를 추방하기로 결정한다. 이에 이탈리아 민중들이 항거시위로 맞서자 당국은 결정을 취소하지 않을 수 없었다. 네루다는 그곳에서 2년간 머물다가 칠레정부가 그에 대한 체포영장을 철회하자 곧바로 고국으로 개선한다.

귀국 후에는 10여년 전 바다를 벗으로 삼아 시작에 몰두했던 마을 이슬라네그라로 돌아갔다. 원래 네루다는 자연의 시인이라 말할 수 있으리만큼 대자연을 사랑하고, 그로부터 영감을 얻던 시인이었다. 울창한 수림과 푸르른 강물, 억수로 퍼붓는 비가 시인의 상상력 원천이었다. 그는 자신의 유년 시절을 회고하면서 "유년 시절 얘기를 하자

네루다가 생활했던 시절의 모습이 간직된 발빠라이소박물관의 내실.

면 잊을 수 없는 것이 딱 하나 있다. 바로 비다. 남반구에서는 비가 정
말 어마어마하게 쏟아진다. (…) 나는 이 땅에서, 칠레의 '서부'와 같
은 개척지에서 삶에 눈을 뜨고, 대지에 눈을 뜨고, 시에 눈을 뜨고, 비
에 눈을 떴다"라고 감회를 털어놓았다. 네루다는 명실공히 하늘에서
폭포수처럼 쏟아지는 비와 같은 격동의 삶을 살아왔고, 그러한 폭풍
우와 같은 격정의 시를 쏟아냈다.

그는 고즈넉한 해변가 마을 이슬라네그라에서 평생을 보내며 자
연의 시인으로 살 작정으로 그러했는지는 몰라도, 집에 2층을 올리고
별채와 바를 새로 짓는 등 집을 조금씩 넓혀나갔다. 시인은 바다를 유

난히 즐긴 나머지 이물 장식을 비롯해 바다와 관련된 물건들을 숱하게 수집했다. 자주 시상에 잠겨 앉아 있던 나무책상은 바다에서 떠다니던 나무판자를 무어 만든 것이다. 친구들과 사귀는 것을 각별히 좋아한 네루다는 손수 앞치마와 나비넥타이 차림으로 친구들을 바에 초청해 파티를 열곤 했다. 그가 살아온 세채의 집 가운데 이곳이 그의 깊은 인간미를 비롯해 체취가 가장 눅진하게 배어 있는 곳이다.

네루다는 오랜만에 아늑한 이곳에서 바다를 벗삼아 사랑과 격정이 하모니를 이루는 시작에 잠심몰두(潛心沒頭) 한다. 그러나 십년도 못되어 1960년대의 좌우 이데올로기 갈등과 격화되는 사회분란은 그를 다시 현실정치의 소용돌이 속으로 불러낸다. 사회변혁의 기수를 자처한 네루다로서는 결코 강 건너 불 보듯 할 수는 없는 터. 아니, 그 속으로의 투신을 숙명으로 받아들인 네루다는 말이나 글만을 앞세우지 않는, 행동하는 지성인답게 분연히 붓대를 꺾고 거리의 혈전에 앞장선다. 1969년 칠레공산당 중앙위원회가 그를 대통령 후보로 지명하자 그는 곧 수락한다. 그러나 이듬해 대선에서 좌파진영의 승리를 위해 대승적 차원에서 후보를 사퇴하고, 오랜 사상적 동지이며 절친한 친구인 쌀바도르 아옌데를 단일후보로 추대한다. 드디어 1970년 9월 4일 아옌데는 대통령에 당선된다.

온 세계가 지켜보는 가운데 세계 최초로 선거를 통한 사회주의정권이 탄생했다. 이것은 오로지 뒤집어엎기에 의해서만 사회주의라는 새 사회가 탄생할 수 있다는 종래의 통념에 대한 일종의 역사적인 역설이고 웅변이다. 회고하건대, 통념에 익숙해왔던 필자로서는 당시 이러한 '역설'을 반신반의했었다. 그러나 오늘 그 현장에서, 그 한 주역과 마주앉고 보니, 비록 3년간의 짧은 '실험'에 그쳤지만 그 역설에 상당한 수긍이 간다. 적어도 그대들이 이 불모지에서 그 역설의 실현을 위해 바친 희생과 노력, 고심은 고귀하고도 신성했으며, 라틴아메리카의 귀감으로 남아 있음은 의심의 여지가 없다.

친구와 함께 평생 분전한 끝에 세운 새 정권에서 네루다는 프랑스 주재 대사로 부임한다. 그는 해외에서 이 새 정부의 대변인 역할을 하면서 그 수호를 위해 백방으로 노력했다. 이제 그의 앞에 나선 필생의 과제는 시로든 정치로든 이 미증유의 '실험'을 칠레뿐 아니라 라틴아메리카 전역에서 성공시키는 것이었다. 그러나 신은 그의 이러한 충정을 외면했다. 바로 그해 그에게 전립선암이라는 불치병이 엄습했다. 더이상 대사 직무를 수행할 수 없게 되어 2년 만에 다시 이슬라네그라로 돌아왔다. 그 사이 1971년 10월 몇번의 낙선 끝에 노벨문학상을 수상했다. 그즈음 칠레 안에서는 좌파정부에 대한 우파세력의 공격이 기승을 부리는 통에 아옌데 정부의 행보는 날로 험난해지고, 대외적으로는 미국의 경제봉쇄와 라틴아메리카 좌파운동의 저조 등의 악재가 겹쳤다. 이슬라네그라에서 조용히 만년을 보내고자 했던 네루다의 꿈은 산산이 부서졌고, 그는 사명감에 병약한 몸을 이끌고 수도 싼띠아고로 거처를 옮겼다.

그러던 어느날 삐노체뜨의 군사쿠데타에 의해 대통령궁전에서 친구 아옌데 대통령이 자결했다는 청천벽력 같은 비보를 라디오에서 듣는다. 그때까지만 해도 정세를 낙관하던 네루다에게 돌아온 것은 절망과 낙담이다. 심하던 병세는 걷잡을 수 없이 악화되어갔다. 며칠 후 펜을 들 기운조차 없어 침대에 누운 채로 부인 마띨데에게 쿠데타를 규탄하는 글을 구술하고 있는데, 갑자기 무장군인들이 가택을 수색하려고 들이닥친다. 부인이 받아 적던 글 쪽지를 깜쪽같이 어디엔가 감춘 순간 수색대가 방에 들어온다. 네루다는 몸을 일으키며 수색대 장교에게 "당신들에게 위험한 것이라고는 이 방에 단 하나밖에 없네"라고 말했다. 장교는 화닥닥 놀라며 눈이 휘둥그레져서 본능적으로 손가락을 권총 방아쇠에 갖다대며 "그게 뭡니까"라고 다그쳐 묻는다. 그러자 빠블로는 의연하게 "시라네"라고 대답한다. 장교는 어이없다는 듯 겸연쩍은 표정을 지으며 물러간다.

그렇다. 그는 이 어둡고 침침한 암흑의 세계를 불사르고, 폭파하고, 날려보낼 불가항력적인 무기는 오로지 자신의 시라고 확신하고 있었다. 그만이 아니라 모든 사람들도 다 그렇게 믿고 바라고 따르고 있었다. 네루다는 결코 문약(文弱)한 시인이 아니라, 시대의 소명을 한몸으로 받아 안고 불평등한 사회불의를 고발하고 무도한 권력자들에 대항하는, '피를 부르는' 저항의 시인, 민중의 시인이었으며 한 시대의 횃불이었다.

치솟는 비분강개는 병세를 가중시켰다. 쌴띠아고의 한 병원에 호송된 며칠 후 빠블로 네루다는 혼수상태에서 "사람들을 총살하고 있어"라고 군사쿠데타를 규탄하면서 9월 23일(1973), 쿠데타 발생 12일 만에, 친구며 동지인 아옌데 대통령 자결 12일 만에 한 많은 세상을 영원히 떠나고 말았다. 당국의 삼엄한 감시와 제재 속에 쌴띠아고의 자택에 옮겨진 시신의 호상은 몇몇 지인뿐이었으며, 이슬라네그라 바닷가에 묻어달라는 고인의 유언은 묵살된 채 시신은 기관총을 든 군인들의 통제 속에 자택 근처 공동묘지에 안장되었다. 장례식에서는 삼삼오오 모였던 장례객들의 장중하고 힘찬 「인터내셔날」이 울려퍼졌다.

삐노체뜨 독재권력이 무너진 후 그의 시신은 유언대로 이슬라네그라의 집 앞으로 이장되었다. 지금은 박물관이 된 그의 집 앞 울타리는

네루다의 상징인 원형 물고기 마크.

그를 영원히 기리려는 사람들의 헌시와 기념사, 헌화들로 가득 채워져 있다. 한가지 여담으로, 지난 50년간 아옌데와 마찬가지로 네루다의 사망에 관해 독살설이 꾸준히 제기되었다. 네루다의 운전기사가 삐노체뜨의 비밀요원이 그가 병실 침상에 누워 있을 때 그의 배에 독약이 든 주사를 놨다고 주장한 것이 단서였다. 그러나 2013년 11월 8일 칠레 언론에 따르면, 네루다의 사망 원인을 조사해온 국제 법의학 전문가들은 그의 사망원인은 주입된 독이 아니라 전립선암이라고 밝혔다.

빠블로 네루다는 자서전 『사랑하고 노래하고 투쟁하다』에서 자신의 한 평생을 이렇게 함축했다. "고통받으며 투쟁하고, 사랑하며 노래하는 것이 내 몫이었다. 승리의 기쁨과 패배의 아픔을 세상에 나누어주는 것이 내 몫이었다. 빵도 맛보고 피도 맛보았다. 시인이 그 이

상 무엇을 더 바라겠는가? 눈물에서 입맞춤에 이르기까지, 고독에서 민중에 이르기까지, 그 모든 것이 내 시 속에 살아 움직이고 있다." 그러면서 그는 노벨상 수상 연설(1971)에서 프랑스의 상징주의 시인 랭보(J.N.A. Rimbaud, 1854~91)의 다음과 같은 말을 인용해 종당에 다가올 민주주의 승리를 예언했다. "여명이 밝아올 때 불타는 인내로 무장하고 찬란한 도시로 진군하리라." 그의 민주주의와 민중 승리에 대한 불타는 신념은 오늘 미첼 바첼레뜨 대통령의 재선으로 그 불씨가 되살아나고 있다.

제2부

잉카문명의 흔적을 더듬다

20
모아이, 거석문화의 한떨기 꽃

　문명을 탐구하다보면 시공을 넘어 그 최고를 자랑하는 문명이 한떨기 꽃처럼 의연한 자태를 드러내는 경우가 종종 있다. 문명탐구자에게는 그 '꽃'을 찾아 떠나는 것이 문명탐험에서 가장 보람있는 지고의 길일 것이다. 그래서 필자는 오늘 쌴띠아고에서 무려 3,800km나 떨어진 남태평양 상의 고도 이스터섬에서 피어난 거석문화의 한떨기 꽃, 모아이를 찾아 장도에 오른다. 오매에도 그리던 길이다.

　2012년 7월 5일(목요일), 이른 새벽 4시 40분에 잠을 깼다. 넉넉한 시간임에도 불구하고 서둘러 짐을 챙겨서 공항에 갔다. 이른 시각이라서 공항은 한산하다. 적막감마저 든다. 103개의 카운터 가운데서 몇개만 가동하고, 탑승객도 아직 얼마 되지 않아 짐 검사나 탑승 수속은 의외로 순조로웠다. 일행을 실은 칠레 항공 LA 841편(좌석 14L)은 8시 32분에 시동을 걸고 천천히 활주로를 달리다가 굉음을 내며 미끄

1969년에 개항한 이스터섬의 마따베리공항.

러지더니 15분만인 47분에 드디어 동체가 땅에서 떨어지면서 사뿐히 이륙한다. 곧바로 기수는 서쪽으로 돌려지고, 검푸른 태평양의 파도가 아침 햇살에 눈부신 수상 파노라마를 연출하며 일렁인다. 그 침침하고 역하던 싼띠아고의 공기는 어느덧 가뭇없이 사라지고, 탁 트인 시원한 창공이 끝없이 펼쳐진다. 기내의 아침식사도 제격이다. 이때까지 라틴아메리카의 여러 항공사에서 받아온 기내의 푸대접과는 사뭇 대조적이다. 비행 4시간 54분만인 현지시간 오후 1시 41분에 마따베리공항에 안착했다. 1967년에 건설한 이 자그마한 공항은 활주로가 짧아서 착륙시 반복 활주하고 나서야 공항청사에 가까스로 닿는다. 싼띠아고와는 2시간, 서울과는 11시간 시차가 있다.

이 외딴 섬의 공식 이름은 1888년 칠레령이 되면서 붙여진 스페인어 '이슬라데빠스꾸아'(Isla de Pascua)인데, 그 뜻은 영어의 '이스터

마따베리공항에 안착한 칠레 항공 LA 841편.

섬'(Easter Island, 즉 부활절섬)과 맞먹는다. 그래서 보통 이스터섬으로 부르고 있다. 이 명명의 유래는 1722년 네덜란드의 탐험가 로크헤벤(Caoitan Jacob Roggeveen)이 3척의 배를 이끌고 이 섬에 도착했는데, 그날이 바로 기독교의 부활절(Easter day)이어서 이런 이름을 붙였다는 것이다. 지금은 이 섬으로 통하는 항로는 우리가 타고 간 싼띠아고-이스터섬 간의 직항로 말고도 이 섬에서 약 4,000km 떨어진 타히티(Tahiti)섬을 연결하는 중간기착 항로가 하나 더 있다. 타히티섬은 남태평양 중부 프랑스령 폴리네시아에 속하는 소시에테(Sociéte)제도의 주도(主島)로서 '남해의 낙원' '비너스의 섬' '제2의 하와이'라고 불리는 남태평양 해상의 천혜의 관광지다. 19세기 중엽 프랑스의 식민지가 된이래 이 주도의 중심도시 파페에테(Papeete)에 공항이 생겨났다. 이렇게 가장 가까운 섬도 거리가 자그마치 1,900km나 떨어진 이스터섬은 문자 그대로 남태평양 상의 절해고도다.

면적이 고작 165km²에 인구 6,000명 남짓인 이 절해고도를 사람들이 불원천리 마다하고 찾는 이유는 과연 어디에 있을까. 그 이유는 사람마다 조금씩 다르겠지만, 크게 보면 수수께끼로 남아 있을 법한 저 거석문화의 한떨기 꽃, 삶에 내재한 신성(神聖)을 체현하고 있는 모아이를 '친견'하기 위해서일 것이다. 흔히들 사람들은 돌을 무지나 아둔함, 그리고 무언(無言)에 빗댄다. 그러나 거기에 인간의 슬기가 스며들었을 때 돌은 '영구불멸의 상징'이나 '수호신'으로 둔갑하기도 하고, 심지어 비유이기는 하지만 돌이 '증언'한다는 표현까지 사용된다. 이것은 동서양 어디서나 마찬가지다. 우리 민간신앙에서 돌은 '서낭바위'나 '마을 수호신' 등으로 신격화되는데, 그것은 돌이 풍요나 다산, 번식, 날씨의 순조로움, 전승, 평화 등의 길조(吉兆)를 가져다준다고 믿기 때문이다. 이른바 돌에서 삶에 내재하는 신성을 찾는 셈이다. 그래서 버려졌던 큰 돌들이 인간의 주목을 받고, 인간은 이러한 버림받아오던 돌들과 긴 시간여행을 함께 떠나기 시작했는데, 그 시간여행의 중심에는 늘 여기 이스터섬의 모아이가 버티고 있다.

고고학에서 거석(巨石)이란, 선사시대에 무엇을 기리거나 상징하기 위해 큰 돌로 만든 구조물, 즉 거석기념물(Megalithic Monument)을 말하며, 이러한 거석기념물을 수반하는 문화를 통칭 거석문화(Megalithic Culture)라고 한다. 원래 거석기념물은 유럽의 대서양 연안지대에서 발견된 거석무덤이나 원시신(原始神)과 관련된 각종 거석유물을 가리키는 말이었으나, 지금은 유럽뿐 아니라 이곳 이스터섬을 포함해 그밖의 세계 여러 곳에서 발견되는 거석유물을 통틀어 일컫는 데 쓰이고 있다. 통관하면, 거석문화는 신석기시대에 출현해 청동기시대를 거쳐 철기시대 초기까지의 긴 세월 동안 생존해온 끈질긴 문화다. 그리고 드물게는 동남아를 비롯한 일부 지역에서 아직까지도 이 문화가 이른바 '살아 있는 거석문화'로 남아 있음을 발견하게 된다.

지금까지 남아 있는 이 문화의 거석유물들은 지역에 따라 제작연대나 형태 및 기능이 약간씩 다르다. 그러나 총체적으로 유형화해 살펴보면, 긴 기둥 모양의 돌 하나를 지상에 수직으로 세운 멘히르(menhir, 선돌), 돌기둥을 두개 세우고 그 위에 평평한 돌 한개를 가로얹은 트릴리톤(trilithon), 돌을 여러개 세운 위에 평평한 뚜껑돌을 얹은 돌멘(Dolmen, 고인돌, 지석支石), 돌멘 앞에 큰 돌로 출입하는 통로를 만들고 흙을 쌓은 코리도툼(corridor-tomb), 기둥 모양의 돌을 여러 줄 배열한 알리뉴망(alignements, 열석列石), 여러개의 돌을 일정한 간격에 따라 원형으로 둘러 세운 크롬렉(cromlech, 환상열석環狀列石), 그리고 모아이나 몽골초원의 석인상(石人像)처럼 인간의 형상을 한 대형 석상(石像) 등 다양하다. 이 거석유물의 기능은 형태에 따라 달라지는데, 대체로 묘장법(墓葬法)이나 종교적 성역, 위력의 상징, 조상 숭배 같은 다양한 기능을 지니고 있다. 바로 이러한 기능 때문에 거석기념물은 하나의 보편성을 띤 복합문화를 형성해 장기간 존속되어올 수 있었으며, 역사·문화의 증거물로 중시되고 있다.

거석기념물은 북유럽과 서유럽으로부터 지중해 연안과 인도, 동남아시아, 동북아시아를 거쳐 멀리 남태평양의 이스터섬에 이르기까지 지구의 동서 광활한 지역에 널리 분포되어 있는 범세계적인 문화권, 이를테면 태양과 석물(石物)을 숭배하는 양석복합문화(陽石複合文化, Heliolithic Culture)를 핵심으로 하는 남방 해양문화권을 이루고 있다. 이 문화권의 형성연대를 추적해보면, 유럽과 지중해 일원에서는 신석기

시대, 그 이동 지역은 주로 청동기시대 이후다.

이 거석문화권의 한가운데에 우리 한반도가 우뚝 서 있다. 중국 동북 랴오닝(遼寧) 지방과 한반도, 그리고 일본 서부의 큐슈(九州) 지방을 망라한 동북아시아에서는 돌멘(고인돌)이 많이 발견되었으며, 이 지역을 '동북아시아 돌멘권'이라는 하나의 거석문화 분포권으로 묶을 수 있다. 이 분포권에서 한반도는 지리적으로 그 한가운데 자리하고 있을 뿐만 아니라, 유물도 약 4만기나 되어 가장 많다.

남방 해양문화권의 핵심인 양석문화 가운데 모아이는 인간의 신성을 단일 모티프로 한 정교한 환조품(丸彫品)이라는 점에서 단연 압권이다. 원주민들이 '라파누이'라고 부르는 이 이스터섬에는 높이가 1.13m에서 21.60m에 이르는, 각이한 크기의 모아이 상이 약 900구나 섬 이곳저곳에 흩어져 있다. 어떤 것은 그런대로 서 있는가 하면, 어떤 것은 잘리고 쓰러진 채로 누워 있다. 또 어떤 것은 파도에 밀리고 깎여 그냥 맨돌이 되어버린 것도 있으며, 땅속에 묻혀 있는 것도 있다. 유물의 소중함이 인정되어 유네스코는 1995년 섬의 일부를 '라파누이국립공원'으로 지정하고 세계문화유산으로 등재했다.

바로 이러한 이유로 이스터섬과 싼띠아고를 오가는 주 3편의 항공은 관광객들로 내내 만원이다. 섬이 시야에 들어오자 기내는 졸지에 웅성거린다. 다들 창가에 바싹 붙어 창해 속 일반(一斑)을 부감한다. 공항에는 여러 나라 언어와 더불어 한글로 '환영'이라는 두 글자가 씌어진 피켓이 걸려 있다. 한국인들이 이곳에 다녀간 선례가 있으니 그런 한글 피켓이 있지 않겠는가 하고 영접 나온 안내원에게 넌지시 한마디 던졌다. 그랬더니 그녀는 한국인으로서는 우리 일행이 처음일 것이라고 말하면서, 이곳 풍습대로 우리 목에 향기 그윽한 환영

'이스터섬에 오신 것을 환영합니다'라는 한국어 광고문을 내걸고 손님을 기다리는 한 호텔 직원.

꽃다발을 걸어준다. 그 안내원은 다름 아닌 우리가 예약한 민박집 티누이(Tea Nui)의 여주인이다. 40대 초반인 그녀는 원래 프랑스 출신인데, 아일랜드에서 이스터섬 출신의 남편을 만나 결혼하고 이곳에 와 민박집을 운영하고 있다.

그녀의 자가용을 함께 타고 공항에서 약 10분 거리에 있는 항가로아(Hanga Roa) 마을에 들어섰다. 마을을 한바퀴 돌면서 구경시켜준 뒤 민박집으로 안내한다. 그녀는 민박집에 도착해서는 섬의 지도를 펼쳐놓고 3일간의 여정을 구체적으로 짜주면서 이러저러한 당부의 말도 잊지 않는다. 이 섬에서 가장 크고 번화한 곳이 바로 이 항가로아인데, 인구라야 고작 4,000명뿐이다. 이곳에만 민박과 식당, 슈퍼마켓

항가로아 마을의 민가 모습.

같은 현대적 편의시설이 갖춰져 있다. 마을에는 아타무테케나(Atamu Tekena)와 테피토오테헤누아(Te Pito Ote Henua)라는 두 거리가 종횡으로 나 있으며, 그 거리 양편에 공공기관들이 띄엄띄엄 배치되어 있다. 이곳을 그냥 '마을'이라고 표현할 뿐, '시'라고는 부르지 않는 모양인데, 필자가 보기에는 '저잣거리 있는 마을'이라고 부르는 것이 안성맞춤하다.

이 마을의 해변 근처에 우리네 민박집이 자리하고 있다. 숲이 우거진 정원 속에 나무로 지은 2층 8칸짜리 집은 해양 풍이 물씬 나는 아늑

한 집이다. 필자에게는 1층 3호
실이 차려졌다. 점심을 거른 지
한참이어서 여장을 풀기 바쁘
게 허기가 진 배를 채워야만 했
다. 민박집에서 150m가량 떨어
진 해변을 따라 얼마쯤 가다가
우리네 포장마차 같은 간이식
당을 발견했다. 여하를 불문하
고 자리를 잡고 앉아 메뉴를 청
했다. 메뉴란 따로 없다. 곁에
앉아 맛나게 식사하는 한 어부
의 찬그릇을 가리키며 그걸 달
라고 했다. 무덤덤한 요리사는

라틴아메리카의 생선회 요리 쎄비체.

잽싸게 5분도 채 안 걸려 푸짐한 생선요리 한 상을 차려놓는다. 바다
에서 금방 낚아온 물고기를 엄지 손톱 너비만큼씩 쑹덩쑹덩 썰어서
토마토와 양파, 식초를 듬뿍 넣어 슬쩍슬쩍 버무린다. 이곳 전통음식
인 쎄비체란 생선회다. 느끼할 정도로 기름기가 많아 접시를 비울 수
가 없었다. 이러한 생선회는 칠레는 물론, 페루 등 중미 지역 여러 곳
에서 맛볼 수 있다고 한다. 한국이나 일본에만 있는 것으로 알아온 생
선회가 이곳 라틴아메리카에서도 기호식품이라니, 의아하기도 하고,
좁은 식견을 자탄(自嘆)하기도 했다. 혹여 이 생선회가 우리와 인디오
간의 문화적 공유성은 아닐는지, 사색의 여지가 있다.

　늦점심에 혼곤히 취해서 오후 5시까지 휴식하고 나서 황금빛 석양
이 비끼기 시작한 해변으로 나갔다. 6시 45분경에 낙조는 아득히 펼

처진 수평선 너머로 그 잔영을 서서히 거두기 시작한다. 저 너머는 우리의 태가 묻혀 있는 아시아 땅이다. 사라져가는 낙조를 아쉬워하듯 몇대의 카누가 잔잔히 일렁이는 파도 속에서 자맥질한다. 가벼운 발걸음으로 숙소에 돌아왔다. 시원한 바닷바람 속에 꿈같은 태평양의 숲속 야경이 짙어가면서 그간의 노독은 가뭇없이 사라진다. 애당초 이곳을 겸사겸사 중간 쉼터로 잡은 예상이 적중했다.

　오래간만에 닭이 홰치는 소리에 단잠을 깨고 보니 바깥은 아직 어스레하다. 닭 울음소리에 덩달아 새들도 숲속에서 지절대기 시작한다. 새벽의 고요는 여기서 끝나고 만다. 이윽고 문을 열고 툇마루에 나서니 구구대며 닭에 모이를 주던 민박집 아저씨가 "이오 라나!"(안녕하십니까!)라고 아침인사를 건넨다. 얼결에 "이오 라나!"라고 맞인사를 했다. 싱싱한 섬의 아침 내음을 흠뻑 맡으며 해변을 한참 거닐다가 돌아오니 툇마루 식탁에 정갈한 아침식사가 차려져 있다. 식사를 마치니 어느덧 햇빛이 피어나기 시작한다. 서두르는 사이에 예약한 관광회사 기사가 찾아왔다. 50대 중반의 늠름한 사나이 가리 빠까라띠(Gary Pakarati)다. 20여년간 관광택시 기사를 지냈다면서 자기가 현장 가이드를 겸할 터니 따로 가이드를 쓸 필요가 없다고 조언한다. 민박집 주인의 권유도 그러하다. 가리는 가산으로 말 10필을 소유하고 있는데, 산에서 방목한다고 한다. 일당 120달러에 9곳 명소를 유람하기로 약정하고 정각 9시에 집을 나섰다. 하루 지나고 보니 가리의 말은 빈틈이 없었다. 현장 가이드 못지않게 운전과 안내를 실속있게 겸행해주었다.

21
모아이의 현장을 찾아서

오늘은 모아이가 있는 현장을 하나하나 찾아가서 직접 확인하는 것을 일정으로 잡았다. 택시기사 가리 씨의 안내를 받으며 맨 먼저 찾아간 곳은 섬 서남단의 사화산(死火山) 라노카오(Rano Kao) 언덕에 자리한 오롱고(Orongo) 의식(儀式) 유적이다. 항가로아에서 10km쯤 떨어진 곳이다. 우거진 숲속 오르막길을 약 15분간 달리니 국립공원 매표소가 나타난다. 입장료를 물고 대문에서 몇 발자국 들어서니 짙푸른 바다가 눈앞에 환히 펼쳐진다. 휴게소 벽에는 이곳에 전해 내려오는 오래된 전설과 이곳 실경(實景)을 소개하는 여러장의 흥미로운 사진들이 붙어 있다. 세찬 바닷바람에 바닷가 언덕을 뒤덮고 있는 키 큰 갈대가 이리저리 흐느적거린다. 이곳이 바로 예전에는 성역으로 경외시되었던 오롱고 의식 유적지다. 신기하게도 해안에서 얼마 떨어지지 않은 바다 한가운데에 3개의 바위가 종대로 가지런히 서 있다. 맨 앞

가장 큰 바위에서 군함새의 첫 알을 가지고 돌아오는 종교의식이 치러지던 오롱고 유적지.

의 것이 모투카오카오(Motu Kao Kao)이고, 그다음 것이 모투이티(Motu Iti)이며, 그다음 가장 큰 바위가 모투누이(Motu Nui)다.

옛날 이곳에서는 해마다 8~9월이 되면 이 가장 큰 바위인 모투누이로 헤엄쳐 건너가 군함새의 첫번째 알을 가지고 돌아오는 종교행사가 열리곤 했다. 알다시피, 군함새(frigatebird)는 시속 400km로 날 수있는 세상에서 가장 빠른 동물(지상동물로는 치타가 시속 112km)로, 그 첫번째 알을 얻는다는 것은 신비에 가까운 일이다. 바로 이 신비성에 신성(神性)이 부여되어 종교적 행사로 승화되었던 것이다. 그런데 아이러니하게도 이러한 종교행사가 세월이 흐르면서 일종의 스포츠 경기로 탈바꿈했다. 지금은 사화산 분구 주벽(周壁, 높이 200m, 둘레 2km) 가운데서 비교적 낮은 부분인 까리까리라는 벽에서 팔에 바나나 잎사귀 등을 부착하고 미끄러져 내려가 물속에 뛰어드는 경기 방식으로 이어지고 있다고 한다. 지금도 곶의 끝부분 바위에는 새의 머리 형상을 한 조인(鳥人)이 1,500여구나 새겨져 있으며, 언덕바지에는 그 옛날 종교행사(조인의례) 때 경기자들의 대기용으로 지은 나지막한 돌 오두막집이 53채나 남아 있다. 오두막집마다 바다 쪽을 향해 창문이 나 있다.

이 오두막집들은 라노카오 화산호(火山湖)와 이웃하고 있다. 이스터섬에는 모두 3개의 화산 분출구가 있는데, 그 첫번째 분출구가 바로 라노카오라는 이 화산 분출구이고, 다음은 동쪽에 있는 포이케(Poike) 화산분출구이며, 세번째가 가장 높은 곳에 자리한 테헤바카(Tehevaka) 화산분출구다. 포이케 화산분출구 서쪽에 이제 우리가 찾아갈 수수께끼의 모아이 채석산(採石山)이 있다. 지금 우리가 서 있는 이 오롱고 화산분출구는 이스터섬의 유일한 식수원이다. 빗물이 고여 형성된 이 분출구 저수지의 수심은 약 10m이고, 수면의 절반을 남미산 갈대의 일종인 또또라가 뒤덮고 있으며, 수초도 듬성듬성 떠 있다. 물가에서는 과일나무도 자라고 있다. 이곳에서 남미산 갈대가 자라고 있다는 사실은 일찍이 바다를 사이에 두고 멀리 떨어져 있는 남미와 이스터섬 사이에 문물(식물) 교류가 있었음을 시사한다. 지금은 금기이지만 옛날에는 여인들이 빨래하러 물가까지 내려갔는데, 그녀들이 먹다 남은 과일 씨앗이 뿌려져서 저렇게 과일나무가 자라고 있다고 현장 해설원은 설명한다.

근 한시간을 보내고 돌아오는 길에 항가로아 마을 근처의 아나카이탕가타(Ana Kai Tangata)에 잠깐 들렀다. 라파누이어로 '아나'는 '동굴'을, '카이'는 '먹다'를, '탕가타'는 '사람'을 뜻한다. 합성하면 '사람

이스터섬 유일의 식수원이던 라노카오 화산호.

을 잡아먹는 동굴'이라는 의미다. 그래서 흔히 이곳을 식인굴(食人窟)
이라고 부른다. 듣기만 해도 섬쩍지근한 굴의 내력이 못내 궁금했다.
가리 씨에게 왜 식인굴이라고 하는가를 물으니, 적이 당황해하면서
묵묵부답이다. 5~6분 지나서 재차 물으니 그제야 그답지 않게 정색하
면서 "옛날부터 이곳은 낚시터였는데, 어느날 어떤 사람이 너무나 배
가 고파서 우연히 식인했다는 전설이 전해오고 있을 뿐이다"라고 무
겁게 말문을 연다. 필자가 알고 있으면서 지레 묻는다고 판단한 총명
한 기사 가리 씨는 전해오는 대로 대답 안 할 수는 없지만, '식인'이라
는 치부에는 자존심이 상한 기색이 역력하다. 오히려 얼결에 물어본
자신이 경망스러웠구나 하는 자책감이 들었다.

　황무지가 된 풀밭을 지나 굽이진 돌계단을 따라 바닷물이 찰싹거

리는 바닥까지 내려갔다. 거기에는 바다 쪽을 향해 입을 크게 벌린 동굴 하나가 있다. 면적이 족히 3평은 될 이 동굴 천장에는 채색 조인(鳥人) 그림이 또렷이 그려져 있고, 한 귀퉁이에 있는 불 피운 자리에는 그을음 자국이 아직 남아 있다. 지금도 이 동굴은 낚시꾼들의 쉼터가 되고 있다. 마침 그곳에서 가리 씨의 조카를 만났다. 그는 조카에게 우리 일행(3명)을 일일이 소개한다. 늠름한 청년인 조카는 낚시를 하러 왔다고 했다.

여기서 동쪽으로 마따베리공항의 활주로를 따라 남쪽으로 뻗은 길을 한참 가니 해변에 자리한 아후비나푸(Ahu Vinapu)에 이르렀다. 길양 옆에는 이름 모를 나무들이 빼곡히 들어서 있다. 한두가지 소개받은 나무로는 이그리아나무가 있는데, 잎이나 줄기가 뽕나무 비슷하며, 수액은 골절상에 약으로 쓰인다고 한다. 다음은 여기 말고도 지천에 깔려 있는 구야바(guyaba)나무로, 포도과에 속하는 과일나무다. 사실 이번 라틴아메리카 답사를 준비하면서 한국의 어떤 분이 남미산 열매나무를 이식하는 데 성공했다는 기사를 읽은 적이 있다. 그 어떤 텔레파시라고나 할까, 이곳에 와서 구야바나무를 접하면서 혹시 그 열매나무가 이 구야바가 아닐까 하는 영감이 들었다. 귀국해서 확인해보기로 마음 먹었다.

응어리로 남아 있다가 이 글을 쓰면서 그 나무가 바로 구야바나무라는 것을 확인했다. 수만리 상거한 한반도에 이스터섬이나 남미의 구야바가 전해졌다는 것은 교류사에서 유의미한 사건이다. 구야바는 일찍부터 잉카인들이 고산지대에서 키워온 건강식이며 약용 식물이다. 익으면 연분홍색을 띠는 열매에는 비타민과 철분 같은 각종 영양소가 풍부하다. 껍질째 생식할 수도 있으며, 주스나 잼, 술로 만들어

먹을 수도 있다. 잎은 가지치기한 후 말려서 차로 마시기도 한다. 장기능 강화나 당뇨 치료에 특효가 있는 것으로도 알려지고 있다. 우리가 민박집에 도착했을 때 주인이 내놓은 첫 대접품이 바로 구야바주스였고, 아침식사 때도 그 주스가 거르지 않고 나온다. 알고 보니, 경기도 하남시의 경원농장에서는 1997년에 이미 재배에 성공했는데, 강장제와 당뇨 치료에 효용이 있다고 해 이름을 '장당과'로 상표에 등록했다고 한다. 모아이 채석장 라노라라쿠에서 내려오면서 길가의 키 작고 앙상한 구야바나무를 카메라에 담았다. 그밖에 가로수로 눈에 자주 띄는 나무로는 세이보나무가 있다. 지금은 겨울철이라서 겉보기에는 희끗희끗하고, 앙상한 나뭇가지에 연분홍색 꽃이 곱게 피어 있다. 꽃은 바늘처럼 촘촘히 박혀 있으며, 키는 5~6m로 꽤 큰 편이다.

아후비나푸에서 '아후'는 '신성한 곳', 즉 '제단'을 말한다. 원래는 대체로 아후(제단) 위에 모아이 상이 얹혀 있었으나, 세월이 지나면서 서로가 분리되었을 뿐만 아니라 대부분 아후라는 건축자재로 옮겨졌거나 파괴되고 말았다. 그래서 이곳 말고는 아후와 모아이 상이 한 곳에 함께 유물로 남아 있는 경우는 매우 드물다. 푸카오라는 둥근 모자를 눌러쓰고 얼굴을 아래로 숙인 채 지면에 쓰러져 있는 여러구의 모아이 상이 눈에 띄었는데, 이러한 상의 제조 연대는 비교적 오래되어 800년대로 거슬러 올라간다. 그 가운데서 큰 모아이 상 한구의 크기를 실측해보니, 푸카오와 얼굴 너비는 각각 148cm와 126cm나 된다. 아후의 축조법에서 특이한 것은 페루의 잉카문명에서 채용한 제단 축조법과 마찬가지로 종잇장 한장 끼워넣을 수도 없을 정도로 돌들이 빈틈없이 맞물려 있다는 것, 돌을 직각으로 맞물리고 끝 부분을 살짝 고형(孤形)으로 처리했다는 것이다. 이를 두고 학계에서는 잉카문

아후아카항가에 있는 키 565cm의 쓰러진 모아이 상(상)과 보트하우스 집터(하).

명과 이스터섬 문명 간의 관련성을 제기하고 있다. 그리고 근처에 서 있는, 붉은 돌로 만들어진 얼굴 없는 모아이 상은 지금껏 남아 있는 유일한 여성 모아이 상이라고 한다.

아후비나푸부터는 남부 해안가에 속하는 모아이 상 군집지역이다. 8구의 모아이 상이 있는 아후항가테(Ahu Hanga Tee)를 지나 13구의 모아이 상이 널려 있는 아후아카항가(Ahu Akahanga)에 도착했다. 이 두 곳 모아이 상은 신통하게도 모두가 얼굴을 아래로 숙인 채 쓰러져 있다. 이것은 1680년에 시작된 이른바 '프리 모아이'라고 하는 모아이 쓰러뜨리기 전쟁이 가져온 결과다. 아후아카항가 입구에는 '보트하우스'라고 하는 집터가 있는데, 남아 있는 장방형 받침돌에는 이음구멍이 2~3개씩 나 있는가 하면, 마당은 잘 다듬은 반질반질한 돌로 정갈하게 깔아놓았으며, 집에는 나가는 문이 따로 설치되어 있다. 모아이 상들이 군집해 있는 이곳에서 바다를 향해 오른쪽으로 약 100m쯤 떨어져 있는 곳에 비교적 완벽한 모아이 상 한구가 비스듬히 쓰러져 있다. 실측해보니 키는 565cm, 얼굴 너비는 139cm나 되는 우람한 상이다. 세련된 환조기법(丸彫技法)이 도입되어 이목구비가 뚜렷하고 생동감마저 돈다. 상에 접근해 있는 필자를 보고 멀리서 관리원이 만지지 말라고 손짓을 한다. 소중한 문화유산을 보호하려는 관리원의 제지는 십분 타당하다. 자기 문화에 대한 섬 사람들의 자긍과 수호정신이 돋보이는 대목이다.

해안 길을 따라 20여분 달리니 오른편에 녹음이 우거진 완만한 언덕이 나타나며, 그 너머로 여러가지 모양새를 한 모아이가 점점이 박힌 푸르스름한 산등성이가 시야에 들어온다. 여기가 바로 라노라라쿠(Rano Raraku)라고 하는 모아이 상 석재채석장이자 제작소다. 입구 매

모아이 상 석재채석장이자 제작소인 라노라라쿠산.

표소 벽에는 모아이 상의 형태와 제작 및 복원 과정 등을 소개하는 홍
보물이 빼곡히 붙어 있다. 몽땅 카메라에 담았다. 흥미가 동해 숨가
쁜 줄도 모르고 단숨에 30여분 오르막길을 걸어서 산 중턱에 이르렀
다. 둘러보니 산 전체가 모아이 상 제작소다. 섬 이곳저곳에 운반되어
간 것 말고 지금 이 산언저리에 남아 있는 상만도 397구나 된다고 한
다. 상들 사이를 지나가면서 보니 만들다가 손을 놓은 미완품이 있는
가 하면, 다 만들고도 떼어내지 못했거나 떼어내고도 운반해가지 못
한 것 등 다양한 운명의 상들이 쓰러져 있거나 세워져 있다. 상마다에
는 오랜 풍상의 흔적이 역력하다. 그중에는 섬에서 가장 큰 상으로 산
중턱에 누워 있는 키 21.6m, 무게 160~82톤의 엘히칸테 상이 있다.
　이곳에 남아 있는 상들은 대체로 후기에 만들어진 것들이기 때문

에 상대적으로 크며, 석질은 이 산에서 나는 응회암(凝灰岩)이나 흑요석(黑曜石)이다. 제작 방법은 돌을 따로 떼내어 가공하는 것이 아니라, 가공한 다음 떼내는 방식이다. 길에서 우연히 타이완 불광산사(佛光山寺)에서 온 비구니 일행을 만나 반가운 담소를 나눴다. 뜻밖에도 이곳 문화에 관해 관심이 많았다.

여기까지 허기도 잊은 채 한달음에 명소 다섯곳이나 둘러보다보니 시간은 오후 2시를 훌쩍 넘었다. 호졸근해지는 몸을 추세우기 위해 민박집에서 마련해온 도시락 곽을 열었다. 닭고기와 치즈, 야채를 섞은 샌드위치에 빵과 구야바 즙을 곁들여 게눈 감추듯 비웠다. 주식으로 먹는 아라와(다른 이름도 있다고 함)라는 이곳 빵은 지름 10cm, 두께 1cm 정도로 구운 밀가루 빵으로 아주 고소하다. 쉴 참도 없이 길을 이었다.

차로 약 15분 거리에 있는 아후통가리키(Ahu Tongariki)를 찾았다. 여기에는 섬 최대의 모아이 상들이 모여 있다. 지금은 길이가 약 100m쯤 되는 장대한 아후(제단) 위에 15구의 거상이 해변에서 내륙을 향해 가지런히 서 있는 모습이다. 원래 섬에 있는 모든 모아이 상들은 신관(神官)이나 권력자의 가옥들과 마주보게 되어 있으므로 내륙을 향해 세워졌다고 한다. 이곳 상들도 예외는 아니었지만, 발견 당시 상들은 얼굴을 아래로 향한 채 쓰러져 있었으며, 그것도 일부는 지진 때문에 망그러지기도 했다. 그러던 것이 1991~93년 일본의 원조에 의해 지금처럼 복원되었다고 한다. 일본은 '모아이상복원위원회'를 조직해 복원을 직접 도왔다. 그 증거로 입구에 일본 복원팀이 중형 기중기로 상들을 옮기는 커다란 현장사진이 걸려 있다. 세계 여러 유적지들을 돌아다니다보면, 가끔 일본의 이러한 혜시(惠施)를 목격하게 되는

데, 그 의도야 어떻든 간에 인류 공동의 문화유산을 지키려는 뜻에 대해서는 이웃으로서 반갑지 않을 수 없다. 한편으로 그렇지 못한 우리에 대한 자괴감에 빠져들곤 한다. 왜 우리는 세계를 향한 혜시가 아직 그토록 인색하고 메마른가? 정녕 우리에겐 능력과 여유가 없다는 말인가? 문화는 국격(國格)이며, 국격은 이타(利他)의 시은(施恩)에서 나타나야 한다. 우리가 이러한 자괴에서 탈피할 날은 과연 언제일까.

이 모아이 상들이 하루 중 가장 현란한 빛을 발할 때는 아침 해를 배경으로 서 있을 때라고 한다. 그래서 그 황홀지경을 감상하기 위해 여기서 차로 40분 거리에 있는 항가로아 마을 사람들이 새벽녘에 자주 이곳을 찾아온다고 한다. 그 황홀한 조화 때문인지 갑자기 바닷가에서 세찬 회오리바람이 불며 검은 구름덩어리가 실려와 한바탕 소낙비를 퍼붓는다. 속수무책으로 당할 수밖에 없었다. 그러다 비는 이내 황급히 저만치 도망쳤고, 언제 그러했냐는 듯이 해가 방긋이 얼굴을 내민다. 애당초 자연과의 숨바꼭질에서 인간이란 무력한 존재다. 순응이 상책이며, 거역은 고달프기만 하고 때로는 자멸을 초래한다. 아후통가리키 앞 광장에는 조인(鳥人) 암벽화 한점이 있다고 하는데, 비 때문에 보지 못한 아쉬움을 남겼다.

포이케반도의 남쪽 해안가에 자리한 아후통가리키를 뒤로 하고 반도의 남북을 종단하는 반포장 길을 30여분 달려 섬 동북쪽 해안가에서 여행객들의 이목을 끌고 있는 테피토쿠라(Te Pito Kura, '빛의 배꼽'이란 뜻)에 이르렀다. 가리 씨는 우리를 해안 근처에 있는 둥근 돌덩어리로 안내했다. 직경 98cm짜리 이 돌에는 두 손으로 만지면 기(氣)나 복을 받는다는 속설이 있다. 이로 인해 얼마나 많은 사람들이 정성스레 만지작거렸는지, 오랜 비바람에도 불구하고 표면은 반질반질 윤기가

아후통가리키의 15구 모아이 상.

기나 복을 준다는 속설이 있는 테피토쿠라('빛의 배꼽')의 돌.

돈다. 주위에는 4방위를 상징하는 작은 돌 4개를 배치했다. 전설에 의하면 이 돌덩어리는 이스터섬에 처음 찾아온 호츠마츠아 왕이 고향 히바에서 카누에 싣고 온 것이라고 하지만, 일부에서는 오랫동안 바닷물에 씻겨 둥그렇게 된 평범한 둥근 돌덩어리라고도 한다. 다들 믿거나 말거나 둥글게 자리하고 앉아서 손으로 만지면서 내심 모두의 복과 행운을 빌었다.

　돌 가까이에서 목과 푸카오(모자)가 잘린 채로 누워 있는 모아이 파로가 눈에 띄었다. 키가 9.8m, 무게가 무려 74톤이나 되는 이 상은 채석장에서 운반되어 와서 아후 위에 세워진 모아이 가운데 가장 큰 상이라고 한다. 모래 속에 반쯤 묻혀 있는데도 그 위용이 어마어마하다. 그리고 돌에서 500m쯤 떨어진 곳에 돌로 지은 닭장(하레모아) 하나가

천혜의 휴양지이며, 인간을 형상화한 모아이 상이 있는 아나케나해안.

보이는데, 그 지붕은 신통히도 지평선과 일치 선상에 놓여 있다. 쉬운 설계가 아니라고 한다. 돌아오는 길 양옆에서도 여러개의 돌 닭장을 발견했는데, 거개가 밑에 돌로 막을 수 있는 구멍이 나 있다. 이것은 낮에 풀어놓았던 닭들을 저녁이 되어 닭장 속에 몰아넣을 때 이용하는 출입문이라고 한다. 닭이 중요한 방목 가축이었음을 짐작케 한다.

　이곳을 떠나면서, 여기서 본 74톤이나 되는 모아이 파로를 비롯한 그 육중한 돌상들이 어떻게 수십 킬로미터씩 떨어진 여러 곳으로 운반될 수 있었는지 그 의문에 답을 주어야만 했다. 라노라라쿠가 발견되고 채석이나 제작 과정이 제대로 고증되기 전에는 그 운반 방법이 불가사의해 심지어 우주인이 운반했다는 낭설까지 떠돌았다. 그러나 지금까지 실제 실험 등을 통해 얻은 결론은 이러하다. 즉 채석산에서 만들어진 상을 경사면을 따라 아래쪽으로 굴러내려 미리 파놓은 구덩이 안에 세운다. 그리고 나서 나무썰매에 배를 대고 눕힌 후 두개의 튼튼한 나뭇대를 지레로 삼아 천천히 이동시킨다. 현장에 도착하면 어떤 것은 푸카오를 씌우거나 눈을 넣어 형태를 완성하고는 배 쪽에 작은 돌들을 채워넣으면서 조심스레 일으켜 세운다. 이 모든 과정은 상당한 인력과 시간을 요하는 작업이다. 자명한 것은 현대의 인력으로는 감히 엄두를 낼 수 없다는 사실이다.

어느덧 석양이 물들기 시작한다. 서둘러 귀로에 오르면서 섬 동북쪽에 펼쳐진 아나케나해안(Playa de Anakena)에 잠시 들렀다. 일찍이 전설의 왕 호츠마츠아가 상륙했다는 해안인데, 백사장이 작은 만을 이루고 있다. 1960년대 초 타히티에서 운반해왔다고 하는 코코야자 숲으로 에워싸여 있고 잔잔한 물결이 이는 천혜의 휴양지이자 수영장이다. 입구에 들어서자 구수한 바비큐 냄새가 코를 찌른다. 휴양객들이 삼삼오오 모여 한창 바비큐 파티를 열고 있었다. 해변가에는 1978년에 복원한 푸카오를 쓴 다섯구의 모아이가 의젓하게 서 있다. 안내서에는 흥미롭게도 기저귀를 찬 아후나우나우라는 모아이가 있다고 해서 찾아봤으나 발견하지 못했다. 복원 당시 이 모아이 상 아래에서 '모아이의 눈'이 발견되었는데, 현재 항가로아 마을에 있는 박물관에 소장되어 있다고 한다.

이 다섯 상에서 약 100m 떨어진 호츠마츠아 왕이 상륙했다고 하는 언덕에 그를 기리는 모아이 상을 세웠는데, 지금은 수리 중이라서 접근을 금하고 있다. 여기서 모아이 상도 마치 동상(銅像)처럼 어떤 인간(여기서는 호츠마츠아 왕)을 기리기 위한 기념물 용도로도 세워졌다는 중요한 사실을 발견하게 된다. 인간을 형상화한 상이 전체 모아이

항가로아 마을 어귀에 있는 5구의 타하이 모아이 상.

상 가운데서 얼마나 되는지나, 두가지 상 사이의 차이점 및 특징 등
에 관한 연구는 아직 없는 성싶다. 만약 이 동상이 수리로 인해 가려
지지 않았다면, 이에 관한 어떤 단서라도 포착할 수 있지 않았을까 한
다. 그렇지 못했으니 참으로 아쉬움이 컸다. 유서 깊은 아나케나해안
은 아늑한 해변가다. 하룻밤 묵고 싶은 고장이지만 일정에 따라 떠날
수밖에 없었다.

　한시간쯤 달려서 항가로아 마을 어귀에 우리네 서낭신처럼 해변
에 우두커니 서 있는 다섯구의 타하이(Tahai) 모아이 상을 만났다. 현
장에 도착하고 보니, 이 다섯 상말고도 유일하게 눈이 끼워져 있는 아
후코테리쿠도 여기에 우뚝 서 있다. 이 모아이 상들은 1969년 미국의
한 고고학자에 의해 복원되었으며, 건조연대는 690년경으로 밝혀졌
다. 이 상들의 발견지는 주로 종교의식이 치러지던 곳이다. 종교의식

항가로아 마을 어귀에 있는, 유일하게
눈이 끼워진 아후코테리쿠 모아이 상.

을 치르기 위해 사제들이 대기하던 돌집(보트하우스) 터가 지금도 남아 있다. 닭을 길렀던 닭장과 돌담장으로 에워싼 밭 유구(遺構)도 발견되었다. 어스름이 깃들 무렵 숙박집에 돌아왔다.

아침 9시에 시작해 저녁 6시에 끝난 오늘의 현장답사에는 장장 9시간이 걸렸다. 주로 이스터섬의 동서남북 해안가에 흩어져 있는 아홉 곳의 이러저러한 유적·유물을 찾아다녔다. 한시간에 한 곳을 찾은 셈이다. 그 가운데서 압권은 단연 모진 풍상을 이겨내면서 역사의 증인으로 꿋꿋이 서 있는 모아이 상이다. "아는 것만큼 보이고, 보는 것만큼 얻는다"라는 필자 나름의 탐방 철학을 다시금 터득한 하루였다.

그런 가운데서도 오늘의 현장 탐방을 통해 모아이 상에 관한 몇가지 수수께끼를 나름대로 풀 수 있었다. 모아이 상이 마을(부족)에 대한 수호(守護)나 위력의 상징으로, 또는 위인에 대한 기념 등으로 만들어졌다는 사실을 알아냈고, 채석장이나 제작 과정, 운반법 등을 현장에서 목격함으로써 '외계 제작설'의 허구를 갈파할 수 있었다. 그리고 모아이 상이 거석문화 유물에서 차지하는 비중이라든가 특징을 재삼 숙고하게 되었다는 점도 수확이라면 수확이다. '백문불여일견'이라는 일상사의 통리도 새삼스레 절감했다. 태평양 상의 절해고도이지만, 이스터섬이 인간에게 주는 교훈과 깨우침은 보편적이며 참신하고 놀랍다. 이것만으로도 찾아온 보람을 느낀다.

홍에 겨워 편각의 여유도 두지 않고 하루 종일 문자 그대로 동분서 주했더니 사지가 호졸근하고 허기도 엄습했다. 싼띠아고에서 마련해 온 라면과 몇가지 조림으로 저녁을 때웠다. 그리고 그곳 한인식당에 서 장만한 것을 밑반한 우리네 소주 '처음처럼' 한잔으로 하루의 노 독을 풀었다. 서양 속담에는 술을 신이 인간에게 내린 최대의 '선물' 이라고 하는데, 그 이유는 취중진담(醉中眞談)이라고 한다. 그러나 취 중에 한 말의 진위를 가리는 것의 무모함을 상기하며 차라리 그 대체 어로 "신이 인간에게 내린 최상의 노독 해소제는 술이다"라고 한다 면, 만인이 시비 없이 공인할 것이 아니겠는가! 나머지 한두잔도 긴요 에 대비하려고 깊숙이 비장했다. 여행하다보면 본의 아닌 숨바꼭질에 자소자관(自笑自寬, 혼자 웃고 스스로 위로하다) 할 때가 있다. 식후 오늘 의 일정을 메모하다가 편을 잡은 채 곯아떨어지고 말았다.

22
전통이 살아 숨 쉬는 남태평양의 고도, 이스터섬

닭들이 꼬꼬대고 새들이 우짖는 바람에 단잠을 깼다. 날이 밝기를 기다렸다가 주변 산책에 나섰다. 낯선 곳이라서 이것저것 닥치는 대로 보고 만지고 음미하고 싶었다. 세이보나무의 앙상한 가지들은 서로 엉키어 가로수를 이루고 있는데, 가지마다에는 예쁜 연분홍색 꽃잎이 보드랍게 나붓거린다. 집집마다 바싹 말라 엉킨 나뭇가지를 엉성하게 가로질러 대문을 삼고 있다. 갈아엎은 텃밭은 기름기 도는 거무죽죽한 토질이다. 그래서인지 거기서 가꿔서 가게 매대에 내다 파는 채소는 한결같이 푸르싱싱한데다 무공해. 바다에 에워싸이고 푸른 잔디와 숲으로 우거진 섬 전체는 그야말로 오염 없는 청정지역이다. 울타리 너머에는 누르무레한 파파야 열매가 한창 무르익고 있다. 어느 집 나뭇가지에는 어부임을 알리는 징표라고나 할까, 지름이 10cm는 될 쇠닻이 주렁주렁 매달려 있다. 몇몇 집 뜨락에서는 섬 밖

도끼로 포장석을 다듬는 모습.

에서 온 사람들이 텐트를 쳐놓고 캠핑을 하고 있다. 그런가 하면 일찌
감치 바닷물에 몸을 적시고 아침 햇살을 맞는 사람들도 더러 있다.

어제는 모아이의 외관을 살폈다면 오늘은 그 내면을 파헤쳐보고
싶었다. 아직은 여러가지 수수께끼가 풀리지 않고 있지만, 그나마도
이미 밝혀진 것과 어제 하루 현장과의 만남에서 얻은 감성적 지식에
라도 의지해, 이 '미지의 섬'을 감싸온 껍데기를 한꺼풀 벗겨볼 궁량
으로 집을 나섰다. 양옆에 주택들이 듬성듬성 박혀 있는 외가닥 거리
를 약 30분 걸어서 인류학박물관(Museo Anthropologico)에 이르렀다. 가
는 길에 도로를 포장하는 석공들이 쇠도끼로 불그스레한 돌을 나무
깎듯 다듬는 광경을 목격했다. 다가가 살펴보니 어제 라노라라쿠 채
석장에서 본 바로 그 모아이를 만드는 석재다. 잘라놓은 돌조각을 들

어보니 부석처럼 가볍지는 않지만, 그렇다고 차돌 같이 무겁지도 않다. 바로 이러한 경도와 무게를 갖추고 있는 석재이기에 모아이 같은 구조물을 손쉽게 만들고 운반할 수 있었을 것이다. 모아이의 비밀 하나를 더 알아낸 셈이다.

바다가 한눈에 바라다보이는 언덕바지에 단층 건물로 1973년에 지은 이 박물관은 모두 3개의 전시실로 구성되어 있다. 건립자는 독일 선교사 세바스티안(Sebastian)이다. 40년의 역사를 가진 박물관에는 출토 유물과 사진 등 1만 5,000여점이 전시되어 있다. 전시품의 주종은 모아이에 관한 것이다. 그 가운데서 특별히 흥미를 끈 것은 모아이의 출토지와 제작 과정에 관한 상세한 소개다. 이스터섬의 역사와 문화, 원주민 등에 관해서도 소개를 곁들이고 있다. 마침 『박물관안내서』(the Guide Museo Anthrologico)가 있어 대뜸 구입했다.

이 섬에 언제부터 어떤 사람들이 살기 시작했는지는 아직 미스터리다. 유물에 근거하면 400년경부터 사람이 살기 시작한 것으로 보이지만 그들이 원주민인지, 아니면 외래인인지는 확실치 않다. 대체로 외래인으로 보는데, 외래인이라면 폴리네시아나 남미에서 도래한 인종일 터다. 오랫동안 모든 것이 베일에 가려 있던 이 섬이 세상에 알려진 것은 그로부터 1,300여년 지난 1722년이다. 이해 네덜란드의 탐험가 로크헤벤이 3척의 배를 이끌고 이 미지의 섬에 상륙했다. 그러면서 이 섬에 모아이 같은 대형 석상들이 있음을 세상에 알렸다. 상륙한 날이 바로 기독교의 부활절이었기 때문에 그는 이 섬에 '이스터섬'이라는 이름을 붙였다.

1770년대에 들어서면서 유럽인들이 앞을 다투어 무주공산의 남태평양 일원에 진출해 식민화를 시도했다. 이 무렵 페루를 통치하고 있

1973년에 지은 인류학박물관 외경.

석두상. 인류학박물관 소장.

던 스페인 부왕이 이 섬에 군함을 급파해 일방적으로 무리한 영유화(領有化)를 선포하면서 섬 이름도 아예 '싼까를로스(San Carlos)'로 바꿔 버렸다. 4년 후에 배를 이끌고 이 섬에 상륙한 영국의 항해가 캡틴 쿡(Captin Cook)은 섬을 둘러본 소감을 이렇게 기록하고 있다. "섬 주민들의 모습, 언어, 생활습관은 피지나 타히티 등 서쪽 사람들과 공통성이 있어 동일한 선조를 가지고 있다고 생각된다." 이러한 기록은 당시 이 섬 주민들이 피지를 비롯한 폴리네시아 사람들과 같은 종족적 기원을 가지고 있음을 시사한다. 그런데 쿡은 52년 전 로크헤벤의 기록과는 달리, 모아이 상이 모두 땅바닥에 쓰러져 있다고 기술했다. 어찌된 영문인가?

이것은 아마 이른바 '모아이 전쟁'의 결과인 듯하다. 10~11세기에 이르러 모아이 상 제작이 절정을 이루었는데, 이 때문에 삼림이 파괴되고 농업이 피폐화되었으며, 식량이 부족해지는 등 사회적·경제적 혼란과 갈등이 발생했다. 특히 부족한 식량을 둘러싼 쟁탈전과 살육전이 벌어져 사회의 불안과 갈등은 가일층 심화되었다. 이 틈을 타 점차 세력을 확장한 전사(戰士) 계급은 이 모든 화근이 절대적 신앙의 대상이며 마을의 수호신인 모아이에 있다고 판단해 상들을 무자비하게 쓰러뜨리고 심지어 망가뜨리기까지 했다.

이스터섬 주민의 원류에 관해서는 쿡이 시사한 것처럼 폴리네시아 도래설을 믿는 학설이 있는가 하면, 남미 도래설을 주장하는 일설도 만만찮다. 그 주창자는 노르웨이의 탐험가이자 고고학자인 토르 헤위에르달(Thor Heyerdahl, 1914~2002)이다. 그는 이스터섬 원주민을 비롯한 폴리네시아 사람들이 남미에서 도래했다는 견해를 피력했는데, 그 근거는 다음과 같다. ① 이스터섬에서 나는 고구마의 원산지가 남미라는 것, ② 오롱고에 있는 라노카오 화산호 수면에는 남미 볼리비아의 띠띠까까호가 원산지인 또또라(갈대)가 자라고 있다는 것, ③ 아후비나푸의 아후(제단) 축조법이 페루 잉카문명의 티아우아나쿠 유적의 성벽 축도법과 유사하다는 것, ④ 이른바 '콘티키(Kon-tiki) 이론'으로, 잉카제국시대의 전설에 의하면 잉카제국을 개창한 인디오의 신 콘티키 비라코치가 전쟁에서 패배해 잉카의 이카다에서 이곳 태평양으로 떠났다는 것, ⑤ 이스터섬에는 귓불을 인위적으로 길게 하는 아나우

Dibujo de un Joven Remero

이스터섬의 원주민 상. 인류학박물관 소장.

에페라는 부족이 있었는데, 남미 잉카의 지배계급인 온오네족도 이와 똑같은 풍습을 가지고 있었다는 것 등이다.

수긍이 가는 근거도 있지만, 두 부족이나 지역 간의 문화적 공통성을 교류의 증빙 없이 일방의 전파나 원류로 간주하는 것은 다분히 견강부회적인 억측에 불과할 수 있다. 토르는 자신의 남미도래설을 실증하기 위해 4명의 모험가들과 함께 1947년 4월 28일 콘티키호 뗏목을 타고 페루 리마 근처의 카야오를 출발, 태평양을 6,900km나 횡단해 101일 만인 8월 7일 타히티 인근의 투아모투(Tuamotu)섬에 표착했다. 이것이 이른바 '콘티키호'의 모험이다. 현재 노르웨이 수도 오슬

로에 있는 콘티키박물관에는 콘티키호 뗏목과 함께 모험 내용을 담은 『콘티키호 탐험기』(Kon-tiki Expedition)가 소장되어 있다. 이 탐험기에 토르가 주장한 남미도래설이 기술되어 있다.

몇몇 모험가들에게나 알려졌을 뿐, 아직은 여전히 '미지의 섬'으로 고즈넉하게 남아 있던 이스터섬이 19세기에 들어와서부터는 남태평양을 무대로 활동하던 서구의 포경선(捕鯨船)이나 진주 채집선, 해표 수렵선, 노예 포획선 등으로 북적이는 섬으로 되어버렸다. 이에 따라 수많은 섬사람들이 노예로, 선원으로 끌려감으로써 섬은 거의 공동화되었다. 끌려간 사람들은 거개가 돌아오지 못했다. 고유문자인 롱고롱고는 아는 사람이 없어서 끝내 사라지고 말았다. 이러한 비운 속에 1888년 칠레는 이스터섬에 대한 영유권을 일방적으로 주장하면서 섬 이름도 스페인어인 '이슬라데빠스꾸아'로 개명한다. 이 모든 식민화 과정은 섬 주민들의 불만을 야기했다. 드디어 1966년 그들은 분연히 일어나 칠레의 군정에 대한 저항투쟁을 벌여 섬의 자치를 쟁취했다. 그후 공항이 생기고 개발 붐이 일어나면서 유수의 관광명소로 변모했다.

유물도 유물이거니와 문자 기록으로 벽면마다를 가득 채운 전시실, 게다가 촬영을 허용하니 박물관 참관을 통해 소득이 적잖았다. 박물관 방명록에는 "모아이는 무언으로 역사를 증언하고 있다. 한국문명교류연구소장 정수일, 2012년 7월 7일"이라는 글귀를 남겨놓았다. 돌아오는 길에 이곳 전통식당에 들러 엠빠나다(empanada) 하나씩으로 점심을 때웠다. 한 변이 10cm쯤 되는 삼각형 빵(아라와) 속에 삶은 참치를 잘게 썰어넣은 일종의 샌드위치다. 한개에 2,000페소(한화 4,000원)로 값이나 맛이 다 괜찮다. 길 양옆에 피어난 갖가지 화사한 꽃들을 렌즈에 담고 감상하면서 유유히 민박집에 돌아왔다. 뜻밖에 바로 민

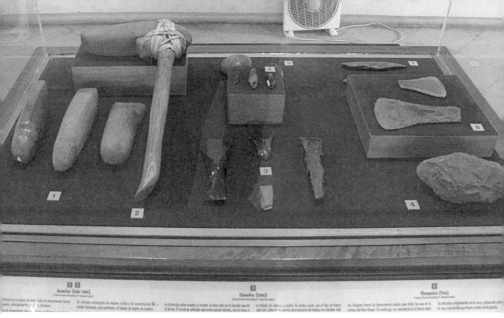

인류학박물관에 전시된 이스터섬 원주민들이 사용한 각종 석기.

박집 이웃에 '라파누이 예술의 집'(Casa de Rapa Nui)이 있는 것을 발견했다. 영어 간판은 '라파누이문화센터'(Cultural Center of Rapa Nui)다. 이곳 전통예술에 대한 갈증을 풀어줄 수 있는 공간인 만큼 여간 반갑지 않았다. 찾아온 행운이 아닐 수 없었다.

대문에 허술하게 쳐놓은 헝겊 간판을 보고 무턱대고 마당에 들어섰다. 대문 입구에는 수호신인가 싶은 험상궂은 목각 인물상이 서 있다. 마당에 설치한 몇점의 조각품을 카메라에 담았다. 인기척을 듣고 주인 로도또(Rodoto) 씨가 나왔다. 허락 없이 들어와 수선을 떠는 성싶어 무척 미안하고 당황스러웠다. 그러나 일견해 예술가의 풍모가 물씬 풍기는 40대 후반의 주인은 오히려 모든 것에 개의치 않는 듯, 만면에 미소를 띠면서 이 이방인에게 환영의 인사를 건넨다. 이웃집 손님으로 이곳 전통예술을 알고 싶어 들렀다고 사유를 말하자, 주인은 기꺼이 작업실로 안내한다. 그는 이곳 원주민 출신은 아니지만 라파누이의 전통예술을 연구하고, 또 직접 재현하기 위해 아내(염색 전문가)와 함께 싼띠아고에서 수년 전에 이곳으로 옮겨왔다고 한다. 60~70평쯤 되는 작업실과 사무실은 각양각색의 전통예술품으로 발 디딜 틈 없이 꽉 차 있다. 전통예술에 대한 로도또 씨의 애착과 집념을 엿볼 수 있다. 주요한 작품들을 하나하나 설명하면서 촬영도 허용한다.

우선, 모아이 석조 작품을 찾아 불원만리 이곳까지 찾아왔다고 하니 퍽 의아한 눈으로 바라보면서 라파누이어로 '모아이'는 '조각'이라는 뜻이라고 설명해준다. 사실 어느 글에서도 모아이의 뜻을 밝힌 바가 없기 때문에 그 뜻이 궁금했었다. 단칼에 의문이 해소되었다. 그의 소개에 의하면 라파누이족은 5,000년 전부터 이곳에서 살아오면서 다양한 예술을 창조했는데, 많은 것이 사라졌다. 그 사라진 예술을 복원하기 위해 이렇게 부부가 예술관을 차려놓고 연구와 복원에 진력한다고 한다. 부인은 자료수집차 싼띠아고에 가서 부재 중이다. 라파누이족의 원류에 관해서는 도래설보다는 오래된 전통과 유물을 예로 들면서 자생설에 가까운 견해를 피력한다. 복원해 전시한 작품은 실로 다양하다. 조개껍질과 물고기 뼈를 이용한 장식품, 새

'라파누이 예술의 집' 마당에 서 있는 조각상.

로도또 씨의 전통예술 작품.

깃이나 털로 엮은 다채로운 장식품, 여러가지 무늬와 색깔을 조화시킨 현란한 피륙 등과 더불어 다종다양한 목각품이 시선을 끈다. 새 깃이나 털 장식품은 외부에서 들어온 것이라고 한다. 왜냐하면 이곳 원주민들은 나체족으로 깃이나 털이 별로 필요 없었기 때문이다. 은연중 교류의 일단을 내비친다.

로도또 씨는 목각품이나 장식품 앞에서는 더더욱 흥이 나서 설명한다. 배의 노 모양을 한 왕과 왕비의 권위를 상징하는 봉은 길이가 각각 170cm와 70cm로, 나무인데도 쇠붙이처럼 단단하고 묵직하다. '마푸체조'라고 하는 '생명의 나무'는 장수나 영생을 상징하듯, 풍성한 나뭇가지를 옆으로 촘촘히 뻗치고 있다. 사실 지구의 여러 곳에서 전해져 내려오는 '생명의 나무'는 한결같이 인간의 공통적인 염원

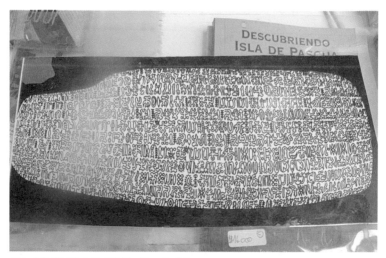

이스터섬 원주민의 문자인 롱고롱고 문자판.

을 상징하는 성수(聖樹)다. 이 절해고도에 격리된 사람들의 심성도 다를 바가 없다. 이것이 심리학에서 말하는 인간의 '심리공통성'이다. 이 섬에서 자라는 나무 가운데 단단하고 결이 좋아 조각에 제격인 것은 마꼬이나무라고 하면서, 로도또 씨는 한 타원형 조각판 앞에서 발걸음을 멈춘다. 마꼬이나무로 만든 '코하우롱고롱고'라는 문자판 복제품이다. 정교한 문양에다가 무엇인가를 형상화한 글자가 가로로 빼곡하다. 앞에서 언급했다시피 롱고롱고는 이스터섬 원주민의 문자로, 식민주의자들의 말살정책에 의해 이미 망각된 문자다. 다행히 이 문자판의 원판이 발견됨으로써 롱고롱고의 복원에 희미한 불빛이 비치고 있다고 한다. 그 자신도 이 문자 복원에 많은 관심을 갖고 있다고 한다.

18~19세기에 이곳을 찾아온 탐험가들과 선교사들은 원주민들이

'기묘한 문자'로 사인을 하고, 집집마다 뾰족한 돌로 이러한 문자를 새겨놓은 나무판자를 가지고 있다는 사실을 전하고 있다. 그런데 이곳 주민들이 기독교로 개종한 후에는 '이교도의 말'이라고 하면서 대부분 불태워버렸다고 한다. 노예 포획이 성행하면서 문자를 아는 사람들이 죄다 끌려가는 바람에 문자를 해독할 수 있는 사람들이 사라지고 문자도 점차 잊혀버렸다. 근간에 관심이 일면서 싼띠아고국립자연사박물관과 러시아 상트뻬쩨르부르크대학박물관을 비롯해 세계 각지에 흩어져 있는 코하우롱고롱고 문자판을 수집해보니, 겨우 20장 정도밖에 남아 있지 않다. 연구 결과 이 문자판은 왼쪽에서 오른쪽 방향으로 읽은 뒤, 다시 다음 행은 오른쪽에서 왼쪽 방향으로 읽는 이른바 '부스토로페돈' 읽기법으로 씌어졌으며, 사용된 문자는 라파누이의 고대문자인 롱고롱고로, 상형문자에 속한다는 것이 밝혀졌다. 로도또 씨는 이러한 내막까지는 설명하지 않고, 그저 롱고롱고가 없어지고 이 판자를 아직 해독하지 못한 안타까움만을 강조한다. 다음날 들른 마을 민예품 상점에서는 이 문자판을 새긴 손수건을 관광상품으로 팔고 있었다.

마당에는 키가 20m나 되는 따마노나무 한그루가 우뚝 서 있다. 탁구공 크기의 누런 열매가 조롱조롱 매달려 있다. 열매는 먹지 못하나 씨는 장식품으로 쓰인다고 한다. 곁에 아보카도나무도 한그루 가지런히 서 있다. 역시 키가 20m나 되는 이 나무 열매는 어른의 주먹만큼 큰데, 겉은 짙은 녹색이나 속은 연두색이다. 씨를 빼고 살로 샐러드나 주스를 만든다. 이렇게 많은 이야기를 나누면서 집 안팎에서 두시간이나 보냈다. 주인의 친절한 접대와 열성이 넘치는 설명으로 정말 많은 것을 배운 유익한 시간이었다. 로도또 씨는 다시 찾아올 것을 당부

라파누이의 전통예술 연구자인 로도또 씨와 필자.

하면서 홍보지에 'Rodoto'라고 친필 사인을 해주고, 함께 기념사진도 남겼다. 그리고 대문 밖까지 나와 우리 일행을 바래주었다. 그의 예술가다운 온정과 선량하고 진지한 모습, 그리고 전통이 살아 숨 쉬는 그의 작품들이 지금 이 시각에도 눈앞에 삼삼이 떠오른다. 그러한 지킴이들이 있기에 이스터섬은 모아이와 더불어 외롭지 않고 새로이 거듭날 것이며, 남태평상의 진주로 영생할 것이다. 그에게서 이러한 믿음을 얻은 것은 이스터섬 여행의 또 하나의 큰 성과다. 기회가 차려진다면 꼭 한번 다시 찾아오리라 속다짐을 하였다.

한나절이 지나 민박집에 돌아오니 티누이호텔(Tea Nui Hotel)이라는

항가로아 마을 상점에 진열된 각종 전통 민예품.

간판이 새로이 내걸렸다. 어제는 그저 주소만 가지고 주인을 따라 문
패도 없는 이 민박집에 투숙했다. 그런데 하루 사이에 조개 문양을 한
이런 간판을 만들어 달았으니, 이제부터는 '민박집'이 아니라 본격
호텔로 승격된 셈이다. 그녀에게 '승격'을 축하했더니, 아직 미흡하다
면서 민망스런 표정을 지었다. 그러면서 불편한 점이 있으면 널리 양
해해달라고 당부한다. 세상 어디서나 인간은 정을 주고받으며 예(禮)
로 사귀고 함께 살아가는 법이다.

　저녁에는 전통민속공연장을 찾았다. 바깥에서부터 현란한 채색 조
명등이 사방을 비추고 요란한 음악소리가 귀청을 얼떨떨하게 마비시

이스터섬의 전통 민속공연.

킨다. 입장료가 상당히 비싼 2만페소(한화 약 4만원)인데도, 매표소는 장사진을 이루고, 공연장 안은 입추의 여지가 없다. 암표상들이 이곳 저곳을 기웃거린다. 제시간에 도착했는데도 자리가 없어서 겨우 뒷줄에 임시 의자를 놓고 비비대면서 앉았다. 이것은 그나마도 운이 좋은 편이다. 적잖은 관람객들이 입석을 마다하고 몰려들었다. 안내원들은 속수무책이다. 그만큼 공연은 인기가 좋았다. 남녀 무용수 6명씩과 악사 5명이 한시간 동안(밤 9~10시)의 프로그램을 꾸민다. 남자 무용수들은 요부(要部)만 가리고, 여자 무용수들은 새 깃이나 털, 나무 잎사귀로 화려하게 장식한 채 요염하게 동작한다. 무용수와 가수가 따로 없이 그야말로 '가무일치'다.

공연은 남자 무용수들이 다리와 엉덩이에 문신을 새기는 레퍼토리로부터 시작한다. 자고로 문신은 남방 해양문화에서 종교적·주술적 의례나 미용, 계급의 표시, 액땜 등 다양한 목적과 의미 속에 면면히 이어오는 습속이다. 이어 남자 무용수 3명이 오롱고에서 또또라 갈대를 엮어 만든 배를 타고 모투누이섬에 가서 군함새 알을 가져오는 종교행사인 '조인 의례'를 특유의 춤사위로 표현한다. 동작 하나하나가 격렬하고 전투적이다. 남녀 무용수들이 활과 창을 들고 승전고를 올리는 장면은 비장하기까지 하다. 악사들의 단독 연주가 있는가 하면, 악사의 선창에 맞춰 무용수들과 관중이 한덩어리가 되어 중창을 하기도 한다. 공연 내내 모든 언사나 가사는 라파누이어로 진행한다. 종막에 가서는 우리네 마당놀이처럼 관중을 무대로 유도해 함께 춤추고 노래하기도 한다. 전통이 살아 숨 쉬는 또 하나의 장면이다.

이스터섬에서의 이틀째는 이렇게 뜻있게 보내고, 사흘째를 맞았다. 10시에 체크아웃 하고, 반나절은 마을 참관에 할애했다. 민예품 상점에 들러 모아이 상을 비롯한 기념품 몇점을 구입하고, 방학 중인 초등학교를 참관했다. 유리창으로 교실 안을 들여다보니, 벽에는 앳된 손들이 그린 우스꽝스런 그림들과 여러가지 게시물이 붙어 있다. 이어 언덕바지에 있는 가톨릭성당에 들렀다. 가무잡잡한 30대의 현지 신부님의 친절한 안내를 받으며 성당 내부를 둘러봤다. 한창 정오미사 중이라서 내부는 사뭇 엄숙하다. 4~5구 성상은 모두가 정교한 목제 조각품이다. 오늘도 곳곳에서 남태평양에서만 접할 수 있는 그 화사하고 향긋한 갖가지 희귀한 꽃과 나무들을 닥치는 족족 렌즈에 담았다. 내심 남태평양 화수(花樹) 사진전이라도 열어볼까 하는 심산에서 말이다. 점심메뉴는 17달러어치 쇠고기 스테이크다. 청정 풀을 뜯어먹고 자란 소라서인지 육질이 녹신녹신하고 감칠맛이 난다.

항가로아 마을의 가톨릭성당 외관.

사흘간의 체류를 마치고 아쉬운 작별의 시간이 다가왔다. 이스터 섬은 절해고도가 아니다. 누군가가 '절해고도'라고 했을 때 이미 그곳은 절해고도가 아니었다. 유구한 역사와 문화를 간직하고 있는 이 섬은 아득한 그 옛날부터 사람들의 터전이었고, 먼 거리를 마다않고 폴리네시아나 라틴아메리카와 서로 소통해왔다. 오늘은 특유의 생기를 발하면서 미래를 향해 비상하고 있다. 비록 남태평양 상의 점지(點地)에 불과하지만, 나름의 위상을 지니고 있다. 그렇기에 찾아온 것에 뿌듯함을 느끼면서, 페루 리마로 향하는 칠레 항공 LA 847편(좌석 13J)에 몸을 실었다. 현지시간 오후 5시 36분에 이륙한 비행기는 태평양의 칠흑을 헤치고 리마 시간 자정 0시 58분(시차는 3시간)에 리마국제공항에 무사히 착륙했다. 4시간 22분을 비행한 셈이다.

23
'잉카의 눈물'이 보듬는 리마

리마의 호르헤차베스국제공항(Aeropuerto Jorge Chavez)을 벗어난 택시는 희미한 가로등 불빛 속에 태평양 연안 길을 쏜살같이 달린다. 30분쯤 달리고 나서는 왼쪽으로 꺾어서 고층빌딩들이 숲을 이루고 네온등이 황홀지경으로 번쩍거리는 신시가지 미라플로레스(Miraflores) 지구에 접어든다. 리마에 관한 선행 여행자들의 이야기에서 얻어 뇌리에 주입된 고리타분한 동네일 것이라는 선입견이 일시에 무너진다. 중후한 감이 느껴지는 안또니오호텔(Antonio Hotel) 512호 방에 들어서기 바쁘게 잠에 곯아떨어졌다.

이튿날 아침 일찌감치 일어나 리마시 지도를 펼쳐놓고 가봐야 할 곳에 눈도장을 찍었다. 페루는 남한의 13배에 달하는 128만 5,220km²의 면적을 가졌으며, 그 수도 리마는 남미 태평양 연안의 중심도시이자 남미의 주요한 관문의 하나다. 수도에는 전국 인구의 30%에 달하는 약 885만명(2015)이 살고 있다. 인구 구성에서의 특징은 백인이 소수라는 점이다. 구체적으로 보면, 원주민인 인디오(45%)와 원주민과 백인의 혼혈인 메스띠소(35%)가 80%를 차지하고, 백인은 15%에 불과하다. 인근의 칠레나 아르헨티나의 경우 백인이 다수를 차지하는 것과는 대조적이다. 사실 공항에서부터 이러한 특징을 직감했다. 작달막한 키에 똥똥한 몸집과 밭은 목, 커피색 얼굴빛, 땋아서 길게 늘어뜨린 머리카락을 한 원주민들이 대부분이다. 소수의 백인이 다수의 원주민을 지배하는 페루에서 일찍이 독립의 기운이 싹트고, '빛나는 길' 같은 강력한 좌파 무장세력이 등장한 것은 결코 우연이 아니었다.

'왕의 도시'라는 뜻의 리마는 안데스산맥에서 발원해 태평양으로 흘러들어가는 리막(Rimac)강 하구의 저위도 지대(남위 12도)에 위치하고 있는데, 태평양 연안을 따라 북상하는 한류, 즉 페루해류(일명 훔볼트해류)의 영향을 받아 일년 내내 서늘한 편이다. 가장 추운 달인 8월의 평균기온은 15도이고, 가장 더운 2월이라야 평균 26.5도에 불과하다. 해안 사막지대에 자리하고 있기 때문에 강수량은 연평균 30mm밖에 안 된다. 리마가 세계에서 비가 가장 적게 내리는 수도로 알려진 이유다. 12월부터 3월까지가 한여름인데, 한낮에는 섭씨 30도까지 올라가 후덥지근하고, 이른 아침에는 구름이 많이 낀다. 4월에 접어들면 더위가 누그러지기 시작하다가 5월이 되면 이른바 '잉카의 눈물'이라고 불리는 아주 적은 양의 안개비가 내린다. 그러다가 7~8월을 맞으면 비로소 겨울이 다가오는데, 이때면 갈루아라는 안개가 하늘을 뒤덮어 흐린 날씨가 계속된다.

도착한 날짜가 7월 9일이니, 우리는 겨울이 시작되는 길목에서 리마와 만난 것이다. 아침 햇살을 느낄 수 없을 정도로 안개가 자욱하

리마 거리 시민의 표정.

고, 날씨는 약간의 냉기를 머금고 시원하다. 그나마도 건조한 리마를 물기(수분)로 보듬는 것은 5월에 내리는 안개비 '잉카의 눈물'뿐이다. 그래서 잉카의 눈물은 생명수이기도 하지만, 동시에 인간에 대한 하늘의 인색함을 저주하는 눈물이기도 하다.

아침식사를 마치고 호텔을 나섰다. 우선 이 지역의 중심거리인 라르꼬(Larco) 거리를 따라 서쪽으로 15분쯤 가니 자욱한 아침 안개 속에 태평양이 모습을 드러낸다. 바다에는 입항을 기다리는 몇척의 배가 떠 있다. 바닷가 유흥시설이 즐비한 라르꼬마르(Larco Mar) 해안로는 산책객들로 붐빈다. 치안이 허술한 이곳에서 몇몇 사복경찰이 낯선 산책객들의 일거수일투족을 은밀히 살피는 광경이 눈에 띈다. 필자도 예외는 아니다. 오히려 감시를 마다하고 다가가서 촬영을 부탁하니 할 수 없다는 듯, 무덤덤한 표정으로 응한다. 가던 길을 되돌아

리마 거리의 벽화.

약 30분간 직행하니 중앙공원에서 길은 여러 갈래로 갈라진다. 공원은 마치 분재(盆栽)라도 한 듯, 갖가지 나무와 꽃들이 가지런히 재단되어 있는 아름다운 동산이다.

원래 오전 일정은 이곳을 돌아보고 나서 이 나라의 대표적 박물관인 국립인류학고고학역사학박물관과 국립박물관 두 곳을 관람하는 것이었다. 그러나 월요일이라 모든 박물관이 휴관이다. 박물관은 한 나라의 얼굴이다. 박물관만 보면 그 나라의 면모를 금세 그려낼 수 있다. 문제는 휴관일을 맞추는 일이다. 나라마다 제멋대로 휴관일을 정해오다가 근간에는 대체로 월요일이나 화요일로 통일하고 있다. 그런데 그것이 제대로 지켜지지 않는 것이 문제다. 오늘 이곳의 경우가 바로 그러하다. 휴관일은 화요일로 알고 왔는데, 뜻밖에도 월요일이라니, 당혹스럽기 그지없다. 꽉 짜인 일정을 조절할 수도 없으니, 더더욱 안타깝다. 볼리비아에 갔다가 돌아오는 길에 한두 곳 들러보려고 했으나 여의치 않았다. 리마에는 잉카문명으로 대표되는 유구한 역사와 찬란한 문화의 현장을 증언하는 유명한 박물관만도 10여 곳이나 있다.

미라플로레스 중앙공원에서 발길을 옮긴 곳은 구시가지 중심부에 자리한 아르마스광장이다. 거의 모든 라틴아메리카 나라들의 수도에는 건물들의 배치와 용도, 양식 등이 판에 박은 듯 엇비슷한 아르마스광장이 꾸며져 있다. 몇군데서 보고 나니 보는 것마저 식상해, 여기 리마에서는 비껴가려고 했었다. 그러나 박물관 관람에 구멍이 뚫려 대신 아르마스광장이라도 들르기로 했다. 외형상으로는 여느 나라 수도의 아르마스광장처럼 네모반듯하고 주변에 식민지 통치기관들과 대성당이 배치되어 한결같지만, 자세히 들여다보니 그 이력이나 품격이 꼭 같지만은 않다. 그래서 눈길을 돌려 조금은 상세히 살펴보려고 했다.

잉카제국을 무력으로 강점한 스페인 정복자 프란시스꼬 피사로는 1535년 수도를 꾸스꼬에서 리마로 천도하면서 당시 스페인에서 유행한 이베리아양식에 따라 이 광장을 중심으로 도시의 기틀을 마련했다. 그리고 이곳에 스페인 국왕을 대신해 통치권을 행사하는 페루 부왕령(副王領)을 설치했다. 남미 각국이 독립할 때까지 리마는 남미에 대한 스페인 식민통치의 본산이었으며, 남미에서 가장 큰 도시였다. 광장 북쪽의 대통령부를 중심으로 주변에 시청사와 대성당 등이 배치되어 있는데, 한 블록 떨어진 거리의 쌘마르띤광장에는 페루의 독립영웅 호세 쌘 마르띤 장군의 위풍당당한 기마동상이 우뚝 서 있다.

초록색 드레스 차림의 성
모 마리아 상이 걸려 있
는 아르마스광장의 대성
당 외관(상)과 내부(하).

아르마스광장은 이러한 역사적·문화적 가치를 인정받아 일찍이 유네스코 문화유산에 등재되었다.

어쩐지 광장 한 변에 자리한 대성당의 모습이 눈에 확 띄어 모자를 벗어들고 안으로 들어가 예배자들 속에 끼었다. 페루에서 가장 오래된, 웅장하고 화려한 성당이다. 피사로가 침입한 날인 1월 18일(1535)에 도시 건설의 주춧돌이 놓였는데, 그날이 오늘날까지도 리마의 건도일(建都日)로 전승되고 있다. 잔인무도한 피사로는 1523년 페루 북부 까하마르까(Cajamarca)에서 기독교로 개종해 '프란치스꼬'라는 세례명까지 받은 잉카의 마지막 황제 아따왈빠(Atahuapa)를 교수형에 처하고, 그 기세로 꾸스꼬를 점령한 후 리마에 촉수를 뻗었다. 그러다 1541년 그의 중재자 역할을 해오던 스페인 알마그로의 아들에 의해 암살당한다. 그의 유체(머리만이라는 일설)는 이 성당 오른쪽 유리관 속에 미라로 안치되어 있다. 그러나 그 진위 여부는 가려지지 않고 있다고 한다. 성당은 기공부터 20년이 지나서야 겨우 제1단계 공사가 마무리되고, 다시 30년 후부터 증축이 시작되었다. 그후 세차례나 지진에 시달리다가 1755년에 지금의 모습대로 최종 증수되었다.

성당 안에는 금과 은박, 조각으로 장식된 16기의 제단과 14세기의 성화, 역대 잉카제국 황제들의 초상화가 걸려 있다. 이색적이어서 눈길을 끈 한가지는, 초록색 드레스 차림의 성모 마리아 성화다. 이곳뿐 아니라, 남미의 다른 나라 성당에 모셔진 성모 마리아의 성화는 얼굴이나 복식이 어딘가 모르게 서양의 성화와는 다르다. 한마디로, 나름의 이해와 현지 미술양식이나 복식과 접목해 변화가 이루어진 것이다. 교류사에서는 이런 경우를 문명접변이라고 한다. 본질을 왜곡하거나 손상하지 않는 순기능적·건설적·긍정적 접변은 바람직한 변화로, 문명을 살찌우는 한 요인이 될 수 있다. 이렇게 순기능적 접변을 이루는 두 문명의 만남을 융합(融合, fusion)이라고 한다. 어느 한국 관광객은 이 접변된 성모 마리아 상을 보고 "우리나라에도 한복을 입은 성모상이 있는지 갑자기 궁금해졌다"고 회고했다. 만약 '한복을 입은 성모상'이 있다면, 거기에 우리는 경건하게 접변과 융합 이론을 대입해볼 수 있을 것이다.

달리는 택시 안에서 사이다를 곁들여 점심을 대강 때우고 찾아간 곳은 유명한 페루황금박물관(Museo Oro del Perú)이다. 구시가지에서 북쪽으로 약 10km 떨어진 몬떼리꼬(Monterrico) 지구의 한적한 주택가에 자리한 이 박물관은 2층(지상과 지하 각 한층씩)의 구조물인데, 1층은 동서고금의 각종 무기를 수장한 무기박물관(Museo Armas del Mundo)이고, 지하층은 바로 황금박물관이다. 1층 무기박물관에는 두차례의 세계대전과 페루전쟁에 사용되었던 각종 총기류와 칼, 방패, 군복, 훈장 등이 가득 전시되어 있다. 지하 황금박물관에 내려가니 입구부터가 사람을 황홀지경에 빠지게 한다. 5개 전시실을 가득 채운 갖가지 황금유물들은 그 어느 것 하나도 황금문화의 구성소(構成素)를 이루는 데 하등의 하자가 없다. 감히 단언하건대, 지구상 어느 곳도 따라잡을 수 없는 수준 높은 완벽한 황금문화다. 그동안 기원을 전후한 시기 알타이를 중심으로 동서에 약 1,000년 동안 형성되었던 이른바 알타이 '황금문화대'를 역설해온 필자로서는 자성에 앞서 무지에 얼굴이 화끈 달아올랐다.

사방이 3m는 족히 되는 볼록무늬의 정방형 대형 금박 벽걸이, 주둥이 두개 달린 황금주전자, 한반도의 가야 금관과 관형이나 장식이 흡사한 금관, 금 옷을 입힌 것이 아니라 몸 전체가 금으로 주조된 황금

몬테리꼬 지구에 있는 황금박물관 입구.

인간, 황금 검, 금제 새 깃, 상감연주기법(上嵌聯珠技法)의 각종 용기, 자수정 목걸이, 대형 홍도(紅陶) 항아리, 자색 바탕에 흑백선 얼룩무늬의 채도 등 생활의 모든 영역에 걸친 진귀한 황금문물이다. 하얀 머리카락의 유체(遺體)는 앉은 채로 미라화되었다. 이것은 앉은 채로 항아리 속에 넣는 남방 해양문화의 옹관 습속을 연상케 한다. 전시된 황금유물은 거개가 제작연대를 밝히고 있다. 통관하면, 기원 직후인 치무시대(Chimú, 100~700)부터 비꾸아시대(Vicua), 찬까이시대(Chancay, 1000~1200)에 이르기까지의 전기 잉카시대와 후기 잉카시대를 포함한 약 1,500년 동안의 황금문화시대의 유물들이다. 사상 전무후무한 황금문화다. 그래서 우리는 감히 라틴아메리카를 '문명의 보고'라고 하며, 늦었지만 오만과 독선을 털고 그 보장(寶藏)을 찾아 길을 떠난

황금박물관에서 전시 및 판매하고 있는 각종 페루산 보석 가공품.

것이다. 눈부신 황금문화 유물 앞에서 우리의 선택이 지당했다는 자부를 느낀다. 철저한 보안 속에 촬영이 엄금되어, 그 보물을 피사체로 담지 못한 것이 못내 아쉽기만 하다.

약 한시간 반 동안의 참관을 마치고 선물코너에 들렀는데, 마침 각종 페루산 보석 가공품을 자그마한 주머니 단위로 팔고 있다. 6가지를 선택해 한 주머니에 한화 1만 5,000원을 주고 구입했다. 보석 설명서에는 이 황금박물관의 내력에 관한 간략한 소개가 첨부되어 있는데, 놀랍게도 이 박물관의 설립자는 일본 이주민인 사업가 미겔 무히카 가요(Miguel Mújica Gallo)다. 그는 평생 애지중지 모은 유물들로 박물관을 꾸렸다. 정말로 호기심이 동하는 대목이다. 알고 보니, 가요 말고도 리마의 명예시민권을 얻어 찬까이문화 연구에 평생을 바친 고 아마노 타로오(天野太郎)라는 또 한분의 일본인 학자가 있다. 그는 사재를 털어 1964년에 3층짜리 아마노박물관(Museo Amano)을 지어 2층에 그가 친히 발굴하고 연구한 찬까이문화 유물을 비롯해 전기 잉카문화와 잉카문화시대의 토기 및 직물 300점(전체 수장 3만점 중)을 전시하고 있다. 찬까이문화는 기원 11~13세기 페루 중부의 해안지대에서 번영한 전형적인 해양문화다. 그밖에 리마에는 일본인들의 페루 이주 80주년을 기리기 위해 세운 일본-페루 문화회관이 있는데, 그 2층에 일본인들의 이주사 자료실이 운영되고 있다. 일본 이주민들의 유사한 조직운영 사례는 남미의 웬만한 도시에서 쉽사리 맞닥뜨릴 수 있다. 자료실 자료에 의하면, 일본인들은 20세기 초 깜차뜨까반도를 경유해 남미에 도래했다고 한다. 1990년 정치 무경험자인 농과대학 총장 출신의 일본인 후예 알베르또 후지모리가 대통령에 당선되어 10년 동안이나 권좌를 유지하게 된 그 역사적 배경에 관해 새삼스럽게 반추해봤다. 일본인들의 이주사에 결코 못지않은 이주의 풍랑을 헤쳐온 우리네 동포들에게 이 모든 것이 타산지석과 귀감이 되었으면 하는 생각을 골똘히 하면서 박물관 문을 나섰다.

이어 발길을 옮긴 곳은 볼리바르광장(Plaza Bolivar)에 있는 종교재판소박물관이다. 흔히 사람들은 종교재판소라고 하면 박애나 자비, 관용이나 평등 같은 종교적 이념을 구현하기 위한 의로운 사법기관쯤으로 여기는 나머지, 박물관이라고 해봤자 고작 선교용에 불과할 것이라고 지레짐작한다. 그것은 유럽이나 남미에 있는 동류의 박물관은 예외 없이 그러한 기능을 수행해왔다고 선전하기 때문이다. 그래서 필자는 이 박물관 참관에 대해서는 별로 흥미를 느끼지 못한 채, 관광

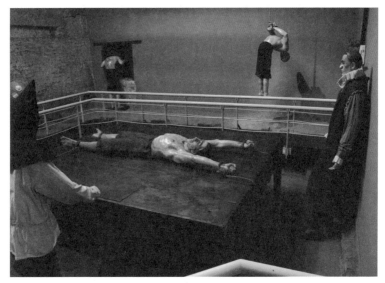

종교재판소박물관에서 재현하는 능지처참 장면.

코스의 '통과의례'쯤으로만 치부했다. 그러나 현장은 의아하리만치 달라도 너무나 달랐다. 원래 종교재판소는 1569년 라우니온 거리에서 출범했으나, 얼마 안 가서 라인끼시온광장(현 볼리바르광장)으로 자리를 옮겼다. 이때부터 1820년 재판소가 폐쇄될 때까지 이곳은 '종교재판'이라는 미명하에 무고한 이교도나 개종 거부자에 대한 악명 높은 박해와 살육의 본산이었다.

 지금 박물관은 국회의사당 황색 건물이 비스듬히 지척에 보이는 곳에 자리하고 있다. 박물관에서는 사람 크기의 등신대(等身大) 인형을 사용해 소름끼치는 고문과 처형의 현장을 그대로 재현하고 있다. 무언의 더없는 유력한 증좌다. 이루 형언할 수 없는 잔인한 고문, 신부의 입회하에 태연하게 '죄인'(이교도)을 능지처참하는 광경, 캄캄한 동굴 속에 세운 채로 감금하는 등 차마 눈뜨고 볼 수 없는, 인두겁을 쓴 살인마들만이 저지를 수 있는 끔찍한 이 모든 장면이 이른바 종교의 허울 속에 감행되었다는 사실에 놀라지 않을 수 없다. 적어도 필자의 과문에 의하면, 기독교의 종교 탄압에 관한 한 이 박물관과 같은 신랄한 공증(公證) 행위는 전례가 드문 일이다.

스페인을 비롯한 서구인들이 라틴아메리카를 식민화하는 과정에서 이렇듯 무고한 이교도나 개종 거부자들을 잔인하게 박해한 것이 사실일진대, 그 사실 그대로를 이렇게 관람공간에 적나라하게 전시해 공증하는 것은 실로 담대하고 의로운 용단이라 하지 않을 수 없다. 서구 식민주의자들이여, 그대들이 진정 세계와 더불어 이 시대를 살아가려고 한다면, 이제 천추에 용서받지 못할 이 역사적 범죄를 인정하고 사죄하며 재범하지 않겠다는 약속을 해야 하지 않겠는가! 지난 2000년 로마 교황은 꼭 900년 만에 십자군 제1차 원정 때 예루살렘에 입성해 무고한 무슬림과 유대인을 학살한 데 대해 사죄하는 칙령을 발표한 바 있다. 만시지탄의 감 없지 않으나, 지금이야말로 라틴아메리카 식민화의 선봉을 자임해 감행한 종교적 비행에 대해 인정하고 사죄해야 할 때다. 진정한 사죄야말로 역사의 전철을 다시 밟지 않겠다는 다짐일 것이다. 지성의 양식으로 그 비행을 세상에 고발하기 위해 필자는 떨리는 손을 가까스로 진정시키면서 연거푸 셔터를 눌렀다.

라틴아메리카의 고대 문명, 특히 잉카문명을 언급할 때 빠짐없이 등장하는 것이 발달한 토기문화다. 책만으로 봐서는 쉬이 이해가 안 가고 궁금한 점이 많이 제기된다. 그래서 리마 땅에 들어섰을 때 무엇보다 먼저 가보고 싶은 곳이 토기의 현장이었다. 그러나 위치에 따라 동선을 정하다보니 토기박물관 참관은 마지막에 배정되었다. 찾아간 곳

4만 5,000점의 토기를 소장하고 있는 라파엘라르꼬헤레라박물관 외관.

은 라파엘라르꼬헤레라박물관(Museo Rafael Larco Herrera)이다. 26세 때부터 페루의 고대문명, 특히 모체(Moche, 모치까Mochica)문화의 토기를 연구하고 유물을 수집해오던 라파엘 라르꼬는 18세기 스페인의 한 귀족 저택으로 지어진 건물을 매입해 박물관을 열었다. 오늘날 이 박물관에는 모체문화를 비롯해 치무문화나 나스까문화에 속하는 각종 토기 약 4만 5,000점이 시대별, 문화별, 또는 모티프별로 일목요연하게 전시되어 있다. 이 어마어마한 유물을 마주하는 순간 당혹감을 감출 길이 없었다. 한마디로 토기의 개념이 다를 뿐만 아니라, 그 질이 월등하다는 점 때문이었다.

유라시아 구대륙, 특히 동아시아문명권에서는 흙으로 빚은 기물을

라파엘라르꼬헤레라박물관의 전시 유물.

토기·자기(도자기)·사기의 세 부류로 대별하지만, 여기 '신대륙'에서
는 이렇게 분류하지 않고 일괄해 '세라믹'(ceramics)이라고 부른다. 이
렇게 명칭부터가 다르다. 명칭은 그렇다 치고, 그 용도와 재질, 유약,
제작기법이 상상할 수 없으리만큼 다양하고 질적 수준이 뛰어나다.
우리는 중국이나 한국의 도자기를 버릇처럼 '세계 일류'로 자부해왔
다. 그런데 여기 '신대륙'에 와보니 그 버릇에 의문이 간다. 솔직히 말
해서, 그것은 우물 안 개구리 식 오만에 불과하다는 자탄(自嘆)에 빠지
게 된다.

　이 라파엘라르꼬헤레라박물관에 소장된 자기만 해도 우리네 자기
를 뺨칠 정도다. 무슨 토기니 자기니, 사기니 하는 따위의 속물적인

라파엘라르꼬헤레라박물관에
전시된 황금장식 유물.

박물관 창시자인 라파엘 라르
꼬 동상.

그릇 개념이나 용도가 아니라, 그것을 저만치 뒤로 제쳐놓은 신묘한 예술의 경지에 도달한 고수준의 창작물이다. 기형에서 우주 삼라만상을 표현하고, 색깔에서 온갖 천연 색조를 자유자재로 구사하고 있다. 단아하기도 하고, 우람하기도 하며, 신기하기도 하다. 이 박물관에는 그밖에도 황금장식 유물도 선보이고 있다. 관람자들의 특별한 이목을 끄는 것은 별동에 마련된 에로티카관(Sala Erótica)이다. 섬세하고 사실적인 에로티카 토기는 보는 이들로 하여금 혀를 내두르게 한다. 짧은 시간이지만 라틴아메리카 문명의 한 진수를 체험한 귀중한 계기였다.

어느덧 어둠이 살포시 내려앉는다. 돌아오는 길에 해변에 있는 우아까뿌야나(Huaca Pullana) 유적지를 찾았다. 이 유적지는 1962년 한 모터사이클 선수가 훈련 중 우연히 발견했다. 규모가 어마어마한 구조물인데, 성벽은 주로 흙에 선인장 즙과 짚을 섞어 말린 아도베로 쌓았다. 이는 페루의 전통적 고대 건축기법으로 그 실체가 점차 밝혀지고 있다. 용도는 제단이거나 교역소였을 것으로 추정한다. 아직 여전히 발굴 중이다.

현지인이 운영하는 호텔 인근의 중국 식당에서 저녁식사로 중국식 완자탕과 생선튀김을 청했는데, 어찌나 짠지 중화요리 맛이 안 난다. 고금을 막론하고 라틴아메리카 문명의 축소판이라고 하는 리마를 하루 동안에 주마간산 식으로 홱홱 둘러보고 이러쿵저러쿵 평을 내리는 것 자체가 애당초 무리임을 자인한다.

24

'우주의 중심', 꾸스꼬

잉카문명의 본격적인 탐사에 나설 그날의 아침이 밝아왔다. 때가 때이니만치 리마의 아침 공기는 여전히 흐리멍덩하고 울적하다. 서둘러 공항에 도착했더니, 항공로의 요지답게 공항은 벌써 승객들로 붐빈다. 칠레 항공 LA 2047편(좌석 8L)으로 꾸스꼬까지 비행하는 데는 53분(9시 30분 이륙, 10시 23분 착륙)이 걸렸다. 4,000~5,000m 상공으로 날아오르니 흐리터분하던 공기는 가뭇없이 사라지고 햇볕이 쩅쩅하게 내리쬔다. 다행히 횡단하는 상공에서 안데스산맥의 모습을 이모저모 뚜렷하게 볼 수 있었다. 몇몇 산정에는 만년설이 쌓여 있고, 산기슭은 수없이 많은 골짜기로 갈기갈기 찢겨 있다. 간혹 정상에 평평한 공터가 나타나기도 한다. 그 공터가 바로 잉카인들이 지상화(地上畵)를 그리던 캔버스(예컨대 나스까 지상화)가 아니었겠는가. 칠레나 아르헨티나 쪽 안데스와는 달리 여기는 거의 민둥산이며, 인가라곤 가끔 후미진 곳에 몇채가 눈에 띌 뿐이다.

꾸스꼬공항에 도착해 공항 문을 나서자 갑작스런 고도에 숨이 막히고 가슴이 울렁거리기 시작한다. 고산증 증세다. 잠깐 앉아서 심호흡을 몇번 반복하니 증세는 가라앉는다. 공항에서 곧바로 찾아간 곳은 꾸스꼬 주재 볼리비아 영사관이다. 대부분 라틴아메리카 나라들은 무비자 입국을 허용하나, 볼리비아만은 외국 주재 자국 대사관(영사관)에서 입국비자를 받아야 한다. 이것은 근 40년 전의 경우와 마찬가지다. 그때 '체 게바라의 길'을 밟고자 이곳에 와서 볼리비아 영사관에 입국 신청을 했다. 그러나 얼토당토 아니한 이유로 무한정 기다리라는 답변을 듣고는 볼리비아행을 접고야 말았다. 그때의 뼈저린 경험이 신경을 옥죄어온다. 그 불운이 재현되지나 않을까 걱정하면서 입국비자신청서를 영사관 데스크에 제출했다. 발급에는 시간이 좀 걸린다고 하면서 홍보 영상을 18분간 방영해준다. 방영이 끝나자 담당관은 즉석에서 비자를 발급해주면서 '부에나 쑤에르떼!'(¡Buena Suerte!, 잘 다녀오십시오)라고 친절한 인사까지 건넨다. 차례진 행운에 감지덕지했다.

걱정되던 일이 뜻밖에 수월하게 풀리자 가벼운 걸음으로 시내 관광에 나섰다. 1983년에 유네스코 세계문화유산으로 등재된 잉카제국의 수도 꾸스꼬는 께추아어로 '배꼽'이란 뜻이다. 잉카('태양의 아들'이란 뜻으로, 황제를 가리킴) 사람들은 이곳을 우주의 중심이라고 믿었다. 해발 3,395m의 고지에 자리한 이 도시는 잉카제국의 제9대 황제 빠차꾸띠(Sapa Inca Pachacuti)가 정비한 것으로 알려져 있으며, 지형은 마치 퓨마(아메리카의 사자)와 같은 형상을 하고 있다. 전체를 크게 북서와 남동으로 양분하는데, 북서반부는 '위'라는 뜻의 '아난꾸스꼬(아난사야)', 남동반부는 '아래'라는 뜻의 '우린꾸스꼬(우린사야)'라고 부른다. 도시의 두 부분은 다시 각각 둘로 나뉘어 네 구역을 형성한다. 그리고 중심부에 있는 황금신전 꼬리깐차에서 방사상(放射狀)으로 뻗어나간 41개의(혹은 42개의) 선상에는 328개의 성소가 배치되어 있다.

지금의 아르마스광장은 잉카시대에 있던 두 광장 중 하나다. '우슈누'라고 하는 성석(聖石)이 그것을 증명해준다. 종이 한장 끼울 틈 없이 정교하게 쌓아올린 석벽 가운데는 유명한 '12각(角) 돌'이 있다. 12각을 맞추는 것도 어려운 일이거니와, 그 의미에 관해서도 로키 왕의 12명 가족을 상징한다느니, 일년 열두달을 암시한다느니 여러 설이 있다. 시 주변에는 역대의 왕궁과 '선발된 처녀의 집'이라는 건물(지금은 수도원)이 있는데, 이 집에서 여인들은 천을 짜고 옥수수로 '치차주'를 빚어 신에게 바쳤다.

이러한 개략적인 예비지식을 갖고 몇몇 유적에 대한 세부 관광을 시작했다. 가장 번화한 곳으로 안내해달라고 했더니, 택시기사는 아르마스광장 한복판에서 차를 멈춘다. 여느 라틴아메리카 수도에서 보아온 아르마스광장과는 사뭇 달랐다. 그제야 혼동을 자성했다. 여기는 잉카제국시대의 수도이고, 여느 나라 수도는 식민시대의 도시 퇴물이다. 이를테면 식민시대의 아르마스광장은 주위가 대통령궁전을 비롯한 식민지 통치기구로 에워싸여 있지만, 여기는 그러한 구조물이 없다. 공통점은 광장이 시가지의 중심이라는 것과 대성당이나 신전 같은 위용을 갖춘 종교건물들이 배치되어 있다는 것이다. 그래서인지 여기 아르마스광장은 성당이나 식당, 상점 등만 즐비할 뿐 식민시대의 유물은 별로 눈에 띄지 않는다. 저만치에 관광버스 몇대가 서 있는 곳으로 향했다. 아니나 다를까, 그곳이 바로 유명한 옛 '태양의 신전',

아르마스광장 주변의 전통주택 모습.

즉 꼬리깐차(Qorikancha, 지금은 싼또도밍고성당) 자리다. '꼬리'(qori)는
'황금', '깐차'(kancha)는 '머무는 곳'이라는 뜻으로, '꼬리깐차'는 '황
금이 쌓여 있는 곳'으로 해석된다.

스페인 정복자들은 이 신전의 화려함을 보고 기절담락했다고 한
다. 신전은 정교한 석조벽으로 둘러싸여 있는데, 벽은 폭이 20cm 넘는
금띠를 두르고 있으며, 금천(金泉, 금 샛물)에서 물이 졸졸 흐르고 있다.
금석(金石, 금돌)을 간 밭에서는 황금 옥수수가 자라고 있으며, 등신대
의 황금 리마(Llima, 아메리카 낙타)를 끌고 있는 인간상도 보인다. 그런
가 하면 금박을 씌운 태양제단에는 묵직한 황금 태양상이 놓여 있는
데, 햇빛을 받아 반짝반짝 빛나고 있다. 한마디로, 황홀한 꿈의 세계
다. 신전 내부에는 정원(광장)을 둘러싸고 달과 태양, 무지개, 별 등을

꼬리깐차신전('태양의 신전')의 안뜨락.

상징하는 방들이 오밀조밀 배치되어 있으며, 방들은 또 방들대로 아름다운 석벽으로 에워싸여 있다. 벽에 달린 벽감들에는 금이나 은으로 만든 상들이 놓여 있다. 16세기에 이곳에 쳐들어온 스페인 정복자들은 신전의 황금을 몽땅 떼어갔다. 유럽에서는 잉카의 황금이 일시에 몰려드는 바람에 인플레가 일어났다고 한다.

　황금욕에 혈안이 된 스페인 정복자들은 신전의 지붕을 해체하고 남아 있는 토대(土臺) 위에 싼또도밍고성당(Iglesia de Santo Domingo)을 지었다. 이 성당은 1550년 짓기 시작해 완공하는 데 100년이나 걸렸다. 원래 여기에는 300톤의 은제 제단과 약 400점의 성화가 있었다고 한다. 그후 1650년과 1950년에 일어난 대지진으로 교회는 산산조각이 났으나, 석벽은 끄떡 없이 오늘날까지 남아 있다. 건축공학적으로 신전 구조에서 발견된 특이한 점은 방벽이나 창문이 직립(直立)이 아니라 약 5도 각도로 경사져 있으며, 거의 빈틈없는 석축이라는 사실이다. 스페인인들이 증축한답시고 옛 잉카시대의 석벽과 나란히 석벽을 더 쌓았는데, 잉카의 것은 그대로인 반면에 스페인 것은 볼품없이 부서져버렸다. 2층에는 각종 사진이 전시되어 있는데, 대부분은 서구식 성화 따위다. 고색창연한 신전 석벽과 관능적인 색채를 덧칠한 성화는 도저히 어울리지 않는다. 그래서인지 신전 촬영은 허용하나 성화 촬영은 금한다. 1960년부터 복원이 시작되었는데, 지금도 진행 중이며 언제 끝날지 아무도 모른다고 한다.

정오를 훨씬 넘겨서 인근의 자그마한 식당을 찾았다. 식탁에 앉자마자 이곳 전통 음료인 '치차모라다'가 한 컵씩 차려진다. 옥수수에 파인애플과 레몬 등을 섞은 즙인데, 달콤하고 감칠맛이 나 한입에 갈증을 날려보냈다. 우리네 좁쌀 비슷한 잉카인들의 주식인 끼누아에 홍당무와 강낭콩을 섞은 수프는 담백하면서도 곡기(穀氣)가 풍겨 입맛을 돋운다. 게눈 감추듯 한그릇을 훌쩍 비웠다. 식후에 주인은 코카차를 덤으로 서비스한다. 코카(coca)는 남미 원산의 관목으로, 잎에서 국부 마취제인 코카인을 추출한다. 코카차는 푸른 코카나무 잎사귀를 동전만큼씩 손으로 잘라서 뜨거운 물에 넣어 우려 만드는데, 우러나오는 차는 노르무레한 색깔에 담담한 맛이다. 피곤을 푸는 데 좋다고 하면서 주인은 한사코 권한다. 진하면 쌉쓰레하고 마취나 흥분 작용을 일으킨다고 한다. 페루에서는 코카의 수출이나 휴대를 금한다. 이렇게 페루인들은 오늘날까지도 자신들의 전통 음료인 치차모라다나 코카차를 즐겨 마신다. 40대의 주인은 직모에 구릿빛 얼굴, 작달막한

끼누아에 홍당무와 강낭콩을 섞은 전통 수프.　코카나무 잎을 우려서 만든 코카차.

키를 지닌 전형적인 인디오의 후예다. 잉카제국의 수도이자 잉카문명의 중심지 꾸스꼬는 리마와도 다르게 인구의 대부분이 원주민의 후예로, 인디오의 전통을 지키며 살아오고 있다.

　밀려오는 식혼증(食昏症)을 가까스로 쫓아버리면서 가까이에 있는 꼬리깐차박물관(Museo de Sitio Qorikancha)을 찾아갔다. 지하 1층에 마련된 전시실에는 주로 잉카제국시대의 유물이 전시되어 있는데, 토기가 가장 많다. 본 것 중에 특이한 몇가지만을 적으면, 우선은 두개골 변형 관습이다. 언제부터 이런 관행이 있어왔는지는 명확하지 않으나, 잉카시대에는 아이가 태어나면 머리의 앞뒤에 판자를 대어 두개골을 갸름하고 길쭉하게 변형시키는 이른바 편두(偏頭) 습속이 분명히 있었다. 아마 갸름하고 길쭉한 머리가 아름다운 머리 모양으로 여겨졌기 때문일 것이다. 이와 유사한 관습의 흔적이 세계 곳곳에서 발견되는데, 우리나라 김해 예안리(禮安里) 무덤유적에서도 이러한 편두 두개골이 발굴되었다. 문화인류학적으로 보면, 페루 인디오들은 장두족

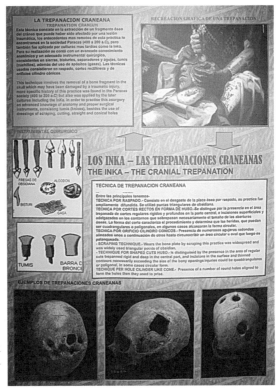

뇌 외과수술 장면(꼬
리깐차박물관 소장 사
진).

(長頭族), 편두족에 속한다.

　또 한가지 놀란 것은, 그 시대에 이미 뇌 외과수술을 했을 정도로
높은 의학 수준에 도달했다는 사실이다. 잉카시대의 유물에서 사각
(四角)과 둥근 구멍이 뚫린 두개골이 많이 발굴되었는데, 이것은 뇌의
외과수술 흔적이라고 의학자들은 지적한다. 덧붙여서 신기한 것은,
잉카문명에는 수레가 없었다는 사실이다. 남미에 오기 전에 책에서
읽은 이 사실을 이곳에서 확인해보려고 눈을 부릅떴다. 이 박물관에
서도 수레 유물을 발견하지 못했다. 다른 곳에서 계속 주시하겠지만,

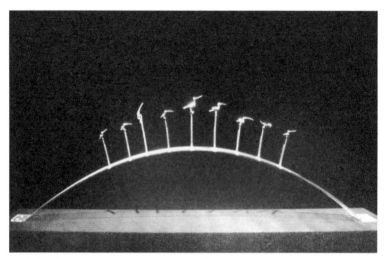

우리네 솟대를 연상케 하는 황금 솟대.

아직은 반신반의하는 상태다. 원래 기원전 2000년경에 구대륙의 히타이트에서 수레바퀴가 전차에 이용되면서 전투력이 획기적으로 제고되었으며, 급기야 수레를 탄생시켰다. 수레의 움직임에 맞춰 길의 너비나 형태가 결정되고, 길을 평평하게 닦는 도로문화가 산생하였다. 잉카에 수레가 없었다고 가정한다면, 잉카의 길은 오로지 인간이나 가축만이 다니는 길이었다는 의미가 된다. 가끔 수레 같은 문명의 수요가 뜻밖에도 인간의 공유성(共有性)을 벗어나는 경우가 있다. 이것이 바로 문명의 개별성이다. 문명은 그 개별성으로 인해 나름의 특징을 갖게 된다.

이어 전(前)콜럼버스시대미술관(Museo de Arte Precolombino)으로 발길을 돌렸다. 페루 콘티넨털은행이 운영하는 박물관으로, 잉카시대 및 그 이전 시대의 토기와 장식품 등을 집대성한 컬렉션이다. 2층 건물

전콜럼버스시대미술관 마당에서 베 짜는 시범을 보여주는 여성들.

로, 2층에는 잉카시대 이전의 나스까·모체·와리·찬까이·치무 등 여러 문화시대의 장식품과 토기를 비롯한 여러가지 유물이 전시되어 있다. 기원전의 토기도 몇점 있어 흥미로웠다. 1층에는 전기 잉카시대와 잉카시대의 금·은제 장식품과 그릇, 그리고 조개와 산호 장식품도 선을 보이고 있다. 특히 전기 잉카시대의 토기와 도기(陶器), 가면, 창, 조각품, 동물과 기하학 무늬가 새겨진 항아리 같은 유물이 관심을 끌었다. 마당 한구석에서는 두 여인이 전통적인 베틀로 천을 짜는 시범을 보여주고 있다. 차제에 한가지 꼭 부언하고 넘어가야 할 것은, 이 박물관의 간판에서 보다시피, 역사시대를 자체의 역사 단계에 준해서가 아니라 콜럼버스의 도래를 기준으로 나누고 있다는 사실이다. 이것은 분명히 반역사주의적 시대구분법으로 지양되어야 한다.

꾸스꼬에서의 첫날(7월 10일)은 이렇게 보내고, 오후 4시경에 마추

길동수·박은미 부부가 운영하는 한국식당 '사랑채'.

픽추를 향해 길을 떠났다. 그곳에서 이틀 밤을 지내고 다음 행선지인
볼리비아로 가기 위해 다시 꾸스꼬로 돌아왔다. 시내의 아르마스광
장에 다시 와서는 우선 숙소로 인근의 로얄호텔(609호)을 잡았다. 3성
급 호텔로 시설은 그럭저럭 괜찮은데, 비누 말고는 화장비품이란 아
무것도 없다. 샴푸는 무료비품이 아니라 구입해야 한다는 안내쪽지가
붙어 있다. 부근에 한국 식당이 있다는 호텔 직원의 말을 듣고 물어물
어 찾아간 곳이 '사랑채'다. 중앙 아르마스광장에서 얼마 멀지 않은
곳에 자리하고 있다. 서둘러 부대찌개로 늦은 점심을 가늠했다. 40대
초반의 길동수·박은미 부부가 운영하는 아담한 식당인데, 민박집에
딸린 석조 건물이다. 길동수 씨는 10년 전에 가이드로 왔다가 정착해
서 민박을 운영하고 있었다. 그는 꾸스꼬에 10명의 한국인이 살고 있
으며, 향수를 달래기 위해 이 식당에 자주 모인다는 얘기를 해주었다.

그리고 이곳 공과대학은 한국의 지원하에 지어졌다고 한다. 길씨는 애초 고산증에 시달리던 이야기부터 그간의 고달팠던 인생살이를 담담하게 들려주었다. 지금은 한껏 안정된 모습으로, 그에게서 이 나라의 이모저모에 대해 배울 수 있었다. 그들은 우리 문화의 전도사들이다. 그들이 있기에 세계 속의 한국이 있게 된다. 해외 교포들을 만날 때마다 뿌듯함을 느끼는 까닭이 바로 여기에 있다. 부부는 재롱을 부리는 세살배기를 안고 문밖까지 나와 우리를 바래주었다. 부디 이역만리 잉카의 고도에서 삶이 활짝 피어나기를 기원하면서 손을 저어 작별인사를 나눴다.

저녁엔 꾸스꼬시 전속예술단의 공연에 초대되었다. 관람권은 따로 구입하는 것이 아니라, 전체 시내 참관비 속에 포함되어 있다. 공연장은 소형 극장이다. 잉카의 전통예술을 맛볼 것이라는 부푼 기대를 안고 막이 오르기를 초조히 기다렸다. 자그마한 무대 위에는 9명의 악사가 번갈아가면서 반주악을 연주한다. 남녀 각각 6명의 무용수들과 9명의 연주밴드로 1시간짜리 레퍼토리를 꾸몄다. 출연자 대부분은 백인들이며, 그들이 연주하는 음악이나 무용은 잉카 전통과는 거의 무관한 주소 불명의 내용과 형식으로 짜여 있다. 노래 한 곡 없는 순수 춤판이다. 그것도 전통 아닌 현대판이다. 별 기교 없는 밋밋한 춤사위에 솔로는 없고 앙상블뿐이다. 이스터섬에서 감상한 그 격정적인 잉카의 혼과 얼은 티끌만치도 찾아볼 수가 없다. 기대가 컸던 것만큼 실망도 컸다.

25

잉카문명의 고갱이, 마추픽추

잉카제국의 수도 꾸스꼬에서 중요한 잉카문명 유적 몇 곳을 둘러보고 나서 오후 4시에 여기서 114km 떨어진 마추픽추(Machu Picchu)로 향하는 길에 올랐다. 1530년 스페인 정복자들이 잉카제국에 도착했을 때는 제국의 전성기였다. 지금의 콜롬비아 남부에서 칠레 북부까지 무려 4,000km에 달하는 광범위한 영토를 아우른 잉카제국은 남미 최대의 대제국이었다. 제국 전역은 동서남북으로 사통팔달된 도로에 의해 연결되고 있었다. 당시의 기록에 의하면, 잉카제국은 해안과 산중에 남북을 종주하는 2대 간선도로와, 이 두 간선을 잇는 여러 갈래의 횡단로를 구축해 전국을 그물 같은 도로망으로 촘촘이 엮어놓았다. 이러한 길을 잉카제국사에서는 '잉카의 길'(Cápao Ňan)이라고 통칭한다.

총 3만 8,600km에 달하는 이 길에는 20~30km마다 땀보(tambo, 역참

해발 3,750m의 산중턱에 자리한 마초꼴로아 유적.

驛站)를 배치해 군사의 원정이나 관리들의 여행에 이용하였다. 그리고 각 지방의 물자를 통제하기 위해 길가에 창고를 마련하기도 했으며, 정보를 전달하는 차스끼(chasqui, 릴레이 파발꾼, 전령)도 이 길을 달렸다. 차스끼는 달리기를 잘하는 귀족 젊은이들 가운데서 선발되었는데, 그들은 정보를 말로 전달하거나 끼뿌(quipu, 끈문자)를 휴대해 전달하곤 했다. 중국 원대의 역참제를 방불케 하는 도로 이용법이다. 우리는 지금 그 잉카의 길 가운데 하나, 어쩌면 가장 중요한 길을 따라 마추픽추로 향하고 있는 것이다.

꾸스꼬에서 마추픽추로 가는 데는 두 갈래의 길이 있다. 일반적으로는 기차를 이용하나 택시나 버스를 이용하기도 있다. 그런데 기차인 경우는 꾸스꼬의 쌘뻬드로(San Pedro)역에서 출발해 마추픽추 가까이의 온천장인 아구아스깔리엔떼스(Aguas Calientes, '뜨거운 물'이라는 뜻) 역까지 이어지나, 택시나 버스의 경우는 꾸스꼬 터미널에서 출발해 우루밤바나 오얀따이땀보(해발 2,800m)에 가서 아구아스깔리엔떼스행 기차를 탄다. 일단 이 종착역에서 내려 마추픽추의 발견자 이름을 딴 '하이럼빙엄로드'(Hiram bingham Road)를 따라 20~30분간 지그재그 산길을 13번 꺾어 돌면 해발 2,350m의 정상에 있는 마추픽추 입구에 도달한다. 어느 길이건 관광객들로 붐빈다.

우리는 '잉카의 길'을 자세히 체험하고 싶어 택시를 택했다. 비가 적게 내리는 고장이라서 그런지 비포장도로치고는 길이 상당히 평탄하다. 약 40분 달려 해발 3,750m 고지의 산 중턱에 자리한 마초꼴로아(Machoqoloa) 유적지 앞을 지나갔다. 유적지는 길에서 약 1km 떨어진 곳이라서 육안으로는 확실히 볼 수 없었으나, 망원경으로 훑어보니 성벽에 둘러싸인 옛 인디오들의 거주지 같았다. 길가에서 민예품 몇점을 차려놓고 파는 후더분한 인디오 아주머니의 끈질긴 호객에 넘어가 그만 그릇받침 수예품 한점을 팔아주었다. 이어 차는 꼬불꼬불한 내리막길을 한참 달리더니 우루밤바(Urubamba)강 다리를 건넌다. 여기는 꾸스꼬주 우루밤바군(郡) 소재지 우루밤바시이다. 마추픽추는 행정적으로는 이 군에 속한다.

해발 6,000m급 고산준봉으로 둘러싸인 '잉카의 성스러운 계곡'(Valle Sagrado de Los Incas, 일명 '우루밤바계곡')의 중심부에 위치한 우루밤바시는 표고가 낮고(2,871m) 연중 온난한 기후로 인해 백화가 만발하고 과일과 채소가 넉넉한 고장으로 꾸스꼬 시민의 휴양지이기도 하다. 계곡 연변에는 잉카제국의 중추를 이루었던 유적과 마을들이 이곳저곳에 널려 있다. 여기서 약 40분 가니 목적지 오얀따이땀

마추픽추 마을까지 운행하는 관광기차(상)와 마추픽추 마을(하) 모습.

보가 나타난다. 기와로 지붕 이엉을 한 것이 이색적이다. 여기 남미에도 모양새는 다르지만 기와집이 있다. 잉카제국시대의 숙소라고도 하고, 요새였다고도 한다. '땀보'는 께추아어로 '여관'이라는 뜻이다. 사람들로 북적이는 좁은 외길을 겨우 헤가르며 빠까리땀뿌호텔(Pakaritampu Hotel)에 도착해 18호실에 여장을 풀었다. 2층 나무집으로 제법 호텔 흉내를 내느라고는 했는데, 여기도 역시 샴푸는 없다. 싱싱한 야채수프와 닭고기로 잉카의 저녁을 즐겼다.

30년 전 얼핏 한번 다녀간 곳이기는 하지만, 워낙 유서 깊은 곳이라서 설렘을 못 이겨 새벽 3시에 잠을 깼다. 오늘은 2012년 7월 11일 수요일이다. 평상일이지만 기억하고 싶은 날이다. 살다보면, 이렇게 추억으로 남기고 싶은 날이 가끔 찾아온다. 6시 38분발 IR(Inca Raile) 소속 전용 관광기차를 타고 우루밤바강(옛날에는 빌까마요강이라 부름) 계곡을 따라 수림이 빽빽한 검푸른 정글 속으로 빠져들어간다. 가이드는 이곳에 초식 곰이 서식한다면서 휴대폰에 찍힌 사진까지 보여준다. 그만큼 험준한 곳이라는 뜻이다. 맑디맑은 물, 우거진 숲, 하늘로 치솟은 기암절벽, 승객들의 탄성… 네칸짜리 관광열차의 B칸 17번 좌석, 마침 좌석이 창가라서 카메라 파인더에서 눈길을 뗄 수가 없다. 열차에서는 간단한 간식도 제공한다. 오얀따이땀보역에서 아침 첫 열차를 타고 떠나 1시간 22분만인 정각 8시에 종착역인 마추픽추 마을에 도착했다. 여기서 하이럼빙엄로드를 달리는 미니 관광버스로 갈아타고 22분 만에 마추픽추 입구에 도착했다. 입구에서 대기하고 있던 영어 가이드 멘도사(Mendoza) 씨가 반갑게 맞아준다. 올해 나이 38세인 멘도사 씨는 강파르게 생긴 겉모양과는 달리 무척 친절하고 상냥하다. 지난 10년간 가이드를 하면서 500회 넘게 이곳을 찾았다고 한다. 주문을 외우듯 일사천리로 해설하다가도 가끔 주관적 견해를 덧붙이기도 한다. 궁금증 많은 관광객에게는 그것이 오히려 더 매력적이다. 묻는 말에 대답도 거침없다.

이제 든든한 현지 가이드를 따라 '공중도시' '잃어버린 도시' '불가사의한 도시'의 유적 하나하나를 살펴본다. 유적마다에 잉카인들의 얼과 혼, 슬기가 스며들어 있고, 후세에게 남겨준 메시지가 담겨 있다. 비록 그 불가사의가 하나하나 벗겨지고는 있지만, 아직 아는 것보다 모르는 것이 더 많다. 어쩌면 그것이 오늘의 마추픽추가 발하는 매력일지도 모르겠다. 인간은 '미지의 호기심을 먹고 사는 영물'이니까. 약 네시간(9~13시) 동안 정신없이 둘러보고 나서 입구 바깥 간이식당에서 샌드위치로 간단히 점심을 때웠다. 유적지 안에는 음식물 반입이 금지다. 오후 2시부터 4시까지 두시간 동안 일행 4명(여인욱 군, 한국 가이드 손 양, 현지 가이드 멘도사 씨, 그리고 필자)은 자유시간을 갖기로 했다.

다시 유적지 안으로 들어갔다. 10여m나 되는 다랑이밭 석축에 기대어 잔디밭에 자리를 잡았다. 와이나픽추(Huayna Picchu)봉을 마주하고 앉아 설레는 가슴을 가까스로 억누르며 메모노트를 꺼내 들었다. 이 유서 깊은 현장을 한시 바삐 생생하게 기록으로 남기고 싶었다. 노트와 뇌리에 깐깐히 적히고 입력된 메모를 모아 요지를 다음과 같이 정리했다. 이 도시 유적은 '늙은 봉우리'라는 뜻의 '마추픽추'와 젊은 봉우리라는 뜻의 '와이나픽추', 두 산 능선의 해발 2,350m 고지에 자리하고 있다. 정확한 조성 연대는 아직 확인되지 않고 있으며, 스페인 침략자들에 의해 폐허가 된 이래 1910년 7월 24일 미국의 하이럼 빙엄이 발견할 때까지 400여년간 베일에 가려져 있었다. 빙엄은 고고

해발 2,350m의 고지에 자리한 잉카제국의 '공중도시' 마추픽추 유적지 전경.

학자가 아니라 예일대학에서 라틴아메리카 역사를 가르치는 사학자였다. 그는 1910년 예일대학 탐험대를 조직해 우루밤바강 유역에서 고대 잉카문명 유적들을 조사하고 있었다. 이때 한 농부로부터 강 좌안 절벽 위에 와이나픽추와 마추픽추라는 두개의 유적이 있다는 것을 얻어들었다. 한 소년의 안내로 뱀이 욱실거리는, 풀로 뒤덮인 산 능선을 타고 가까스로 올라가니 홀연히 눈앞에 다랑이밭과 원형 신전 유물이 나타났다. 그곳이 바로 마추픽추 유적의 중심부였다. 빙엄은 1912년과 15년에 다시 이곳을 찾아 유적을 청소하고 발굴도 했다. 1934년 페루의 한 역사학자에 의해 마추픽추 인근 산들에서도 고대 유적이 발굴됐다. 이렇게 해서 이 세계적 문화유산이 비로소 세상에 알려지게 되었다.

잉카인들이 이 고산 도시를 세운 목적에 관해서도 여러가지 설이 분분해 아직은 종잡을 수 없다. 스페인의 침입으로 인한 잉카 귀족의 피난처, 스페인 침략에 대한 잉카인들의 마지막 저항지, 왕의 별궁, 신성한 신전, 상류층 자제들의 교육기관, 야만인들의 습격에 대비하기 위한 보루 등 갖가지 설이 난무한다. 또한 잉카가 4대 제국과 통교하던 8개의 길이 새로이 발견된 점으로 미루어 이 도시가 거주지이거나 정치 및 종교의 중심지 기능을 수행한 것으로 추측하기도 한다. 오로지 저 폐허 속에 묻혀 있는 원혼들만이 이 수수께끼에 정답을 줄 수 있을 것이다. 그렇다고 수수방관할 수는 없는 일, 우리가 해야 할 일은 원혼들로부터 그 '정답'을 유도해내는 것이다.

우루밤바강이 휘감고 돌아가는 이 산상 도시는 면적이 5km²에 달하며, 중앙에 뚫은 수로를 중심으로 남북에 성격이 서로 다른 200여 체의 구조물이 배치되어 있다. 남쪽에는 높이 10m가량의 석축이 받

마추픽추의 다랑이밭 모습. 이곳에는 100여개의 다랑이밭이 있다.

치고 있는 100여개의 다랑이밭이 있다. 이에 비해 북쪽에는 대형 광장과 거주지, 그리고 '태양의 신전' '달의 신전', 왕의 무덤이 있는 콘도르신전 같은 종교시설들이 밀집해 있다. 돌로 쌓은 원형 성벽에 에워싸인 '태양의 신전'은 천문대답게 태양의 각도를 재는 네개의 돌출부가 있고, 동쪽으로 두개의 창문이 나 있다. '태양의 신전' 앞, 유적의 최정상에는 해시계로 알려진 '인띠와따나'(Intihuatana)라고 하는 높이 1.8m, 너비 36cm의 돌기둥이 있다. '인띠와따나'는 께추아어로 '태양을 끌어당기는 자리'라는 뜻이니, 이 돌기둥은 '태양을 묶는 기둥'인 셈이다. 태양을 숭배하는 잉카인들은 해마다 동지가 되면 이 돌기둥 바로 위에 떠 있는 태양을 붙잡아 매려고 돌기둥에 끈을 매는 의식을 치렀다고 한다. 인류의 귀중한 공동문화유산임에 하등의 하자가

유적의 최정상에 있는 해시계 인띠와따나.

없는 마추픽추는 1983년에 유네스코의 세계 문화·자연 복합유산으로 등재되었다.

잉카 건축의 특징이 이 마추픽추 유적에 응축되어 있다. '태양의 신전' 같은 공공건물은 정밀하게 가공한 석재로 짓고 있으나, 주택은 돌조각과 자연석을 쌓아올리고 아도베로 틈새를 메우고 있다. 지금까지 남아 있는 채석장에는 돌을 쪼개고 홈을 파고 다듬은 흔적이 오롯이 남아 있다. 여기에는 약 200명의, 많을 때는 약 1,000명의 고위층 가족들이 거주하고 있었던 것으로 추측된다. 왕궁은 없었으나, 왕녀가 기거한 것으로 보이는 집 한채가 있다. 이 집만이 유일하게 방 두 개를 갖췄는데, 한 방은 좁지만 화장 설비를 갖추고 있다. 그밖의 사

마추픽추의 암반 위에 피어난 한송이의　라틴아메리카의 특산 야마.
붉은 꽃.

람들은 모두가 성벽 밖에 나가 대소변을 보곤 했다. 지금도 유적 내에
서는 용변이 금지되어 있다. 이 굳고 메마른 암벽 땅에 신기하게도 갖
가지 고원성 식물이 자라고 있어 유적의 운치를 한껏 부풀려준다. 메
모노트에는 대나무, 옥사리스, 브로멜리아, 발레피아, 치리모야, 코코
아 등 볼 때마다 하나씩 적어놓은 나무와 꽃 이름들이 적혀 있다. 암
반 위에 유난히도 활짝 핀 붉은 꽃 한송이를 카메라에 담았다. 한때
마추픽추는 함초롬하게 잉카문명의 영롱한 이슬을 머금고 피어난 한
떨기 꽃이 아니었던가. 오늘날 이 한떨기 꽃을 지켜내기 위해 당국은
1일 관광객 수를 2,400명으로 제한하고, 음식물 반입이나 용변을 단
속한다. 문명을 지켜내기 위한 바람직한 조처다.

　오후 4시 정각에 문밖 정류장에서 가이드와 작별인사를 나누고 미
니 관광버스에 올랐다. 버스는 낭떠러지 오솔길을 굽이굽이 에돌아
미끄러지듯 내려간다. 굽이에서 차가 속력을 줄이자 갑자기 숲속에서
여남은 살 되는 소녀가 불쑥 튀어나와 막무가내로 차 앞에서 질주하

기 시작한다. 기사는 '차스끼 차스끼'라고 하면서 연거푸 손가락질한다. 숲속에 숨어 있다가 과객들에게서 몇푼 얻으려고 지름길을 타고 마치 그 옛날 잉카제국 때의 '차스끼'(전령)처럼 질주하는 것이다. 어린 학생들이 이런 구걸행각을 하는 것을 당국은 금하고 있지만, 별 소용이 없다고 한다. 마추픽추 마을까지 내려오는 데는 올라갈 때보다 7분이 적은 15분이 걸렸다. 점심을 샌드위치로 간단하게 요기한 탓에 속이 출출해온다. 잉카 전통식당에서 소고기볶음에 야채수프와 포도 칵테일을 곁들인 잉카의 식도락(食道樂)을 만끽했다. 어스레히 땅거미가 내려앉기 시작하자, 거리악대가 흥을 돋우기 시작한다. 오가는 사람들이 악대를 둘러싸고 한바탕 춤판을 벌인다. 시장에 들렀더니 뜻밖에 살구가 눈에 띠며, 배소(排簫)와 뿔악기 같은 잉카인들의 다양한 전통악기가 시선을 끈다. 마을 역에서 저녁 7시 막차를 타고 오얀따이땀보로 돌아왔다.

이튿날 아침에는 호텔에서 약 10분 거리에 있는 잉카제국시대의 띠까스(Tikas, 일명 아얀따이땀보) 유적지를 찾아갔다. 스페인의 침입 때문에 미완으로 남아 있는 유적이다. 경사도가 45도는 족히 되는 300개의 계단을 밟고 올라가니 넓은 광장이 나타난다. 주변은 성벽으로 에워싸여 있으며, 가운데는 높이 4m쯤 되는 6개의 우람한 돌기둥이 세워져 있는데, 짓다 만 '태양의 신전'(폭 10m)이라는 설이 있다. 여기 석벽구조는 돌과 돌을 직접 맞대어 쌓아올린 꾸스꼬의 기법과는 달리, 거석과 거석의 접합부에 가는 돌을 끼워 고정시키고 있다. 석재는 맞은편 산 채석장에서 가져왔다고 하는데, 어떻게 이렇게 가파른 산 중턱까지 무거운 돌덩이를 끌어올렸을까? 실로 불가사의한 일이다. 군데군데 다랑이밭이 끼어 있다.

마추픽추 마을 거리 악대의 연주 모습.

　한시간쯤 답사하고 나서 돌아오는 길에 씨뿌리기가 한창인 옥수수 밭 곁을 지났다. 쟁기며 씨 뿌리는 광경이 신통히도 어릴 적 고향에서 보아오던 그대로여서 호기심과 더불어 친근감마저 들었다. 나지막한 돌담을 뛰어넘어 가까이 다가섰다. 소 두마리가 끄는 쟁기로 밭을 갈 아엎고 고랑을 지어나가면, 그뒤로 두 사람이 바싹 다가가 고랑에 거 름을 뿌리고, 또 그뒤를 따르는 두세 사람은 옥수수 씨앗을 고랑 속에 꽁꽁 묻고는 지긋이 밟아나간다. 우리가 이 정겨운 농촌 풍경에 한눈 팔고 있을 때, 씨앗을 뿌리던 약관의 젊은이가 슬그머니 다가와서는 팁을 내라고 손을 내민다. 약간은 민망스럽지만, 웃으면서 10솔(Sol, 1달 러=2.6솔)을 건네주었다. 이 잉카의 농경 모습을 지척에서 본다는 것만 도 그 값어치는 10솔의 몇배에 이른다고 생각하니, 오히려 미안하고

쟁기로 옥수수밭을 갈아엎고 고랑을 지어나가는 농부의 모습.

쑥스럽다. 젊은이는 못내 흡족한 기색을 내비치면서 단모작으로 지금 씨를 뿌리면 내년 2~3월에 수확하고, 옥수수 키는 3m 전후이며, 한대에 보통 이삭이 네개씩 팬다는 등 흥겹게 수문수답(隨問隨答)한다. 순박한 청년의 눈에는 총기가 어려 있다. 멀리서 손을 흔들며 일행을 바래준다.

26
잉카문명의 영롱한 여적(餘滴)들

꾸스꼬와 마추픽추에서 본 몇가지 유적·유물로 웅심 깊은 잉카문명의 속내를 도려내려던 당초의 얄팍한 구상은 마추픽추를 떠나면서 아예 접어야만 했다. 왜냐하면 숱한 잉카문명의 영롱한 여적들을 외면한 채 경솔하게 짜낸 구상이기 때문이다.

투숙했던 오얀따이땀보에서 꾸스꼬로 돌아오는 길은 갈 때의 우르밤바강 길이 아니라, 몇가지 신비스러운 유적이 남아 있는 고원길을 택했다. 밋밋한 언덕길을 약 30분간 달려 밀밭으로 에워싸인 해발 3,800m의 고지에 이르렀다. 여기에 바로 유명한 모라이(Moray) 다랑이밭이 자리하고 있다. 모라이는 께추아어로 '푹 파인 곳'이라는 뜻인데, 잉카제국시대에 땅을 깊숙이 원형으로 파서 조성한 계단식 다랑이밭을 의미한다. 이곳 모라이에는 대소 4개의 다랑이밭이 있다. 그중 가장 큰 밭 유구(遺構)가 오늘날까지 뚜렷하게 남아 있는데, 하단

하단 지름 약 100m의 모라이 다랑이밭 전경.

지름이 약 100m(작은 곳은 최소 40~45m), 깊이(높이) 역시 약 100m나 되
는 대형 다랑이밭이다. 바닥에서 약 20~30m 높이의 계단식 벽에는
원래 모습의 흔적이 희미하게 남아 있다. 여기서 약 100m 떨어진 입
구에 관광용으로 하단 둘레가 200m나 되는 원형 다랑이밭을 복원해
놓았다. 대형 모라이일 경우, 상·하층 간의 기온차가 5~10도나 된다.
잉카인들은 이 온도차를 이용해 각이한 기후환경에 적응할 수 있는
농작물과 식물을 길러냈다.

　이러한 유구의 용도에 관해서는 관개수를 이용한 다랑이밭 같은
실용적인 농경지였다는 것이 중론이지만, 의례장이었을 것이라는 주
장도 있다. 본래의 용도야 어떻든 간에 오늘의 시대를 살아가는 잉카
의 후예들은 이 폐허가 된 유적을 마냥 신성시하는 것만 같다. 메마른

다랑이밭 바닥에서 행하는 무당의 주술 행위.

바닥 한가운데서는 흰옷을 걸친 40대의 무당이 보조로 보이는 젊은 아가씨와 함께 핼쑥해진 여인과 아이를 위해 무언가 주술을 외우면서 액운을 몰아내고 기를 불어넣어주고 있다. 무당은 투명한 흰 주구(呪具)를 앞에 놓고 가는 막대기를 좌우로 흔들면서 끊임없이 중얼거린다. 잉카인들이나 동양인들에게는 공히 무술(巫術)이 종교의 원초 형태로, 오늘날까지도 도처에서 그 흔적을 찾아볼 수 있다.

약 한시간 동안 모라이 다랑이밭의 이모저모를 살펴보고 나서 차로 약 30분 달리니 마라스(Maras)의 쌀리네라스(Salineras) 염전에 도착했다. 마라스는 꾸스꼬에서 서북쪽으로 약 58km 떨어진 자그마한 읍이다. 끝없이 펼쳐진 초원에서는 야마들이 한가로이 풀을 뜯고 있다. 별로 검문거리가 없는데도 검문관들은 괜히 까탈을 부리며 갈 길을 지연시키기만 한다. 일단 검문소를 빠져나오자 기사는 기다렸다는 듯이 검문소를 향해 삿대질을 한다. 이윽고 염전에 도착했다. 이 염전은 옛적부터 읍민들의 명줄이나 다름없었다. 염전 입구는 관람객들로 붐빈다. 요양객들의 숙소 몇군데가 눈에 뜨이며, 소금 가게들이 즐비하게 늘어서 있다. 신비하게도 한 가게의 문설주에 빨갛게 익은 꽈리가 송이송이 걸려 있다. 신통히도 우리네 꽈리와 모양이나 색깔이 진배없다. 문설주에 걸어놓는 의미는 미처 알아보지 못했다. 아마 벽사진경(辟邪進慶)의 주술적 의미가 있지 않나 하는 느낌이 들었다.

염전은 해발 3,000m 고지의 한 깊은 골짜기의 바닥 경사면에 조성되어 있다. 나트륨 함량이 높은 골짜기 온천에서 졸졸 흘러내려오는 염수(鹽水)가 이곳에 고였다가 햇볕에 수분이 증발하면서 염전이 생긴다. 염수의 수평면 유지를 위해 밭은 4,000여 뙈기로 나뉘어 있다. 염수가 넉넉지 않아 한꺼번에 소금 '농사'를 다 지을 수가 없어서, 간작(間作)을 한다. 이를테면 한 뙈기에는 물을 대 넣고, 다른 뙈기에서는 건조 작업을 한다. 그래서 한 뙈기에서는 물이 넘실거리고, 다른 뙈기에서는 말라붙은 은백색 소금이 수확을 기다린다. 소금은 불순물이 섞인 정도에 따라 품질의 등급이 매겨진다. 최상은 윤기 도는 백색 소금이다. 1년에 수백톤씩 생산한다고 하니, 그야말로 조물주 덕에 별로 힘을 들이지 않고 천혜의 수익을 내는 셈이다. 예전에는 여러 사람의 공영(共營)이었으나, 지금은 몇몇 사람이 독영(獨營)하고 있다고 한다. 돈에 의해 조물주의 '공혜(共惠)'가 퇴색해가는 세태이니, 여기도 예외일 수는 없다.

쌀리네라스 염전에서 다시 꾸스꼬로 돌아오는 길에 교외에 들어서면서 들른 곳은 꾸스꼬의 서북쪽에 있는 해발 3,540m의 싹사이와만

해발 3,000m의 골짜기에 자리해 연간 수백톤의 소금을 생산하는 쌀리네라스 염전.

(Sacsayhuamán) 석조 요새다. 이 요새는 잉카의 대표적인 거석문화 유물의 하나로, 제9대 황제 파차쿠텍 시대에 축조하기 시작, 매일 2만명을 투입해 약 80년이 걸려 완공했다. 잉카 특유의 석조기술(빈틈없는 이음새 기술)을 도입해 한개의 무게가 약 120톤에 달하는 거석으로 내측의 높이가 7m인 3층 석벽을 쌓았다. 지그재그 형태로 22번 꺾여 이어진 석벽의 길이는 무려 360m에 달한다. 지금은 그 5분의 1정도밖에 남아 있지 않다. 석재 중 가장 큰 돌은 높이 8m, 두께 3.6m, 무게는 200톤이나 된다고 한다. 웅장한 거석문화다. 석재는 인근에서뿐 아니라 멀리 오얀따이땀보에서까지 운반해왔다. 이 큰 돌들을 근교도 아닌 먼 지방에서 어떻게 옮겨왔을까? 아직도 풀리지 않는 수수께끼다. 석벽 위

약 80년에 걸쳐 완공한 해발 3,540m의 싹사이와만 석조요새.

로 올라가니 꾸스꼬 시내가 한눈에 안겨온다. 꾸스꼬 전체를 한마리
퓨마(남미 낙타)에 비유하면, 이 싹사이와만은 그 머리 부분에 해당되
어 두뇌 역할을 했다는 것이다. 근년에 이 요새로부터 꾸스꼬의 중앙
인 아르마스광장까지 통하는 지하도가 발견되었다.

 이 석조요새의 명명은 비장한 역사의 한토막과 관련이 있어 무심
히 지나칠 수가 없었다. 1536년 5월, 망꼬 잉카가 스페인의 침입을 막
기 위해 2만명의 병사들을 불러 모아 항전을 전개한 성지이기도 하다.
밤에는 싸우지 않는다는 잉카 전사들의 관습에 허를 찔려 끝내는 패
운(敗運)의 고배를 마시고, 요새는 무참히 파괴되었다. 전장에 수북이
쌓여 있는 시체들을 보고, "매여, 너의 배를 채워라!"라고 누군가가

외친데서 그 뜻을 가진 '싹사이와만'이라는 말이 나왔다고 전한다.

이 거대한 잉카의 유물은 오늘 그 영광의 빛을 되돌려받고 있다. 해마다 6월 24일 되면 이곳에서 라틴아메리카 3대 축제의 하나인 '인띠라이미', 즉 '태양의 축제'(Inti는 태양, Raymi는 축제라는 뜻)가 열린다. 나머지 둘은 브라질의 리오데자네이루 축제와 볼리비아의 오루로 축제다. 원래 잉카제국시대에는 와까이빠따(지금의 쁘라사 부근)에서 태양의 축제를 치르곤 했는데, 지금은 그 무대가 이곳으로 옮겨왔다. 잉카제국시대에는 황제가 직접 제주가 되어 행사를 주관했다. 황제는 일주일간 금식으로 심신을 깨끗이 한 다음 축제를 주재한다. 축제가 거행되는 한달은 농민들이 피로를 풀기 위해 마시고 춤추는 '휴식의달'이기도 하다. 축제 당일에는 햇옥수수로 빚은 치차주를 황금 병에 넣어 태양신에게 바친다. 현재도 그때의 의식을 그대로 재현한다. 찬란했던 잉카문명의 전통을 그대로 이어가겠다는 잉카 후예들의 결연한 의지의 표현이다.

이튿날(2012년 7월 13일) 행로는 꾸스꼬에서 변방 도시 뿌노(Puno)까지다. 쉬엄쉬엄 열시간이나 걸려 답파한 이 험난한 고산 길의 연변에는 잉카와 잉카 이전 시대의 유적·유물이 지천에 깔려 있다. 아침 7시 22분 꾸스꼬 버스터미널을 출발해 동쪽으로 50분(30km)쯤 달리니 전기 잉카시대의 와리문화(Huari 또는 Wali, 500~900)에 속하는 삐끼야끄따(Piquillacta) 대형 도시유적이 나타난다. 석벽으로 에워싸인 성내에는 1만명이 거주하던 주택과 신전, 광장과 밭의 유적·유물이 고스란히 남아 있다. 2~3층 주택은 광장 주변에 자리하고 있다.

여기서 약 5km 떨어진 곳에 안다와일리야스(Andahuaylillas) 마을이 있는데, 거기에 마을 이름을 딴 유명한 성당이 있다. 16세기에 잉카제

한치의 틈새도 없는 잉카 석조물의 특색을 보여주는 꾸스꼬의 '12각 돌'.

국시대의 추장이 살던 집터 위에 지은 바로크양식의 성당으로 길이 50m, 너비 20m, 높이 15m쯤 되는 대형성당이다. 크기도 크기거니와 내벽 전체가 거의 금박으로 장식되고, 벽은 프레스코 성화로 꽉 차 있다. 유럽의 여느 성당에 못지않은 화려하고 근엄한 성당이다. 특이하게도 예수가 흑인 상으로 묘사되어 있다. 라틴아메리카의 여러 곳에서 예수와 성모 마리아가 흑인 상으로 묘사되거나 조형화되는 경우를 종종 발견하게 된다. 그것은 종교의 지역토착화에서 비롯되었다는 것이 중론이다. 앞에서도 설명했지만 이것은 문명교류사의 개념으로 환치하여, 순기능적 문화접변인 융합 현상으로 볼 수 있다. 잉카인들이 유럽인들로부터 건축술이나 회화술을 배워서 지은 성당이라고 현지 가이드는 설명한다. 성당은 한창 수리 중이어서 촬영은 금지다.

여기서 30분쯤 더 가니 잉카제국시대의 유명한 복합건물 유적인 락치(Raqchi) 유적이 눈길을 끈다. 일명 비라꼬차(Viracocha, 창조신) 유적이라고도 불리는 이곳은 꾸스꼬에서 118km 떨어진 해발 3,460m의 중앙안데스산맥에 위치하고 있다. 외주벽으로 둘러싸인 복합건물의

중앙안데스산맥에 위치한 잉카의 락치 복합건물 유적의 대강당 출입문을 지탱하던 11개 기둥.

부지 총면적은 80헥타르에 달한다. 여기에는 '깐차'(Cancha)라고 부르는 5동의 장방형 건물이 붙어 있다. 락치 유적을 유명하게 만든 것은 길이 92m, 너비 25m의 까란까(Caryanca)대강당이다. 10개의 출입구를 지탱하던 11주의 기둥이 지금까지 남아 있는데, 지상에서 3.3m까지는 돌을, 그 위에는 약 6m 높이의 아도베를 쌓아올렸다. 이 신전 유적은 잉카제국의 제8대 황제가 숙부의 공훈을 기리기 위해 세웠다는 설과 제10대 황제가 지었다는 설이 기록으로 전해지고 있다.

정오가 되자 여기서 5분 거리에 있는 편의식당에서 간단한 뷔페로 점심 요기를 했다. 오늘은 장거리 여정에다 볼거리도 많아 일분일초가 귀하다. 쉴 짬도 없이 차 안에서 커피잔을 기울이며 이 신비로운

돌멩이로 길을 막으며 통행세를 올려달라고 시위하는 마을 주민들.

중앙안데스산맥의 한복판을 누빈다. 길이 점차 고도를 높이자, 차 엔진은 숨을 가쁘게 몰아쉰다. 설상가상으로 주민들이 통행세를 올려달라는 시위로 큰 돌멩이들을 길 복판에 쌓아놓고 애매한 과객들의 통행을 저지한다. 경찰들은 총을 거꾸로 멘 채 길가에 비껴 서서 수수방관이다. 버스 기사와 조수가, 때로는 현지 승객 몇몇이 차에서 내려 주민들과의 승강이 속에 가까스로 돌멩이를 치우고 길을 튼다. 조무래기들은 차를 뒤쫓아오면서 돌을 마구 던져댄다. 이런 행패를 몇번 당하는 바람에 차 시간은 근 한시간이나 지연되었다. 오후 2시가 넘어서야 꾸스꼬-뿌노 간 국도의 최고점인 해발 4,338m의 라라야(Laraya) 패스에 도착했다. 바람이 걷잡을 수 없이 불어댄다. 패스의 왼쪽으로 아스라이 보이는 설산이 바로 우루밤바강의 발원지다. 이 강은 마추픽추를 지나 아마존강에 흘러들어간다고 한다. 길가에 임시로 좌판을 깔고 지역 특산물을 파는 행상들은 주로 안데스 산 모피로 행인들을 유혹한다.

이제부터는 내리막길인데다가 시간이 지체된 탓에 차는 고속으로 질풍과 견준다. 눈길이 모자라게 무연한 고원 초원이 펼쳐진다. 그 옛날 여기가 바다였음을 시사하듯, 햇빛에 지면의 염기가 은백색으로 반짝이며, 띄엄띄엄 물웅덩이가 바싹바싹 말라가는 대지를 적셔준다. 낮은 민둥산이 이어지며, 그 속을 헤집고 기차가 어디론가 질주한다. 흰 십자가가 박힌 묘역들엔 초원의 정적이 감돈다.

초원을 한시간 남짓 달려가 이른 곳은 전기 잉카제국시대의 뿌까라(Pukara)문명의 흔적이 남아 있는 뿌까라성당박물관이다. 길가에서 약간 떨어져 있는 이 유적은 원래 뿌까라문명 시대에는 제형(梯形, 사다리형) 피라미드 신전이었던 것을 잉카시대에도 성당으로 써왔으나, 스페인 침략자들이 들어와서는 헐어버리고 성당으로 개조했다. 지금도 그 외형 일부가 남아 있다. 아담한 박물관에는 뿌까라문명이 남겨놓은 소중한 유물들이 여러점 전시되어 있다. 필자의 주목을 끈 유물들이 있으나, 촬영이 금지된데다가 소개 책자 하나도 없다. 그리하여 눈도장만 찍고 박물관 문을 나섰다.

다시 두시간 반쯤 달려 해가 서산에 기울어질 무렵, 오늘의 목적지 뿌노에 도착해 안또니오호텔(406호실)에 투숙했다. 띠띠까까호반에 자리한 유서 깊은 고장이다. 호숫가에 자리한 호텔에서 스테이크로 저녁식사를 마친 후 어둠속에서 반짝이는 불빛을 따라 호숫가를 한참 거닐었다. 목책에 기대어 거울처럼 빛나는 호수면을 물끄러미 바라보노라니 이 며칠간 잉카문명의 보고 페루에서 보낸 감격스런 일

꾸스꼬–뿌노 간 국도의 최고점
인 해발 4,338m의 라라야 패스.

잉카제국시대의 뿌까라성당 외관.

들이 주마등처럼 눈앞을 지나간다. 내일 아침 페루를 떠난다고 생각
하니 문득 큰 아쉬움이 천근 돌덩어리로 가슴을 짓누른다. 바로 나스
까 지상화(地上畵, Líneas de Nazca) 유적을 찾아가지 못한 일이다. 중간에
일정이 지연되는 탓에 부득이하게 갈 수가 없었다.

'문명의 보고 라틴아메리카를 가다'를 주제로 내걸고 여기까지 왔
는데, 이 땅 위에 그려진 지구상에서 가장 큰 그림으로 세계 7대 불가
사의의 하나로 꼽히는 유적을 지척에 놓고 스쳐지나간다는 것은 아
쉬움에 앞서 두고두고 되뇌일 큰 과실이 아닐 수 없다. '다른 것들은
다 제쳐놓고서라도 이 하나를 찾아갔어야 했을걸!'이라는 후회가 가
슴을 후벼 내린다. 이러한 과실과 후회를 조금이라도 상쇄할 수 있을
까 싶어 망설이다가 이 답사실록에 소개글이라도 싣고자 작심하기에

해발 500m의 건조한 평원에 그려진 길이 30~285m의 그림 30여점으로 구성된 나스까 지상화군.

이르렀다. 그나마도 곁이라도 스쳐지나갔다는 데 자위하면서, 목격 아닌 전문(傳聞)을 이렇게 싣게 됨을 독자 여러분이 양지하기 바라 마 지않는다. 여행에서 '아쉬움'은 다반사이지만, 이러한 뼈저린 아쉬움 은 일찍이 없었으며, 또 앞으로도 없을 것이다. 나스까 지상화의 전모 를 간단히 소개하면 다음과 같다.

페루 남부 해안에서 약 50km 떨어진 해발 500m의 건조한 내륙 평 원지대에 그려진 이 지상화가 차지하는 면적은 무려 360km²(서울 면 적의 근 2배)에 달한다. 2년간의 강우량이 고작 1.27cm에 불과한, 지 구상에서 가장 건조한 곳으로 알려진 나스까평원의 자갈땅을 깊 이 10~20cm, 너비 20~30cm 정도로 파서 그린 이 지상화군은 길이 30~285m의 각기 다른 그림 30여점으로 구성되어 있다. 700여리(里)

에 이르는 직선과 삼각형, 사다리꼴, 지그재그형, 자선형 등의 기하학적 도형을 사용해 범고래, 원숭이, 거미, 개, 인간 등의 다양한 모티프를 그려넣었다. 가장 큰 동물무늬는 축구장 3배 크기이고, 가장 긴 직선의 길이는 10km에 달한다. 1939년에 미국의 역사학자 코소크(P. Kosok)에 의해 발견되었으며, 많은 학자들, 특히 독일 태생의 고고학자이자 수학자인 마리아 라이헤(M. Reiche)는 평생을 나스까 지상화의 연구와 보존에 바쳐, 이것이 기원전 190년에서 기원후 600년 사이에 그려졌음을 밝혀냈다. 1994년에는 유네스코 세계문화유산으로 등재되었다. '우주인의 메시지'라든가, '신에게 바치는 제물' '인디오 부족의 문장(紋章)' '천문 달력'이라는 등 여러가지 해석이 분분하지만, 정설은 아직 없다. 라이헤 자신도 처음에는 천체 운행과의 관계설을 주장했으나 후에 부정했다. 나스까 지상화는 나스까문화의 산물인데, 이 문화는 나스까강 유역에서 기원전 200년부터 기원후 600년 사이에 개화한 고전기 문화다.

27
인디오문명의 발원지, 띠띠까까호

    잠결에 마치 까옥까옥 까마귀가 울부짖는 듯한 소리가 귓전을 울린다. 엉겁결에 눈을 뜨니 이름 모를 물새 떼가 꾹꾹거리며 창가를 스쳐지나간다. 원래 띠띠까까호는 담수호인데다 수초와 물고기가 넉넉해 숱한 물새들의 서식처로 유명하다. 녀석들이 이른 새벽에 호숫가 주변을 날아다니면서 어부들의 새벽잠을 깨운다고 한다. 여느 때 같으면 곤히 든 잠을 깨우는 것이 성가시겠지만, 오늘만은 되레 고맙다. 오늘은 갈 길이 바빠 새벽 일찍이 일어나야 얼마쯤이라도 띠띠까까호를 제대로 볼 수 있는데, 바로 그런 기회를 녀석들이 마련해준 셈이다. 어둠이 채 가시기 전에 호텔에서 40~50m 거리밖에 안 되는 호숫가에 나갔다. 싱그러운 새벽 공기가 감돈다.

    호숫가에 무성한 향포(香蒲, 부들)는 간밤의 고요를 깨뜨리고 새벽 미풍에 설레기 시작한다. 반신 높이의 목책으로 에워싸인 호숫가 산

띠띠까까호 호숫가의 주택들.

책로를 따라 한참 걸어가니 물안개가 부들숲 속에서 뭉게뭉게 피어
오른다. 저만치에서 어선 한척이 조용히 물살을 가른다. 물새 떼가 겹
겹이 주위를 감돌며 먹이 사냥을 한다. 녹음이 짙게 물든 자그마한 섬
들이 마냥 거울 같이 맑디맑은 수면 위에 점점이 떠 있다. 섬들에서는
고풍 서린 건물들도 눈에 띈다. 황홀지경에 빠지기는 몇몇 관광객들
도 마찬가지였나보다. 약 두시간 동안 이곳저곳을 거닐다가 호텔로
돌아왔다. 이 바다 같이 드넓고 숱한 역사를 간직한 유서 깊은 호수의
개략이라도 알아내는 데 턱없이 부족한 시간이다. 그렇지만 어찌 하
랴. 결코 놓칠 수 없는 이 엄청난 대상 띠띠까까호, 문자 그대로 편린
(片鱗)에서 얻은 직감을 확대하고 윤색해서라도 하나의 온전한 그림
을 그려내야 하지 않겠는가 하는 충동을 금할 길이 없다.

　남미 페루와 볼리비아 두 나라의 접경지대인 뿌노고원 북부에 자

띠띠까까호의 또또라(갈대).

리한 띠띠까까호(Lake Titicaca, 스페인어로 Lago Titicaca)는 세계에서 가장 높은 곳에 자리한 대형 담수호다. 지질기 제3기 말에 지각운동으로 인해 생겨난 이 호수의 이름 연원부터가 흥미롭다. 전설에 의하면, 태양의 신 인띠가 이 띠띠까까호에 있는 태양의 섬에 아들 망꼬 까빡과 딸 마마 오끄요를 내려보내 잉카의 조상이 되게 했으며, 그들에게 문명을 깨우치도록 했다. 당시 이 호수의 이름은 원주민 언어인 께추아어로 '보물 동이'란 뜻을 지닌 '추키아바'였다. 이것은 호숫가에 살던 사람들이 주변 산속에 있는 숱한 금광에서 금을 캐다가 화려한 황금 제품을 만들어낸 데서 유래되었다. 그러던 어느날 태양신의 아들 까빡이 홀로 외유에 나섰다가 그만 산신이 기르던 표범에게 물려 죽었다. 비통에 잠긴 태양의 신을 대신해 잉카인들은 산속에서 그 표범을 사냥해 제물로 바쳤다. 사람들은 태양의 섬에 태양신 묘를 세우고, 그 안에 표범을 상징하는 큰 돌을 안치해 제사의 희생물로 삼았다. '돌 표범'을 께추아어로 '띠띠까까'라고 해서, 호수 이름의 어원을 여기서 찾고 있다.

그런가 하면, 수신(水神)과 관련된 다른 전설도 회자되고 있다. 수신의 딸 이까까는 준수한 청년사공 디따와 밀애하다가 몰래 결혼까지 해 행복하게 살고 있었다. 뒤늦게 이 사실을 알게 된 수신은 노발대발해 풍랑을 일으켜 디따를 수장시킨다. 비통 속에 이까까는 남편의 시신을 수면 위로 떠오르게 해 단단한 암석으로 굳혀버리고, 자신은 드넓은 호수가 되어 세세연년 서로가 의지하면서 영생했다고 한다. 잉카인들은 그들을 기리기 위해 두 이름을 합쳐 '띠띠까까호'라고 불러왔다고 한다.

옛적부터 '성스러운 섬' '신비의 섬' '고원의 명주(明珠)'로, 아름다운 전설을 간직하고 있는 이 호수는 우기와 건기의 계절에 따라 호면 표고와 면적이 약간씩 달라진다. 1918년부터 1966년까지 사이의 평균표고는 3,808.22m이고, 우기 때 평균면적은 8,171km²였다. 수위가 1m 높아지면, 면적은 250km²나 늘어난다. 평균수심은 107m이고 최대수심은 281m이며, 평균수온은 13도다. 연강수량은 450~1,000mm로, 우기는 12월에서 3월까지고, 5월에서 8월까지는 건기로 비가 전혀 내리지 않는다. 유역면적은 무려 5만 8,000km²에 달하는데, 호수의 길이는 190km이고 너비는 80km이며, 가장 좁은 띠끼나 지역의 너비는 1km에 불과하다. 이 지역을 기준으로 호수는 크게 두 부분으로 나뉘는데, 전체 호수 면적의 60%는 페루에, 나머지 40%는 볼리비아에 속해 있다. 주로 주위 고산지대에서 흘러내리는 25개의 빙하수 강이 호수로 유입되는 데 반해, 단 하나의 강만이 볼리비아 쪽 내륙 함수호인 파파호로 유출하는데, 그 수량은 유입량의 5%에 불과하다. 나머지 95%의 수량은 증발해버림으로써 호수의 적정 수량이 조절·유지되고 있다. 자연의 기묘한 섭리다.

호수에는 '태양의 섬'과 '달의 섬'을 비롯해 모두 41개의 섬이 있는데, 대부분은 물 위에 떠 있는 인공섬인 부도(浮島)다. 호숫가에서 가장 가까이 있는 자그마한 부도 하나를 찾아내 발걸음을 멈췄다. 가깝다고 해도 몇마일은 실히 되는 거리이고, 게다가 새벽 안개가 채 가시기

또또라 가옥 모형.

전이라서 육안으로 오롯이 확인할 수는 없었다. 다만 선입견이 작용해서 그런지는 몰라도 섬은 새벽 미풍에 미동을 거듭하고 있었으며, 건물들은 또또라(부들)로 지었다는 것이 어슴푸레 눈에 안겨왔다. 사실 부도 상의 건물은 그 자재가 거의 우리네 갈대 비슷한 이곳 특산인 또또라다. 높이 2m쯤으로 가늘고 긴 잎사귀를 가진 이 다년생 식물의 뿌리를 길게 잘라 단단히 한데 묶은 다음, 그 위에 또또라 잎사귀를 약 3m 두께로 깐다. 이것이 이른바 건물의 토대(기초)다. 이 토대 위에 역시 또또라나 기타 부자재로 집을 짓는다. 몇년 지나 토대가 부식되면 새로이 갈아 댄다. 또또라 가옥이 몇채 안 되는 부도도 있지만, 수

백명이 살면서 학교나 교회가 있는 큰 규모의 부도도 있다. 이러한 섬들에는 주로 인디오의 일족인 우루(Uru)족들이 오랜 전통을 유지하면서 살고 있다. 그들의 이용하는 교통수단은 역시 또또라를 묶어 만든 5~6명용의, 발사(balsa)라는 뗏목이다.

호수는 염도가 5.2~5.5%이며, 1리터당 용해물은 780mg에 불과하므로 미염(微鹽)의 청정한 물이다. 음료로는 물론 관개나 어류, 조류의 생식에 아주 적합하다. 그리하여 일찍이 호숫가에서 감자와 옥수수, 맥류(麥類)가 재배되었으며, 물속에서는 장어(鱔魚, 송사리), 점어(鮎魚, 메기), 준어(鱒魚, 송어) 등 민물고기가 서식하고 있었다. 호수 주변에 사는 아이마라(Aymara)인들은 잉카시대 이전의 다랑이밭 경작법을 도입해 해발 4,700m, 세계에서 가장 높은 곳에 맥류 밭을 일구어나갔다. 이렇게 기원전 6,000년경부터 이곳에 정착하기 시작한 인디오들은 15세기에 이르러 강대한 잉카제국을 세울 때까지 띠띠까까호반을 요람으로 삼고 인디오문명을 찬란하게 꽃피웠다. 오늘날까지 호반 처처에 남아 있는 고성과 궁전, 묘당, 피라미드, 동굴 등 유적·유물들이 이를 극명하게 증명하고 있다.

띠띠까까호의 매력에 빠져 정신을 잃다시피 하다 서둘러 호텔에 돌아왔다. 출발은 한시간 반이나 늦춰지고 말았다. 빵 두조각에 우유 한 팩을 손에 든 채로 뿌노에서 라빠스행 버스에 올랐다. 그때가 아침 8시 46분이다. 고도 뿌노의 풍광이 차창을 어룽어룽 스쳐지나간다. 남미 식민시대의 여느 도시처럼 시 중심에 아르마스광장이 있고, 그 두리에 성당과 공공건물들이 배치되어 있다. 띠띠까까호반의 제일 큰 도시라서 늘 호수의 음덕(蔭德)을 입어 융성하고 주변에 잘 알려져 왔다. 시간이 없어서 인디오와 잉카인들이 주변에 남겨놓은 띠와나

상공에서 내려다본 띠띠까까호와 그 주변 모습.

꾸(Tiahuanaco)나 와리(huari) 문명의 유적 등을 살펴보지 못한 것이 못
내 아쉬웠다. 그러나 고대 인디오문명의 발상지이자 중심지이기도 했
던 이곳을 떠나면서 며칠간 산발적으로 접하고 메모해온 인디오문명
에 대해 떠오르는 대로 한번 대충이라도 정리하고픈 요량(料量)이 간
밤에 생겨났다. 이러한 요량은 볼리비아 수도 라빠스의 버스터미널에
도착할 때까지 줄곧 이어졌다.

　하나의 문명을 제대로 알려면, 무엇보다도 먼저 그 문명의 창조자
가 누구인가부터 밝혀내야 한다. 인디오문명의 창조자가 인디오(인디
언)라는 데는 의문의 여지가 없다. 그렇다면 인디오는 과연 누구인가?
인디오는 에스키모를 제외한 아메리카대륙의 원주민에 대한 총칭이
다. 지금까지 이 대륙에서는 직립원인(直立猿人, 호모에렉투스) 같은 고

생인류 유골이 발굴된 예가 없다. 그렇다면 가장 이른 시기의 유골은 언제, 누구의 것일까? 고고학자들은 숱한 연구와 고민을 거듭하던 끝에 마침내 인디오로 일단 낙착을 봤다. 그 과정은 많은 오해와 편견을 극복하는 과정이었다. 아직도 인디오의 원주민성에 의문을 던지거나 선뜻 공감하지 않는 경향이 없지는 않지만, 그리고 고고학이 진일보해 인디오 이전의 인류 흔적이 발견될 가능성도 차단할 수는 없지만, 적어도 지금까지의 대세와 중론은 명백해졌다.

앞에서 언급하다시피, 브라질이나 멕시코, 아르헨티나의 몇몇 권위 있는 박물관에 내건 고대 아메리카 인디오들의 이동로 지도들은 인디오의 조상에 관해 명확한 시사점을 던져주고 있다. 지도에 의하면, 지금으로부터 약 2만 5,000년 전 후기 구석기시대에 아프리카에서 탄생한 몽골로이드 현생인류(호모사피엔스사피엔스)가 시베리아를 거쳐 베링해협을 건넌 다음 북미의 알래스카에 상륙한다. 그들은 수천년 동안 남하를 지속해 마침내 아메리카대륙 동서남북 전역에 착근해 고유의 인디오문명을 창조했다.

원래 15세기 말 서구식민주의자들이 침입하기 전까지는 인디오에 대한 통일적인 지칭이 없었다. 1492년 콜럼버스는 대서양을 횡단해 중미 카리브해에 도착했을 때 이곳이 그가 목적하고 떠났던 인도 땅인 줄 알고 토착 원주민을 '인디오'(스페인어 Indios)라고 불렀다. 훗날 사람들은 이 명칭이 오칭임을 알았으나 이미 널리 퍼진 터라서 콜럼버스가 지칭한 인디오들을 그대로 '서인디오'라 불렀다. 인도인들은 '동인디오'(동인도인)라고 일괄 지칭했다. 영국이 인도회사를 군이 '동인도회사'라고 명명한 이유다. 아메리카대륙에 얼마나 되는 인디오들이 살았는지에 관해서는 정확한 통계가 없다. 시대와 지역에 따라 국부적

띠띠까까호의 페루 측(상)과 볼리비아 측(하) 모습.

인 공동체는 존재했지만, 모두를 아우른 공동체는 한번도 있어본 적이 없었다. 그래서 지금까지 600여개의 부족으로 산산조각나서 200여종의 각이한 언어를 쓰고 있으며, 체구나 외형, 피부, 종교, 문명 수준에서 각양각색이다. 한편 식민주의자들의 인종말살 정책과 몽매화 정책으로 인해 인구수가 급감했을 뿐만 아니라, 전통문화의 발전이 차단되어 인디오는 몽매와 후진의 대명사로 알려져왔다. 따라서 그들의 역사와 문화, 사회에 관한 연구도 제대로 이루어지지 않았다.

비록 그러하지만, 인디오들은 불모의 아메리카 땅을 개척해 '문명의 보고'로 만들어 인류 역사에 불멸의 기여를 했다. 그들은 마야문명과 잉카문명, 아스떼끄문명을 비롯해 띠띠까까·꾸뻬스니께·차빈·빠라까스·모체·나스까·와리·치무 등 다양한 문명을 꽃피우고, 그에 상응한 사회조직과 권력구조를 운영했으며, 뛰어난 문화유산을 남겨놓았다. 그들은 인류 최초로 옥수수와 감자·고추·낙화생·담배 등 농작물을 생산해 자급했을 뿐만 아니라, 유라시아대륙에 수출까지 해 인류의 농업사에 일대 전환을 가져왔다. 기원후 300~900년에 마야문명의 꽃을 피운 마야인들은 그때 이미 고유의 문자를 만들어 사용했고, 정밀한 태양력을 사용해 우주와 자연을 관찰했으며, 유럽인들보다 800년 앞서 '영(0)' 개념을 수학에 도입했다. 웅대한 신전과 궁전은 정교한 조각과 회화로 장식하고, 거석으로 성벽을 축조했다. 인디오들이 만들어낸 토기와 도자기는 동양의 그것을 뺨칠 정도로 월등하고, 황금문화는 세계 어느 곳에서도 그 유례를 찾아볼 수 없을 만큼 뛰어나다. 인디오들이 창조한 이루 헤아릴 수 없는 문명의 하나하나는 문자 그대로 진품이고 보물이다.

이렇게 인류역사 발전의 정궤도(正軌度)를 따라 승승장구하던 인디오늘의 역사 행적은 15세기부터 들이닥친 서구 식민주의자들에 의해 난도질당하고 만다. 인디오들은 피살되거나, 노예가 되는 운명에 처했다. 식민지 시절 스페인령 제국에서 피살된 인디오는 1,300만명에 달하며, 브라질 일국에서만도 1,000만명을 헤아린다. 미국 개척기에도 100만의 목숨을 앗아갔다. 한마디로, 유럽인들의 아메리카 식민개척사는 인디오 살육사이며, 인디오문명 말살사다. 결과 오늘날 남아 있는 인디오는 겨우 3,000만을 넘지 않는다고 한다.

이와 같이 서구 식민주의자들이 들어오기 수천년 전부터 아메리카 대륙에는 엄연하게 원주민 인디오가 뿌리를 내려 삶을 향유하고 있었으며, 그들에 의해 찬란한 고대 인디오문명이 꽃피고 있었다. 그럼에도 침략자 콜럼버스는 '신대륙 발견' 운운했고, 뒤따른 서구인들은 이 '발견'이 마치 침략과 약탈의 부적(符籍)이라도 되는 양 설쳐댔다. 한심한 어불성설이다. 최근 미국 사학계에서조차 콜럼버스의 행각을 두고 그가 신대륙을 발견한 것이 아니라, 그저 유럽과 아메리카 두 대륙을 연계했을 뿐이라는 정평을 내리고 있다.

28
'평화'의 도시, 라빠스

　뿌노에서 볼리비아 수도 라빠스까지 가는 장거리 버스는 하루에 오전 오후 두번씩 있다. 직행인 줄 알고 탔는데, 중간에 두세번 행객들을 태우는 것으로 봐서는 직행이 아닌 것 같다. 직행이건 완행이건 상관 없지만 시간이 약간씩 지체되는 것이 안타까웠다. 11시 08분, 2시간 22분을 달려 페루-볼리비아 국경에 다다랐다. 국경에 이를 때까지 내내 왼쪽 차창으로는 띠띠까까호와 숨박꼭질을 한다. 볼리비아 땅에 들어서도 한참은 그러했다. 호수 너머로 눈 덮인 안데스산맥 설봉(雪峰)들이 아스라이 보였다.

　띠띠까까호 언저리에 놓인 약 10m 길이의 다리를 사이에 둔 두 나라 국경초소는 행인과 차량으로 몹시 복잡하다. 페루 쪽 출국수속은 비교적 간단하게 마치고 맨몸으로 다리를 건넜다. 짐은 차에 실린 채 저쪽으로 이동한다. 다리에 발을 붙이는 순간 문득 근 30년 전 '체 게

과객들로 붐비는 페루-볼리비아 국경.

'바라의 길'을 밟고자 페루의 꾸스꼬 주재 볼리비아 영사관에 입국신
청을 했다가 무산된 그 뼈저린 추억이 울컥 치민다. 바람대로 되었다
면, 아마 그때도 바로 이 다리를 넘었을 것이라고 생각하니 격세지감
에 목이 메기도 한다.

볼리비아 쪽 국경초소는 과객이나 차량뿐만 아니라 행상들로 비
비대고 소란스러워 마치 야시장을 방불케 한다. 알고 보니, 그 원인
은 출입국 수속이 까다로워 대기시간이 자꾸 길어지고 있기 때문이
었다. 우리 일행 세 사람은 약 30분간 기다렸다가 떠밀려 가까스로 수
속 창구 앞에 섰다. 그런데 이게 웬일인가? 맨 앞에서 창구 안에 여권
을 밀어넣고 한참 기다리던 가이드 손 양 앞으로 어디선가 경찰이 다
가와 그녀를 무턱대고 옆 독방으로 끌고 간다. 뒤따르려던 우리 둘은

볼리비아 국경의 입국 검문소.

경찰의 제지를 당했다. 바깥에 우두커니 서서 약 20분간 기다렸다. 담
찬 손 양이지만, 상기된 얼굴에서는 홍조가 피어나기 시작한다. 자초
지종인즉, 이 나라 출입국조례에는 외국인이 1년에 4회 이상 입국할
수 없다고 규정되어 있다. 그런데 남미 전문 여행사의 가이드를 맡고
있는 손 양은 올해에 들어서 벌써 네번째로 입국하기 때문에 위법으
로 입국이 불가하다는 것이다. 가이드 업무의 불가피성을 들어 상대
방을 겨우 설득시키고 시말서까지 쓰고서야 풀려났다. 다시 회고하고
싶지 않은 아찔했던 순간이다. 비자와 입국신청서 복사본을 요구하는
등 상식 밖의 수속 '격무'에 시달리다보니 30분이 또 훌쩍 지나갔다.
2012년 7월 14일(토)에 벌어진 일이다.

두세 곳 검문초소를 거쳐 두시간 넘겨서야 볼리비아 수도 라빠스의 버스터미널에 도착했다. 인구 약 84만(2010)을 가진 라빠스(La Paz)는 시 중심이 해발 3,600m의 고지에 위치하고 있다. 일국의 수도 가운데 세계에서 가장 높은 곳에 있다. 스페인 식민주의자들은 1548년 볼리비아고원 동부의 라빠스강 계곡에 이 도시를 건설했는데, 그 지형이 신통히도 바리때 모양을 닮았다. 그들은 당시 은광이 개발된 서남부의 뽀또시(Potosi)와 부왕청(副王廳)의 소재지인 페루의 리마를 연결하는 중간 연계지로 이곳을 택해 도시를 건설했다. 당시는 '성모의 평화성(平和城)'이라고 불렀으며, 후일 여기로부터 스페인어로 '평화'라는 뜻의 '라빠스'가 파생했다.

평화는 한낱 이상이나 염원이었을 뿐, 그 실현은 녹록지 않았다. 독립 후 100여년 동안 무려 190차례의 쿠데타가 일어나 근 70명의 대통령이 권좌를 오르내렸으며, 주변국으로부터 몇번이나 침략을 당하기도 했다. 원래 수도는 1538년에 건설된 후 1826년 독립과 더불어 수도로 선포된 수끄레(Sucre, 제2대 대통령 수크레 장군의 이름에서 유래)였으나, 19세기 전반 라빠스가 독립전쟁의 중심지로 부상하면서 천도(遷都) 문제가 불거졌다. 치열한 논쟁 끝에 1898년 절충안을 마련해 결국 두 개의 수도로 역할분담을 했다. 대통령부와 국회 및 대부분 정부기관은 라빠스에, 최고법원만을 수끄레에 설치하기로 했다. 이렇게 보면 실제 행정수도는 라빠스다. 이 나라의 정치·경제·문화의 중심지도 이 도시다.

볼리비아 당국은 주민들의 안전과 평화로운 생활 유지를 위해 각방으로 독특한 조치를 취하고 있다. 현행 헌법은 천주교의 국교 지위를 폐지하고, 종교의 평등을 보장하고 있다. 주민들의 총기 소지와 반

라빠스 시내 전경.

정부 무장조직을 불허하므로 치안이 비교적 잘 유지되고 있는 형편이다. 당국은 수도의 치안만은 장담한다고 한다. 라빠스는 차분하고 평온한 감이 들지만 최근 동부 일부 지역을 비롯해 몇몇 지방에서 테러와 강도 같은 강력범죄가 심심찮게 발생하고 있어 당국이 골머리를 앓고 있다고 현지 가이드는 귀띔한다.

라빠스로 들어오는 길은 그야말로 구절양장(九折羊腸) 같은 고불고불하고 험악한 비탈길이다. 특히 비행장에서 들어오는 북쪽 길은 표고차가 심한데다 좁은 산비탈길이고 보호책도 변변치 않으며 무시로 짙은 안개가 껴 전복사고가 자주 일어난다. 그래서 이 길은 '악마의 구비'라는 악명까지 얻고 있다. 차가 조심스레 이 구비를 빠져 내려와 시내에 이르니, 사람들의 형색부터가 다르다. 작달막하고 통통한 체구에 짙은 구릿빛 얼굴색, 널찍한 채양이 달린 높은 모직모자에 색동 무늬의 덧옷 촐리따, 여자들이 등 뒤에 걸머진 큼직한 보따리 아과이요, 길거리에서 삼삼오오 둘러앉아 마시는 코카차… 전통을 지켜오는 인디오들의 끈끈한 모습, 흔히들 말하는 '남미다운 모습'이다.

하기야 볼리비아는 남미에서 원주민 비중이 가장 높은 나라로, 께추아, 아이마라, 과라니 등 37개 인디오 부족이 전체 인구의 55%를, 원주민과 유럽 백인의 혼혈인이 32%를 차지한다. 나머지 유럽인과 기타 인종은 각각 12%와 1%를 점한다. 이렇게 보면 87%라는, 절대 다수가 원주민 혈통인 셈이다. 인구 약 105만을 헤아리는 수도 라빠스의 경우도 진배가 없는 성싶다. 그야말로 그 어느 곳보다 인디오의 체취가 진하게 느껴지는 고장이다. 식민통치가 절정에 치닫던 1780년 이 도시에는 스페인인 5만과 원주민 2만, 합계 7만이 살고 있었다. 200여년이 지난 지금은 그 반전(反轉)이 일어났다.

바리때 형상을 한 도시는 일리마니(Illimani)산을 비롯한 5,000m급 고봉들로 바싹 에워싸여 있어 표고차가 심하다. 고도 4,100m의 버스 터미널과 시 중심부인 무리요광장(Plaza Murillo)의 표고차는 500m에 달하며, 시내에서 가장 높은 곳과 낮은 곳 간의 표고차는 무려 1,000m에 이른다. 주민들의 주택은 거개가 경사도가 30~40도나 되는 산비탈에 자리하고 있으며, 시내 대부분은 경사지라서 평지라곤 찾아보기 힘들다. 상대적으로 저지대에 기관들과 상점들이 몰려 있다. 멀리서 보니 시내 구도가 산세를 따라 사닥다리 모양의 층차(層次)를 이루고 있다. 사방이 꽉 막힌 분지라서 공해가 심하다. 매캐한 연기 냄새가 코를 찌른다. 고지대이기 때문에 연간 평균기온은 7도이며, 혹서라야 25도를 넘은 적이 없다고 한다. 마침 우리가 도착한 7월은 연중 가장 추운 달로 평균기온은 5도이며, 가장 더운 달인 1월의 평균기온이라야 8도다. 이렇게 보면 라빠스는 일년 내내 겨울인 셈이다. 언제나 방한복을 착용하라는 가이드북의 권고가 실감난다. 지금은 건기(6~8월)라서 건조한 남풍이 골짜기를 따라 솔솔 불어오고 있다.

택시로 약 20분간 내리막길을 달려 쁠라사호텔(Plaza Hotel) 406호 방에 여장을 풀었다. 오는 길에 시 중심인 무리요광장을 지났다. 볼리비아 독립영웅 무리요의 이름을 따서 명명한 것이다. 광장 한가운데에 기단의 높이가 3m, 신장이 10m에 달하는 무리요 동상이 의연히 서 있다. 광장 동쪽에는 국회의사당이, 남쪽에는 대통령궁전과 대성당이 자리하고 있다. 모두가 식민시대의 유물이다. 광장의 한편에는 국기와 9개 주의 주기들이 나란히 미풍에 나부끼고 있다. 평화의 상징인 비둘기들이 지면을 가득 메운 채 꾹꾹거리며 한가로이 노닐고 있다. 마치 라빠스가 '평화'란 뜻임을 새삼스레 일깨워주는 양.

오후 3시 반이 넘어 호텔 인근 식당에서 간단하게 점심을 때우고 우선 찾아간 곳은 가까이에 있는 띠와나꾸국립고고학박물관이다. 띠와나꾸(Tiwanaku)문화는 띠띠까까호 호반에서 꽃핀 대표적인 초기 인디오문화로, 그 유적은 지금의 볼리비아 땅 라빠스군에 속해 있다. 오늘 오전 뿌노에서 라빠스로 오면서 국경을 넘고 얼마 지나지 않아 이 유적 곁을 스쳐지나갔다. 시간이 촉박해 유적에 들러보지 못한 아쉬움을 품은 채, 큰 기대를 걸고 이 박물관을 찾았다. 그런데 웬걸, 오는 날이 장날이라 박물관이 수리 중이라면서 폐문 딱지가 정문에 붙어 있지 않은가. 물론 여러 곳을 다니다보면 실망을 금할 수 없는 때가 가끔 있지만, 이번 실망만은 각별하다. 이 유명한 띠와나꾸문화 유적을 다시 볼 기회가 나에게 있을까 하는 데서다.

시 중심 무리요광장에 서 있는 독립영웅 무리요의 기마동상.

비록 띠와나꾸 유적 현장이나 박물관은 문이 막혀 살펴보지 못했지만, 워낙 중요한 유적이라 소개 없이 넘어갈 수가 없다. 띠와나꾸는 인디오어로 '창세중심(創世中心)'이라는 의미다. 글자 뜻부터가 유적의 중압감을 느끼게 한다. 이곳은 기원전 200년부터 기원후 1150년까지의 시기에 고대 인디오들이 건설한 최초의 종교 및 의례의 중심지로 알려져 있다. 남아 있는 신전과 피라미드, 능묘와 태양문 등의 유물은 찬란했던 고대 인디오문명의 성숙도를 여실히 보여준다. 태양문 하나를 실례로 들어보자. 너비 4m, 높이 3m, 두께 0.5m의 통돌로 된 이 석문의 무게는 무려 100톤이 넘는다. 한가운데에 사람 키보다 약간 높은 문이 나 있는데, 해마다 9월 22일이 되면 영락없이 태양이 이 문의 중

띠와나꾸국립고고학박물관 외관(상), 비좁은 박물관 거리 모습(하).

앙선에서 떠오른다. 그 역사성과 건축술이 인정되어 2000년에 유네스코 세계문화유산으로 등재되었다.

이러한 세계적 유산을 코앞에 놓고 보지 못한 채 떠나자니 발걸음이 떨어지지 않는다. 이어 박물관들이 밀집해 있는 '박물관 거리'로 향했다. 주로 개인이 운영하는 크고 작은 여러가지 박물관들이 모여 있는 거리다. 잔뜩 기대에 부풀었으나, 설상가상으로 내일이 라빠스 시 건설 201주년 기념일이어서 악기박물관 하나만을 제외하고 모든 박물관이 문을 닫았다. 하나라도 놓칠 수는 없다. 자그마한 2층 건물의 방마다에는 이름 모를 전통악기를 비롯해 현대악기에 이르기까지 각종 악기를 빼곡히 전시하고, 악기 이름이며 용도 내지 연주 모습까지 설명을 곁들여 정성껏 소개하고 있다. 말미 전시관에는 여러 나라에서 구해온 잡동사니 악기와 노리개가 무질서하게 전시되어 있다. 놀랍게도 그 속에서 우리네 해금과 장구, 그리고 어린이들의 색동 노리개가 눈에 띈다. 이곳 작품은 아니고, 필경 누군가가 구해다 기증한 것으로 보인다. 구체적인 소개 글이 없으니 알 수가 없다. 일본이나 러시아 같은 나라에서는 실물을 떳떳하게 기증해 설명서를 붙여두었다. 그런데 우리나라는 그렇지 못하다. 자괴지심에 더이상 머물 수가 없었다.

저녁에는 호텔에서 걸어 5분 거리에 있는 '한국식당'을 찾아갔다. 명색은 한국식당인데 알려지기로는 소문난 '동양식당'이다. 그도 그럴 것이 김밥으로는 일본인, 만두로는 중국인들의 환심까지 끌고 있기 때문이다. 여러 나라 식객들로 식당은 만원이다. 값도 싼 편이다. 오래간만에 구수한 쌀밥 냄새를 맡으니 먹지 않아도 배부르다. 우리 일행 중 두 사람은 순두부 백반을, 한 사람은 돌솥밥을 청했다. 돌솥

악기박물관에 전시된 각종 전통 관악기(상), 악기박물관에 전시된 가야금으로 보이는 악기(하).

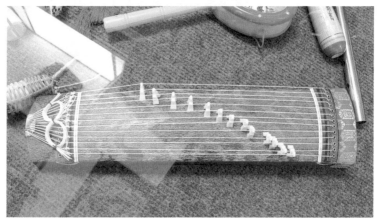

'동양식당'으로 소문난 '한국식당'.

밥도 제맛이거니와 순두부는 일품이다. 메뉴에는 10여가지 한국 전통
요리가 올라 있다. 필자는 그동안 세계 방방곡곡을 누비면서 숱한 한
식당을 경험했다. 대부분은 이 핑계 저 핑계로 한식 제맛을 내지 못하
고 뒤범벅이기가 일쑤다. 그러나 이 식당만은 예외이고 출중하다. 제
맛을 그대로 살리고 있으니 말이다. 음식이란 재료가 조금만 달라도
맛이 가는 법인데, 다른 재료를 가지고 제맛을 내다니 신기한 일이다.
이역만리 지구의 대척점, 이 오지 중 오지에서 고향의 참맛을 누린다
는 것은 큰 행운이다. 일시에 노독이 풀리고 기가 살아나며, 힘이 샘
솟는다. 1인당 10달러어치니 밥값도 싼 편이다. 종업원들도 친절하다.
낯선 땅에서 외로이 애써 우리의 전통음식을 묵묵히 알리고 전파하고
지켜내는 이들이야말로 한국문화의 참된 전도사이며, 한류(韓流)의 또

다른 축이다. 이럴진대, 그들은 명실공히 애국자들이다. 후더분하고 살가운 안주인께 치하와 감사를 거듭 건네면서 식당 문을 나섰다.

페루의 꾸스꼬부터 며칠 동안 고산증에 시달려오다보니 몸은 지칠 대로 지쳤다. 라빠스의 야경을 감상하고 싶었지만, 단념하고 호텔에 돌아와 일과도 정리하지 못한 채 10시도 되기 전에 일찌감치 자리에 들었다.

29
자유 국민은 죽을지언정 굴하지 않는다

잠을 깨니 어스름이 걷히기 시작한다. 새벽의 적막 속에 어제 일과를 정리하고, 오늘부터 시작될 감격의 '체 게바라의 길' 노정을 재점검했다. 7시에 아침식사를 마치고 한시간쯤 호텔 주변을 산책했다. 물결치는 출근 행렬에 치여 거동이 자유롭지 못한 탓에 숲을 이룬 고층빌딩의 외관만 두리번거리다 돌아왔다.

오늘의 여정은 비행기로 라빠스에서 '체 게바라의 길'로 가는 첫 기착지인 싼따끄루즈로 가는 것이다. 비행시간이 오후라서 오전에는 어제 미처 보지 못한 박물관 두세 곳을 돌아보기로 했다. 먼저 찾아간 곳은 코스뚬브리스따박물관(Museo Costumbrista)이다. 일반 생활용품 전시관이어서 흥미가 덜하다. 대충 한바퀴 둘러보고 나왔다. 촬영이 허용되지만 렌즈에 담을 만한 것이 별로 없어 문패나 찍어두었다.

이어 발길을 옮긴 곳은 귀금속박물관(Museo Metales Preciosos, 일명 '황금박물관'으로 알려짐)이다. 이 박물관에 수메르 유물이 소장되어 있다는 소문(보도)이 있어, 특별한 기대를 가지고 찾아갔다. 그것이 사실이라면 고대 수메르(바빌론)와 라틴아메리카 간의 교류를 시사하는 유물로 큰 의미가 있을 성싶다. 입구에 들어서니 우측 단독 전시실(3×3m 크기) 한가운데 유리장 속에 'Fuente Magna'라는 설명서가 부착된 큰 접시 유물 한점이 놓여 있는 것이 눈에 띄었다. 좌우에 두개의 손잡이가 달린 직경 60cm쯤의 큰 접시 유물이다. 안벽에는 설형문자와 아람문자 비슷한 문자가 새겨져 있다. 같은 전시실 한구석에 놓여 있는 조그마한 인형상(人形像)에는 '띠와나꾸 문화시대'라는 설명이 붙어 있다. 이 점으로 미루어 이 접시 유물도 그 시대에 속한 유물이라고 추론된 것 같다. 견물생심이라, 접하는 순간 욕심이 동해 촬영하려했으나 불허한다.

가이드 손 양이 이곳 박물관 거리를 관장하는 사무실에 찾아가 고고학박사 과정을 밟고 있는 한 직원에게 사연을 설명하고 촬영 허용을 요청했다. 처음에는 일언지하에 거절하더니 필자의 명함을 가져다보이며 설득하자 그제야 마지못해 각서를 쓰는 조건으로 촬영을 허용한다는 것이었다. 유물 사진을 책이나 글에 공개하지 않으며, 인용할 경우 그 인용문을 보내와야 한다는 내용이다. 그러고는 각서를 쓰면 그의 입회하에 촬영을 허용하겠다고 한발 물러선다. 지금이 당장화급하니 그의 제안에 따르기로 했다. 별로 밑질 것 없는 장사다. 손양은 기꺼이 그 자리에서 각서에 대리 서명했다. 이윽고 그 30대 직원이 영어통역을 대동하고 박물관에 왔다. 약속대로 그의 입회하에 유물 사진을 몇장 찍었다.

직원의 말에 의하면, 이 유물은 1930년대 띠띠까까호 부근에 살던

한 농부가 우연히 발견한 후 돼
지 밥그릇으로 사용하다가 이
박물관에 기증한 것이라고 한
다. 자세히 살펴보니 겉면의 돋
을새김은 비교적 오래되어 거
칠어진 반면에 안면은 누군가
가 연마해 반들거리며, 거기에
개구리 상과 두가지 문자(?)가
새겨져 있었다. 그리고 개구리
상 왼쪽에 십자가와 성당을 그
려넣었다. 일견해 어거지 잡탕
임을 가려낼 수 있다. 십자가
가 전래된 서구 식민지화 초기

접시유물의 이용과 촬영에 관해 박물관 관리
측과 맺은 각서.

(1400~1500년대)에 그런 문자를 대충 알았던 사람의 인위적인 소작으
로 보인다. 요컨대, 위작(僞作)일 가능성이 크다. 매우 조심스럽지만
직원에게 사견(私見)을 직설했다. 그렇게 신주단지 모시듯 애지중지
하고 신중하던 상대는 한풀 꺾인 듯하다. 필자의 해문(解文)을 경청하
면서 대체로 수긍은 하나 의아하다는 기색을 감추지 못했다. 어찌 오
랫동안 간직해온 자신심이나 자존심을 일시에 저버릴 수가 있겠는가.
앞으로 더 연구해보자는 위로의 말을 건네고는 다른 전시실로 발걸
음을 옮겼다. 지금쯤 그 유리장 속 '잡탕유물'의 운명은 어떻게 되었
을까 자못 궁금하다.

이어지는 전시실에는 띠와나꾸 문화에 속하는 정교한 황금유물
이 여러점 선을 보이고 있다. 머리 씌우개와 허리띠 같은 장식품

독립영웅 무리요 동상.

이 다수다. 부착된 설명문에는 "BC 133~724, Tiwanaku-Epoca Clasica, 제공자: Flla. Velasco Medina"이라고 적혀 있다. 라틴아메리카의 수준 높은 황금문화를 이해할 수 있는 또 한번의 기회다. 그리고 곁방에는 여느 박물관처럼 '세라믹'이라는 제하에 우리 동양에서 말하는 토기와 자기, 사기를 통틀어 일괄 전시하고 있다. 편년을 보니, 토기는 기원전 400년경에, 사기는 기원후 600년경에 제작한 것이다. 그 가운데서 특별히 사기에 주목했는데, 각양각색의 유약을 입혀 다양한 문양으로 제작된 그 사기들은 아주 얇고 투명했다. 바탕은 대체로 감색이다. 거듭 강조하지만, 라틴아메리카의 세라믹은 '그릇'이라는 실용성을 초월해 예술의 경지에 이르고 있다.

다음으로 찾은 곳은 무리요의 집(Casa del Murillo)다. 이 나라 독립영웅 무리요가 소장했던 회화 작품과 각종 무기, 그리고 침실 등을 공개하고 있다. 마당에는 그의 동상이 서 있다. 동상 앞에는 싱싱한 꽃다발이 놓여 있다. 두시간 동안 세 곳 박물관을 대충 둘러보고 나서 서둘러 어제 저녁에 들렀던 한국식당에 가서 역시 맛깔 나는 순두부 백반으로 점심식사를 하고 공항으로 직행했다. 이곳 박물관 거리에는

싼따끄루즈로 비행하는 A4075편 경비행기(탑승정원 17명).

일행이 돌아본 몇몇 박물관 말고도 10여개의 박물관이 더 있는데, 모두가 사영(私營)이라고 한다.

표고 4,082m의 고지에 자리한 엘알토공항은 세계에서 가장 높은 곳에 있는 공항이다. 공기 저항이 적기 때문에 활주로가 긴 것이 특징이며, 세계 각국 항공사가 여기서 고지대 비행 훈련을 많이 한다고 한다. 초조한 심정으로 한시간쯤 기다리고 있는데, 경비행기 A4075편에 관한 비행정보가 안내판에 뜬다. 17명을 태울 수 있는 단발 프로펠러 경비행기로 좌석은 무지정이다. 이날 비행기에는 우리 일행 3명을 포함해 승객 15명(절반은 외국 여행객)과 정·부기장, 모두 17명이 탑승했다. 안내는 부기장이 맡아 한다. 안내라고 해봐야 이따금씩 안전띠를 매라는 당부 정도다. 좌석은 좁은 복도를 사이에 두고 세로로 2열이며, 정·부기장의 조종 칸은 승객을 향해 개방돼 있다. 사실 초행길에 경비행기라고 하니 못내 여러가지 우려가 앞섰다. 그러나 이 비행기 말고는 없다고 하니 그저 감내할 수밖에 없지 않은가. 오후 1시 17분, 비행기는 출발선에 서자마자 얼마쯤 활주하다가 몇번 기우뚱거리더니 곧바로 사뿐히 직승 이륙한다. 비행고도를 기껏 높였다고 해도 구름 밑이다. 날씨가 유난히 청청한데다 고도마저 이토록 낮으니, 발아래의 지형지물은 손금 보듯 환하다. 다행히 상공에서 볼리비아 땅을 한눈으로 종횡무진 굽어보게 되는 기회가 차려졌다.

이 나라의 공식명칭은 '다민족볼리비아국'(The Plurinational State of Bolivia)이다. 본래 '볼리비아공화국'이었으나 2009년 3월 26일 개명했다. '볼리비아'는 라틴아메리카 독립운동의 대부인 '볼리바르'에서 따온 이름이다. 부존자원이 풍족해 '금광 위에 앉아 있는 당나귀'라는 별명을 갖고 있다. 면적은 약 110만km²로 남미에서 다섯번째로 크며, 인구는 약 1,012만명(2011)이다. 하늘에서 내려다보니 서부는 안데스 산맥이 남북으로 뻗어 있고, 동부와 동북부에는 국토의 60%를 차지하는 드넓은 아마존강 충적초원지대와 울창한 우림지대가 펼쳐져 있다. 사방을 둘러봐도 바다는 시야에 들어오지 않는다. 브라질과 페루, 칠레, 아르헨티나, 파라과이의 다섯 나라로 에워싸인 내륙국이기 때문이다. 그런데 원래는 그렇지 않았다. 1863년 태평양 연안의 볼리비아 영역인 아따까마주에서 초석(硝石)광산이 발견되자 1879년 인접한 칠레가 군사를 파견해 강점함으로써 볼리비아-페루 연합군(양국은 1836년에 연방 형성) 대 칠레군 사이에 이른바 태평양전쟁(1879~83)이 발발했다. 4년간의 전쟁에서 연합군이 패전하자, 1904년 이 초석광산지를 칠레에게 강제 할양하고야 말았다. 이렇게 해서 볼리비아는 유일한 출해(出海) 지역을 상실하게 되었다. 결국 전쟁은 나라의 지세까

만년설을 이고 있는 안데스산맥의 고봉.

지 바꿔놓고 말았다. 영토란 빼앗기기는 쉬워도 찾아오기란 몇 갑절 힘든 법이다. 볼리비아는 그동안 몇번이고 실지 회복을 시도했으나, 번번이 실패했다.

볼리비아의 상공을 비행하면서 이 나라 강토를 두루 살펴보니, 빠뜨릴 수 없는 두가지 명물이 있다. 그것이 바로 뽀또시(Potosí)와 우유니염호(Salar de Uyuni, 우유니소금사막)다. 볼리비아 서남부 안데스산맥 한가운데에 자리한 뽀또시에서 1545년 대형 은광이 발견되었다. 스페인 식민주의자들은 여기서 마구 캐낸 백은을 태평양 '대범선무역'을 통해 유라시아 여러 곳에 실어 날랐다. 그리하여 태평양 상에는 이른바 '백은의 길'이라는 해상실크로드가 생겨났다. 중국의 저명한 경제학자 추안 한성(全漢昇)은 이 길을 통해 남미산 백은의 2분 1 내지 3분의 1이 중국에 수입되어 중국의 물가와 기타 사회 영역에 커다란 영향을 미쳤다고 지적한 바 있다. 당시 안데스산맥 일원에서 캐낸 백은은 세계 백은량의 60% 이상을 차지했다. 그리하여 서구 열강들은 이 지역을 선점하기 위해 혈안이 되었다.

오늘날 볼리비아라고 하면 누구의 뇌리에나 떠오르는 명소가 하나 있는데, 그것이 바로 우유니염호다. 오랫동안 이 염호는 전설 속에 나오는 '하늘의 거울'이라는 미명 때문에 오로지 관광명소로서만 각광을 받아왔지만, 지금은 자원명소로도 각별한 주목을 끌고 있다. 지금으로부터 약 4만년 전에는 이곳에 민친호(Lake Minchin, 표고 3,757m, 면적 약 5만km²)라는 거대한 호수가 있었는데, 안데스산맥의 극렬한 지각운동이 일어나면서 두개의 담수호(Poopó Lake, Uru Uru Lake)와 두개의 함수호(Salar de Uyuni, Salar de Coipasa)로 나뉘어졌다. 그중 우유니염호는 가위 '조물주의 걸작'답게 이 땅의 인디오들과 운명을 같이해오고 있다. 다른 세 호수는 그저 전설 속의 호수일 뿐, 실재는 아니다. 세계에서 가장 큰 함수호이자 가장 높은 곳인 해발 3,656m의 고지에 자리한 이 우유니염호는 길이 120km에 너비 100km, 면적 약 1만 2,000km²로 약 20억톤의 소금을 갈무리하고 있는 대형 호수다. 12월~1월 사이의 우기에는 물이 넘실거리다가 여름 건기(7~10월)가 오면 물이 증발해 고갈된다. 그러면 소금을 비롯한 여러 광물질을 함유한 두께 6m의 단단한 층이 모습을 드러낸다.

거울 같이 반들거리는 수면에 햇살이 꽂히면, 소금 속에 섞여 있는 각이한 성질의 광물질에 따라 붉은색과 푸른색, 은백색 등 영롱한 색깔들이 반사되어 마냥 빛 축제를 연상케 하는 장관이 연출된다. 염호는 형언할 수 없는 황홀한 풍경과 천연염 말고도, 천년 자란 선인장이나 희유의 봉작(蜂雀, 벌새), 분홍색 홍학(紅鶴, 플라밍고) 등 진귀한 동식물의 안식처다. 심지어 은백색 소금 덩어리로 아담한 숙박소나 호텔을 지어 관광객을 유치하기도 한다. 염호에는 가장 큰 '물고기섬'을 비롯해 모두 32개의 섬이 있는데, 그중 유일한 관광 섬은 잉카와시 섬(Isla Inca Washi)이다. 섬은 산호초의 화석으로 이루어져 있다. 이것은 옛날에 이곳이 바다 밑이었다는 것을 말해주며, 섬 곳곳에는 키 큰 선인장이 자라고 있는 것이 특색이다. 이 모든 특이한 자연경관은 세인의 호기심을 자아내고 있다.

근간에는 미래 선진산업의 기간이 될 가장 가벼운 금속 리튬(lithium) 매장량이 세계 매장량의 절반을 차지하고 있다는 사실이 알려지자, 선진국 기업들이 너나없이 눈독을 들이고 있다. 리튬만 제대로 파는 날에는 남미의 빈국 볼리비아가 하루아침에 중동의 사우디아라비아에 필적하는 부국이 될 것이라는 전망을 내놓으면서 말이다. 최근 볼리비아 대통령 에보 모랄레스는 한 다국적 자동차회사가 10억달러의 투자개발계획을 제안한 데 대해 "아직은 우리 국민의 생활이 구차하지만, 우리는 결코 15세기 이 나라에서 발생한 비극을 재연하지 않을 것이며, 우리는 외국자본이 우리 자신에 속하는 자연자원을 탈취해가지 못하게 할 것이다" "우리는 우리의 시간표대로(리튬 자원개발을) 진행할 것"이라고 언명하면서 그 제안을 단호히 거부했다. 라틴아메리카에서 가장 먼저 반식민주의 봉기를 일으키고, 첫번째로 자기 대통령(모랄레스)을 뽑아낸 강골이 이 나라 인디오들인 만큼, 모랄레스의 분연한 결기(決起)는 믿어 의심치 않는다. 인디오의 정신을 진하게 녹

싼따끄루즈공항 외관.

여낸 이 나라의 국가는 "자유 국민은 죽을지언정 굴하지 않는다"로
끝맺는다.

옅은 연무에도 흔들리기 일쑤인 경비행기 속 분위기는 시종 적막
하고 긴장돼 있다. 그러는 새 근 한시간을 날아와 차츰 기수를 낮춘다.
발밑에는 무연한 아마존 열대우림이 펼쳐진다. 군데군데 물길이 터
있고, 자그마한 연못과 물웅덩이들이 이곳저곳에 점재해 있다. 정확
히 59분을 날아 오후 2시 16분에 중간 휴식지인 뜨리니다드(Trinidad)
공항에 가벼이 내려앉는다. 순간 다들 큰숨을 들이마신다. 아직은 지
도에도 이름이 올라 있지 않은, 경비행기만을 수용하는 자그마한 새
공항이다. 바깥 기온은 28도를 가리킨다. 항공회사에서 제공하는 간

단한 도시락으로 점심을 때우면서 두시간 넘게 휴식을 취한 후 비행기는 목적지 싼따끄루즈를 향한 동항(東航)을 계속하기 위해 4시 26분에 다시 이륙한다. 다들 좀 익숙해졌는지 애초의 우려나 공포의 기색은 사라지고 얼굴에 화기가 피어난다. 서로 말을 섞기도 한다. 그런데 싼따끄루즈에 가까이 오자 갑자기 날씨가 음산해지면서 뭉게구름이 기수를 가로 막는다. 기체가 요동친다. 그렇지만 기장은 침착하게 기체를 하강시킨다. 5시 18분에 비행기 바퀴가 활주로에 덜컥 주저앉는다. 550km 떨어진 라빠스에서 여기까지 111분이 소요되었다. 비루비루(Viru Viru)국제공항에는 안내차 아침에 미리 이곳에 온 여행사 직원 윌리엄 씨가 꽃다발을 들고 반갑게 맞아준다. 20대 후반의 윌리엄은 산악인으로 라빠스에서 아버지와 함께 여행사를 운영하고 있으며, 장모는 이곳 태생의 일본인이라고 한다. 붙임성 좋고 친절한 젊은이다. 그도 이번 '체 게바라의 길' 답사는 초행이라고 한다.

공항에서 15km 달려 시 중심에 있는 우르바리호텔(Hotel Urbari)에 이르니 104호 방이 예약되어 있다. 주방시설을 갖춘 모텔식 호텔이다. 저녁식사는 인근에 있는 본 호텔 전속 야구장과 수영장의 클럽 식당에서 현지식으로 했다. 식사 후 호텔에 돌아와서 내일부터 시작될 '체 게바라의 길' 탐험계획을 상의했다. 윌리엄도 초행이어서 구체적으로 계획을 세우는 건 불가능했다. 오매에도 그리던 그 길의 장도에 오를 내일을 그리면서 잠을 재촉했다.

30
체 게바라의 길을 찾아서

'체 게바라의 길'은 우리 시대의 가장 완벽한 인물이며 표상인 체 게바라의 삶을 죽음으로, 죽음을 영생으로 승화시킨 길이며, 만민이 우러러 따르는 길이다. 이 길을 찾아가는 데는 넓은 의미와 좁은 의미의 두 갈래 길이 있다. 넓은 의미의 길은 볼리비아 땅 어디에서나 게바라가 생을 마감한 라이게라(La Higuera) 마을까지 가는 길일 것이고, 좁은 의미의 길은 바예그란데(Vallegrande) 읍에서 라이게라 마을까지의 52km(읍 중심에서는 60km) 길이다. 이 52km 길은 게바라의 유구가 헬리콥터로 운구된 길로, 흔히들 말하는 '체 게바라의 길'이다.

일행 네명은 볼리비아의 동부에 자리한 싼따끄루즈주 주도이자 이 나라의 두번째 큰 도시인 싼따끄루즈를 넓은 의미의 체 게바라의 길을 찾아가는 기착점이자 출발점으로 선정했다. 이유는 피살된 게바라 일행 7명의 유체가 이곳의 한 일본 병원에서 최종 의학감정을 받았다는 관련 사실 외에, 동부 아마존 지역의 중심지인 이곳을 알고 싶은 마음에서이다. 싼따끄루즈주는 면적이 무려 37만km²에 달하는 볼리비아 최대의 주로 아마존강 유역을 망라하고 있다. 1651년 인근 파라과이에서 이주해온 스페인인들에 의해 건설된 인구 80만의 주도는 신흥 상업 및 문화 도시로 급부상하고 있다. 교통이 불편해 외부와의 소통이 여의치 않아 아마존 인디오들의 전통이 많이 남아 있는 고장이다. 도시 곳곳에서는 건설 붐이 한창이다. 주변 경관도 빼어나 전원도시를 지향한다고 한다. 땅이 기름지고 수원도 풍부해 농·목축업이 발달하고, 콩·옥수수·밀·쌀이 주 농작물이다. 물가도 싼 편이다. 그래서인지 사람마다 넉넉하고 의젓해 보인다. 미녀의 고장이라고도 한다.

여기는 해발고도가 437m 정도다. 연일 고산지대 강행군에 심신이 지쳤음직도 한데, 눈을 떠보니 새벽 3시 반이다. 설렘에 더이상 잠을 이어갈 수가 없어서 자리를 박차고 일어나 『체 게바라 평전』(장 코르미에 지음, 김미선 옮김)을 읽어내려갔다. 삼매경에 빠져 날이 밝는 줄도 몰랐다. 이윽고 세찬 비바람의 창가를 가린 나뭇가지들을 휘젓기 시작한다. 간밤에 기온이 3~4도로 뚝 떨어진 음산한 아침이다. 일행은 아침 7시 50분, 6인승 봉고차를 대절해 1박 2일간의 '체 게바라의 길' 장정에 나섰다. 호텔 주인은 대문 밖까지 나와 전송하면서 무사안녕을 기원해주었다.

한시간 좀더 달려 9시 5분에 고도 1,000m쯤 되는 랑고스뚜라산(山) 검문소에 도착했다. 붉은 천조각을 매단 차단줄을 한쪽으로 거두면서 입산을 허용한다. 여기부터는 계속 산길이다. 산기슭의 아치라(Achira) 마을과 길섶을 깎아내리는 소폭포를 지나 10시 34분에 중간 휴게소인 싸마이빠따(Samaipata)에 도착, 10분간 커피타임을 가졌다. 휴게소

싸마이빠따 마을의 휴게소 식당에 걸려 있는 '체 게바라의 길' 안내도.

식당에 걸려 있는 체 게바라의 길 답사지도를 보니 드디어 '오고야 말았구나'라는 실감이 났다. 여기까지는 심심 산길로, 그야말로 구절 양장인데다 비 때문에 패이고 무너지고 해서 도로 사정이 엉망이다. 이곳부터 120km 거리에 있는 목적지 바예그란데까지는 야트막한 야산 내리막길이다. 안심하고 속도를 내다보니 사고 다발구역이라고 기사는 말한다. 길이며 산이며 들이며 집이며… 하나하나는 생소하지만, 필자도 농촌 출신이기에 그 모든 것을 하나로 아우르는 농촌 풍광에는 별로 거리감을 느끼지 않는다. 무시로 차에 달린 거리계측기를 살펴보면서 줄어드는 목적지와의 거리를 내심 초조하게 계산해본다.

마이라나(Mairana) 마을 어귀에 세워진 커다란 옥수수 광고판이 눈길을 끌었다. 여기가 옥수수 명산지대라고 한다. 지나치기에는 너무나 아쉽다. 한참 가다가 보수엘로 마을 한가운데 차를 세우고 팔뚝 같이 탐스럽게 영근 이삭이 주렁주렁 달린 옥수수밭을 카메라에 담았다. 이 마을에서는 담배도 재배하고 있다. 절기가 절기이니만치 담배 잎사귀는 다 따서 줄기만 앙상하지만, 줄기 굵기로 보아 담배도 성산되고 있음을 짐작할 수 있다. 문득 400~500년 전 태평양 '대범선무역'의 물결을 타고 여기 라틴아메리카의 옥수수와 담배가 태평양을 건너 우리가 살고 있는 유라시아 땅에 실려가는 모습이 뇌리에 삼삼이 떠오른다. 그 길이 오늘로 이어졌기에 우리는 옥수수나 담배라는 문명인자를 공유하고, 이렇게 이 길을 좇고 있는 것이 아니겠는가. 서 있는 사이 단봉(單峯) 흰소 한마리가 앞을 지나간다. 이런 유의 소는 난생 처음 보는 것이라 물어보니, 이곳 4,000m 이상의 고산지대에서 사육되는 희귀 소이며 보는 것만도 행운이라고 한다.

2012년 7월 16일 12시 50분, 드디어 목적지 바예그란데에 입성했다. 동구 좌측에는 마치 거인 체 게바라를 상징하듯 큰 나무 한그루가 우뚝 서 있다. 체 게바라 사건을 전후한 시기에는 여기에 군사령부가 설치될 정도로 전략상 요지여서 웬만한 도시 시설은 갖추고 있었다고 한다. 지금은 인구가 1만 1,000명에 불과한 자그마한 읍이지만, 해마다 2,500명의 관광객이 찾아온다. 대부분은 '체 게바라의 길'을 탐방하는 유럽인들이다. 동양인은 극소수라고 한다. 읍의 구도는 여느 식민시대의 도시 구도를 닮았다. 중앙에 자그마한 아르마스광장이 있고, 그 주위에 성당·행정기관·박물관 등 식민 통치기관들이 오밀조밀 배치되어 있다. 광장 중심에는 누군가의 동상이 세워져 있다. 중국 식당에서 시장기를 달랬다. 식당 주인 할머니는 화교의 후예라고 하는데, 중국말은 아예 절벽이다.

점심식사를 마치고 인근 여행사를 찾아가 약속한 현지 안내원

경사진 진흙탕 길에서 차를 밀면서 올라가는 '체 게바라의 길'.

을 만났다. 본인을 체 게바라 연구자라고 소개하는 33세의 곤살로
(Gonzalo, 보통 곤잘레스라고 부름)는 직업 안내원이다. 구릿빛 얼굴에 작
달막한 다부진 체구를 가진 그는 눈썰미도 있고, 친절한 편이다. 오랫
동안(20여년간) 한가지 일을 하다보니 스페인어에 능함은 물론, 게바
라에 관해서도 적잖게 알고 있다. 만나자마자 연구자답게 일가견을
피력하기도 하고 탐방에 관한 조언도 아끼지 않는다. 그와 탐방 일정
을 구체적으로 짜고 나서 출발선에 섰다.

　좁은 의미의 '체 게바라의 길'이라는 지시패를 지나자마자 날씨는
고약하게 돌변한다. 폭풍에 진눈깨비가 앞길을 막는다. 30~40도의
경사진 진흙탕 길에서 차바퀴는 헛돌기만 한다. 바퀴에 돌을 고이면
서 뒤에서 밀고 올라간다. 온도는 영하로 뚝 떨어져 길가의 나뭇가지
마다엔 안개가 찬 공기와 부딪쳐 생기는 은백색 상고대가 하얗게 서

려 있다. 1년에 열흘밖에 나타나지 않는 악천후라고 한다. 누구는 하늘의 심술에 빗댔지만, 필자는 오히려 험난한 세파를 헤쳐야 했던 게바라의 배려나 부름으로 받아들이고 싶었다. 현지 가이드 곤살로는 사고의 전례를 들먹이면서 포기하고 돌아가자고 말했다. 2시 30분에 떠나서 52km밖에 안 되는 길을 3시간 만에 간신히 주파했으니, 곡절이 이만저만이 아니었음을 짐작할 수 있을 것이다. 목적지 라이게라 마을 언덕에 도착한 뒤에야 모두들 안도의 숨을 길게 내쉰다.

체 게바라의 길 안내 표시판.

땅거미가 내려앉는 언덕 위에서 체 게바라가 이 언덕을 지나 저 아래 라이게라 마을에 끌려가 그 고귀한 생을 마감한 처절한 과정을 한 번 엮어봤다. 그의 체포와 피살, 매장 등 바예그란데-라이게라 일원에서의 그의 최후에 관해 이것저것 숱한 낭설이 떠돈다. 솔직히 말해 필자에게는 낭설 하나하나를 점검해 진위를 가려낼 지적 축적은 미비하다. 다만 차제에 현지 가이드 곤살로의 소개와 필자가 수습한 현장 사진 등을 위주로 하고, 관련 기록들을 참고로 해 실면모를 재구성해보려고 한다.

볼리비아에서 변혁의 불길을 지펴보려고 1966년 게릴라 대원 52

명을 이끌고 볼리비아의 한 후원자가 증여한 냥까우아수(Á'ancahuazú) 밀림지역에 훈련캠프를 꾸리고 그들을 근간으로 볼리비아 전국해방군(ELN)을 결성했다. 그해 11월 7일 라이게라 마을에서 남쪽으로 약 180km 떨어진 이 캠프를 출발해 북상하면서 전투를 이어갔고, 1969년 9월 27일 마을에 도착했을 때는 대원 22명만 남았다. 다른 대원들의 운명에 관해서는 전하는 바가 없다. 원래 부대는 같은 날 이곳에서 얼마간 떨어져 있는 뿌까라(Pucara) 마을에 도착해 다른 부대와 연합작전을 펼 계획이었다. 이 읍은 2차 대전 후 아랍계 유대인들이 공동 이주해와서 지금은 그 후예들이 살고 있는 유대인 특별거주구역으로, '체 게바라의 길' 연변에 자리하고 있다. 한편, 미국 CIA의 지원과 훈련을 받고 있는 정부군 별동대는 게릴라부대의 동선을 사전에 포착(일설은 부대의 한 도망병이 정보를 제공)해 진을 치고 있다가 불의에 반격, 부대는 속수무책으로 당하고 말았다. 그날이 바로 10월 8일, 비운의 날이다. 추로(Churo)계곡에서 오전 10시부터 오후 3시까지 벌어진 치열한 회전에서 게바라부대 성원 3명이 전사하고 2명이 부상을 입었으며, 게바라도 장딴지에 관통상을 당했다. 부상을 입은 3명은 생포되어 라이게라 마을로 압송되었다. 전사한 3명의 추모비는 마을로 들어가기 전 좌측 산기슭에 세워졌다.

일행은 게바라를 비롯한 3명의 부상자가 압송되어 온 추로계곡 오솔길을 절반쯤 답사하면서 열사들의 불요불굴의 투쟁정신을 되새겼다. 오솔길을 식별해주는 나뭇가지마다에는 'Che'라는 흰 글자를 써놓고 화살 표식을 해놓아 울창한 수림 속 오솔길이라도 헛갈리지 않게 했다. 레몬과에 속하는 레몬씨뜨라고 하는 탁구공 크기의 노란 열매(먹기도 하고 방독제로도 쓰임) 나무가 길가에 무더기로 소담스레 자

라고 있다. 지금은 폐허가 된 집터와
옥수수밭도 몇군데 남아 있다. 짐승
들이 함부로 이 신성한 길을 오염시
키지 못하게 간간이 길목에다 든든
한 나뭇가지 빗장을 가로로 질러놓
았다.

게바라가 압송되어온 추로계곡 오솔길.

어느덧 시침은 저녁 7시를 가리
킨다. 이 집 저 집에서 불빛이 새어
나오기 시작한다. 이상하게도 그 새
어남이 일치하지 않는다. 알고 보니,
마을에서 자가발전기를 돌리는 집
은 몇 집 안 되고 나머지는 기름등
잔을 쓴다고 한다. 그러니 불빛의 새

어남이나 꺼짐이 일치할 수가 없다. 우리는 마을 동구에 산장을 지어
놓고 영업하는 한 프랑스인의 집에 기거하게 되었다. 50대 후반의 호
걸형 주인은 초면인데도 전혀 낯선 감이 안 든다. 명함을 나누자고 하
자, 그는 우리 집에 오는 모든 사람의 이름은 '체 게바라의 체'라고 하
면서 자신은 아예 명함이 없다고 한다. 명함을 내밀던 손이 겸연쩍게
제자리로 돌아왔다. 우리 모두의 이름은 '체'다. 다만 프랑스 '체'니,
꼬레(한국) '체'니 하는 것이 다를 뿐이다. 그는 자기소개를 이렇게 한
다. 한때 유럽을 떠들썩했던 1968년 학생시위에 적극 가담했으며, 그
를 계기로 체 게바라를 알게 되었다. 그후 20여년간 자동차회사에서
'넥타이 직원'으로 안정된 생활을 하다가 4년 전 여기에 여행을 왔다
가 낙향을 작심했다. 돌아가서 가산을 처분하고 2년 전에 다시 와서

프랑스 '체'와 함께 그의 산장 정문 앞에서(필자).

이 산장을 짓고 여행자들에게 숙박과 여행 서비스를 제공하고 있다. 그는 마을 사람들로부터 농산물을 받고, 대가로 그들에게 생활용품이나 공업품을 보장해주는 '원시적' 물물교환을 하면서 생활하고 있다. 그는 이러한 생활에 매몰되어 행복하게 살고 있다고 한다. 보아하니, 이것은 말로만이 아니고, 실제가 그럴 성싶었다. 오른팔에는 게바라의 얼굴을 문신해놓고, 식당이자 사무실인 앞방은 온통 게바라 일색으로 꾸며놓았다. 벽에는 아르헨티나에서 보내온 게바라의 처 알레이다의 초상화(유화)도 걸려 있다. 이제 여기가 고향인 만큼 죽어서도 여기에 묻힐 것이라고 한다.

그는 저녁식사를 준비하는 사이 약 40분간 아르헨티나에서 제작된 게바라 관련 기록영화를 돌려준다. 저녁은 프랑스 식 피자로 마련했다. 요리솜씨가 자화자찬할 정도로 고수는 아니지만, 2년 경력치고는 대단하다. 그는 긍정적이고 낭만적인 성격의 소유자다. 그가 운영하는 산장은 2층 나무침대를 갖춘 유럽 식 산장으로 난방시설은 아직 갖추지 못했다. 전기는 자가발전기로 얼마간 충당하는데, 밤 9시부터 새벽 6시 사이에는 정전이다. 어둠 속에 샤워도 못한 채 오들오들 떨며 하룻밤을 지새웠다. 그렇지만 그의 성의가 고맙고 사고가 갸륵해서 모든 것을 감내하고 새날을 맞았다.

라이게라 마을은 나지막한 산 중턱에 자리한 아늑한 마을이다. 스페인어인 '라이게라'의 어휘 구성에서 'La(라)'는 여성관사이고, 'higuera'(이게라, h 탈락)는 '무화과나무'라는 뜻이다. 무화과나무가 많다는 데서 붙여진 이름이다. 원래는 약 60호 농가가 모여 살았는데, 지금은 12가구로 줄어들어 궁벽하다. 두메산골의 이 무명 마을이 세상에 알려지게 된 것은 45년 전 체 게바라가 이곳에서 처형된 때부터다. 그후부터 이곳은 세계 방방곳곳에서 해마다 수천명 순례객들, 특히 젊은 순례객들이 불원천리 찾아오는 성지가 되었다. 우리 일행도 그중 하나다.

어제의 짓궂은 날씨는 가뭇없이 사라지고, 화창한 새벽이 밝아왔다. 아침 일찍이 일어나 역시 프랑스 '체' 씨가 마련한 프랑스 식 토스트로 아침식사를 했다. 작별하면서 그와 "우리는 다같이 체 게바리스트!"라고 함성을 지르며 어깨 걸고 함께 찍은 사진을 기념으로 남겼다. '프랑스 체'는 나에게 체 게바라 식 베레모를 선물로 주었다. 정각 8시, 옷맵시를 단정히 하고 게바라가 최후를 보낸 옛 소학교 자리로 향했다. 학교 마당에 들어서자 우선 3구의 게바라 동상이 눈에 띈다. 원래 이 3구의 동상 전에 두번이나 동상을 세웠지만 번번이 정부군

체 게바라가 최후를 마친 라이게라 마을의 옛 소학교 외관.

에 의해 까부숴지고 말았다. 그러나 누를수록 더 부풀어오르는 세인의 추념욕을 끝끝내 짓누를 수는 없었다. 1992년에 입구 좌측에 백색삼각형 동상을 세운 데 이어, 1997년 그 좌측에 십자가와 나란히 좌상을 세웠고, 드디어 2007년에는 당당한 군복차림의 금박 입상을 한가운데에 보란듯이 세웠다. 게바라의 삶에서 죽음으로, 죽음에서 영생으로의 전과정을 생동감 있게 웅변적으로 압축한 동상이다. 이 동상의 제막식에는 세계 각국에서 온 3,000여명의 '체 맨'들이 참석했다고 한다. 그 10돌을 맞는 2017년에는 보다 큰 규모의 회합을 갖게 될 것이라고 한다. 곤살로는 참석을 신신당부한다. 여건이 되면 꼭 참석하겠다고 응답했다. 체 게바라의 영생을 기리는 또 하나의 세계적 대회합이 될 것이다.

주변에 잡초가 듬성듬성한 운동장 한복판을 지나가자 우측 저만치에 두채의 집이 가지런히 나타난다. 첫째 집은 또또라(갈대) 이엉의 낡은 집으로 금세 무너질 것만 같다. 당시 소학교의 부속건물이라고 한다. 그 집 앞을 지나 몇 걸음 옮기니 드디어 그 현장 교실이 나타난다.

2007년 옛 소학교 마당 입구 중앙에 세운 체 게바라의 금박 입상.

관리원 아주머니가 문 앞에서 반가이 맞아준다. 원래는 두개의 교실이었으나, 개조해 박물관으로 만들면서 한 방으로 합쳤다. 합치니 약 25평짜리 공간이 되어, 그 안에 갖가지 유품과 기념물들을 전시하고 참배객들을 맞는다. 들어가자 바로 왼쪽에 체 게바라가 마지막으로 앉았던 그 의자, 손발이 묶인 채 앉아 이슬로 사라진 그 낮고 좁은 소학생용 나무의자가 덩그러니 놓여 있다. 역사의 증언으로 길이 남아 있을 의자 위에는 비운에 배회하는 원혼을 달래려는 자그마한 진혼석(鎭魂石)이 놓여 있다. 방에 들어서자마자 그 성구(聖具) 앞에서 머리를 숙였다. 얼마나 오고팠던 성소인가, 얼마나 보고팠던 역사의 현장인가. 하염없는 열수(熱水)가 가슴팍을 적신다. 그러고 나서 방명록에 이름 석자를 올렸다. 그렇지만 어쩐지 성이 차지 않았다. 엉겁결에 수첩에서 한장 찢어내 다음과 같은 즉흥구(卽興句) 몇 절을 긁적거려 남겼다.

체 게바라의 길

이 길은
어둠 가셔내고
해돋이 맞이하는 길

이 길은
가시덤불 걷어내고
강강술래 하는 길

체 게바라가 앉아 이슬로 사라진 나무걸상(상)과 박물관 내부(하).

체게바라박물관 벽 게시판에 부착한 필자의 추념글.

우리 함께

걷고 걸으며

넓혀가자 다져가자

그대의 한 길벗으로부터

한국문명교류연구소장 정수일

2012년 7월 17일

북받치는 심정 그대로의 즉흥 표현이다. 굳이 말한다면, 마음속으로부터의 추념사다. 체 게바라의 영광스러운 삶의 길과 영생하는 죽음의 길을 몇마디로 응축하고 싶었지만, 그 시도는 애당초 무모한 짓이었다. 서툴어 망설이다가 추념사가 적혀 있는 낱장을 불쑥 내밀어 벽에 걸린 게시판에 별침으로 꽂아놓았다. 게시판에는 참배객들이 남겨놓은 글귀 쪽지가 다닥다닥 붙어 있다. 먼 훗날 한반도의 나 아닌 다른 사람들에게 유의미한 회고가 되었으면 하는 바람이다. 벽에는 게바라의 일생에 관한 귀중한 사진들과 한 브라질 배우가 게바라의 대역으로 입었던 빛바랜 군복이 걸려 있다. 당시의 교실 문짝은 무언의 현장 증인으로 방 한구석에 전시되어 있다.

31

영생하는 체 게바라의 길

체 게바라는 1967년 10월 8일 정부군과의 불의의 조우로 부상을 입고 생포되어 라이게라 마을에 압송된 후 하루도 채 지나기 전에 피살된다. 그의 생포와 처형 과정을 놓고 볼리비아 관방이나 미국 CIA, 그리고 세계 매체들에서는 억측성 이론(異論)이 난무했다. 당시는 물론 오늘날까지도 그러한 이론은 사그러들지 않고 있다. 가장 급했던 것은 생포자가 게릴라의 우두머리인 게바라 자신인가 하는 신분 확인 문제였다. 이 대목에서 현지 가이드 곤살로는 자신만만하게 다음과 같이 구술한다. 즉 생포된 다음날인 10월 9일 아침 쿠바 출신의 CIA 요원(게바라체포행동소조의 책임자) 로드리게스가 게바라임을 면전 확인하고 상부에 즉각 전화로 보고한다. 30분 후 볼리비아 최고지휘부에서 내려온 암호는 '500과 600'이다. 약속된 암호 '500'은 체 게바라이고, '600'은 사형이며, '700'은 살려두기다. 처형 명령이다. 로드리

현장에서 설명하는 가이드 곤
살로 씨.

게스가 명령장을 들고 면전에 나타났을 때, 게바라는 의연한 자세로
"그래도 좋아, 나는 원래가 살아서 잡히지 말았어야 했는데"라고 응
수한다.

그 시각 정부군 병사들은 곤드레만드레 술을 마시며 전과를 자축
하고 있었다. 병사들 가운데서 가장 용감하다고 하는 마리오 떼란
(Mario Terán)이 총수(銃手)로 선발된다. 그는 담대한 척 사격 자세로 나
지막한 나무걸상에 묶인 채 앉아 있는 게바라 앞에 나타났지만 눈이
마주치자 그만 주눅이 든 듯 담기를 잃고 머뭇거린다. 이를 지켜본 게
바라는 쏘라고 호통한다. 이때 옆방에서 총성 두발이 울린다. 함께 생
포된 두 동지의 절명 신호성이다. 총성을 들은 병사는 겁에 질려 뒷걸
음치며 문 쪽으로 물러선다. 다른 병사들이 뒤에서 떠밀어내자 병사
는 정신없이 연거푸 몇발을 난사한다. 일설에 의하면, 미국 CIA 측에
서는 체 게바라를 즉결처형하지 않고 파나마에 보내 재판을 받도록
할 타산이었다고 한다.

이 드라마틱한 최후 장면에 관해 매체들은 앞을 다투어 보도를 쏟아

게바라의 트레이드마크인 베레모를 닮은 괴암.

냈다. 뜻밖에도, 의젓하고 담담하게 최후 순간을 맞는 체 게바라의 호걸다운 모습에 초점을 맞춘 보도들이었다. 처형을 명령한 사람은 볼리비아 대통령 바리엔또스(Barrientos)이며, 육군 중사 마리오 떼란은 추첨으로 총수에 뽑힌 하수인이다. 마리오 떼란은 알코올 중독자로 일체를 함구해오다가, 2007년 한 쿠바 의사의 무료치료 초청으로 아바나에 가서 백내장 치료를 받고 시력을 회복했다고 한다. 희세의 관용이라 하지 않을 수 없다.

　게바라는 체포된 후 어떠한 심문에도 응하지 않았다. 이에 심문관이 너무나 답답한 나머지 "당신은 지금 무엇을 생각하고 있소?"라고 묻자, 그제야 "혁명은 영생불멸이라는 것을 생각하고 있소"라고 대답했다. 마리오가 부들부들 떨면서 방아쇠 당기기를 주저하자, "이 비겁쟁이 녀석아, 어서 쏴라, 너는 그저 한 사나이를 죽였을 뿐이다"라고 호통쳤다. 결국 게바라는 9발의 난사탄을 맞고 쓰러진다. 그때가 오후 1시 10분, 불혹(不惑)을 한해 앞둔 향년 39세. 이렇게 세기의 위인은 불타는 짧은 한생을 떳떳하고 도도하게 마감하고, 억겁의 영생을 누리는 새로운 길, 체 게바라의 길을 터놓고 우리의 곁을 떠났다. 빛나는 삶에서 영생의 죽음으로 이어진 체 게바라의 길은 그야말로 그만의 길, 세상의 어둠을 거두기 위해 자신을 불살라온 사건창조적 인간만의 길, 세계의 99% 인간은 걸을 수 없는 명수죽백(名垂竹帛)의 길이었다.

9시 20분, 그의 마지막 생을 지켜본 그 자그마한 나무 성좌(聖座, 걸상) 앞에서 다시 한번 묵념을 올리고 작별했다. 이제부터는 바예그란데로 되돌아오면서 체 게바라의 '영생의 길'을 더듬게 된다. 구불구불한 산길을 한참 달리다가 가이드의 신호에 차가 갑자기 멈춰선다. 차에서 내리니 가이드는 500여m 떨어진 산꼭대기를 바라보라고 한다. 시야에 들어온 것은 신통히도 게바라가 트레이드마크로 쓰고 다니던 둥근 베레모 모양의 커다란 암괴다. 암괴 정면에는 불멸을 상징하는 붉은 별이 새겨져 있다. 사실 이 길은 게바라의 시신이 헬리콥터에 실려 바예그란데로 실려간 하늘 아래의 그 길이다. 함께 피살된 두 전우의 시신은 소달구지에 실려 역시 이 길을 지나 바예그란데로 운구되었다. 그날을 회상하니 마치 비통한 심정 속에 운구행렬을 터벅거리며 따라가는 한 조객(弔客)의 형색이다.

정오에 바예그란데에 도착하자마자 찾아간 곳은 게바라와 동료 6명의 매장지다. 정확하게 말하면, 암매장 발견지다. 매장지는 사방 20여m의 건물 속에 보존되어 있다. 건물 안에 들어서자 참배단에서 1m쯤 낮은 땅바닥에 두줄로 흰 돌에 이름이 새겨진 7명의 위패가 묻혀 있다. 앞줄 첫 자리에 체 게바라의 위패가 모셔져 있다. 우리는 시내 꽃가게에서 구입한, 이곳 사람들이 조화(弔花)로 쓴다고 하는 백합

체 게바라를 비롯한 7명 게릴라의 매장지 외관
(상)과 위패(하우), 그리고 체 게바라의 맏딸 일디
타가 심은 기념수(하좌).

꽃 비슷한 소담한 흰 꽃묶음을 위패 앞에 삼가 바쳤다. 경건한 마음으로 옷깃을 여미고 묵념을 올렸다. 건물 사방 벽에는 체 게바라의 성장 및 투쟁 과정을 연대별로 알리는 사진들이 빼곡히 걸려 있다. 그 속에서 볼리비아 해방이라는 원대한 꿈을 품고 1966년에 결성한 '볼리비아전국해방군'의 창군 성원들인 52명 게릴라들의 면면을 하나하나 확인할 수 있었다. 그들 거지반은 이제 이 매장지의 피장자들처럼 그 어딘가에서 원혼을 달래고 있을 것이다. 건물 밖 넓은 공간은 공원처럼 꾸몄다. 그곳에는 게바라의 만딸 일다타 게바라를 비롯한 지인들이 기념으로 심어놓은 10여그루의 나무가 싱싱하게 자라고 있다.

이 매장지를 찾아내는 데는 자그마치 30년이라는 긴 세월이 걸렸다. 게바라 일행 3명의 시신이 1967년 10월 9일 피살 당일 바예그란데의 한 병원 세탁소에 운구되어 사태의 전말이 세상에 알려진 이틀 뒤, 시신들은 갑자기 사라진다. 철통같은 비밀리에 자행된 암매장이다. 그 어떤 발설도 공포 속에 차단되었다. 군사독재가 판을 치는 볼리비아 땅에서 시신을 찾아내려는 시도는 번번이 수포로 돌아갔다. 그러다가 다행히 1990년대에 이 동토의 땅에도 민주화의 훈풍이 불어왔다. 시신 발굴도 허용되었다. 문제는 암매장지가 어디인가였다. 현지 가이드 곤살로의 말에 의하면, 한 병사가 군용비행장(지금은 폐쇄)과 공동묘지 사이의 어느 지점이라는 단초를 제공했다고 한다. 그러나 볼리비아군 당국이 제공한 자료에서는 게란드계곡에서 5km 지점에 있는 케니야드델알로예 지역이 지목됐다. 일단 단서가 잡히고, 볼리비아정부가 지원을 아끼지 않자 발굴작업은 날개를 달았다.

1995년 11월 말 볼리비아와 아르헨티나, 그리고 쿠바 3국이 공동전문가팀을 구성해 발굴 작업을 본격화했다. 암매장에 참여했던 몇 사람의 증언에 의하면, 칠칠흑야 속에 암매장을 강행했기 때문에 매장 지점은 정확히 기억할 수 없다. 다만 여럿을 한 구덩이에 매몰한 사실만은 생생하게 기억하고 있었다. 1995년 12월부터 이듬해 6월까지 진행된 발굴작업으로, 폐쇄된 비행장에서 5구의 시신(볼리비아와 쿠바의 게릴라 각 1명)을 발견했다. 이에 고무된 발굴팀은 게릴라들, 특히 게바라의 시신 발굴에 자신감을 갖게 되었다.

쿠바는 10명의 최고위급 전문가들을 파견해 발굴작업에 협조했으며, 발굴 지역을 1만m² 범위 내로 압축했다. 이렇게 작업을 한걸음씩 추진해나가던 중 1997년 6월 28일 오전 9시에 첫 유골을 발견한 데 이어 29일과 30일 각각 유골 1구씩을 발굴했다. 7월 1일 오전에 또 1구, 오후에 2구를 추가 발견했다. 이제 모두 6구를 찾아냈다. 당일 오후 5시 작업을 마치려고 할 때, 한 작업원이 뜻밖에도 면직물 조각과 그 곁에 있는 길쭉한 유골함을 발견했다. 안골(얼굴 뼈)이 유난히도 가무잡잡하다. 순간 게바라의 영상이 떠올랐다. 7구의 유골은 그 길로 싼따끄루즈에 있는 한 일본인 병원(호스삐딸하쁘네)으로 옮겨져 3명의 아르헨티나 인류학자와 3명의 쿠바 법의학자, 1명의 쿠바 고고학자 등 7명의 전문가들이 공동으로 진행한 감정에 의해 신분이 밝혀졌다.

체 게바라를 제외한 6인 중 4명은 쿠바인이고 1명은 볼리비아인, 나머지 1명은 페루인이다. 이 페루인은 후안 찬(Juan Chan, 胡安陳 혹은 胡安張)이라고 하는 화교 출신의 후예로, 부대 내에서는 'El Chino'(중국인)라는 별명으로 불리기도 했다. 게바라의 게릴라 대오는 이렇게 명실상부한 여러 혈통의 혼성대오, 국적이나 민족을 초월해 공통 목적인 국제변혁을 위해 자의로 뭉친 강철 대오였다. 7월 12일 쿠바정부는 특별기를 보내 게바라와 4명의 쿠바인 시신을 쿠바로 운구했다. 그리고 볼리비아인과 페루인의 시신은 잠시 본국으로 보냈다가 다시 쿠바로 옮겨와 게바라와 함께 싼따끌라라의 게바라광장에 안장되었다.

게바라의 시신은 쿠바에 운구된 후 2주간 치아와 잘린 팔, 그리고 혈형 등에 대한 엄밀한 감정을 거쳐 신분이 명명백백히 확인되었다. 7구의 시신은 일시 아바나의 호세마르띤기념관 내에 안치되었다. 10월 9일 쿠바 국무회의는 11월 17일을 국가적 애도의 날로 정하고 시신들은 게바라가 생전에 쿠바혁명의 종국적 승리를 위해 결정적 위훈을 세운 싼따끌라라에 성지를 꾸려 안장키로 하였다. 11월 14일 시신들은 싼따끌라라로 운구되고, 17일 오전 9시 장례식이 엄숙하게 거행되었다. 까스뜨로는 추념사에서 혁명동지 게바라의 걸출한 공헌에 찬사를 보내고, 게바라 영전의 불멸등(不滅燈)에 불을 붙여 영원히 기릴 뜻을 밝혔다. 이제 게바라는 안식 속에 '영생의 길'을 뚜벅뚜벅 걸어가기 시작했다.

이 매장지에서 5분 거리에는 뽀께레따냐는 이름의 또다른 집단 무덤이 있다. 허름한 철조망으로 에워싸여 있는 이 무덤도 역시 한 병사의 양심선언에 의해 1998~99년에 발견되었다고 한다. 여기에는 1967년 게바라와 갈라져 독립활동을 하던 볼리비아 게릴라 대장 호아낀(Joaquin, 남)과 연락책 따니아(Tania, 여) 등 20여명 게릴라들이 묻혀 있다. 따니아는 3년 전 게바라가 파견한 연락책으로, 주로 군수물자 조달을 책임지고 수행한 용감한 게릴라였다고 한다. 우리는 그들의 영전에도 백합 꽃송이를 바치고 묵념을 올렸다. 이 일군의 게릴라들의 활동에 관해서는 밝혀진 바가 많지 않아 앞으로의 연구과제라고 현지 안내원은 말한다. 숭고한 이념과 목표를 걸고 싸우다가 이름 모를 고지에서, 골짜기에서, 들에서 산화한 무명의 열사들이 어찌 이

체 게바라의 시신이 처치된 병원 세탁소.

네들뿐이랴!

　매장지를 참배하고 나서 발길을 옮긴 곳은 1965년에 개원한 한 병원 세탁소다. 1967년 10월 9일 오후 5시경에 게바라의 시신이 사후 처치를 위해 이곳에 헬리콥터로 운구됐다. 얼마 후 소달구지에 실린 2구의 시신도 도착했다. 당시의 사진을 보니, 게바라의 시신은 세탁대 위에 깔아놓은 나무판에 놓여 있고, 2구의 시신은 땅바닥에, 그리고 추로계곡 전투에서 전사한 4명 게릴라의 시신은 언제 이곳에 옮겨졌는지 바깥에 놓여 있다. 삼엄한 경계 속에 군 당국자는 당시 이 병원 간호사였던 쑤사나 오시나가(Susana Osinaga)로 하여금 시신을 씻게 하고 몰려든 주민들과 기자들에게 공개했다. 눈을 뜬 채로 영롱한 눈빛을 발하며 숨을 거둔 게바라의 모습은 마냥 인자한 성인 같았다고 쑤

병원 입구에 새겨진 게바라 탄생 기념비. 84는 탄생 84주년을 의미한다.

사나는 후일 그 순간을 회고했다. '영생의 길'에서 '성인 게바라'라는 경모사(敬慕詞)는 여기서부터 나왔다. 무자비한 군 당국자들은 게바라의 생포와 사살을 실증한답시고 그의 한 팔을 자르는 비인도적 만행까지 서슴지 않았다. 올해 83세인 간호사 쑤사나는 지금도 생존해 있다. 면담을 요청했으나, 지금은 일체 외부인들과의 접촉을 피한다면서 거부의사를 전해왔다.

역사의 증언대인 이 세탁소는 그후에도 정상 운영되었다. 1980년대라는 '망각의 시대'를 무언으로 보낸 뒤, 1990년대에 들어와 끔찍한 역사적 사건의 현장으로 알려지자 이곳에는 추모하는 사람들의 발길이 끊이지 않고 있다. 세탁소 좌측 벽 상단에는 게바라의 시신을 발굴한 한 쿠바 발굴자가 "그대들은 땅속 깊이 묻혔지만, 우리는 끝내 찾아내고야 말았도다. 28-6-97"이라고 쓴 굵은 갈색 글자가 남아 있다. "28-6-97"이라는 숫자는 발굴 날짜인 '1997년 6월 28일'을 뜻한다. 세탁소는 오늘날까지 유적으로서의 역할을 하고 있으며, 병원은 또 병원대로 여전히 정상 운영되고 있다. 병원 입구 좌측에는 '84'라는 큼직한 숫자와 함께 나란히 게바라의 초상이 그려져 있다. 올해가 그의 탄생 84주년임을 나타내는 것이다. 해마다 이 숫자는 게바라의 탄생 연도숫자를 따라 바뀌어간다고 한다. 그리고 병원 문밖 벽에는 게바라가 마지막으로 네 자식들에게 보낸 절절한 편지 전문이 소개되고 있다. 위인의 가슴팍에는 그 누구보다도 더 뜨겁고, 더 정겹고, 더 애틋한 가족애가 늘 용솟음치고 있었다. 위인이란 인간애의 최고 체현자이기에.

45년 전의 한 숭고한 희생을 추념하는 발길은 내내 무거웠다. 2시가 넘어서야 한 중국식당에서 점심을 겸해 질문시간을 가졌다. 차제에 그간 품어왔던 몇가지 민감한 문제와 이틀간 격전의 현장을 둘러보면서 생겨난 이러저러한 의문들을 현지 안내원 곤살로와의 대화로 얼마간이라도 풀어보려고 했다. 전문 연구자나 학자가 아님에도, 큰 기대 없이 던진 질문에 그는 의외로 명쾌하고 설득력 있게 대답했다. 어제는 그저 일반 가이드쯤으로 알고 만났으나 안내 과정과 오늘의 대화에서 그의 착실한 내공을 엿볼 수 있었다. 그의 말에 의하면, 이곳은 세계적 명소(참배지)임에도 게바라에 관한 연구소나 전문 연구자가 없으며, 학교에서도 별로 가르치지 않고 있다고 한다. 그는 18세 때인 1997년 게바라의 매장지가 발견되면서 한적했던 시골 마을이 세인의 주목을 받고 법석거리기 시작하자 게바라에 관해 관심을 갖게 되었다. 그후 2005년부터 8년간 자진해 관광안내원을 맡으면서 게바라 연구에 온 정성을 다하고 있다고 한다. 그로부터 전해들은 생생한 현장 증언은 게바라 연구, 특히 그에 대한 오해나 편견을 바로잡는 데 큰 도움이 되었다. 겸손하고 친절한 그의 행동거지도 마음에 들었다. 헤어질 때는 모두가 '체게바리스트'라고 자부하면서 다음의 상봉을 약속했다.

약 한시간의 대담을 마치고 인근의 역사고고학박물관으로 안내되었다. 2층짜리 건물 안의 약 200평 남짓한 몇개 전시실에는 주로 게바라의 지휘하에 게릴라들이 볼리비아 경내에서 전개한 활동과 바예그란데에서의 최후 장면들에 관한 사진자료들을 세세히 전시하고 있다. 그 가운데서 눈길을 끄는 것은, 체 게바라의 일생에 관한 국제적 반향이다. 1997년 그의 매장지 발견은 30년간의 침묵과 의문, 망각을 일깨운 경이로운 일로, 그 반향은 가위 폭발적이었다. 일찍이 그가 피살되었을 때는 전세계적인 항의 시위가 일어났으며, 시신이 발견되었을 때는 '무신론의 성인' '그 시대의 가장 완벽한 인간'(프랑스 철학자 싸르트르)으로 그의 영생을 구가하는 찬사와 추앙이 물결을 이루었다.

이를 계기로 체 게바라에 대한 평가가 봇물처럼 터져나왔다. 찬사와 추앙이 주류를 이루었다면, 비판과 비하 내지는 악의적인 공격도 틈새를 노렸다. 물론 인간 체 게바라에 대한 객관적이고 균형 잡힌 평가는 아직 진행 중이다. 여기서 그 하나하나에 관해서는 각설하고, 논자들의 몇가지 은유적인 별칭을 개진해 우리들의 사고 지평을 넓혀보기로 하자. 그를 가리켜 역사가들은 '붉은 로빈 후드'(영국 전설 속의 영웅)와 '공산주의 돈끼호떼'라고 하며, 작가들은 '속세의 그리스도'와 '부활한 프로메테우스'(그리스 신화 중의 영웅, '선지자'라는 뜻), '라틴아메리카의 파우스트'(악마를 불러내어 굴복시키는 술사)라고 묘사한

게릴라들이 볼리비아 경내에서 진행한 활동 관련 자료들을 전시한 역사고고학박물관 외관.

다. 물론 이러한 별칭들이 게바라에 대한 정확한 평가에서 나온 것인지는 이론의 소치가 있겠지만, 단 한가지, 지성이라면 그를 이 시대의 사건창조적 위인의 반열에 세우는 것에 대해 의문의 여지를 품지 않을 것이다.

여러 평가 가운데서 그를 성인화(聖人化)하는 아이러니는 그의 '영생'에 유의미한 메시지를 던져준다. 간호사 쑤사나가 '눈을 뜬 채로 영면한 체 게바라는 예수처럼 강직한 눈빛과 수염, 장발을 하고 있었다'라고 회고한 것이 훗날 그를 예수와 같은 반열의 성인으로 신봉하게 되는 진원(震源)이 되었다. 바예그란데의 집집마다에는 예수와 나란히 게바라의 초상화가 걸려 있으며, 심지어 독실한 기독교 여신도들과 수도원 수녀들까지도 게바라의 머리카락을 호신부로 간직한다고 한다. 놀랍게도 총을 잡은 게릴라의 '괴수' 게바라를 성인화한 저작이나 작품들도 곳곳에서 선을 보이고 있다.

바로 이렇기에 우리는 라틴아메리카에서는 말할 나위 없거니와, 세계 5대양 6대주 방방곡곡에서 게바라를 흠모하고 기리는 징상들을 찾아볼 수 있다. 베레모는 '게바라모'로 브랜드화되었고, 게바라의 초상이 찍힌 티셔츠는 어디서나 인기다. 아프리카 세네갈 다카르의 한 화물자동차 차벽에 그려진 게바라의 초상화를 가리키면서 그린 이유를 물었더니, 기사는 주저 없이 '게바라는 없는 사람들의 편이기 때문이다'라고 명료한 단답을 한다. 1965년 게바라가 들렀던 아프리카의 탄자니아 수도 다르에스살람과 콩고민주공화국 수도 킨샤사의 거리에서는 수십년이 지난 지금도 그 시절 게릴라복 차림의 게바라 초상이 나돈다. 그만큼 게바라가 걸어온, 그리고 걸어갈 영생의 길은 길고도 넓다.

확언컨대, 체 게바라가 '소아(小我)'의 일체를 버리고 그토록 활기차고 낙천적으로 '위공(爲公)'의 길, 그래서 '영생의 길'을 터놓은 것은 아버지 에르네스또가 말한 바와 같이 '진실에 대한 광적인 애정'을 품고 '리얼리스트'가 되어 몸소 살신성인했기 때문이다. 구경에 그는 다음과 같은 자신의 지조를 지켜냈다.

물레방아를 향해 질주하는 돈끼호떼처럼
나는 녹슬지 않는 창을 가슴에 지닌 채,
자유를 얻는 그날까지 앞으로 앞으로만 달려갈 것이다.
『체 게바라 평전』, 장 코르미에, 실천문학사 2000

박물관 참관을 마치니 해가 서산에 뉘엿뉘엿 기울기 시작한다. 방명록에 이런 글을 남기고 박물관 문을 나섰다. "'사건창조적 인간', 위대한 체 게바라 동지의 세계변혁정신 영생불멸하리라! ─ 그대를 표상으로 삼아온 한 동양인으로부터, 한국문명교류연구소장 정수일, 2012년 7월 17일 오후."

상점에 들러 베레모 한개(130몰)와 소형 게바라 배지 4개(각 20몰)를 선물로 구입했다. 안내원 곤살로와 포옹으로 작별인사를 하고, 서둘러 싼따끄루즈로 돌아가는 길로 들어섰다.

밤 8시 반경에 싼따끄루즈에 도착했다. 추넘과 흥분으로 긴 여정을 보낸 하루는 사람을 파김치로 만들어놓았다. 이미 유명한 전통식당에 예약했다고 하기에 할 수 없이 따라나섰다. 시내에서 손꼽히는, 깜바(Camba)라고 하는 유명한 전통음식점이다. 쇠고기 찜, 닭고기 튀김, 바나나 볶음밥, 채소와 고기 볶음밥, 치즈쌀밥(단맛), 양파조림 등 8종의 코스요리다. 비슷비슷한 요리 같지만, 맛이나 모양새가 서로 다르다. 대체적으로 입맛에 맞는다. 지난 이틀간의 변변찮은 식사를 포식으로 상쇄했다. 11시경 갈 때 묵었던 우르바리호텔에 돌아오자마자 곯아떨어졌다.

32

적도를 낀 상춘의 나라, 에콰도르

오늘의 일정은 이곳 싼따끄루즈에서 수도 라빠스를 거쳐 페루 수도 리마까지 가는 비행 노정이다. 첫 비행기라서 새벽 4시에 기상해 아침 식사도 거른 채 공항에 도착했다. 라빠스에서 올 때는 불안한 17인승 경비행기였으나, 갈 때는 운 좋게도 중형 비행기다. 볼리비아 항공 5L 102편(좌석 13L)은 7시 07분에 이륙해 순항을 마치고 7시 57분에 라빠스공항 활주로에 사뿐히 내려앉는다. 경비행기로는 1시간 51분을 날던 거리를 절반도 채 안 되는 50분간에 비행한 셈이다. 볼리비아에서 두번째로 높은 알리마니산(해발 6,450m)을 비롯해 라빠스 부근의 와이나뽀또시산 등 안데스산맥의 설산고봉들이 발밑에서 장관을 펼치고 있다.

시간이 어정쩡해서 택시를 타고 3시간쯤 라빠스 시내를 구경하고 일찌감치 공항에 돌아왔다. 라빠스공항의 출국수속은 정말로 가관이다. 비행기표 확인으로 시작해 여권 검사와 출국수속(출입국관리소)을 마친 뒤 손짐을 일일이 풀어 검사하고, 손짐과 허리띠를 엑스레이로 검사하며, 다시 비행기표를 확인하는 등 6단계 검사를 거쳐서야 대기실에 골인한다. 경직성의 극치다. 이 나라에 대한 좋은 인상이 일시에 와르르 무너지는 순간이다. 오후 우리가 탑승한 LA 2567편(좌석 3L)은 4시 46분에 이륙해 기수를 서북쪽으로 돌린다. 띠띠까까호 상공을 4시 52분에서 5시 05분 사이에 통과했으니 정미 13분 동안 지나간 셈이다. 자그마한 점이 아니라, 큰 덩어리로 시야에 13분간이나 남아 있었으니, 분명 넓기는 넓은 실체다. 생명의 호수를 둘러싸고 수로가 거미줄처럼 사지사방으로 뻗어가고 있다. 멀리 눈 덮인 안데스산맥의 그물 같은 지맥들이 오리오리 보이는가 하면 짙푸른 초원과 황막한 사막, 그리고 민둥산도 간간히 내려다보인다. 모두가 찬란한 마야문명을 품어 키워온 요람이다. 6시 22분, 1시간 52분을 날아서야 리마공항에 착륙했다. 10일 전 묵었던 안또니오호텔 312호실에 다시 여장을 풀었다.

라틴아메리카의 해상실크로드를 답사한다는 취지에 좀 어긋나게 내륙국 볼리비아를 둘러보고 나서 다시 태평양 연안의 리마에 들러 에콰도르의 수도 끼또로 향발할 예정이니 이제 다시 제 길로 들어선 셈이다. 오랜 여정에 지지고 볶여 둔감할 법도 한데, 새 곳으로 향한다고 생각하니 가슴이 설렌다. 이날 아침도 새벽 4시 반에 잠에서 소스라쳤다. 주섬주섬 짐을 챙기고 나서 어제 일들을 메모하는 사이 새날이 훤히 밝아온다. 건기를 맞아 비 올 리가 만무한 리마의 하늘은 어쩐지 흐리멍덩하다.

오늘의 행선지는 에콰도르다. 면적이 28만km² 남짓하고, 인구도 약

1,600만밖에 안 되며, 별로 두각을 나타내는 일도 없는 자그마하고 평범한 나라 에콰도르를 굳이 찾아가는 이유는 뭘까? 잉카문명의 북변을 장식한 에콰도르의 고대문명을 살펴보고, 지리적으로 지구를 반토막 내는 적도의 실체를 알아보려는 데 그 이유가 있다. 게다가 적도직하(直下)에 자리한 이 나라 기후가 상춘(常春, 언제나 봄)이라는 상식밖의 사실도 직접 접해보고픈 욕망을 자극했다. 에콰도르는 스페인어로 '적도'라는 뜻이다. 그만큼 이 나라는 적도를 떼어놓고 생각할 수 없다. 이 나라 답사가 부디 이 세가지 궁금증을 해명해주었으면 하는 기대 속에 호텔 문을 나섰다. 외람된 얘기지만, 그중 한가지만 증명되어도 반타작으로 성적 매김을 할 것이다. 자신에 대한 도 넘는 관대가 아닐는지!

2012년 7월 19일 오전, 끼또로 가는 승객 100여명을 태운 TA 134편(좌석 14A)은 정시보다 30분 뒤늦은 10시 56분에 시동을 걸고는 11시 17분에 이륙해 1시 16분에 끼또의 마리스깔수끄레국제공항에 안착했다. 안데스산맥의 적설 고봉들과 뭉게구름을 지그재그 에돌고 피하면서 항진한 비행에는 정미 2시간이 걸렸다. 공항에서 입국수속이 굼뜨게 진행되는 바람에 2시 20분경에야 신도시에 자리한 비에하쿠바호텔(Vieja Cuba Hotel)에 도착했다. 공항은 신도시에서 북쪽으로 약 10km쯤 되는 지점에 있다. 이 호텔은 사실 호텔이라기보다는 나무와 벽돌을 자재로 해 지은 아기자기한 전통여인숙이다. 3평 남짓한 2층 4호실이 차려졌다. 작지만 현대적 시설은 죄다 갖추고 있는 아담하고 안성맞춤한 방이다.

오후 3시가 가까워 와서야 인근 대중식당에서 코카콜라에 햄버거로 점심을 대신했다. 맛은 미국식인데 짜기로는 라틴아메리카식이다.

아담한 비에하쿠바호텔 외관.

라틴아메리카 음식은 짜기로 소문나 있다. 기름에 튀긴 옥수수와 바나나를 섞어서 무료로 서비스하는 것이 이색적이다. 알고 보니 이 나라는 '바나나의 왕국'이라고 할 정도로 바나나가 흔하다. 오후 3시부터 7시까지는 방에서 휴식을 취했다. 오래간만의 짬이다. 6월 13일 서울을 떠난 후 지금까지 부에노스아이레스와 이스터섬에서 각각 반나절씩 휴식을 가져본 적이 있다.

다들 여행에서의 휴식은 정신적·육체적 재충전의 기회라고 하지만, 필자는 여기에 더해 관행적으로 휴식을 점검의 계기로 이용한다. 여권 말고 가장 중요한 점검 대상은 여행 메모노트와 카메라 메모리(이전엔 필름)다. 이 두 기록물이 소실되거나 파손되면 여행은 허탕이다. 그래서 평시에는 배낭의 가장 깊숙하고 안전한 곳에 보관했다가 점검 때면 우선순위로 꺼내 점검한다. 다음으론 자연스레 씀씀이를 돌아본다. 이번처럼 긴 여행에서는 이것이 더더욱 필수다. 평생 여행 경비는 '긴축예산'으로 짜다보니, 늘 빠듯한 편이다. 넉넉해본 적이 거의 없다. 이번에도 예외는 아니다. 이동하면서 차 안에서 샌드위치로 점심을 때우기가 일쑤였지만, 빠듯함을 풀어주지는 못한 성싶다. 어쩌면 그것이 여행의 묘미일지도 모르겠다. 기타 여행 장비도 하나하나 점검해본다. 이곳까지는 라틴아메리카 나름의 겨울철이었지만 여기서부터는 봄철이다. 그래서 침침한 겨울철 옷가지들을 꺼내 빨래를 했다. 그러자니 '휴식시간'이 훌쩍 지나가고 말았다. 저녁식사는 칠레 싼띠아고의 한인타운에서 장만한 햇반으로 해결했다. 주방에서 끓는 물에 10여분간 담그니 제법 향긋한 쌀밥이 된다.

식후 거리 구경에 나섰다. 택시를 타고 중심 거리인 '8월 10일 거리'로 갔다. 에콰도르 독립일인 8월 10일에서 유래된 이름으로, 시 한 가운데를 남북으로 관통하는 널찍한 거리다. 중심 거리답게 야경을 감상하려는 사람들로 붐빈다. 화려한 네온 등이 구석구석을 비추는, 문자 그대로의 불야성이다. 심야영업을 하는 상점들도 적잖다. 상품 가격표를 살펴보니 하나같이 미국 달러로 표기되어 있다. 그도 그럴 것이 라틴아메리카에서 유일하게 에콰도르는 2000년 1월부터 이른 바 '경제달러화'를 실시하면서 달러를 통화로 결정해버렸다. 그만큼 미국이 이 나라 경제에 쏘아대는 입김은 드세다. 이 나라의 주요 부존 자원인 석유의 수출량 가운데 60%를 미국이 독점하고 있다. '경제발전 3단계 계획' 중에서 코코아단계와 바나나단계를 지나 바야흐로 석유단계를 수행하는 이 나라 경제형편에서 미국의 석유 독점은 곧 정치 독점이라고 해도 과언이 아닐 것이다. 경제달러화에 의한 저렴한

거리를 장식하고 있는 벽화.

물가는 주변 국가들을 유혹한다고 한다. 750ml 맥주 한병에 0.8달러이고, 한화 500원에 어른 주먹만 한 귤 8개를 거머쥐니 물가는 확실히 싸다. 1인당 GNP가 4,800달러쯤 되니, 중남미 나라치고는 꽤 높은 편이다. 늦은 밤이지만 거리 표정에서 이 점을 읽을 수가 있다.

거리 구경에 흥을 돋운 것은 섭씨 10도를 헤아리는 서늘하면서도 포근한 밤 날씨다. 끼또는 태양의 직사(直射)로, 지구상에서 가장 뜨거운 곳인 적도 바로 밑에 자리한 고장이다. 그럼에도 '상춘'이라니! 짐짓 상식 밖의 얘기 같다. 그 의문은 끼또가 처한 자연적·지리적 환경이 설득력 있게 풀어준다. 국토가 별로 넓지 않은 에콰도르지만, 풍토적으로는 확연히 서로 다른 3대 구역으로 구분된다. 산악지대인 씨에

안데스산맥의 고산준령으로 에워싸인 끼또 시가.

라(Sierra)와 해안지대인 꼬스타(Costa), 그리고 열대우림지대인 오리엔
떼(Oriente)가 바로 그것이다.

　끼또를 비롯해 에꽈도르를 상춘의 나라로 만든 것은 씨에라다. 남
북으로 뻗은 3개의 안데스산계(山系)가 만나는 곳을 중앙산악지대라
고 하는데, 여기에는 고도가 4,000~6,000m의 고산이 22개나 잇닿아
있다. 화산이 빈발하는 이곳을 '화산의 길목'이라고도 부른다. 여기
에 바로 세계에서 가장 활발한 화산이라고 하는 고도 5,897m의 꼬또
빡시화산(Volcán Cotopaxi)이 자리하고 있다. 끼또는 자체의 해발고도가
2,850m로 높을 뿐만 아니라, 이러한 눈 쌓인 높은 산들로 에워싸여 있
기 때문에 연평균기온 14도로 일년 내내 봄 날씨가 유지된다. 낮과 밤

중심가를 달리는 무궤도전차.

의 기온차도 0.6도 정도로 아주 미미하다. 4~9월이 건기이고, 10~3월이 우기다. 때마침 우리가 찾아간 6~8월은 특히 맑은 날씨가 계속되는 절기다. 필자는 동남아시아나 아프리카에서 적도를 숱하게 넘나들어봤지만, 이렇게 상춘을 자랑하는 곳은 만나본 적이 없다. 과연 천혜의 도시라 할 만하다.

태평양 연안에 면한 해안지대는 적도 직하의 열대 저지대이지만, 찬 훔볼트해류와 파나마해류의 영향을 받아 폭염을 피해 연평균기온이 25~28도에 머물고 있다. 그래서 바나나와 커피 같은 에콰도르 대부분의 수출품과 농산품은 이곳에서 생산된다. 안데스산맥의 동편에 펼쳐진 열대우림지대는 고온다습한 정글지대이고 아마존강의 발원지로 일년 내내 비가 오지만, 진귀한 동식물과 곤충의 보고다. 여기에는 외계와의 접촉이 거의 없는 원주민들이 살고 있다. 그밖에 육지에서 900km나 떨어진 태평양 상에 7개의 큰 섬과 약 70개의 작은 섬으로 구성된 갈라파고스군도가 있다. 이 군도는 여러가지 희소 생물의 서식지로, 지구의 진화 과정을 연구하는 데 귀중한 자연환경으로 인지되어 유네스코의 세계자연유산으로 등재되었다.

한시간쯤 돌아보고 나서 돌아오는 길에 끼또의 상징이라고 하는 빠네쇼 언덕(Cerro de Panecillo)에 들르려고 했다. 해발 180m의 나지막한 언덕이지만, 여기에 높이 41m의 성모상(1975년에 건립)이 우뚝 솟아 있으며, 그 앞에 서면 시내 전경이 한눈에 안겨온다고 해서 택시 기사에게 그쪽 행을 청했다. 그랬더니 기사는 난색을 표하면서, 밤이 늦으면 외국 관광객들을 상대로 하는 강도들이 가끔 출몰하니 이 시각엔 안 가는 것이 좋다고 권유한다. 그의 권유대로 그 길을 포기하고 밤 10시경에 호텔로 돌아왔다. 알고 보니, 그 언덕 주변은 구차한 사람들이 몰려 사는 달동네라고 한다. 고요한 밤중에 호텔 근처에서 인기척이 나자, 어디선가에서 무장경찰 두명이 나타나 다가온다. 일행이 호텔 안으로 들어가는 것을 확인하고서야 그들은 어디론가로 유유히 사라진다. 사실 라틴아메리카치고 안전이 보장되는 나라는 없다. 다만 그 심각도에서 차이가 있을 뿐이다. 에꽈도르는 그나마도 괜찮은 편에 속한다. 그렇지만 방심이나 해이는 금물이다.

33
반객위주(反客爲主)의 단절된 역사

　이튿날(2012년 7월 20일, 금요일) 시내 관광에 나섰다. 가장 먼저 찾아
간 곳은 바로 45분 거리에 있는 고도 2,800m의 뿔룰라우아(Pululahua)
화산분출구다. 어귀에 들어서자마자 진풍경이 펼쳐진다. 집 벽이나
담은 시멘트 대신 잿빛 화산재로 칠하고, 옹벽 같은 석축자재는 몽
땅 가벼운 화산석이다. 분출구에 설치한 전망대에서 내려다보니 약
200m 아래에 수백 헥타르의 분화구가 평퍼짐한 분지를 이루면서 그
곳에 몇개의 마을이 들어서 있다. 관광객을 위한 호텔까지 있다고 한
다. 옥수수를 비롯한 작물들이 푸르싱싱하게 자라고 있으며, 사방을
둘러싼 산봉우리에는 각종 약재와 꽃들이 무성하다. 희끄무레한 화석
한조각을 들어보니 종잇장같이 가볍다. 사위를 둘러보니 언젠가 훑고
지나간 화마(火魔)의 흔적이 역력하다. 이 화산다발지대가 또 언제 다
시 화산재를 뒤집어쓸지 불안할 법도 한데, 사람들은 너무나 태연자

분지로 변한 해발 2,800m의 뽈룰라우아 화산분출구 전경.

약하다. 그것은 '하늘이 정할 운명'이라고 하면서 말이다.

화구에서 약 400~500m를 미끄러져 내려와 도착한 곳은 그 유명한 적도기념비(Equatorial Monument)다. 많은 사람들이 이 기념비를 친견하려 이 나라를 찾는다. 사실 고등학교 지리교과서에서 적도라는 두 글자와 만난 기억이 아슴푸레 떠오를 뿐, 기념비 같은 것은 애당초 뇌리에 없다. 적도가 지리학이나 천문학에서 차지하는 위상과 나에게 새겨진 이미지 때문에 입구에 들어서자마자 흥분과 호기심이 동하기 시작한다. 적도는 지구의 남북 양극으로부터 같은 거리에 있는 지구 표면의 점들을 연결한 선으로, 지구를 북반부와 남반부로 갈라놓는다. 적도는 위도상으로 0도이며, 그 길이는 4만 76.6km에 달한다. 적도는 태양의 직사광선을 많이 받기 때문에 상승기류가 많이 생기고,

적도무풍대를 형성해 온도와 습도가 높은 열대우림지대를 조성한다.

지구에서 온도가 가장 높은 지역을 열적도라고 하는데, 그 위치는 계절에 따라 이동한다. 즉 북반구가 겨울이면 적도 부근에 있지만, 여름에는 북위 20도 부근까지 이동한다. 적도는 에콰도르를 비롯해 13개 나라를 지나간다. 적도는 스페인어로 '에콰도르'라고 하며, 스페인은 이 나라를 침략한 후 곧바로 에콰도르(적도)를 국명으로 택했다. 이에 반해 이유는 불명하나 아프리카의 '적도 기니'는 나라 이름에 적도가 들어 있지만 적도 가까이에 있을 뿐, 적도 위에 있지는 않다. 한자문명권에서 쓰는 적도라는 말은 고대 중국에서 태양이 통과하는 지점을 천구(天球) 그림에 적색으로 표시한 데서 유래되었다. 적도는 지리학이나 천문학에서 특별한 의미를 지녀왔고, 이에 관해 많은 연구가 축적되어왔다.

세상에서 적도가 지나가는 나라는 13개나 되지만, 기념비를 세워 그 뜻을 기리는 나라는 에콰도르뿐이다. 이 나라 사람들은 자국이 바로 '세계의 중심'이라고 하면서, 그 중심에 산다는 큰 자부심과 보람을 느끼고 있다. 기념비는 끼또에서 북쪽으로 24km 떨어진 싼안또니오데이바라(San Antonio de Ibarra)에 자리하고 있다. 높이 30m에 달하는 기념비는 3면이 고산준령으로 에워싸여 있는 해발 2,483m의 고지에 우뚝 서 있다. 기념비광장 안에 들어서면 길 양쪽에 적도 발견과 연구에 기여한 프랑스를 비롯한 몇개 나라 과학자들의 동상이 쭉 세워져 있다. 그리고 왼편에는 적도의 발견과 확정을 위해 헌신한 과학자들의 업적을 기리는 전시공간이 나라별로 마련되어 있다.

붉은색 화강암으로 지어진 기념비의 비신은 정방형이며, 4면에는 동서남북을 뜻하는 영어 대문자 E, S, W, N이 새겨져 있다. 비면에는

해발 2,483m의 고지
에 세워진 세계 유일
의 적도기념비(상)와
적도선(하).

이 적도를 발견·측량하고 비신의 건립과 개수에 기여한 프랑스와 에 콰도르 과학자들의 이름이, 그리고 하단에는 "여기가 바로 지구의 중심이다"라는 스페인어 문장이 새겨져 있다. 비신의 상단에는 대형 석조 지구의가 얹혀 있는데, 그 중앙에 동에서 서로 흰 선이 그어져 있다. 그 선은 비 기단의 아래층 계단까지 이어지고 있다. 이 선은 다시 광장 한복판을 지나간다. 그 선이 바로 적도선이다. 사람들은 이 선을 가로타고 한 발로는 북반구를, 다른 한 발로는 남반구를 딛고 선 포즈를 카메라에 담으면서 추억을 만든다.

승강기로 비 정상에 올라가니 사방이 한눈에 안겨온다. 비 내부의 1층에서 4층까지는 주로 이 나라의 생활사와 민예품을 보여주는 전시관으로 꾸며지고 있는데, 상당히 흥미롭다. 특히 눈길을 끄는 것은 우리와 아주 상사한 인디오들의 생활모습이다. 색동옷, 부녀들의 머리 땋기와 댕기, 머리에 이기, 등에 업기, 키, 기와, 그리고 쟁기를 비롯한 영농도구와 각종 낟알… 그렇게 비슷할 수가 없다. 필자는 인근 여러 나라에서 이러한 유사성을 심심찮게 발견했지만, 그 유사함이 이곳처럼 그렇게 뚜렷하고 다양하지는 못하다. 우리와 인디오 간의 역사적·문화적 상관성에 관해 다시 한번 눈을 크게 뜨는 기회가 되었다. 이날의 추억을 오래도록 간직하려고 상점에 들러 목제 기념비 모형 1구(13달러)를 구입했다.

이어 발길을 옮긴 곳은 인근의 시띠오인띠냔박물관(Museo Sitio Inti-ñan)이다. 주로 아마존강 유역 인디오들의 생활상·종교관·우주관 등을 보여주는 박물관으로, 발굴 유물과 재현 유물로 생동하게 꾸며놓았다. 에콰도르는 아마존강의 발원지로 지금도 원시 인디오들이 살고 있다고 한다. 인디오들을 연구하는 데 적절한 현장(연구실)인 셈이다.

적도박물관 소장 유물 및 사진

색동옷.

머리에 이기.

쟁기.

부녀들의 머리 땋기.

그래서인지 곳곳마다 관광 인파로 몹시 붐빈다. 개중에는 노트를 들고 진지하게 기록하는 이들도 보인다. 인디오 연구자들인 듯싶다. 점괘인지 마술인지 놀이인지, 도시 분간하기 어려운 연출들이 사람들의 혼을 빼놓고 있다. 어쩌면 인디오들의 높은 문화수준이나 사고력의 발현일 수도 있다는 점에서 더더욱 마음을 끌었다. 물 위에 띄워놓은 풀잎이 방위에 따라 방향을 달리하는 신기한 현상은 지금도 눈앞에 선하다. 인디오와 직접 게임을 하는 프로그램도 있는데, 과학시대의 인간들이 속수무책으로 당하는 꼴은 가관이다.

다음으로 설레는 가슴을 가까스로 짓누르면서 찾아간 곳은 과야사민미술관이다. 솔직히 그 설렘은 무엇을 많이 알고 느껴서가 아니라 단지 '서반구의 피카소'라는 그 두마디 때문이었다. 라틴아메리카미술사에서 멕시코의 리베로와 함께 언급되는 대화가 과야사민(Oswaldo Guayasamin, 1919~99)이라는 희미한 기억은 있었으나 그가 바로 이곳 에콰도르 출신이라는 것은 기억에서 까마득히 사라진 터였다. 그러다 어제 이곳 안내책자를 뒤지다가 우연히, 실로 우연히 그를 발견했다. 결코 놓칠 수가 없다. 그의 이름을 딴 박물관으로 달리는 차 안(다행히 50분이나 걸렸음)에서 다시 한번 안내서를 뒤졌다. 박물관은 외벽이 꽉 막힌 큰 건물과 상당히 넓은 실외공간으로 구성되어 있다. 건물의 1층과 지하실은 작품 전시실로, 아기자기하게 꾸몄으나 어딘가 모르게 숭엄한 분위기가 감돈다. 전시실에서 그의 명작 몇점을 만났다. 아쉽게도 촬영이 금지되어 작품을 렌즈에 담을 수는 없었다. 실외 전시장에는 화가의 약력을 소개하는 몇편의 글이 붙어 있고, 꽃을 비롯한 정물화가 여러점 전시되어 있다. 실내 전시와는 어울리지 않는 전시를 이렇게 실외에 펼친 이유가 궁금했다. 아마 실내의 금지된

시띠오인띠냔박물관에 전시된 아마존강 유역 인디오들의 각종 생활 도구.

촬영을 대신해 이것이나마 실컷 담아가라는 '호의'에서가 아닐까 추측해봤다.

　과야사민은 1919년 끼또의 한 빈민가에서 태어났다. 태생적인 소질로 일곱살 때부터 그림을 그리기 시작했다고 한다. 가족의 반대에도 불구하고 1932년 끼또미술학교에 입학해 화가로서의 길을 개척해나갔다. 격동의 시대를 맞서가는 화가로서는 시대상을 반영한 사실주의 화풍에 골인할 수밖에 없었을 것이다. 전시품을 포함해 그의 대표적인 작품 몇점을 살펴보면, 1930년대 후반에 창작한 「오늘의 파업」(1938)에 이어 1940년대에 그린 첫 대형 작품인 103폭짜리 「눈물의 길」(1946~51)이 우선 꼽힌다. 이 대형 그림은 인디오의 빛나는 정신세계를 반영하고 피카소의 화법을 도입한 것으로 유명하다. 그를 가리켜 서반구의 피카소라고 하는 단초는 이것일 것이다. 1960년대 라틴아

과야사민미술관 외관.

서반구의 피카소, 과야사민.

메리카의 대격동은 화가에게 이글거리는 불길을 안겨주었다. 과야사민이 내세운 '정의감은 골격, 사랑은 혈육'이라는 격조 높은 금언의 탄생은 우연이 아니다. 그는 정의와 사랑을 위해 죽어간 칠레의 세 친구, 즉 시인 네루다와 초대 민선 대통령 아옌데, 그리고 반독재 시위에서 희생된 국민가수 위크다를 위해 또다시 250폭짜리 대형 그림 「분노의 연대(年代)」를 내놓아 세상을 감동시켰다. 만년에는 「우리의 라틴아메리카」를 그려 향토에 대한 사랑과 미래를 구가했다. 1961년에 중국을 방문해 중국의 노화가 쉬 베이훙(徐悲鴻)으로부터 동양화법을 배워갔다는 일화는 유명하다.

　얼마 동안 메말랐던 정서를 추켜세우니 몸이 가뜬한 느낌이 든다. 내친김에 시 중심에 있는 독립광장에 찾아가 인근 간이식당에서 햄버거로 점심을 때우고 나서 광장 주변을 산책했다. 광장 중앙에는 1830년 8월의 독립을 기념하기 위해 세운 독립기념비가 우뚝 서 있다. 서편에는 17세기에 세운 우람한 흰색 대통령궁전이 있다. 이 궁전

미술관 실외에 전시된 과야사민의 작품.

은 일명 건설자의 이름을 따서 까론델레뜨궁전(Carondelet Palace)이라
고도 부른다. 광장 남쪽에 있는 대성당에 들렀는데, 대단히 화려하다.
1535년에 지은 이 성당은 일찍이 독립운동의 중심역할을 했으며, 그
와중에 암살된 호세 쑤크레(José Sucre) 장군의 관이 한쪽 구석에 안치
되어 있다.

　이어 지나가는 길에 인근의 한 골목에 자리한 화폐전시관에 들렀
다. 중앙은행 자리에 마련된 이 전시관은 몇평 안 되는 1층 두세칸에
꾸려졌다. 하찮게 여기고 대충 둘러보고 나올 무렵에 첫 칸에서 초기
라틴아메리카의 대외무역에 사용된 화폐들과 교역루트 등 귀중한 사
료들을 발견했다. 자칫 놓칠 뻔했다. 덤불 속에서 옥석을 캐낸 셈이다.

　오늘의 마지막 일정은 국립박물관 참관이다. 의도한 바가 있어 넉
넉히 두시간(오후 3~5시) 동안으로 잡았다. 잉카문명의 북변에서 여러

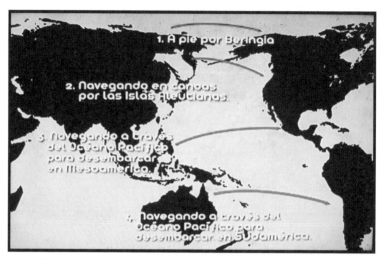

화폐전시관에 전시된 초기 라틴아메리카의 4대 교역루트.

가지 고대문명이 꽃피고 교류했던 지역이니 라틴아메리카 역사나 문명을 종합적으로 집중 투시할 수 있는 창이 될 수 있지 않을까 하는 기대에서였다. 입장이 무료이고, 촬영도 허용된 데다가 유물에는 스페인어와 더불어 영어 해설문이 붙어 있다. 정말로 금상첨화의 호기라 하지 않을 수 없다. 2층 건물인데, 1층은 몽땅 고대 라틴아메리카의 종족 기원과 분포, 각 시대의 찬란했던 유물, 특히 다양하고 세련된 세라믹 유물들을 다량 전시하고 있다. 통상 유라시아(유럽과 아시아) 학회에서는 토기·도기·자기를 세분하지만, 라틴아메리카 고고학계에서는 이를 통틀어 '세라믹'이라고 부른다. 여기서도 거듭 강조하지만, 이곳의 세라믹은 유라시아의 토기는 물론, 도기나 자기에 비해 용도나 성형, 제작술에서 훨씬 앞섰다. 이것은 라틴아메리카의 고대문명을 제대로 이해하는 하나의 키워드가 된다.

박물관은 라틴아메리카의 전반적인 역사와 문명사의 맥락 속에서 전개된 에콰도르의 역사와 문명사를 시대별로 유물을 배치해 일목요 연하게 정리해놓았다. 1만여년 전의 라스베가스(Lasvegas) 구석기문화 로부터 15세기 스페인 식민주의자들이 내침할 때까지의 장구한 시기에 중앙안데스 일원에서 피어난 찬란한 잉카문명의 면모가 고스란히 드러나 있다. 각종 채색토기와 실용을 초월해 예술의 경지에 이른 세련된 도자기(세라믹), 옥수수를 비롯한 특산 농작물, 심지어 석인상(石 人像)을 비롯한 거석문화까지 다채롭게 선을 보이고 있다. 특히 잉카 제국시대를 전후해 발달한 황금문화는 문자 그대로 경이로움 그 자체다. 이른바 기원을 전후한 '1,000년간의 알타이 황금문화대'만을 운운 해온 필자에게는 일대 충격이었다.

박물관의 전시 유물은 고대 라틴아메리카 2대 문명군(群)의 하나인 안데스문명군의 통시적(通時的) 번영 과정을 잘 보여주고 있다. 그런데 안데스문명군의 핵심은 페루를 중심으로 하고, 그 북변의 에콰도 르와 안데스산맥 중부 일원을 두루 아우르는 잉카문명이다. 잉카문명 은 장기간에 걸쳐 형성되고 발전되어왔다. 그 역사적 과정을 이해하 기 위해서는 고대 라틴아메리카 문명사의 시대 구분에 관한 지식이 전제되어야 한다. 문명의 발달은 시대의 변화와 밀접한 관계가 있기 때문이다.

고대 라틴아메리카의 통사나 문명사의 시대 구분에 관해서는 이견 이 분분하나, 그 가운데서도 신빙성이 비교적 높은 것은 다음과 같은 5분법이다. 즉 ① 고(古)인디오시대(기원전 1만 2000년~기원전 7000년, 후 기 구석기시대): 몽골로이드에 속하는 인디오들이 베링해협을 거쳐 라 틴아메리카에 유입된 시기. 수렵 및 유목 생활. 기원전 8000년경 농

업 시작. ② 고대(기원전 7000년~기원전 2500년, 신석기시대): 반유목, 수
혈(竪穴) 생활. ③ 전고전기(前古典期, 기원전 2500년~기원후 300년): 이는
다시 두 시기로, 즉 기원전 500년 이전의 형성기(形成期), 이후의 도시
국가기로 분류. 농경문화 정착, 부족국가(chiefdom) 출현, 떼오띠우아
깐(Teotihuacán) 등 도시국가 출현, 올메까스(Olmecas)와 차빈(Chavín) 문
화 번성. ④ 고전기(기원후 300~900년): 도시국가들의 강성, 다양한 문
화들의 개화, 고대 라틴아메리카 문명의 전성기. ⑤ 후고전기(기원후
900~1492년): 도시국가들의 몰락, 아스떼끄제국과 잉카제국 출현. 이
러한 역사시대의 변화와 더불어 전고전기에 접어들면서 여러 지역에
서 잉카문명이 잉태되기 시작, 고전기에는 빠라까스문명(Paracas, 기원
전 400년~기원후 400년), 모치까문명(Mochica, 기원후 400~1000년), 나스까
문명(Nasca, 기원전 900년~기원후 600년), 띠아우아나꾸문명(Tiahuanaco, 일
명 Tiwanaku, 기원후 2~8세기), 치무문명(Chimu, 기원후 900~1450년) 등이
잉카문명군을 이룸. 후고전기에 들어와서 강력한 중앙집권적 잉카제
국이 건설되자 드디어 잉카문명권이 형성됨으로써 라틴아메리카의
역사적 정체성이 확립되기에 이름. 이러한 역사적 과정과 그 실태를
우리는 이 에콰도르국립박물관 1층 전시실에서 육안과 더불어 추론
으로 확인할 수 있었다.

필자가 역사책도 아닌 문명탐험기에서 이렇게 구체적인 편년까지
를 들어가면서 라틴아메리카의 역사와 문명사를 장황하게 서술하는
것은 왜일까? 독자들은 아래에서 개진되는 내용을 일독하면, "아, 그
래서이구나!"라고 수긍할 수 있을 것이다.

라틴아메리카의 역사와 문화, 그리고 잉카제국과 잉카문명은 그
주역인 인디오들의 노력과 헌신에 의해 역사의 순리를 좇아 '자우(自

愚)'로, 즉 우직한 황소걸음으로 자기만의 전통과 정체성을 지키면서 뚜벅뚜벅 걸어왔다. 그네들은 천지개벽 이래 15세기까지 줄곧 역사의 승자이며 계승자, 무진장한 문명 보고의 창조자이며 수혜자였다. 지존의 태양신을 모신 긍지와 자부심은 타의 추종을 불허했다. 바야흐로 '미개'니 '몽매'니 하는 서구의 모함을 짓부수고 중세의 문턱을 넘어 근대의 고지로 치닫고 있었다. 영락없는 시대와 역사의 주재자(主宰者)였다. 이것이 1층 전시관에서 인디오들이 보여준 당당하고 합리적인 라틴아메리카 세계다.

그러나 1층에서 화살표를 따라 여남은 계단을 밟고 올라간 2층 전시관은 눈을 의심할 정도로 완전히 딴 세계다. 1층과는 단절되고 무관한 역사의 거지중천(居之中天, 텅 빈 공간)이다. 16세기 이후 그 저주스러운 식민 500년사는 싹둑 잘린 채 어디론가 가버렸다. 누군가에 의해 숨겨졌다. 필자로서는 지나온 라틴아메리카의 답사 길에서 이러한 '역사의 거지중천'의 괴현상을 처처에서 목격했기 때문에 결코 놀라지는 않았다. 예견된 바다. 이러한 작위적(作爲的)인 역사의 '허공'을 메운 답시고 2층에 내놓은 전시물은 고작 천주교 성화나 성당 구조물, 선교 장면 사진들뿐이다. 흡

2층 전시실의 성모상.

사 성화나 성물(聖物)의 미술관을 방불케 한다. 21세기 개명 천하에 이러한 성화나 성물 몇점으로 그 어마어마한 역사의 현장을 잘라버리거나 은폐하거나 바꿔치기 한다는 것은 오산에 앞서 가소롭기 짝이 없다.

분명한 것은 서구 식민주의자들의 강점과 찬탈, 말살과 무시에 의해 정상적인 궤적을 밟아오던 라틴아메리카의 역사는 단절 아닌 단절의 비운을 맞게 되고, 타의에 의해 바로 이 2층에서 보는 바와 같은 역사의 거지중천이라는 기상천외한 희극이 벌어지게 된 것이다. 이제는 더이상 단절로 라틴아메리카의 올곧은 역사를 조롱하지 말고 있는 그대로 역사를 복원해야 할 것이다. 단절시키고 비워놓은 역사를 복원하는 방향은 크게 두가지다. 하나는 악랄한 서구 식민역사를 있는 그대로 보여주는 것이고, 다른 하나는 이 땅 역사의 주역인 인디오들이 수난 속에서도 본연의 역사 궤적을 따라 삶을 개척해나간 모습을 그대로 보여주는 것이다. 이것이 바로 역사박물관의 정도인 것이다.

그렇다면 왜 정상적인 역사발전의 궤적을 단절한 이러한 거지중천이 버젓이 역사박물관이라는 이름으로 사칭(詐稱)하면서 군림하고 있을까? 바로 반객위주(反客爲主)의 전도된 구조 때문인 것이다. 이를테면 손님이 주인 행세를 하고, 굴러온 돌이 박힌 돌을 빼냈기 때문일 것이다. 식민과 반식민 같은 상극의 역사는 그 상극상이 제대로 리얼하게 성찰될 때만이 명실공히 역사적 맥으로 이어질 수 있다. 그렇지 않고 범칙(犯則) 일방이 반객위주의 진부하고 어불성설의 허상을 고집하거나 강요한다면, 역사는 단절로 재단될 수밖에 없게 되며, 그렇게 되면 갈등의 해소는 갈수록 요원해진다. 에콰도르를 포함한 라틴아메리카의 식민사가 이 통리를 실증해주고 있다.

두시간 동안 천(千) 단위를 헤아리는 피사체를 쉴 틈 없이 카메라에 담다보니, 손가락이 마비되고 손등이 부석부석 부어올랐다. 그래도 마냥 즐거웠다. 역사의 현장에서 또 한번의 유익한 수업을 받은 기분으로 박물관 문을 나섰다. 어느덧 해가 서산에서 뉘엿거린다. 문밖에서는 일군의 청년들이 낫과 망치가 그려진 붉은 기를 한가운데 꽂아놓고 빙 둘러서서 목청껏 합창한다. 익숙한 리듬이다. 이윽고 한 청년이 나서서 주먹을 불끈 쥔 채로 무언가를 역설한다. 불현듯 이 젊은이들 또래이던 시절 이곳저곳에서 목격했고, 때로는 동참했던 그 광경이 주마등처럼 뇌리를 스쳐간다.

저녁은 호텔 인근의 한 중급 식당에서 이곳 명물인 닭고기수프와 쇠고기 스테이크를 청했다. 음식이 어찌나 짠지 제맛을 찾지 못한 채 석식을 파하고 말았다. 대체로 라틴아메리카 음식은 짠 편이다. 왜 그런지는 식성에 관한 타자관(他者觀)에 맡겨두기로 하자. 기대 이상의 울림을 받은 하루 일정을 서둘러 마무리하고 단잠에 빠졌다.

34
빛바래지 않는 영광을 지닌 보고따

　상춘을 자랑하는 끼또의 아침은 상쾌하다. 8시 반에 호텔을 출발해 북쪽으로 10여km 떨어진 마리스깔쑤크레(Mariscal Sucre)국제공항에 도착했다. 공항은 별로 붐비지 않고 질서정연하다. 2012년 7월 2일(토), 우리 일행을 태우고 콜롬비아 수도 보고따로 향발하는 AV 7372편(좌석 21A) 중형 비행기는 굉음을 내며 11시 11분에 이륙한다. 티끌 하나 없이 맑디맑은 하늘이라서 상당한 고도를 취했는데도, 지상 지물이 또렷이 시야에 들어온다. 층층첩첩의 안데스산맥 봉우리들이 마치 숨바꼭질하듯 발밑에서 형체를 드러냈다 감췄다 하곤 한다. 하늘에서 부감한 안데스의 웅장하고 신비로운 모습은 정말로 가관이다.

　의자를 뒤로 젖히고 눈을 살며시 감으니, 지금 막 찾아가는 콜롬비아에 대한 여러가지 추억이 눈앞에 어른거린다. 매우 희미하고 추상적인 추억이지만, 그것이 오늘 나를 그곳으로 이끌어가는 매력이라고 생각할 때, 그 추억은 자못 소중하다. 또 그것의 사실 여부를 현장에서 살펴보는 것은 늘 그렇듯이 여행의 한 묘미다.

가장 오래된 추억으로는 '골롬비아' 축음기와의 우연한 만남이다. 1945년 8월 하순, 중국 만주(동북) 주둔 일본 관동군이 2차 대전에서 패퇴하면서 두만강 연안의 산중 비밀병영에 비장되었던 군수물자가 물꼬 터지듯 쏟아져나왔다. 어느새 읍에는 별의별 물자가 다 거래되는 벼룩시장이 생겨났다. 어느 날 아버지가 어떻게 구했는지 가죽 트렁크 하나를 들고 오셨다. 열어보니 일본어로 '골롬비아'(분명 '콜롬비아'라는 영문자도 새겨져 있던 것으로 기억함)라는 글자가 선명한 축음기다. 소리가 흘러나온다고 해서 일명 '유성기'라고도 했다. 레코드판도 여러장 묻어왔다. 저녁마다 마을사람들이 모여앉아 흥을 돋웠다. 그즈음에 백년설, 남인수, 고복수 등 우리네 유명 가수들의 그 구성지고 감미롭고 격조있는 미성이 타향살이의 설움을 녹여내고 하루의 노고를 풀어주곤 했다.

'골롬비아' 축음기의 추억에 이어, 서구 황금노(黃金奴)들에 의해 회자인구 되어온 '엘도라도 황금전설'이 떠오르고, 근간에는 이 나라 출신인 라틴아메리카 미술의 거장 보떼로의 그 해학적이고 풍만한 인물상이 은연중 웃음까지 자아낸다. 아무튼 콜롬비아는 가볼 만한 고장이다. 자꾸 조바심이 나는 가운데 어느새 안데스에 에워싸인 대형 도시 보고따의 윤곽이 드러나더니, 급기야 12시 21분 비행기 바퀴가 엘도라도(El Dorado)국제공항 활주로에 사뿐히 내려앉는다. 1시간 19분 비행한 셈이다.

큰 국제도시의 공항치고는 별로 붐비지 않고 한적하며 질서도 있어 보인다. 공항 포터들까지도 상하 정복을 차려입고 순서대로 오는 손

1948년 감옥을 개축한 국립박물관 정문.

님들을 안내한다. 택시는 일제히 황색이며, 택시비도 택시관리소에서
통일적으로 계산한다. 콜롬비아가 표방하는 국가의 격언은 '자유와
질서'다. 질서를 세우려는 노력이 나라의 관문인 공항에서부터 어느
정도 감지된다. 공항을 나서자 보슬비가 내리면서 기온을 7도까지 끌
어내린다. 에콰도르의 끼또보다 확실히 서늘하다. 공항에서 동쪽으로
약 15km 지점에 있는 시 중심의 돈칼턴호텔(Donn Carlton Hotel) 423호
방에 여장을 풀었다. 도로도 잘 정비되어 있다. 어디를 가나 벼농사의
세계적 유대에 관심을 쏟고 있는 필자로서는 길 양옆에 펼쳐진 논밭
에 눈길이 아니 갈 수가 없다. 이 나라 국민의 주식은 쌀밥으로, 일찍
부터 벼농사가 발달했다고 한다.

　시간도 안성맞춤해서 처음으로 찾아간 곳은 국립박물관이다. 외관

은 영락없이 돌로 높이 쌓은 밀폐식 요새다. 개방식 박물관 공간과는 어딘가 모르게 다른 점이 느껴졌다. 나중에 알고 보니 원래는 '원형식 감옥'이었던 것을 1948년에 현재의 박물관으로 개축했다고 한다. 개축했어도 내부는 상당히 음침하고 탁하다. 박물관은 3층으로 나뉘어 있다. 1층은 선사시대부터 잉카제국 멸망 시기까지 인디오 원주민들의 역사와 문화를 소개하는 유물들이 전시되어 있는데, 주종은 역시 세라믹(토기와 도자기)이다. 유물들이 시대별·지역별·문화별로 비교적 일목요연하게 정리되어 있다. 그 가운데는 선사시대의 암각화와 미라, 선박, 그리고 황금문화 유물 등이 포함되어 있다. 에콰도르나 페루 등 인접 국가들의 잉카문명과 기본상 궤를 같이하는 유물들이다.

2층은 잉카문명이나 잉카제국의 역사 단절과 관련해 특별히 관심을 모아 살펴봐야 할 전시공간이다. 들어서자마자 성화나 성당 등 천주교의 아이콘이 우선 눈에 띈다. 이것은 이 지역 여타 나라들의 역사박물관과 크게 다를 바 없다. 그러나 한가지 다른 것은, 식민시기에 일어났던 독립운동의 역사를 당시의 회화나 무기, 서간(書簡) 등을 통해 설명하고 있다는 점이다. 역사의 한 구비에서 남들이 도외시한 반식민주의 투쟁을 과감하게 드러낸다는 점에서는 의미가 있으나, 그것이 인디오 원주민들의 내재적 역사발전 과정과는 무관한, 연결성이나 계승성이 결여된 단절적 우연(偶然)으로 그치고 말았다는 점에서는 라틴아메리카 근현대사의 한계점을 그대로 노정하고 있다. 3층에서는 근현대 미술작품들과 방송 매체들, 심지어 신문 스크랩까지를 무질서하게 전시하고 있다. 이곳 체험실에서 학생들이 열심히 소묘를 하고 페인팅도 해보고 있다. 박물관 입장은 무료이며 촬영도 허용된

선사시대의 암각화(국립박물관 소장).

다. 3시 40분부터 정미 두시간 반 동안 관람에 몰입했다.

6시, 물어물어 '한국관'이라는 한국 식당에 찾아갔다. 이곳 다섯개 한식당 중에서 가장 오래된 식당이라고 한다. 입구와 현관은 우리네 산수화와 공예품으로 아가자기하게 꾸며놓았다. 들어서는 순간 점심을 대충 때웠던 허기가 일시에 몰려왔다. 부대찌개로 저녁 메뉴를 택했다. 푸짐하고 맛깔스러웠다. 한화 2만원짜리 소주 한병을 반주했으니 금상첨화다. 주인 내외는 퍽 친절했다. 바깥주인은 43년 전에, 안주인은 26년 전에 이곳에 오셔서 숱한 고생을 이겨내고 지금은 안정적으로 식당을 운영하고 있다고 한다. 아주머니는 늦은 시간이라고 하면서 호텔까지 자가용을 태워주었다. 헤어지면서, 보는 앞에서 차바퀴까지 뜯어갈 정도로 치안이 엉망이니 조심하라고 거듭 당부한다.

보고따의 첫 아침은 어제의 흐림을 벗어나지 못한 채 약간은 음산하기까지 하다. 아침 식당에서 이곳만의 과실 한가지를 발견했다. 껍질은 귤껍질 같으나 윤기가 돌며, 회색빛 속살에는 작은 씨앗들이 엉켜 있는데, 맛은 약간 새콤달콤하다. 이름하여 '그라나이자'다. 이곳 특산 과일이라고 한다. 이렇게 들르는 곳마다 한가지씩이라도 특산물을 챙겼더라면, 메모노트는 '박물지'가 되지 않았겠는가. 게으름을 이겨내지 못한 악보이니, 이제 어찌하랴! 8시 반에 약속대로 호텔 전속 기사 라파엘 뽀우까르(Rafael Paucar) 씨가 왔다. 50세 후반의 기사는 친절과 봉사가 몸에 밴 사람이다.

맨 처음으로 행한 곳은 시내를 한눈에 내려다볼 수 있는 표고 3,152m의 몬세라떼 언덕(Cerro de Monserrate)이다. 고층건물이 즐비한 신시가지를 지나갔다. 여태까지는 55층이 최고 건물이지만, 지금 80층짜리 호텔을 짓고 있는 중이라고 한다. 언덕 입구에 도착하니 벌써 관광객들과 참배객들로 붐빈다. 케이블카를 타고 5분간 비스듬한 오솔길을 치달아 산등성이에 이르렀다. 평시 오전에는 케이블카를, 오후에는 로프웨이를 엇바꿔 운영하다가 일요일이 되면 이용객이 급증해 두 길을 동시에 운영한다고 한다. 시 표고(2,640m)보다 500m나 더 높은 정상이라서 시내 사위가 발밑에 펼쳐져 있다. 구시가지는 붉은 기와지붕으로 아롱다롱 모자이크로 수놓고 있으며, 북변의 신시가지는 현대식 고층건물로 숲을 이루고 있다. 맑은 날이면 서쪽으로 100여km 떨어져 있는 중앙산지의 5,000m급 이상의 산봉우리들이 아스라이 시야에 들어온다고 한다.

산등성이에는 예수의 고행을 비롯한 기독교 주제의 생동한 조각들이 줄지어 자리하고 있다. 정상에는 문을 활짝 열어젖힌 흰색 성당이 우뚝 서 있다. 소박한 성화들로 벽을 장식한 성당 안은 미사를 올리는

해발 3,152m의 몬세라떼 언덕을 오르내리는 케이블카.

신자들과 일반 관광객들로 발 디딜 틈이 없다. 보고따 시민들에게 이
곳은 성지인 셈이다. 성당 문 앞 벤치에 걸터앉아 다리를 쉴 겸 이곳에
서 내려다본 유서 깊은 보고따를 가슴에 되새기고 싶었다. 라틴아메
리카의 5대 도시 중 하나인 보고따는 안데스산맥의 동부 고지에 남북
약 500km, 동서 약 100km의 대분지의 한가운데에 건설되었다. 보고
따는 인디오어로 '높은 땅'이라는 뜻이다. 지세가 높다보니 북위 4도
35분으로 적도에 가까운 곳인데도 불구하고 연간 평균기온은 14도에
불과해 일년 내내 상춘을 자랑한다. 세상을 거닐다보니, 적도의 '적
(赤)'자가 꼭 '뜨겁다'는 뜻만은 아니라는 것을 깨닫게 되었다. 지구의
위도와 고도 간의 변증법적 관계에서 기후는 상대적으로 결정되는

몬세라떼 언덕에 있는 예수의 고행상.

것이다.

보고따는 정복자 히메네스 데 께사다(Jiménez de Quesada)가 원주민 치브차족을 공멸하고 1538년 8월 6일 제 고향의 이름을 따서 싼따페(Santa Fe)라고 선포하면서 그 역사가 시작되었다. 그러나 후일 원래 인디오들이 불러오던 이름인 '보고따'를 첨가해 '싼따페데보고따'로 정식 명명했다. 때마침 그해 다른 두 원정대가 나타나 이 새로운 도시를 둘러싼 쟁탈전이 벌어졌다. 께사다는 그들을 돈으로 매수해 철수시켰다. 1819년 콜롬비아가 완전 독립하면서 보고따는 대(大, 그란)콜롬비아의 수도가 되었다. 그후 보수파와 자유파 간의 천일전쟁(千日戰爭, 1899~1902) 등 수많은 우여곡절을 겪으면서도 수도로서의 위상을 시

몬세라떼 언덕에 있는 소박한 성당.

종 지켜왔다. 국가의 가사처럼 '빛바래지 않는 영광'을 계속 누리고 있다고 보고따인들은 자랑하고 있다. 오늘날 도심 면적은 1,587km²에 달하며, 외곽까지의 인구는 약 980만명(2015)을 헤아린다. 시가지, 특히 구시가지 곳곳에는 식민시대의 웅장한 건물들이 유적·유물로 남아 있으며, 근현대를 상징하는 여러 박물관과 전시관, 공원들이 흩어져 있다.

현장 답사에서 이 모든 것을 확인하기로 하고 산등성이를 따라 내려왔다. 야간전망대와 고급식당, 선물가게들이 호객에 열을 올리고 있다. 언덕바지에 있는 집 몇채의 지붕은 붉은 기왓장으로 이엉을 올렸는데, 그 방법이 우리 동양 기와집 이엉 축법(築法)과 신통히도 꼭 같다. 이와 꼭 같은 기와의 색깔과 축법을 페루의 마추픽추로 가는 길목 마을 오얀따이땀보에서도 발견한 바 있다. 기와가 동양의 '전유물'이라는 통념도 이제는 설자리를 잃게 되었다. 이제는 우물 안 개구리 신세에서 뛰쳐나와 바깥세상과 만나야 한다. 그 과정은 일종의 세례다. 라틴아메리카의 휘황찬란한 세라믹이나 황금문화를 접했을 때 그러했고, 오늘 또 한차례 그러한 고마운 세례를 받고 있다.

언덕 아래 바로 붙어 있는 씨몬 볼리바르 저택(Quinta de Bolívar)은 우리의 두번째 답사지다. 수림 속에 나지막한 담장으로 에워싸인 단층 백색 저택은 아담하고 고즈넉하다. 단아한 건물에 비해 정원은 널찍하고 시원스럽다. 17세기에 지은 이 건물은 1820년 그란콜롬비아공화국의 창건을 이끈 라틴아메리카 독립운동의 대부 볼리바르에게 그 공로를 인정해 수여한 저택이라고 한다. 지금은 저택박물관으로 이용되고 있다. 전시실에는 그의 자필 서간과 전쟁을 비롯해 각종 사회활동 상을 기록한 사진자료, 착용했던 복장과 훈장, 침실과 생활용품 등 생애의 이모저모를 보여주는 생동한 자료들이 깔끔하게 전시되어 있다. 처음 맞닥뜨리는 자료라서 호기심이 크게 동했지만, 촬영 제한 때문에 마음대로 담아올 수가 없었다.

정원 한 모퉁이에는 우거진 숲을 배경으로 볼리바르 동상 좌우에 8개의 깃발이 꽂힌 반월형(半月形) 조형물이 있다. 이것은 1819년 볼리바르의 통솔하에 콜롬비아와 베네수엘라, 에콰도르, 파나마 4개국으로 그란콜롬비아공화국을 건설한 데 이어 인근 4개국이 잇따라 독립을 쟁취한 역사적 대사변을 기념하기 위해 조성한 야외 조형물로, 조형술이 돋보인다. 8개 국기는 볼리바르의 지휘하에 독립을 이룬 나라들의 깃발이다. 그만큼 볼리바르는 라틴아메리카 독립운동사에 큰 족

씨몬볼리바르저택박물관 정문.

적을 남긴 거목이다.

　볼리바르저택박물관에 이은 동선은 구시가지의 심장부인 볼리바르광장이다. 가는 길에 '황금의 성당'이라고 하는 까르메(Karme)성당에 들렀다. 별로 크지는 않지만 내부를 거의 황금 일색으로 꾸미고, 요소마다에 금붙이를 많이 사용했기 때문에 도난이 염려되어 평시에는 문을 열지 않는다고 한다. 오늘은 마침 일요일이라서 성당 내·외부에 펴놓은 삼엄한 경찰 감시망 속에 일요미사가 진행되고 있었다. 황금은 숭고한 정신세계를 상징하기 때문에 많은 신자들이 일요일이면 찾아와 미사를 올린다고 한다.

　볼리바르광장은 여느 라틴아메리카 나라들의 수도 중심에 자리한

볼리바르의 지휘하에 독립을 쟁취한 8개국 깃발을 모티프로 한 반원형 야외조형물.

'황금의 성당' 까르
메성당 외관.

구시가지 중심에 있는 볼리바르광장 모습.

아르마스광장들처럼 식민시대의 건물들로 빼곡하다. 한가운데에는
'해방자'(El Libertador) 볼리바르의 우람한 동상이 서 있다. 주위는 대성
당과 국회의사당, 시청사, 재판소, 그리고 여러채의 역사적 건물들이
에워싸고 있다. 네오클래식 양식으로 1847년에 지은 국회의사당은
1920년대의 개축을 거쳐 오늘날의 모습을 갖추고 있는데, 그 안 남측
에 대통령궁전이 있다. 광장의 동측에는 대성당과 싸그라리오예배당
(Capilla del Sagrario), 그리고 대사교저택(Palacio Cardenalicio)이 나란히 자
리하고 있다. 1823년에 완공한 대성당 내부는 당시로서는 가장 우수
한 화가들의 성화로 벽을 장식하고 제단은 은으로 꾸몄다. 종교미술
의 극치다. 싸그라리오예배당은 그보다 앞서 1660년에 바로크양식으

허름한 건물의 보떼로박물관 입구.

로 지었다. 대사교저택의 건물은 스페인 건축가들의 작품이지만, 대문은 이탈리아 장인의 솜씨다. 광장은 비둘기떼로 뒤덮여 있다. 사람들과 어울려 꾸꾸꾸꾸 모이를 쪼는 정경이 퍽 평화롭다.

이어 광장에서 차로 15분 거리에 있는 보떼로박물관(Museo Botero)을 찾았다. 옛 식민시대가 남겨놓은 좁은 골목길에 자리한 박물관은 상상 외로 빛바래고 허름한 3층 건물이다. 관명은 라틴미술의 거장보떼로(1935~)의 이름을 따서 붙였지만, 내용은 그의 작품(50여점)을 위주로 하여 알레한드로 오브레곤, 안드레스 데 싼따마리아 등 자국 유명 화가들의 작품 몇점씩을 전시하고 있다. 뿐만 아니라, 보떼로가 소장하고 있던 피카소와 샤갈 등 세계적 화가들의 작품도 선을 보이고 있다. 세계 어디서나 미술관은 대체로 촬영이 금지되어 있다. 그것은 작품의 복제가 우려되기 때문이라고 한다. 그런데 여기는 이례적으로 촬영이 허용되고 있다. 감지덕지 소장품들을 몽땅 거머쥘 요량으로 셔터를 마구 눌러댔다. 그런데 웬일인걸, 과욕을 처벌하기라도 하듯 중반을 넘어서 실내 전용으로 쓰는 작은 카메라(Cannon)가 작동을 멈춘다. 안타깝지만 수명을 다해 구제불능 상태였다. 이튿날 공항에서 꼭 같은 명패의 소형카메라를 574달러에 구입했다. 기록을 생명으로 삼는 탐방자에게 카메라는 마치 전쟁에 임한 전사의 총검과 같이 필수불가결한 무기다.

보고따의 메데인(Medeline)에서 태어난 보떼로는 유년시절 가난 때문에 제대로 교육을 받지 못한 채, 유명 화가들의 화첩을 통해 화가로서의 꿈을 키워갔다. 그 꿈을 실현하기 위해 그는 유럽과 미국을 전전하면서 자기만의 미술세계를 개척해나갔다. 1960년대 라틴미술이 세계에 알려지면서 보떼로의 작품이 이목을 끌기 시작했으며, 드디어 1970년대부터는 유럽과 뉴욕을 비롯한 유명지에서 작품전을 열기에 이르렀다. 이때부터 그는 라틴미술 거장으로서의 지위를 굳혀갔다.

보떼로라고 하면, 우선 떠오르는 것은 풍만한 형태 묘사다. 그는 살찌고 뚱뚱한 모습과 양감(量感)을 우스꽝스러울 정도로 강조한 화폭으로 인체에 대한 새로운 해석과 감성을 환기시키고 있다. 회화에 문외한인 필자가 보기에 그는 구상주의(具象主義) 화가이지 결코 사실주의 화가는 아니다. 그럼에도 그의 작품에는 어딘가 모르게 리얼리즘적 요소가 배어 있는 것 같다. 보떼로는 그 리얼리즘적 요소를 감성적이미지로 변환하는 재간이 출중하다. 이 면에서는 가위 마술사의 경지에 이르렀다고 해도 과언이 아니다. 그것이 바로 그가 말하는 '형태를 통한 감각의 창조'다. 보떼로는 반 고흐나 루벤스 같은 거장들을 비롯해 많은 화가들의 작품을 모사하거나 차용하고, 또는 같은 주제를 자신의 고유한 해석으로 재창조한다. 그 대표적인 작품이 그를 유명하게 만든 「12세의 모나리자」(1959)다. 달관(達觀)한 거장이 아니고서는 도시 엄두도 못 낼 일이다.

이 박물관에는 그의 작품 일부만이 전시되어 있다. 그럼에도 위에 말한 특징과 더불어 주제의 다양성을 읽을 수가 있다. 양감이 풍기는 인물화나 동물화의 비중이 크며, 그와 함께 색조가 선명한 꽃이나 과일 등 정물화와 고전미술의 패러디가 있는가 하면, 심지어 서커스와 투우를 주제로 한 익살스러운 작품들도 있다. 내용 면에서도 라틴아메리카의 전통과 역사, 문화, 정치, 사회, 종교 등 다양한 분야를 아우르고 있다. 1층에는 체험실이 따로 마련되어 학생들이 교사의 지도하에 열심히 그림 연습을 하고 있는 흐뭇한 모습도 눈에 띄었다. 차제에 한가지 상기할 것은, 2009년 여름 서울 덕수궁미술관에서 보떼로의 작품전을 열었다는 사실이다. 20만명의 관람객이 다녀갈 정도로 성황을 이루었다. 거장의 작품을 감상할 호기였으니, 라틴미술에 대한 한국인의 갈증을 어느정도 해소해주었다고 자평할 법도 하다.

35

문명의 지존, 황금문화

이제 오늘 일정의 하이라이트가 될 황금박물관(Museo del Oro) 참관
이 남았다. 황금박물관 가운데 세계에서 가장 큰 보고따황금박물관에
거는 필자의 기대는 남다르다. 사실 지구상에서 황금문화를 꽃피운
나라는 손꼽을 정도이며, 따라서 대형 황금박물관은 두세개 소를 넘
지 않는 것으로 알고 있다. 그만큼 황금은 진귀하고 황금문화는 특수
문화이며, 그 연구도 극히 제한적이다. 필자는 문명교류 시각에서 기
원을 전후한 약 1,000년 동안 황금의 산지 알타이산맥을 중심으로 유
라시아 북방에 '황금문화대'가 형성되어 활발한 황금교류가 이루어
졌다는 가설을 제시했다. 대체로 수긍이 가는 일설로 인정되었다. 그
러나 라틴아메리카의 현장, 특히 안데스 잉카문명의 황금현장을 탐
방하면서 심각한 학문적 디프레션에 빠지고 있음을 솔직히 고백한
다. 지금까지 출토된 유물의 질이나 양, 어느 면을 봐서도 알타이황금

3,500년 동안 인디오들이 창조한 3만 6,000여점의 황금유물을 소장하고 있는 보고따황금박물관의 외관.

문화는 안데스황금문화에 비해 저만치 뒤졌다는 것은 변론의 여지가 없는 엄존의 사실이다. 우물 안에 갇혀 자폐증에 빠진 꼴이다. 만시지탄이지만 일단 오성(悟性)을 되찾았으니, 제대로의 길을 더듬어보자는 각오로 황금박물관을 향했다.

정문부터 경계가 삼엄하다. 우락부락한 사나이들의 눈초리가 매섭다. 엑스레이 통과는 물론, 일일이 몸수색을 하고 손짐까지 샅샅이 뒤진다. 일요일인데도 마치 으슥한 숲속에 들어온 기분이다. 그도 그럴 것이 20명씩 조를 짜서 전시실에 입실해야 하며, 출구는 따로 마련되어 있다. 1939년에 설립된 이 박물관은 1968년에 현재의 위치로 옮겨왔으며, 지금은 콜롬비아국가은행이 이 무가지보(無價之寶)를 관리하고 있다. 이 박물관에는 기원전 20세기부터 기원후 16세기까지 약 3,500년 동안 인디오들이 창조한 3만 6,000여점의 휘황찬란한 황금유

물, 1만 3,000여점의 도자기, 3,000여점의 조개껍데기와 화석 유물이
소장되어 있으며, 해마다 65만명의 관광객이 찾아온다. 유물은 크게
시대와 지역별로 대별하고, 전시는 종교의식과 관련된 유물과 복식 장
식품, 그리고 각종 일용품으로 나눠 진행하고 있다. 유물들은 3개 층에
분산 전시되고 있는데, 1층에서는 인디오의 역사 관련 유물들과 함께
1·2차 세계대전과 페루전쟁 때 사용된 각종 무기가, 2층에서는 인디
오들의 도금 및 연금 기술이, 3층에서는 소장된 금속공예품들이 소개
되고 있다. 3층은 종합전시실로, '황금대청(黃金大廳)'이라고도 하는
데, 여기에 가장 아름답고 귀중한 유물들이 전시되어 있다.

연금술이나 금세공 기술은 불가사의할 정도로 아름답고 정교하다.
종잇장 같이 얇은 금박과 머리칼처럼 가는 금줄로 가공한 제품마다
에는 모티프가 되는 대상들이 섬세하게 새겨져 있다. 두개골 수술을
한 흔적이 남아 있는 미라를 비롯해 몇점의 미라도 눈길을 끈다. 이
박물관의 모든 전시물은 페루의 역사와 고고학을 한평생 연구해온
일본인 3세 무히카 가요의 개인소장품이라고 한다. 사실이라면, 실로
놀라운 일이 아닐 수 없다.

이러한 어마어마한 유물들이 어디서 만들어졌으며, 어떻게 보존되
어왔는지는 아직 숱한 수수께끼 속에 명확히 규명되지 않았다. 그러나
분명한 것은, 몇가지 황금전설이 시사하듯이 잉카문명의 세례를 받은
콜롬비아가 큰 황금 생산지였다는 사실이다. 콜롬비아는 2,000년 전부
터 금(주로 사금)을 캐내 금속기를 만들기 시작했다. 통계에 의하면 16세
기 초부터 19세기 말에 이르기까지 이 나라는 해마다 평균 3,500kg의
금을 생산했다고 한다. 이 양은 당시로서는 서반구는 물론, 지구 그
어느 곳의 생산량보다도 많은 양이다. 인디오들은 여느 고대 민족들

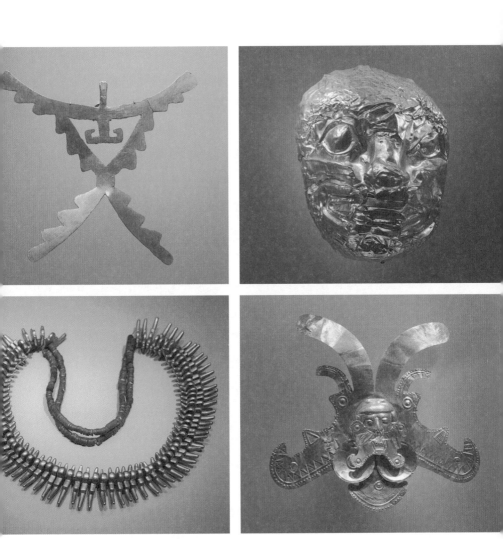

보고따황금박물관에 전시된 각종 황금 유물.

과 마찬가지로 황금을 가장 신성하고 귀한 물건으로 진중했고, 시체의 부패를 막고 영혼을 보호하며 내세에도 계속 향유하고픈 욕망으로 죽을 때 황금을 배장(倍葬)하거나 심지어 시체 속에 넣기도 했다. 우리는 황금대청에서 1,000년 전에 죽은 한 추장의 복원 묘장(墓葬)을 목격했는데, 여기서 고대 인디오들의 묘제와 배금(拜金)의식을 엿볼 수가 있었다. 누워 있는 추장의 머리에는 금제 모자, 얼굴에는 금제 가리개, 귀에는 금귀고리, 목에는 12개의 금목걸이, 가슴 앞에는 커다란 금제 징, 팔목과 발목에는 금 팔찌와 발찌, 손에는 금 보검이 각각 놓여 있으며, 유체 주변에는 많은 금제 용기들이 널려 있다.

박물관은 매일 두차례씩 각각 20분간 박물관 소장 유물의 발굴 및 수집 경위라든가, 이 나라의 황금 채굴과 가공 기술의 발달 과정을 설명하는 영상을 방영하고 있다. 영상에 따르면, 1923년 콜롬비아은행이 출범한 후 전국 각지에 금제품 수집센터를 설치해 유물들을 수집하는 한편, 황금교역을 관리·통제하기 시작했으며, 이런 토대 위에서 1939년 이 황금박물관을 설립하고 본격적으로 박물관 업무 일체를 관장하기 시작했다. 이러한 노력에도 불구하고 박물관에 소장된 유물은 전체 유물의 극히 일부분이라고 한다. 스페인 식민주의자들은 강점 이후 약 200년간 황금유물이라면 닥치는 대로 약탈해갔다. 약탈자들은 뜬금없이 반반한 묘라면 제멋대로 파헤쳐 금붙이를 마구 도굴했다. 도굴품은 대개 현지에서 용해한 다음 덩어리째 유럽으로 실어가 엄청난 폭리를 취했다.

콜롬비아의 황금 약탈을 부추기는 과정에서 이른바 '엘도라도'(El Dorado), 즉 '황금향(黃金鄕)'이라는 황당한 전설이 일세를 풍미했다. 엘도라도라는 말은 스페인어에서 유래되었는데, '엘'은 정관사이고

'도라도'는 황금이라는 뜻이다. 이 말은 원래 '금가루를 칠한 인간'이라는 뜻으로 쓰였으나, 나중에는 '황금이 있는 곳'(즉 황금향), '황금의 나라'로 와전되었다. 초기 스페인 정복자들은 이 황금향이 아마존강과 오리노꼬강의 중간쯤에 있다고 여겼다. 한편, 오래전부터 인디오의 한 부족인 마노아족 가운데서는 호숫가의 황금도시에 관한 전설이 회자되고 있었다. 전설에 따르면 오리노꼬강 지류에 있는 거대한 호숫가 도시 사람들은 건물에서부터 가구·무기·의상·장식품·지붕·도로 포장석에 이르기까지 '태양처럼 빛나는' 재료, 즉 황금을 사용했다고 한다. 그들은 호숫가에 퇴적되는 무수한 사금으로 이 재료를 만들었다.

황금으로 지은 둥그런 집에 사는 '태양의 아들'인 부족의 왕, 즉 잉카는 매해 한번씩 호숫가에서 성대한 종교행사를 치른다. 왕은 맨몸에 기름을, 머리끝에서 발끝까지는 빈틈없이 황금가루를 바르고, 황금으로 만든 반지·팔찌·발찌·목걸이·왕관으로 꾸민 채 사람들 앞에 나타난다. 그의 발치에는 주민들이 헌납한 황금과 보석이 수북이 쌓인다. 숱한 시종들을 거느린 잉카는 뿔피리와 북의 연주 속에 금제 물건이 산더미처럼 쌓여 있는 뗏목을 타고 유유히 호수를 지나간다. 호수 중간쯤에 이르면 왕은 그 황금 헌납품을 아무런 미련 없이 호수 속에 던져버린다. 이것은 호수 속에 사는 악마에게 바치는 제물이다. 의식이 끝나면 왕은 사람들의 환호 속에 다시 호숫가로 돌아온다. 전설 같은 얘기지만 황금에 환장한 서구인들의 귀를 솔깃하게 하고, 환각 이상의 욕심을 불러일으키기에 충분했다.

"황금은 놀라운 물건이다. 그것을 가진 자는 원하는 모든 것을 지배할 것이다." 1505년 콜럼버스가 쓴 「자메이카로부터의 편지」 속의

황금으로 만들어진 각종 조류 모형(보고따황금박물관 소장).

한 구절이다. 선배 황금약탈자의 잠언(箴言)이자 조언 덕분에, 후발
자들에게 그 황금향 엘도라도는 필사적으로 찾아가야 할 대박(大舶)
의 대상이었다. 이에 모험을 무릅쓴 황금탐험대들이 속속 파견된다.
1529년 2월 야코프 푸거를 비롯한 상인들이 파견한 탐험대가 엘도라
도를 찾아나섰으나, 원주민들의 공격과 전염병으로 인해 가진 돈을
몽땅 탕진하고 빈손으로 돌아왔다. 이어 훗날 보고따를 건설한 스페
인 그라나다 출신의 데 께사다는 1536년 2월, 900여명(보병 620명, 기병
85기, 인디오 하역인부 200명)의 대부대를 이끌고 싼따마르따를 출발해
보고따를 지나 북상, 치브차족을 격파하면서 많은 황금(사실 여부 미
확인)과 에메랄드('녹색의 작은 돌')를 획득했다. 그러면서 구아따비따
(Guatavita)호에서 인디오들이 행한 황금 종교의식에 관한 전설을 들었
다. 후일 조카인 에르나 데 께사다가 인해전술로 호수 물을 전부 퍼내
봤으나, 건져낸 것은 작은 황금상 몇개뿐이었다. 허탕을 쳤다.

1541년 악명 높은 정복자 삐사로(Francisco Pizarro)는 조카 곤사로를 대장으로 하고 340명으로 구성된 대규모 탐험대를 막연하게 에콰도르 일원에 파견했다. 탐험대는 짐꾼 겸 정찰대라는 명목으로 인디오 4,000명, 그리고 돼지 4,000마리, 개 1,000여마리, 라마 수십마리를 대동했다. 황금향의 소재지를 묻는 물음에 원주민들이 모른다고만 해도 탐험대는 일부러 숨긴다고 생각해 개에게 먹이로 주거나 살해하는 만행을 서슴없이 저질렀다. 1559년에는 삐드로 데 우르수아가 친히 탐험대를 이끌고 엘도라도 찾기에 나섰으며, 영국의 유명한 탐험가이자 작가인 월터 롤리 경(Sir Walter Raleigh)도 1595년과 1617년 두차례나 같은 행각에 나섰다. 그러나 모두가 실패의 고배를 마셨다. 공포에 질린 원주민들이 협박을 면하기 위해 거짓으로 이곳저곳을 엘도라도라고 지목하는 일도 비일비재했다고 한다. 그러다보니 사태는 더욱더 오리무중에 빠져들어갔다. 2014년 3월 영국 일간지 『데일리메일』은 1617년 엘도라도 탐험에 나선 롤리가 이끈 120톤급 함대 플라잉조안(Flying Joan)호의 일부 잔해가 영국 콘월 해저에서 발견되었다고 발표했다.

그후에도 약 300년 동안 수많은 탐험대가 엘도라도의 허황한 꿈을 버리지 못한 채, 일말의 행운에 목숨을 걸고 안데스의 후미진 곳을 샅샅이 뒤졌다. 그러나 깡그리 허사였다. 이 무지몽매한 인간의 배금탐욕에서 비롯된 엘도라도 환몽은 급기야 스페인의 몰락을 초래했다. 저마다 일확천금의 꿈을 안고 떠나는 바람에 마을은 텅 비어버리고, 농장은 폐허가 되었으며, 징병할 군인은 턱없이 부족했다. 17세기에 들어서자 스페인의 인구는 절반 이상이 줄었으며, 수도 마드리드의 인구는 더 심하게 40만명에서 15만명으로 격감했다. 세계 최강을

금 채굴 작업.

사금 채취 작업.

금 용해 작업.

자랑하던 스페인의 무적함대가 영국 해군에게 패전해 해상주도권을 빼앗긴 일도 이 허황된 탐욕과 무관치 않다. 인류 역사에 남은 비참한 교훈이고 전철이다.

황금 약탈은 여기 콜롬비아에서만 자행된 것이 아니며, 잉카제국을 비롯한 라틴아메리카의 황금산지 곳곳에서 앞다투어 벌어졌다. 우리는 잉카제국의 비운에서 그 생동한 일례를 찾아볼 수 있다. 1531년 1월 '황금의 제국' 잉카(현 콜롬비아와 페루, 에콰도르)의 정복자 삐사로는 180명의 용병과 37마리의 말을 끌고 파나마를 출발해 잉카제국의 북단 도시 뚬베스(Tumbes)에 도착해서는 잉카 황제 아따우알빠에게 면회를 요청했다. 순진한 황제는 그의 요청을 받아들여 7,000명의 부대를 이끌고 회견 장소에 나갔다. 기다리고 있던 스페인 신부가 십자가와 성서를 손에 쥔 채 삐사로의 숙소에 방문해달라고 청한다. 이 오만방자하고 배신적인 행위를 황제는 단호히 거부하면서 신부가 내민 성서를 땅바닥에 내동댕이친다.

그러자 기다렸다는 듯이 대포가 불을 뿜고 매복해 있던 삐사로 병사들이 잉카군을 불의에 기습한다. 이 악랄한 계략 앞에서 잉카군은 괴멸되고 황제는 생포되어 돌방에 갇힌다. 황제와 삐사로는 석방 교섭을 진행했는데, 석방 조건은 황제가 있는 돌방을 채울 만큼의 황금을 바쳐야 한다는 것이다. 이 소식이 알려지자마자 각지로부터 금제 신상이나 장식품, 의자, 방패, 술잔, 일용품 등이 쇄도해 삽시간에 방은 황금으로 가득 찼다. 그 중량은 무려 순금 6.1톤, 순은 60톤이나 되었다고 한다. 그러나 약속과는 달리 삐사로의 몰염치한 배신으로 황제는 석방되지 못하고 교수형을 당한다. 서방 식민주의자들의 배신과 황금 약탈의 전형으로 역사는 이를 기억하고 재판하고 있다. 라틴아메리카의 4,000년 황금문화역사는 탐욕과 비운으로 점철된 광명 아닌 암흑의 역사다.

그렇다면 황금과 황금문화란 도대체 무엇이기에 이렇게 본의와는 다르게 이율배반적인 수난을 당해왔는가? 두시간의 관람을 마치고 차에 오르자 뇌리에서 일어난 물음이다.

지금까지 역사는 황금은 만물의 지보(至寶, 더없이 보귀함)이고, 황금문화는 문명의 지존(至尊, 더없이 존귀함)이라고 기록하고 있다. 그래서 동서양을 막론하고 인간은 무릇 최고 최상의 것에 '금'자를 붙이기에 주저하지 않았다. 역사에서 가장 번성한 시대를 '황금시대'(golden age), 메달 가운데 최상급을 '금메달'(gold medal)로 일컫는다. 뜻글자인 한자 문명권에서는 이러한 일이 더더욱 유별나다. 금은 인간이 신석기시대에 발견한 최초의 금속으로, 그 희소성과 신비성, 상징성으로 인해 특수하게 이용하면서 나름의 황금문화를 일구어왔다.

황금문화란, 자연소재로서의 황금의 가공과 그 가공제품의 특수 용도 및 사회적 의미와 영향을 모두 아우른 개념이다. 황금의 희소성으로 말미암아 지구상에서 고차원의 황금문화를 창조하고 향유한 나라나 지역은 극히 제한적이다. 황금문화에 관한 연구도 미흡하다. 인류의 황금문화 역사에서 라틴아메리카 인디오들이 창조한 황금문화야말로 문자 그대로 '황금기의 황금문화'다. 그럼에도 제대로 연구되지도, 제대로 알려지지도 않고 있다.

황금이 만물의 지보이고, 황금문화가 문명의 지존인 까닭은 황금이 갖는 신비성이나 상징성 때문일 것이다. 인디오들의 최고신은 태양신이다. 오로지 황금만이 태양과 꼭 같은 빛과 색채를 갖고 있다. 그래서 황금은 태양의 화신이다. 태양의 화신인 것만큼 숭앙되고 존대되어야 한다. 황금은 불후의 속성을 지니고 있어 변질이나 변형 없이 영존하는 생명력을 보유하고 있다. 이러한 속성과 더불어 희소하기 때문에 어떤 물질보다도 더 진중되고, 더 값지게 애용되어왔다.

기원전 3000년경에 이집트 파라오들이 처음으로 황금 용기를 사용한 데 이어 기원전 700년 소아시아(아나톨리아) 지역에서는 황금과 백은을 합금해 처음으로 금속화폐를 주조했다. 기원전 50년경에는 로마제국에서 안레우스(Anreus)라는 금화를 주조하는 데 성공했다. 그런가 하면 기원전 5세기부터 기원후 6세기까지 약 1,000년 동안 유라시아 북방 초원지대에서는 스키타이족과 사카족을 비롯한 기마유목민족들에 의해 황금문화대가 형성되어 황금문화가 찬란히 개화했다. 중세에는 금융산업에 금본위제가 도입될 정도로 황금의 용도는 더욱 다양화되었다.

지난 5,000년간의 황금문화사를 돌이켜보면, 황금은 값지게 여러 가지 용도로 사용되어왔다. 그 용기나 용품들을 대충 열거해보면 다음과 같다. 금제 관·인장·검·잔·편액(扁額) 등 권력용기, 금화·금괴 등 경제용기, 금제 도검·병기·갑주 장식 등 군사용기, 금제 상·십자가·성골함·탑·등·병 등 종교의기, 금질 상장·메달·컵 등 기념용품, 금제 잔·접시·식기·수저·침·자물쇠·함·향로 등 생활용기 등등. 우리는 이러한 금제 용기들과 용품들을 보고따황금박물관의 수만점 유물 속에서 쉬이 찾아볼 수 있다. 사실 세계의 적잖은 박물관이 현지산이든 교류품이든 황금유물 몇점씩은 가지고 있다. 문제는 수량인데, 금 생산국이라봐야 유물이 수백점을 넘지 못하는 것이 상례다. 이럴진대 보고따황금박물관이야말로 세계에서 가장 큰 전문 황금박물관이라는 데 의심의 여지가 없다. 더불어 보고따나 꾸스꼬를 비롯한 잉카문명 지역에서 약탈된 숱한 황금유물까지를 합치면 잉카문명은 전무후무한 지고의 황금문명이라고 말할 수 있다.

그렇다면 어떻게 이러한 문명이 탄생할 수 있었으며, 이토록 성숙할 수 있었는가? 원론적으로 이 문명은 인류 공동의 문화유산이라고 말하지만, 그 공동성(공통성)은 어떻게 이루어졌는가? 신대륙(아메리카대륙)과 구대륙(유라시아) 간에 황금문화 교류는 없었는가? 범지구적인 황금문화대는 존재했는가? 문화 하나하나를 심층 분석하고 연구해야 풀릴 수수께끼들이다. 누군가가 '세계 황금문화사'를 엮어내야 할 것이다.

이러한 사색에 잠겨 부대끼는 사이, 호텔에 이르렀다. 그길로 걸어서 어제 저녁에 식사했던 호텔 인근의 '한국관'을 다시 찾았다. 주인 아주머니는 친절하게 저녁식사를 안내한다. 푸짐한 삼겹살과 된장국으로 하루의 노독을 풀었다. 돌아오는 길에 슈퍼마켓에 들러 관행처럼 이곳에서 생산되는 각종 과일과 채소류를 카메라에 담았다. 어느 곳을 가나 과일과 채소는 그곳 풍토의 대변자이며, 교류상을 잘 반영한다. 자연색 그대로의 싱싱한 피사체를 담는 쾌감도 흠뻑 안겨준다. 때로는 무의미한 짓이라는 일행의 핀잔까지 받아가면서 사진을 찍는 이유다. 어느 때쯤 한번 세계 과일이나 채소의 사진전을 열어보자는 속내도 있다. 차제에 한가지 해명을 덧붙이고자 하는 것은, 식상하리만치 밋밋한 식사 얘기를 매일 거르지 않고 중언부언하는 이유는 식사야말로 일상의 에너지원이며 매 현장의 기록이기 때문이다.

황금의 황홀경은 긴 여운을 오래도록 남겨놓고 있다. 게다가 황금문화의 반추는 자성으로 가슴을 짓누른다. 좀처럼 잠이 오지 않아 뒤척이다가 자정이 퍽 넘어서야 잠이 들었다.

운명의 보고
라틴 아메리카를 가다 1

초판 1쇄 발행/2016년 10월 7일
초판 2쇄 발행/2016년 11월 29일

지은이/정수일
펴낸이/강일우
책임편집/김정희 박대우
조판/정운정
펴낸곳/(주)창비
등록/1986년 8월 5일 제85호
주소/10881 경기도 파주시 회동길 184
전화/031-955-3333
팩시밀리/영업 031-955-3399 편집 031-955-3400
홈페이지/www.changbi.com
전자우편/human@changbi.com

ⓒ 정수일 2016
ISBN 978-89-364-8278-7 03900
ISBN 978-89-364-7961-9 (세트)